Amenodoro Urdaneta

Cervantes y la crítica

Barcelona **2024**
Linkgua-ediciones.com

Créditos

Título original: Cervantes y la crítica.

© 2024, Red ediciones S. L.

e-mail: info@linkgua.com

Diseño de cubierta: Michel Mallard.

ISBN rústica: 978-84-9007-952-2.
ISBN ebook: 978-84-9007-650-7.

Sumario

Brevísima presentación

La vida

Amenodoro Urdaneta (Bogotá, 14 de enero de 1829-Caracas, 3 de enero de 1905). Colombia.

Escritor, periodista y crítico literario. Hijo del general Rafael Urdaneta y de Dolores Vargas y París Ricaurte.

En 1831 se fue con su padre a Venezuela y en Caracas estudió literatura, gramática y filosofía con Fermín Toro en el colegio Independencia, regido por Feliciano Montenegro.

Desde joven Amenodoro fue redactor del semanario *La Unión del Zulia* (1863), presidente provisional del Estado Apure (1864), y diputado a la Asamblea Federal. Miembro de la Academia de Ciencias Sociales y Bellas Artes (1869), escribió poesía lírica a la manera de Andrés Bello; y poesía épica en su *Canto a Zamora* (1864) y su evocación de Bolívar y Washington (1865), así como obras didácticas para niños: *El libro de la infancia* (1865), y *Fábulas para los niños* (1874).

Urdaneta fundó el diario *El Comercio* (Maracaibo, 1878), fue redactor de *El Ángel Guardián* (Caracas, 1880-1881) y fundó más tarde en Caracas el periódico *El Iris de la Fe* (1887). También colaboró en *El Cojo Ilustrado*. Sus obras de filosofía y exégesis católica incluyen: *La fe cristiana* (1881), *Poesías religiosas y morales* (1884), *Diálogos sobre la instrucción religiosa* (1896) y *El culto a la Virgen* (1903), dedicado al papa Pío X.

Fue además miembro fundador de la Academia Venezolana de la Lengua (1883) y de la Academia Nacional de la Historia (1888).

Liminar[1] [2]

Después de muchos años consagrados al estudio del *Quijote* y al examen de la crítica en él ensayada, he adquirido la convicción de poder disipar las sombras extrañas que velan todavía la faz de esa inmortal novela, y que la dañan, a semejanza de los mal confeccionados afeites que el artificio estampa en el rostro de la beldad.

Ese libro admirable que, poniendo de relieve y caricaturando graciosamente la parte flaca y ridícula de la sociedad, es como el espejo constante de la naturaleza, el cual a nadie exime de pararse a contemplar y de reír al ver reflejado en su tersura algún rasgo de la fisonomía social, y aun de la suya propia; ese libro que, a su originalísima concepción y gran cordura, une el atractivo de las bellas formas y una alta influencia moral y literaria; ese libro, por último, orgullo de las letras y familiar de las naciones, ha tenido también su desventura (¡que ella es inherente a la condición de las cosas humanas!); y esta desventura consiste en ver a errados o ilusos escritores contestarle o desfigurar muchas partes de su incontestable mérito, como se verá en la obra que intento publicar, mediante la protección y benevolencia de la culta sociedad venezolana.

Penetrando en el siglo literario de Cervantes es que se puede formar el criterio necesario para entrar en el gran patio de la contienda por la puerta legal y no por las barajas del castillo, a usanza de mal caballero; pues solo allí se ven en su verdadera luz aquellas ideas, preocupaciones, galanteos y

---

1   La obra comienza con una carta del general Pedro Arismendi, gobernador del Distrito Federal, sobre la propiedad intelectual del autor, cuyo texto reza: «Hago saber: que el ciudadano Amenodoro Urdaneta se ha presentado ante mí reclamando el derecho exclusivo para publicar y vender una obra de su propiedad, cuyo título ha depositado y es como sigue: *Cervantes y la crítica*, por Amenodoro Urdaneta. / Y que habiendo prestado el juramento requerido lo pongo por la presente en posesión del privilegio que concede la Ley de ocho de abril de 1853 sobre producciones literarias, teniendo derecho exclusivo de imprimirla, pudiendo él solo publicar, vender y distribuir dicha obra por el tiempo que le permite el artículo 1.º de la citada Ley. / Dado, firmado de mi mano, sellado con el sello del Gobierno del Distrito Federal y refrendado por el secretario del Despacho en Caracas, a dos de noviembre de 1877. -14.º y 19.º / P. ARISMENDI / Refrendado / El secretario del Despacho / Raimundo I. Andueza». (N. de Francisco Javier Pérez. A quien en adelante referiremos como F. J. P.)
     Hemos titulado «Liminar» a este texto introductorio, aunque el autor no lo haya hecho.
2   Hemos optado por preservar en esta edición algunas de las excelentes notas de la edición de Francisco Javier Pérez para la Biblioteca de Ayacucho. (N. del E.)

modismos y licencias que llenan el ancho campo de la caballería andante, desarrollado, sin faltar un ápice, a la presencia del escrupuloso Don Quijote: circunstancias, éstas, que pueden sorprender el ánimo del que, sin dicho conocimiento, quiera hacer el estudio del libro cuestionado. Muchos de los escritores aludidos dieron de mano a tal conocimiento; otros lo han usado con malicia o descuido; y otros, aplicando una crítica sistemática y que adolece de falta de solidez y justicia, han censurado cosas que no debían.

Si nadie, en especial los amantes de las letras, debe dispensarse de leer y releer aquel ingenioso libro, curiosidad de los unos, modelo y consejo de los otros, y entretenimiento de todos, conviene sin embargo precaverse del falso escrutinio que en él se ha verificado, y que ha ido hasta el punto de forjar *Quijote*s contrahechos, que desconocería el grande autor complutense, y los arrojaría a sus pies, lleno de ira o bien de desprecio hacia los atrevidos escritores que, con mucho saber, es cierto, pero con más pedantería, o engañada buena fe, pretenden enmendarle la plana y guiar la pluma cuyo vuelo solo él puede alcanzar.

El objeto principal de esta obra es llevar dicha precaución al ánimo de los lectores y hacer con ella una llamada a los nuevos editores del libro de Cervantes.

Creo poner en su punto al *caballero soldado, al manco sano, al famoso todo*, y finalmente, *al regocijo de las musas, honor y delicia del género humano*, y sacarlo vencedor de sus émulos y correctores; a los cuales, pues se hicieron padres de apócrifos *Quijote*s, no queda más sino caer de rodillas ante el verdadero, a impetrar su favor, que él es bueno y cortés, y retractarse de sus errores o ilusiones.

Mi obra, que, según personas competentes, será importante para la literatura en general, por asentar las bases de la justa crítica literaria, y hacer resaltar más el mérito de aquella gran novela y aumentar su estima y popularidad, lo será también para nuestras letras, a las que presenta un conjunto de las principales riquezas y elegancias del idioma y de reglas gramaticales retóricas, deducidas de la polémica de que es objeto el libro de Cervantes; lecciones que mucho han de influir en los estudios de nuestra inteligente juventud.

Aún espera la Europa el fallo sobre el mérito extrínseco del *Quijote*: pues si bien sus pueblos y naciones aman cada día más dicho libro, sabido es que en la misma patria que se enorgullece de poseerlo, hay, como he dicho arriba, críticos que se empeñan en desnaturalizarlo, ya en su fondo, ya en su estilo, ya en su lenguaje, y aunque el pueblo español no se cuida de las censuras, para consagrar su admiración al autor del libro privilegiado, es natural que, no habiendo hasta ahora una réplica decisiva, queden subsistentes aquellas por venir de literatos de nota no contestada.

Caracas, diciembre de 1877

Sonetos a la memoria de Miguel de Cervantes Saavedra

Cervantes

Áura gentil de la Castalia fuente,
Y de la Arcadia acentos y cantares.
Gratos rumores de los ricos mares
Que besan de Ilión la sacra frente:

Volad, y con murmurio reverente
Mezclaos a la voz del Manzanares.
Y volved a estos índicos lugares.
Donde os reclama, mi laúd ardiente.

Cisnes ilustres de la madre España.
Y vos, o vates de la patria mía,
Dadme favor... Mis ecos discordantes

Tan solo excitan la temida saña
Del dulce Apolo... Dadme poesía
Para cantar al inmortal Cervantes.

¡Mas, no! Rayos constantes
Del Sol, pintad su nombre,
Gloria del Pindo, admiración del hombre,
Con blanda, luz en el azul del cielo;
Que para ingenio tal no son bastantes
Las pobres lenguas de este bajo suelo.

Juicio del libro

El valiente Amadís no es más que un cerdo
Al lado del Manchego... ¡Vive Cristo!
Que más asendereado no lo he visto,

Y si acaso lo vi no lo recuerdo.

Vivió loco (no hay duda); murió cuerdo;
De personas discretas fue mal quisto;
Hay más... y es punto grave (me resisto
A callarlo más tiempo, y ya me muerdo):

Lectores, si pensáis que Don Quijote
Es ideal no más y un ente raro,
Digo que vuestro juicio se extravía;

Pues en él, si no soy un hotentote,
El hombre ha de mirar (hablando claro)
La historia de su misma fantasía.

Don Quijote

«¡Viva el gran Don Quijote, el esforzado!»
Digan damas, y pajes, y doncellas:
«Viva sobre la luz de las estrellas,
De sangrientos despojos coronado.»

Pues Hidalgo más fuerte y más honrado
No se ha visto jamás: díganlo aquellas
Hazañas que acabó... Solo por verlas
Y oírlas los autores han callado.

Ya no más habrá dueñas sollozantes
Ni sandios escuderos; la ralea
Huyó de enanos, duendes y gigantes.
Mas, si vuelven a ser (porque así sea
Voluntad de los cielos), suplicantes
Demandad el favor de Dulcinea.

Con solo que se vea
El siniestro ademán de Don Quijote
Que a la batalla singular ya sale,
Por escudar el furibundo bote
(Para quien nada vale)
Irán esos andantes caballeros,
Amén de los autores majaderos,
Corridos a esconderse a todo trote.

Sancho Panza

Si Aquiles y Roldán el esforzado,
Y el sin par Belianis y el gran Rugero
Al lado del Manchego caballero
Son tortas nada más y pan pintado;

¡Voto a tal! que jamás ha imaginado
El humano talento un escudero
Más discreto que Sancho... El mundo entero
«¡Gloria al ilustre Sancho!» ha proclamado.

Saco de necedad, pozo de chistes,
Hasta las mismas piedras a tu nombre
Mueren de risa y a tu voz revientan.

Sal del humor, consuelo de los tristes
Y espejo escuderil, ver no te asombre
Que bajos versos tus altezas cuentan.

Si no solo sustentan
Los rayos de la luz las grandes fieras,
Mas también las humildes y rastreras;
Y todas en conjunto
Proclaman su poder a un mismo punto,

¿Qué mucho que mis ecos discordantes
De tu fama lo sean, y a los ruidos
Que se elevan do quier envanecidos
Den loores a ti y al gran Cervantes?

Los molinos de viento

«¡Non fuyáis... alto allí! Soy Don Quijote,
«¡Gente descomunal y mal nacida!»
Dijo, y asió la descuidada brida,
Pariendo al punto al conocido trote.

Y a pesar de Amadís y Lanzarote,
Gaiferos y Roldán, fue a dar cabida.
A una hazaña sin par, jamás oída,
Que el mundo correrá de bote en bote.

Y a la dueña de su alto pensamiento
Clamando, al aspa dio, rompió la lanza,
Y rodó por el campo una gran pieza.

Mas, su culpa no fue... sí encantamento;
Y entre ajenas hazañas no hay con esa
Ninguna que haga altura ni igualanza.

Cardenio

¿Queréis saber, señores, deste pecho
La causa por qué está desesperado?
Amé; vino un raptor: fui desamado:
Lloré, pero fue en vano y sin provecho:
Clamé al cielo... fue sordo a mi despecho.
Y dejóme sin vida y olvidado...
(¡O fiera! o ¡basilisco! Ni has curado

Dar a un traidor mi prometido lecho...)

¡Huyóme la esperanza...! ¡Así desdeñas
Cruda, al que vive triste y sin amores!
Hago mi cama en estas duras peñas.

Más blandas que la infiel. Los celestiales
Astros me oyen no más. Ésta es, señores,
La pobre cuenta de mis ricos males.[3]

Los pastores Quijotis y Pancino

Bien mohinos y asaz de mal talante
Seguían caballero y escudero
En busca de su Arcadia; caballero
Éste en el Rucio, aquél en Rocinante.

¡O par, que no le tiene! Id adelante;
No os inquietéis, pues sabe el mundo entero
Que no vio de la Mancha el hemisfero
Un escudero tal, ni tal andante.

¡Id en paz! Si por vuestro vencimiento
Han de perder las armas andantescas
El tiempo que os estéis al ocio dados,

Las musas ganarán... ¿No oís el viento
Cuál os llama? Bebed las aguas frescas
Y retozad en los mullidos prados:
Cuidad vuestros ganados.
Y mientras pasa el año que os abona

---

3   De diversas historias han sido tomados los pensamientos de este soneto. Algunos pueden
     aplicarse a la Dorotea; casi los más a la que cuenta Ambrosio de Crisóstomo; el último
     verso pertenece al soneto de Lotario a Clori; pero en general, pueden aplicarse todos a la
     situación de Cardenio.

19

Volved a la anterior, feroz tarea,
Distraed vuestras penas, entibiando
El cruel rigor de la celeste zona,
(Con vosotros, ¡ay Dios! áspera y fea)
Ausencias y desdenes endechando;
Tú, Quijotis, cantando a Dulcinea,
Y tú, Pancino, a la alta Teresona.

Proemio

Tomó el Genio en sus manos la balanza
Con que las obras del talento humano
Se complace en pesar, y quiso ufano
Ver cuál con cual a equilibrarse alcanza.

Treinta siglos así con la esperanza
De coronar su afán estuvo en vano,
Y puesto Homero a la derecha mano
Nadie en la opuesta consiguió igualanza.

Cansado el Genio de tan larga prueba.
Iba el peso a dejar, cuando Cervantes
Su Don Quijote a la balanza trajo.

Obra inmortal la antigua, a la obra nueva
Cedió, y luego vencióla, y oscilantes
Siguen, ni arriba bien, ni bien abajo.

Cuando cese el trabajo
De subir y bajar que todavía
Hace que el doble disco incierto flote.
El remate os diré de tal porfía.
Y si es Cervantes quien a Homero arría,
O es el Ilión quien vence a Don Quijote.

Miguel Agustín Príncipe

En una época en que tanto se descuida la hermosa lengua castellana y se deprimen su majestad y rica vena, merced a elementos extraños de su índole, es necesario llamar la atención hacia los documentos que acreditan su grandiosidad y belleza, con el fin de que el estudio de ellos nos vuelva el amor por el gusto clásico, y, desechando incómodas novedades y desaliños de mala ley, haga renacer el lenguaje castizo y elocuente de los que se han familiarizado con la musa española.

La incuria de los unos, el prurito de innovación en los otros, y la afectación gálica en los más, hacen hoy desconocer casi del todo la sonora habla de Granada y otros afamados escritores, tan noblemente seguidos por Jovellanos, Quintana, Martínez de la Rosa, Toro, Baralt, etc. La pompa y rotundidad de la frase; el número y fijeza de los períodos; la pureza y propiedad de la dicción, y demás dotes de la lengua, parecen huir lastimosamente al verse cubiertas con las galas de un gusto que se arrastra en pos de la imitación extranjera, como si fuese una mengua hablar y escribir bien el idioma patrio.

Los idiomas que no se han perfeccionado deben progresar constantemente, acudiendo a las diarias necesidades populares; pero mal sistema para ello es mendigar de otros países frases y períodos ajenos de la índole del nuestro, y sustituir flores exóticas a las frescas y lozanas de nuestros fecundos vergeles...

Y en el propósito enunciado arriba, ¿qué obra más oportuna se podría escoger que la que reúne todas las bellezas, las variaciones y la abundancia del idioma español, junto con la más fina censura de sus defectos, que no parece más sino que ha sido escrita para nuestros días? ¿Qué otra mejor que esa obra admirable que a las dotes exteriores de una literatura especial une las interiores de un fondo social y político de altísima consecuencia para la civilización? Agréguese a todo esto la popularidad del asunto, que interesa a toda clase de personas, a todas las nacionalidades y a todas las épocas, logrando así infiltrar en sus lectores, con el amor de sus ideas y de su plan humanitario, el gusto por la rica lengua española, y el deseo de hablarla en su propia pureza y majestad.

No es preciso decir que se habla del *Quijote*, inagotable tesoro de la lengua, donde corre fácil, castiza y elegante.

Ocupémonos de esta obra; pero antes demos una rápida mirada retrospectiva hacia el tiempo en que apareció.

Tocole a España la gloria de presentar el monumento más grandioso que han mirado los siglos en el terreno de las letras humanas, y que compite ventajosamente con esa obra gigantesca de que con tanta justicia se enorgullece la cuna de la civilización clásica: como si quisiera el destino recompensar con tamaña gloria a la nación que con loable perseverancia se entregó desde sus primeros días a las nobles tareas de cultivar el espíritu de sus hijos y mejorar el de los extraños; que se familiarizó con el comercio y las industrias de los primitivos pueblos; que alentó las primeras ideas de la libertad europea; y que auxilió tan poderosamente a los sabios helénicos en la obra del Renacimiento, haciéndose maestra de los estudios clásicos y fiel intérprete de las lenguas sabias.

No ahondemos la fantasía en esa época de belleza y sentimiento; época guerrera, gloriosa por sus luchas y su heroico entusiasmo, representada en sus paladines, en sus trovadores y en el culto que recibían la beldad, el honor, la religión y la patria... ¡deidades ay! ¡que en vano lloran su perdida preeminencia, en un mundo de egoísmo y de materialidad, sofocadas por bastardas pasiones, donde se ahogan las más bellas luces del espíritu!

La patria del Cid, de Pelayo y de Padilla era el país que había conservado mayor adhesión a aquellos nobles sentimientos y que en sus luchas de libertad e independencia se había sostenido en inquebrantable heroísmo, hermanado con la más exquisita poesía, cuyo aliento inundaba los campos, las chozas y las ciudades. Su historia era bella como su cielo y sus praderas; su poesía, amante como sus tórtolas gemidoras, entusiasmada como el corazón de sus hijos privilegiados. Aun más: la nación que había vencido a Cartago en Numancia y a Carlo Magno en Roncesvalles; que vencía en las Navas y en el Salado a los enemigos de la Fe; esa nación preparaba en aquellos días, aciagos para su libertad, pero propicios para su poder, nuevos campos a su genio guerrero, nuevos mundos para la ciencia y las industrias y nuevos lauros para su rica literatura.

Estamos en los días de la Restauración de las letras. Un Genio misterioso había recogido todos los alientos, todas las prácticas y todas las ideas anteriores, reconcentrándolos en el suelo que había de producir la obra más colosal del entendimiento. Esta obra, que debía tener por teatro el mundo y por actores todas las ideas, prácticas y sentimientos de la humanidad; por unidades el tiempo y el espacio; por resortes el corazón y la fantasía... era preciso que encontrara una escena donde no se pusiese el Sol y un proscenio donde no faltase una sola fibra del corazón humano.

Había pasado la Edad Media; y todo caía rápidamente en el terreno del materialismo, a esfuerzos, más que otra cosa, de esa literatura bastarda que adulteraba la misión y el noble germen de la caballería. Hablo de la literatura caballeresca, tan corrida entonces por toda Europa.

Jamás había presenciado el mundo una época tan llena de contradicciones. Heroísmo y barbarie; luz y tinieblas; despotismo; sistemas feudales; esclavitud en los pueblos y derecho divino en los reyes; aristocracias empinadas y sociedades sumidas en la más crasa ignorancia... todo formaba un monstruoso conjunto de verdades y mentiras, de errores y debilidades; un caos donde se confundían entre tinieblas las chispas que brotaban de algunos corazones generosos. ¡Estos días eran los que habían sucedido al sentimiento y a la hidalguía anteriores!

Entonces, y solo entonces debió aparecer Don Quijote. El héroe y el guerrero habían perdido su bello ideal; el poeta había descuidado los sistemas sociales; y el literato se encastillaba, indiferente, en el laberinto de los autores clásicos, que interpretaba a su manera, y conspiraba también a la perversión, del gusto y de las costumbres. La misma España, patria del nuevo héroe, había perdido con su libertad y bajo la dominación austriaca, aquella nobleza y energía que la elevaron a la preeminencia entre las naciones y la habían llevado a sostener, la primera, la independencia popular y a dar el noble ejemplo de hablar cara a cara a sus reyes y, empinada sobre su dignidad, conminarlos y tomarles juramento de fidelidad a los fueros y prerrogativas de los pueblos.

Séame permitido agregar un rasgo, para que se vea más patente el palenque preparado al *Quijote*; rasgo importante, en cuanto a que se roza con el elemento vital que llena las aspiraciones del genio que no ha de morir; y que es el más digno pedestal preparado por las musas al inmortal novelista. Hablo de la imprenta, de esa viviente idea que recorre el espacio, y alcanza más que los cañones, y va a par del pensamiento hasta las recónditas comarcas de la tierra, hablo de esa encarnación del espíritu, que reconoce en el libro inmortal su más gigantesca expresión en el campo de las letras humanas. Fue, pues, la España el país donde se refugió la Imprenta cuando en otros estuvo perseguida: como si presintiese este arte divino que el libro, que debía reivindicar la dignidad del hombre y llamar la poesía a su verdadera misión, debía elaborarse en aquel país, al calor de sus ideas caballerescas y de sus poéticas tradiciones;[4] y como si adivinase que allí germinaba la literatura más original y rica de las de la moderna Europa, la que debía influir poderosamente sobre el genio y dirección literaria de Francia, de Inglaterra, de Italia.

En efecto, fue grande la preponderancia de la literatura española; su teatro, sus novelas, sus historias servían de modelo a las demás naciones, como lo reconocerá el que con buen criterio recorra las obras literarias del tiempo. Aun más: puede afirmarse con exactitud que la España es, a par de la Grecia, el país más original e inventivo en literatura, y el que más refleja en ella el carácter moral y político de sus habitantes.

Y ya que he tocado esas dos nacionalidades, volvamos a una cuestión que dejé iniciada en el principio de este Proemio y que forma el principal asunto de él; es decir, la asimilación de los dos monumentos más elevados de las letras humanas, producto de las dos nacionalidades de que vengo hablando.

¿Cuál es la expresión más propia de las dos literaturas aludidas? Homero y Cervantes.

En la *Ilíada* está reflejada la Grecia con su civilización helénica, con su ciencia, fatalismo y preocupaciones reinantes, como para presentarnos el espejo fiel y eterno de su antiguo brillo y de su risueña, pero inconsecuente y vivaz fisonomía. La *Ilíada* es el modelo acabado del verdadero poema.

---

4   Mientras Henrique Etienne era condenado al cadalso, por haber impreso los salmos: Esteban Dolet quemado vivo; Martín l'Home y Roberto Dehors ahorcados, por ejercer el arte de la imprenta. Invención Diabólica, como se la llamaba en Colonia y otras ciudades cultas; mientras el elector de Maguncia, cuna de la imprenta, despojaba de sus libertades a todos los impresores en 1462; y en 1486, el arzobispo de la misma ciudad excomulgaba y confiscaba los bienes a los que sin su permiso ejerciesen dicho arte; mientras sobresalía Francia en la persecución a la imprenta, y los reyes imponían fuertes derechos a sus materias para desterrar su introducción y uso; y la Sorbona proponía al soberano en 7 de junio de 1533 la abolición para siempre del arte peligroso de la Imprenta; y Francisco I condenaba a la horca al que lo ejerciese..., en España se rendían homenajes y se abrían los brazos a aquel invento civilizador, «invento de los más grandes y provechosos que hubo jamás la sapiencia humana»; se cantaban sus excelencias en versos latinos y castellanos; protegía el Clero las impresiones: los ayuntamientos daban casas para las imprentas: se suprimían los derechos de los libros y sus materias; y se dio comienzo a las impresiones, como para dar sanción y autoridad a aquel entusiasmo salvador, por las actas de las Cortes, leyes y ordenamientos oficiales.

El *Quijote* no solo es el espejo de su época, de la Europa entera, sino de todas las épocas, de todos los pueblos y de todas las razas. Por esto es más popular, más completo, más admirable. El héroe está presente en todos los tiempos, no como la imagen del espejo, sino como representación real, como la luz que nos despierta todas las mañanas, como la sombra que nos envuelve todas las noches, o como la luctuosa figura que proyecta nuestro cuerpo en el muro cuando la luz alumbra nuestro aposento.[5]

Homero es el primer maestro, el primer director del genio, con todos sus errores y fantasías. Cervantes el regenerador o purificador de esa chispa divina que acompaña al hombre y las sociedades: es el heraldo de la luz, el predicador de la verdad. Y anatematizador de las ridiculeces del espíritu. Es por tanto más universal, más elevado moralmente hablando: más cónsono con la misteriosa ley de perfectibilidad.

Pero, ¿es éste únicamente el punto de contacto de estas dos obras sorprendentes? No: debemos asimilarlas aun en su historia y en sus resultados.

Dejando a un lado la cuestión de originalidad, cuestión que trataré en la 2.ª Parte, toquemos ahora otros puntos de analogía entre ambos insignes ingenios y sus obras, donde ellos se han reflejado, como la luz divina en las maravillas de la naturaleza.

Ambas son el esfuerzo espontáneo del genio que debe llenar una misión providencial. Hijas de oscuras individualidades, pasaron relativamente por las mismas circunstancias lastimosas que sus autores; debidas a las pequeñeces y miserias de sus épocas; circunstancias de fatalidad que rodean a los seres que se elevan sobre el nivel de nuestras flaquezas y pasiones. Ambos autores fueron perseguidos de la suerte, de los hombres y del tiempo; más injustos, empero, con el caballero soldado, con el manco sano, con el famoso todo y finalmente, con el regocijo de las musas, honra de su nación y testimonio eterno del poder del genio y la racionalidad del hombre.[6]

---

5   En efecto, si más se aprende a conocer aquella época con la lectura del *Quijote* que con la de cuantos otros documentos de ella puedan reunirse; así también debe asentarse que la parte íntima de la sociedad, la comedia humana, no se ha presentado jamás de una manera tan patente en ningún libro como en aquél, según veremos en el rápido bosquejo que se leerá en el capítulo 1.º de la 1.ª Parte de la presente obra.

6   «La mayor infelicidad que se atribuye a Homero, como es pedir limosna de ciudad en ciudad, no está aún fundada sino en inciertas tradiciones y acaso en la hospitalidad que se le ofrecía para oír sus cantos cuando viajaba para componer la *Odisea*» (La Harpe).

También tocó a su obra mayor infelicidad por la ruindad y emulación de sus contemporáneos, especialmente entre los hombres de letras. ¡Aún no ha cesado esta desventura, si bien hoy lleva en sí más nobles causas!

No es la rivalidad, ni innobles pasiones lo que hoy dicta los comentarios y correcciones que desdoran, a la verdad, la naturaleza y el exterior del *Quijote*. Es una interpretación mal entendida generalmente; llevada, empero, del patriotismo y del amor al estudio.

¿Por qué se achacan a Cervantes las faltas de sus héroes, y [a] éstos las de su época? Si cada personaje debe representar un papel y fijar un tipo de la suya respectiva, ¿por qué se pretende hallar faltas en que un rústico de entonces hable a lo rústico de entonces, un mentecato a lo mentecato y mil otros puntos que forman gran parte de la crítica del *Quijote*; y de los cuales me ocuparé en su lugar respectivo? Solo descuidando la verdadera crítica, es decir, la filosofía de las letras humanas es que pueden pedirse tan chocantes anacronismos, como son héroes del siglo XIX para el siglo XVI...

Es notable que los dos genios de que me ocupo tengan este otro punto de contacto, revelado en la crítica que de sus obras se ha hecho. Homero ha sido atacado en todos tiempos con la mayor injusticia; desde Zoilo, ese ridículo can de la retórica,[7] hasta Perrault y La Mothe, el impertinente La Mothe que, sin conocer la lengua griega se propuso juzgar y corregir su más bello monumento.[8]

Ni faltó al ilustre manco, como al divino ciego, un estúpido Testhórides que quisiese arrebatarle la gloria de su genio.

«La admiración atrae la crítica», diremos con el Quintiliano francés; y ella está en razón directa del mérito del autor criticado, e inversa del que tiene el censor... presentándonos en esto el remedo de las olas del mar, que se estrellan al pie de una alta roca, más furiosas e impacientes a medida de la elevación de ésta. Y he aquí por qué la censura ha atacado a Homero en la *Ilíada* y a Cervantes en el *Quijote*: ambos han sido batidos dans sa capitale [en su capital], como dice el autor citado respecto del poeta griego.

---

7   Zoilo, pretendió ser llamado «el azote de Homero»; mas solo alcanzó el sobrenombre de «can de la retórica».

8   «¡La Mothe avec sa froide et contentieuse raison, était loin de sentir ce mérit des anciens!» [«¡La Mothe con su fría y contenciosa razón, está lejos de sentir este mérito de los antiguos!»] (La Harpe).

Se echan en cara a Homero las faltas en los caracteres, las imperfecciones morales, las creencias, de sus héroes... como si él no perteneciese al pueblo y a la época en que se miraban aquellas circunstancias como las verdades más puras; y no ha faltado quien cayese en mayor inconsecuencia al tacharlo de ateo;... ¡a él, que organizó las creencias religiosas de la Grecia! La Mothe, llevado por la parcialidad más insostenible, censura aquellos héroes y aquellos dioses, sin tener en cuenta que el poeta lo que hizo fue recoger las tradiciones populares para darles forma, como le objetó Fenelón, y como reconoció él mismo. Encuentra los dioses despreciables y pequeños, porque no crean, tienen nuestras miserias y enfermedades, médicos que los curen, etc., etc. «Los griegos, dice, debían estar en la imbecilidad de la infancia para conformarse con tales dioses.» Acaso es en esto en lo que tenga razón; más, de ello no debe argüirse contra el poeta. Éste vivía en una época de formación; y si algo se le puede notar, es por el contrario, que se adelantó un poco, y acercó a sus días aquellas costumbres y creencias.

Antes de entrar en otra cuestión relativa a la crítica, terminaré el asunto anterior extractando las siguientes palabras de Constanzo al hablar de Marcial: «Los defectos de los escritores, dice, deben mirarse siempre al través del prisma de su época, para no emitir juicios aventurados, atribuyendo a un autor culpas que no son suyas, sino de la moda, de una decadencia irremediable y de otras causas por el mismo estilo».

Pero la inmensa popularidad del *Quijote*, respondiendo, como la de la *Ilíada*, a la censura erudita, me relevaría de la réplica que pretendo consignar en esta obra, si no fuera porque lamentables descuidos históricos y filológicos, pueden hacer valer más de lo justo la crítica, por lo mismo que parten de los más recomendables autores que de ella se han ocupado.

La crítica es inferior al genio: ella es el enano que por sus formas intenta medir las de un Hércules; y el crítico no cuenta más que con el lecho de Procusto, o con la Constitución de los Meister Sanges (maestros poetas) de Alemania, que pretendieron someter las musas a su régimen y estatutos, de modo que era preciso tomar licencia o inscribirse para poder ejercer la poesía... ¡Así la crítica intenta contener el vuelo de la imaginación!

La crítica, sometida a leyes fijas, puede aplicarse a la historia, a las ciencias naturales y a las artes de imitación o elaboración de la naturaleza física; mas, no a la poesía, donde solo está bajo la jurisdicción de la razón y el gusto; y donde no hay cálculos matemáticos ni reglas preexistentes, por lo mismo que no se puede medir el grado en que se agitan las fibras del corazón ni los resortes del sentimiento. No se debe, pues, juzgar al poeta con ese espíritu filosófico que quiere, según un autor francés, analizarlo todo, tomar cuenta de todo, despojando así a la imaginación de todos sus derechos. Ese espíritu de discusión, esa sangre fría, tan contraria al fuego, al entusiasmo de la poesía y tan enemiga de todo transporte, de todo verbo, no debe ser aquí nuestra ley.

La crítica debe saber medirse: no debe traspasar los linderos de la época en que funciona, so pena de aparecer injusta o impotente. Si una obra se juzga fuera de las leyes que presidieron a su formación, no habrá exactitud en el juicio, quedando él inferior a ella, y faltando así a la buena fe o a la filosofía. Es ésta, y no la crítica, la que debe ir modificando y mejorando las costumbres y las preocupaciones sociales y los móviles literarios de las edades. La crítica la seguirá; pero debe ir menos apegada a ella que a los objetos juzgados, que son los elementos de su existencia y el cimiento de su creación.[9]

La crítica se funda y encierra en una constitución por su naturaleza pequeña y muy limitada, cuyas leyes son falibles y caprichosas como las voluntades de los hombres. Su legislación se basa en cosas naturales, comunes y conocidas. Ella se ha ocupado en extraer de las obras del genio las leyes que han estado a su alcance; y para ello ha martirizado a Homero, Virgilio, Píndaro, Horacio y demás príncipes de la poesía, genios que no se pueden medir, y que sin embargo los legisladores del arte han pretendido reducir a fórmulas precisas... Hay leyes universales, de que no puede prescindirse, porque están acordes con los sentimientos de todos los pueblos. Pero hay otras particulares, que dependen del gusto de cada uno: las pasiones, por ejemplo, se expresan de distinta manera en ellos y pertenecen a la legislación particular de la literatura; no a la general. En los mismos países de la Europa moderna vemos cualidades diversas, que piden diversas

---

9   Por no tener en cuenta dichas consideraciones, es que casi todos los críticos modernos han falseado en sus críticas de los autores antiguos: por eso es que Boileau rebaja el mérito del Ariosto; y, refiriéndome a Cervantes, es por eso que Salvá hace aparecer ante su opinión como más perfectos el plan y el estilo de *Persiles* que los del *Quijote*.

manifestaciones literarias. La dulzura de la lengua italiana, se insinúa admirablemente en sus autores: la pompa de palabras, las metáforas y la majestad en el estilo son el carácter general de los españoles: la fuerza, la energía y el atrevimiento son propios de los ingleses, que aman demasiado las alegorías y las comparaciones: los franceses se diferencian en la claridad, la fuerza, la exactitud y la elegancia. Y ya sabemos que las lenguas son formadas sobre elementos naturales, cónsonos con la constitución de los pueblos, como los climas, las costumbres, la fuerza varonil o la rusticidad, la blandura, etc., etc.

Después de las anteriores consideraciones es fácil ver la ineficacia de la crítica ensayada hasta ahora sobre el *Quijote*. En primer lugar ella no se ha trasportado realmente a la época del *Ingenioso hidalgo*; lo que se prueba con la censura de circunstancias esenciales, perfectamente bien manejadas allí, y de giros de lenguaje y estilo de que no ha podido prescindir el autor de la inmortal novela. En segundo lugar, dicha crítica adolece de descuido al usar la razón y la erudición del día para juzgar una razón y una erudición anteriores, más confusas, más imperfectas y menos fijas, —al menos en el terreno literario.[10] Si hoy las pasiones hablan mejor idioma; si la crítica ha encontrado mejor razón en sus investigaciones; si hay más sencillez en el pensamiento, más naturalidad en el estilo y precisión en el lenguaje, en ello mismo me fundo para confirmar mi creencia en el descuido filosófico de la crítica de Cervantes.

El *Quijote* solo es puro y completo como lo concibió su autor; pero la innumerabilidad de variantes y modificaciones que se le han hecho, han presentado en él un todo inadmisible, una obra que a cada paso se separa de las cualidades del fin propuesto por su autor y que hace «ver en Don Quijote lo que Don Quijote no es», como lo declara aquél en el *Buscapié*, a propósito del caso, y adivinando lo que iba a sucederle.

En esto fue más feliz Homero; pues aunque ha sido revisado varias veces, no consta que se le hayan hecho variaciones de monta. Es cierto que Aristarco corrigió las copias anteriores; pero fue para dar su verdadero valor al vate, despojándolo de algunos versos que falsamente se le atribuían, señalando otros dudosos y agregando algunos necesarios para la

---

10   Es esta crítica la que debe desecharse para reivindicar el teatro español de los siglos XVI y
        XVII, tan desconocido y mal juzgado.

inteligencia del texto; si bien lo hizo con el cuidado de marcarlos para que lo supiesen los lectores, así como lo habían hecho Andrónico de Rodas y Alejandro de Afrodisea, y como en el siglo XVI hicieron con Aristóteles los sabios españoles.

Terminaré este breve cotejo de los dos insignes autores con una brevísima reflexión sobre el resultado y la influencia de sus obras.

Así como Homero se colocó entre el Oriente y el Occidente para levantar una barrera eterna que separase de la vaguedad misteriosa de las religiones asiáticas, las divinidades tan variadas, pero de una fisonomía más marcada, que poblaban el cielo de la Grecia; y así como su escena señala el límite entre la Europa y el Asia; así Cervantes se colocó entre la Edad Media y la Edad Moderna, es decir, entre esos dos mundos, sombrío el uno, incierto y lleno de confusión, y el otro lleno de claridad y fijeza, con su razón y su soberanía popular por cimiento. Homero saludó la era de las artes, del vigor físico y de la fuerza moral, y preparó el mundo griego a las conquistas del valor y de la inteligencia. A la presencia de Cervantes desaparecen las concepciones de la mitología monstruosa de la Edad Media, con sus enanos, duendes, trasgos y gigantes; y se queda sin vida y sin aliento esa literatura ridícula que los prohijaba. La luz del arte y la acción de la inteligencia se abrieron para dar paso a la figura sublime del escritor alegre, delicia y honor del género humano; cuya obra es el heraldo de la razón y del buen gusto; palenque del sentimiento y antorcha de la verdadera poesía.

Un rasgo más sobre Cervantes. Conocedor profundo de la ley del progreso y de la perfectibilidad, veía que los pueblos no retrogradan y que es un error de lesa Providencia resucitar prácticas añejas y volver a tiempos ya cubiertos con el sudario de los siglos. Pues bien: él hizo imposible la rehabilitación de la Edad Media, que se quería resucitar, como se verá en el curso de esta obra, y ridiculizando sus figuras, hizo volver los ánimos hacia el presente y el porvenir y entrar en el movimiento general.

No es detenidos en la senda material y ordinaria de la composición artística, como debemos juzgar a Cervantes: es más allá; es en el mundo moral, en la escuela de la regeneración; en esa senda donde el autor sublime se colocó y adonde pocos han subido, porque parece que él cerró el paso para que nadie entrara a profanar su maravilloso cuadro... De consiguiente, juzgarle por las medidas comunes es querer someter el espacio infinito a los cálculos matemáticos.

Porque los hombres no comprendan el sistema del Universo; porque el vulgo de las gentes no conozca las leyes convencionales de la Creación; porque el salvaje vea con indiferencia, y el ateo con desdén y como inútil, una quiebra, una montaña, o un pradecillo; porque el niño no alcance la armonía de la naturaleza... ¿hemos de acusar de error a la Providencia y echarle en cara lo que es solo efecto de nuestra ignorancia?

Dejad a Dios el cuidado de corregir la naturaleza... Dejad a Cervantes el de corregir el *Quijote*...

Éste forma el inmenso paisaje, el panorama del mundo, donde se presentan al viajero ora un llano, ora un monte, ya una iglesia gótica y un cementerio, ya un lago, un torrente y un aprisco y demás componentes de la naturaleza, en su mismo bello desorden, en su armonía singular y en su forma grandiosa, que no puede alcanzar el ojo del artista mediocre.

¡Embarazosa es la situación del crítico, y más aun la de los críticos del *Quijote*! Desde una pequeña eminencia han creído dominar aquel inmenso panorama... No han entrado en el plan de Cervantes; y por eso se han empleado en hechos aislados, cuyo engarce en la máquina general no han explicado; y si me fuera permitido extenderme en este asunto delicado, citaría las palabras de D'Alembert en la defensa de El espíritu de las leyes, obra que tiene más de un punto de contacto con la que me ocupa, y que fue acremente atacada por algún crítico envidioso: «Lejos de haber entendido, dice, los lugares que atacaba en este libro, ni siquiera ha comprendido el crítico cuál es la materia que en él se trata; y así, declamando al aire y peleando con fantasmas, ha alcanzado unos triunfos de la misma especie. Verdad es que ha criticado el libro que tenía allá en su cabeza, pero no el del autor».

Este último período presenta la historia de la crítica del *Quijote*; y de él podemos pasar a la anterior frase en bastardilla, y hacer ver que el héroe del libro refleja en su noble propósito, el de sus censores... Don Quijote se forma un mundo donde no caben las pasiones bajas, los entuertos ni las fuerzas que adulteran y rebajan la sociedad; pero, desconociendo el mundo real, ataca estos puntos donde quiera que los encuentra, y por eso pelea con fantasmas y tira tajos al aire, buscando la perfección social. Al revés la crítica, pero con el mismo sistema, ve ante sí un palenque que no es el que trazó Cervantes; y hallando algo que no cabe en él lo raya, lo separa y ve fantasmas y gigantes donde solo hay molinos y seres naturales para aquel autor insigne.

Empero la crítica ha hecho un gran bien al *Quijote*; y el autor de este libro tiene que agradecer un beneficio a sus censores, que, además, han echado las primeras piedras sobre que se funda el verdadero comento de la inmortal novela. Ésta, respecto a la crítica, ha seguido el camino de todas las verdades de la humanidad y del progreso; el mismo camino de la doctrina y civilización cristianas, fundamento de las grandes verdades y escena de la acción del *Quijote*. Dicha doctrina y civilización salían más esplendentes, más purificadas, cada vez que aparecía un herético o un falso reformador; pues, a favor de las luchas sostenidas por la inteligencia, se desarrollaban sus ideas y tomaban cuerpo sus verdades.

Sin los trabajos hechos sobre el *Quijote*, aún permanecerían oscuras las tradiciones y los usos de aquel tiempo, que hoy ya se han puesto al alcance de todos los lectores del libro; y esta obra, que sigue todas las sendas del corazón, cuya imagen refleja en todas sus páginas, ha sido estudiada y esclarecida en sus lugares más oscuros, hasta el punto de no chocar la antítesis o paradoja que solo el gran genio complutense ha podido sostener; es decir: sobre un fondo puro y esencialmente grave y melancólico se ve resaltar un baño de risa y de ridículo.

Cervantes tiene la primacía entre los escritores españoles, por la elocuencia y facilidad del estilo, por la pureza del lenguaje y por su fantasía y elevación raras. Pero es necesario leerlo en su propio idioma, en la forma que él estampó, para poder llegar a aquel grado de gusto y admiración, que no se conservan íntegros cuando se pasa del modelo a las formas falsificadas que se nos ofrecen con frecuencia.

La literatura, como la expresión de los sentimientos nacionales, es el espejo de una época; allí es adonde debemos ir a buscar la fisonomía de ésta. Pero no empañemos su cristal, y cuidémonos de respirar siquiera en su tersura: cuidemos de no alterar su superficie ni las molduras y florones que rodean el marco: que todo eso es bellísimo y significativo en él, como las proporciones y los árboles de un jardín feudal, como las toscas rejas de una gótica abadía. La finura y el gusto de una época sustituidos a la sencilla cubierta de otra forman un anacronismo chocante, donde no podemos ver la expresión literaria de ninguna de las dos.

Así como la literatura es el reflejo del carácter nacional, es el lenguaje como la luz que da imagen al espejo, ser a la representación.[11] El lenguaje, don especial de la Providencia concedido al hombre, es en los idiomas, y más aun en los sintéticos, lo que da fisonomía y carácter a los pueblos; es un elemento de su ser: y, preguntad al químico qué resulta de un compuesto si se hace abstracción de alguno de sus componentes; y más de un agente tan esencial, como son las lenguas, «primer escalón de las ciencias y camino de las letras humanas».[12]

Es el lenguaje, pues, uno de los puntos que más deben respetarse en un autor, y en el cual ha sido más desgraciado Cervantes al pasar al través del prisma de la crítica; pues, como dice un autor español, «en España por regla general, se han empleado los literatos en aplicar la cronología y la sintaxis a la obra inmortal de Cervantes, plagándola de notas, adiciones y comentarios que han puesto de manifiesto la erudición y paciencia de los glosadores».

Que la crítica ha sido insuficiente o falsa, lo discutiré en el curso de la presente obra (Partes 2.ª y 3.ª); y que adolece de ligereza, se ve claro por el hecho de no haberse consultado bien algunos de los documentos históricos del *Quijote*, y desechado otros, necesarios todos para las consideraciones del caso.

Me detendré algo en este último punto para hacer patente lo aseverado.

Mil descuidos se tachan en el *Quijote*, que no han sido examinados con buen criterio para conocer si entran o no en la calificación asentada. Oigamos respecto a algunos de ellos lo que dice el excelente Hartzenbusch, quien ha presentado una nueva luz para la crítica del *Ingenioso hidalgo*:

He dicho ya que el año de 1605 la hizo (la edición) y la repitió Juan de la Cuesta, impresor de Madrid. Hay, pues, dos ediciones de la Primera Parte del *Quijote*, impresas por Juan de la Cuesta, las dos con la misma fecha de año; la Real Academia Española conserva ejemplar de la una y la otra, de los

---

11   En la 1.ª Parte de esta obra se tratará con más extensión esta materia, tan discutida hoy, y que no debiera serlo para honor del ingenio moderno.

12   Cervantes: *Quijote*, Parte 2.ª, capítulo XVI.

34

cuales nos hemos valido: ¿cuál es la edición primitiva de la Primera Parte del *Quijote*? La que designó como tal el eruditísimo don Vicente Salvá en el curioso artículo que titula: ¿Ha sido juzgado el Don Quijote según esta obra merece? La que por tal declara el insigne Brunet en su Manual del librero; no la que generalmente creyeron primitiva muchos que se ocuparon de ilustrar el *Quijote*. Una de estas dos ediciones tiene fe de erratas, con fecha 1.º de diciembre de 1604; la fe de erratas de la otra carece de fecha; en la portada de la una se lee un renglón, que es el antepenúltimo, formado con estas solas dos palabras: con privilegio; en la otra, la línea antepenúltima de la portada varía, diciendo, con privilegio de Castilla, Aragón y Portugal, y a la 5.º página trae uno, escrito en portugués, firmado a 9 de febrero de 1605. Es indudablemente la primera edición de la Primera Parte de Don Quijote la de 1605 de Juan de la Cuesta, cuyas erratas se hallan corregidas en 1.º de diciembre de 1604, y se publicó sin más privilegio que el ordinario de Castilla: el correspondiente a los reinos de Aragón y Portugal se obtuvo dos meses después, para detener, aunque tarde ya, las ediciones de Lisboa y Valencia, perjudiciales al que obtuvo de Cervantes la propiedad de su manuscrito, que se dice haber sido Francisco de Robles, librero del rey.

Otra edición de esta Primera Parte hizo Juan de la Cuesta... en el año de 1608, cuando ya residía en Madrid Miguel de Cervantes: hay, pues, tres ediciones de Juan de la Cuesta, de cuya oficina se sirvió Francisco de Robles para que le imprimiese la Primera Parte del *Ingenioso hidalgo*; son estas tres las ediciones fehacientes y como oficiales del *Quijote*: las tres ofrecen muchas y curiosas variantes; hay que examinar las tres para hacer una buena. Principié a registrar la de 1605 (impresa ya, según la fe de erratas, a fines de diciembre de 1604), que de seguro es la primera, y me cansó desde las primeras páginas, porque, de las tres, es indudablemente la peor. Algo hallaba, sin embargo, que aprovechar, cuando llegando al capítulo XIX, donde se cuenta la aventura del difunto que llevaban a sepultar a Segovia, tropecé con unas palabras nunca vistas en las demás ediciones antiguas ni en las modernas: palabras de las cuales hube de inferir que se había impreso un trozo del capítulo fuera de su lugar, dando con ello a los críticos ocasión de entender que era de Cervantes una grave equivocación allí cometida, que no pudo ser suya. Noté con asombro más adelante,[13] que la pérdida del asno de Sancho Panza, o el robo del rucio tantas veces echado en cara a su autor (porque después que se le quitaron a Sancho y antes que le recobrara, se cuenta que iba montado en él), noté, digo, que la noticia de tal suceso de ningún modo aparecía: en efecto, en la primera edición, ni hay robo de rucio, ni hallazgo de rucio, y sin embargo, de la noche a la mañana, Sancho se halla sin rucio, y Cervantes declara en la Segunda Parte de su obra (y hasta hoy creíamos equivocada la cita) que aquello no había sido falta de memoria del autor, sino culpa de los impresores. Más adelante, en el capítulo XXVI, di con unas líneas que tampoco pasaron a las ediciones posteriores.

Vese por esta utilísima disertación, que en general ha habido ligereza en los fallos que se han dado sobre estas incorrecciones y otras por el estilo, o menores, que abundan en el *Quijote*, según los eruditos.

Idéntica disertación a la del sabio Académico sobre algunos puntos de la Primera Parte, pudiera hacerse sobre otros de la segunda, en vista de un documento importante que ha llegado a mis manos. Es una edición, hasta ahora desconocida para mí, de dicha Segunda Parte, que trae notables curiosidades para la historia de la obra. Tal documento, desconocido de los críticos, por las observaciones que después se verán, es sin duda la segunda edición, o al menos, simultánea con la que por tal se tiene, impresa en Valencia en 1616. Alguna presunción tuve de que fuese la 1.ª edición; mas, observándola cuidadosamente y valiéndome del historial de las variantes, vi que no podía serlo. No trae año de fecha, ni lugar en la portada, ni en otra parte alguna. No es la 1.ª edición; porque, además de la variante del título (que la Academia y los eruditos suponen hecha en la edición de Londres 1738),[14] trae otras (que también se atribuyen

---

13   Aquí llamo la atención del lector.
14   Hasta ahora se ha creído que la variante del título se había hecho en 1738, en la edición hecha en Londres, precedida de la «*Vida de Cervantes*», que por primera vez se escribió, y la hizo Mayans a petición del barón de Carteret (publicada en Madrid en 1737, y posteriormente varias veces). La edición de La Haya en 1744 sigue esta variante, y lo mismo otras ediciones. El título verdadero y primitivo es «El *Ingenioso hidalgo*, etc.», y la variante es: «Vida y hechos del *Ingenioso hidalgo*, etc.», lo que no conviene de ninguna manera, pues siendo la obra una novela o poema que solo dura 165 días, según el cómputo de don Vicente de los Ríos, es claro que a este término no puede reducirse la vida de Don Quijote. Ya he dicho

equivocadamente a la citada edición y a algunas siguientes).[15] La edición de que me ocupo no es la de Valencia (lo que a primera vista pudiera conjeturarse), porque le faltan algunas variantes de ésta.[16] Sobre todo me llamó la atención la circunstancia de haber encontrado idénticos el trozo de la 1.ª edición y el de la que vengo examinando, en que se habla de la descendencia de los duques de Ferrara, comenzada en Rugero; trozo que suprime la de Valencia y lo mismo todos los editores posteriores, sin mayor discernimiento. No es esta edición conocidamente posterior a la de Valencia, porque, a serlo hubiera aceptado algunas variantes de ésta que manifiestan algún examen y criterio, y que están en igual caso que otras que se encuentran en ella. Es, pues, anterior a la de Valencia o simultánea con ella, hecha en alguna provincia distante. Pero lo que más me llamó la atención y confirmó mis ideas, fueron las poesías que están al principio de la 2.ª parte de dicha edición,[17] versos que yo no conocía y que nadie ha citado, y que se leerán en su lugar.

La presente obra será dividida en tres partes. En la primera presentaré mi juicio sobre el *Quijote* considerado bajo la triple faz, moral, social y literaria, y su influencia en la civilización. En la 2.ª entraré a examinar la ligereza con que se han hecho ciertas censuras a la fábula de la inmortal novela. En la 3.ª me ocuparé de un trabajo igual respecto al estilo y len-

---

que esta variante entra en la edición de que vengo hablando, desconocida para mí y sin duda para los críticos de Cervantes.

15   Como la palabra espalder, de que hablaré en la 3.ª Parte de esta obra, que los críticos atribuyen a la citada edición de Londres.

16   Como la palabra ventiera, que está dos veces escrita así en la escena en que los compañeros de Roque sorprenden a Don Quijote (capítulos L y X), y que la edición de Valencia corrige, poniendo ventrera, cosa distinta, por más que Pellicer asegure lo contrario y diga «que por error se puso ventiera en la primera edición»; y por más que Clemencín juzgue lo mismo y ponga ventrera en su edición. Ventiera es «especie de cartera o bolsa que se asegura al cinto o ceñidor»; «un escuero para cargar comida, etc.», ventrera es «faja que se pone al vientre ceñida y apretada». En el caso presente, Sancho no podía llevar escudos en una ventrera sino en una ventiera.

17   Por más diligencias que he hecho no he podido conseguir la primera mitad de dicha edición. Parece que fue impresa en dos libros separados, pues la parte que tuve trae portada y principia por la página 1.ª Este libro se perdió en el naufragio del humanista doctor Larrazábal, a quien pertenecía [El doctor Felipe Larrazábal (1873) murió, al naufragar, en noviembre de 1873, el vapor «Ville du Havre», que lo conducía a la ciudad de Nueva York, a donde se dirigía para ocuparse de la publicación de la Correspondencia del Libertador y de sus propias obras completas, entre otros materiales].

guaje del libro, deteniéndome un tanto en cuestiones históricas y filológicas, enojosas, acaso para el lector curioso, pero útiles para la historia
de nuestra riquísima lengua, y en particular para el grande ingenio de
Cervantes.[18]

Como sería inútil y dilatado seguir paso a paso todos los autores que han
escrito sobre la materia, me contentaré con dar a conocer los principales; y
aun de ellos solo me detendré en las censuras que den a conocer el espíritu
de la crítica y las armas esgrimidas por los correctores del manco ilustre, del
caballero soldado, a quien la gloria ha armado de una coraza impenetrable,
como para vengarlo de las injurias de su época y de las ingratitudes de sus
contemporáneos.

Pidiendo indulgencia y favor para el presente trabajo, nacido de mi admiración por el grandioso monumento de la más bella de las lenguas vivas,
entro con tímido esfuerzo en un mar proceloso, donde acaso habré de
encallar, puesto que expertos y alentados pilotos han pasado por la prueba
y corrido la desgracia por mí prevista.

---

18 Un ejemplo anticiparé. La metafísica, los concetti, el petrarquismo, los retruécanos, juegos
de palabras y de pensamiento, el artificio, etc., eran papeles obligados en las obras de aquel
tiempo: es, pues, una inconsecuencia censurar estas cualidades en Cervantes (atiéndase a
lo dicho sobre la crítica) y tacharla, en los discursos de Dorotea, Marcela, Cardemio y otros
personajes del *Quijote*; y más si se atiende al propósito de esta obra. De todo esto me ocuparé en la presente. Basta leer cualquier documento del tiempo de Cervantes para convenir
en la profusión de aquellas cualidades. Lo mismo digo respecto a la fábula, episodios, etc.,
etc., donde creo hallar bellezas en lugar de descuidos.

Parte primera

Juicio sobre el libro de Don Quijote

Dejad, Nereidas, del albergue umbroso,
Las piezas de cristales fabricadas,
De la espuma ligera mal tachadas,
Si bien guarnidas de metal precioso:

Salid del sitio ameno y deleitoso,
Dríadas de las selvas, no tocadas;
Y vosotras, oh musas celebradas,
Dejad las fuentes del licor copioso.

Todas juntas traed un ramo solo
Del árbol en quien Dafne convertida
Al rubio Dios mostró tanta dureza:

Que cuando no lo fuera para Apolo,
Hoy se hiciera laurel, por ver ceñida
De Miguel de Cervantes la cabeza

Fernando de Lodeña

Capítulo I. Ojeada general sobre el Quijote

Este libro es el comento de la historia humana. Su universalidad alcanza a todas las épocas, su grandor abarca todas las acciones y su colorido se refleja en todas las figuras, desde el más eminente potentado hasta el ser más despreciable e invisible, desde el sabio hasta el indocto y desde la más encumbrada hipocresía, hasta el interés más bajo y humillante. Es, en una palabra, el cuadro sintético de la vida y el análisis de la humanidad.

No es solamente la historia política la que entra en su plan y se pone al alcance de su filosofía: es también la historia social, el drama y la novela; es decir, el mundo real y el fantástico en toda su extensión. No es únicamente aquella historia adulterada y cubierta de sombras, donde se cuentan solo las virtudes de los grandes y las faltas de los pequeños; esa historia escrita con la sangre y el sudor de los pueblos para halagar las bajas pasiones de altas categorías;... esa historia lisonjera y brilladora, adornada con todas las galas de la imaginación, con todos los atavíos del arte y con todos los esfuerzos del talento: no. Es la historia imparcial y verídica; la historia real de los grandes y de los pequeños, de los sabios y [de] los ignorantes, de los cuerdos y de los locos: la que no adula a los unos ni deprime a los otros, para satisfacer vanos o criminales deseos: ... que no ladra contra el honor, ni da incienso a la bajeza. Ésa es la que forma el plan y el fondo del *Quijote*, de ese ente moral que vino a señalar y descubrir aquellas culpables divisiones y a delatar las faltas y las debilidades del hombre; así como vino después el Telémaco a hablar a los pueblos y a los reyes en nombre de la Providencia.

Ésta dicta las escenas de la historia, de ese libro inmenso donde ha de formarse el gran proceso de los acontecimientos humanos y esclarecerse el juicio de las generaciones justas, que sobre él han de fallar en nombre de la moral y la inocencia. Pero el hombre tuerce la pluma, se hace el sordo, y solo escribe páginas engañadoras, páginas que hacen un héroe de un bandido, un hombre honrado del que es falsario y un traidor del buen patriota.

Es, pues, bajo este punto de vista que debe ser ante todo considerado ese gran libro, que vino a poner de relieve los secretos de nuestras flaquezas y la moral del Evangelio; esa moral que las naciones ocultan en el misterio de las antecámaras y los hombres en el abismo de sus corazones, para que yazga allí sin calor y sin vida... en tanto que la virtud farisaica y la licencia desenfrenada son los heraldos y garantes de su fidelidad; esa moral que llena los libros, y que solo el *Quijote*, entre los héroes humanos, ha practicado, y hecho practicar a su único y verdadero amigo, al solo que no le era desleal ni desagradecido; esa moral, en fin, que en este nuevo triunfo hizo ver una vez más que la honradez y la perfección social no son privilegio de clases ni jerarquías.

¿Qué héroe, qué capitán, qué protagonista de novela o comedia, no tiene puntos de contacto, y aun de parentesco, con el ilustre hijo de la Mancha ¿Qué título, qué dueña, paje o poetastro, no tiene que hacerle la venia con desprendimiento y cortesía? ¿Qué injusticia, qué intriga de tribunal, qué adulación o ridiculez, no refleja su imagen en las hojas de ese incomparable libro? ¿Qué desventura, en fin, qué falsía, qué escena de amor, no ha de ir a hacer compañía y llanto a aquellos tristes que buscan la de las estrellas blandas y la de las peñas duras?

¿Quién, al ver un militar fanfarrón, caballero en su rocín y al cinto la tizona, no lo señala con el dedo y dice: «ese... o no conoce al *Quijote*, o si lo conoce lo imita»? ¿Y quién, al ver un asno humilde y pensativo; o un letrado de esos muchos que por ahí se usan, encajando latines y refranes como llovidos, no hace grata y risueña reminiscencia del gran Sancho y su inseparable rucio? ¿Quién, al recorrer la escala de los seres sociales, de sus compatriotas, de sus vecinos, no dice: «ése es tal o cual figura; ése el loco Neptuno, ésa la Grijalva, ése el Bachiller o el Canónigo de los duques», y demás lindezas que se le ocurran, y que no dejará de ver en los días que viviere? ¿Quién es aquél que en sus ratos de ocio y complacencia, cuando gravemente piensa en su figura, en su primer papel de galán, de matachín, y aun de cuerdo y razonable, no ve de improviso delante de sí la emblemática figura de Don Quijote, adusto y estirado, que viene a pedirle cuenta de sus ideas estrafalarias?

¿Qué escritor paniaguado y prevaricador del lenguaje, qué traductor desatentado; poeta relumbrón o venal, qué gracioso insípido o qué estúpido panegirista, no ha de ver a su presencia la del siniestro Hidalgo, con el brazo levantado y en la mano la férula? Y finalmente, ¿qué truhán mentecato, qué arbitrista mañero fastidioso, o qué gobernador mal nacido, no oye zumbar en sus oídos las represiones y los consejos del honrado Don Quijote?

Nadie es grande para su ayuda de cámara, ha dicho no sé quién y no sé dónde: pero es lo cierto que tal dicho revela una alta filosofía. En efecto, la vida pública es, puede decirse, una farsa, una medalla, cuyo reverso es la vida privada, donde el hombre se despoja la vestidura del papel que representa en la sociedad. ¿Qué ayuda de cámara no ve entonces en toda su deformidad la de su señor, desnudo de los oropeles del teatro, sin máscara, sin el yeso del rostro, sin la tintura de los bigotes, sin los trancos levantados, y sin la gravedad y las ceremonias serviles que son el símbolo más patente de la flaqueza humana y los papeles obligados del cortesano? ¿Qué ayuda de cámara no ve entonces los puntos de las medias, que son las ridiculeces que oculta el fingimiento? ¿Quién no ve entonces a las espaldas del señor el cartel de la cifra del *Quijote*? ¿Y qué hombre, para terminar, no es otro en las tablas, si, cediendo a las preocupaciones sociales, tiene que reír cuando lleva un áspid en el seno, y llorar y hacer pucheros cuando el contento retoza en su espíritu; a la manera de aquellos dos filósofos[19] que iban al templo a rendir adoraciones a lo mismo de que en su interior se burlaban?

Pues bien: Don Quijote es el ayuda de cámara de todos los hombres y el consueta, si se quiere, de la comedia o tragedia que representan. El está presente a todo, como la imagen del espejo que tenemos delante, como la sombra que proyecta nuestro cuerpo en el muro: nada se le escapa, nada desatiende, y sigue todas las debilidades, todas las intrigas de los actores, repitiendo sus palabras y ademanes, para que no se pierdan; asiste a los salones, a las cortes, a las plazas y a las calles; ve y contempla las cortesías, las monadas y las falsas promesas o las promesas leales de engañadores y engañados... Todo lo acepta, lo contesta todo, como discreto y cortés; y, ya en figura real y efectiva, o ya como ente moral, todo lo consulta, dando cuenta de ello al tribunal de la razón.

Este libro, es, en consecuencia la historia, la comedia, la epopeya de la vida humana; y abraza lo visible y lo invisible; digo, lo escrito y lo no escrito. Hay más: él conjura todas las preocupaciones y avanza con las edades, siempre delante, presente a todas las acciones, como la sombra

---

19   Sócrates y Anaxágoras.

de Demócrito, que, saliendo de entre los sepulcros de Abdera, viene a reír de las locuras de los hombres.[20]

No es el *Quijote* una vana copia de las acciones humanas, una estéril crítica de nuestros vicios y pasiones. Es más: él llena el verdadero, el más elevado fin de la poesía; y es por esto que nunca será viejo y sí siempre nuevo en las sociedades: corrige, tiende a mejorar el ser racional, encaminándolo por la senda del honor, de la hidalguía y de la libertad; así como la poesía debe mejorar lo real, revestir la verdad de bellas formas, ennoblecerla, para que se presente halagadora al corazón y a los sentidos, desdeñando, empero, las monstruosidades y las bajezas de la naturaleza moral, así como las artes plásticas desdeñan las de la naturaleza física, que son, éstas y aquéllas, excepciones ajenas de la Estética. No debe la poesía pintar el mundo tal cual es, sino como debe ser;[21] no debe ser el espejo fiel de la sociedad, como para uno de sus ramos, el drama, lo consigna Víctor Hugo; porque entonces no correspondería a su fin, que es, como he dicho, encaminar las naciones, perfeccionarlas y apartarlas del estacionamiento y sus errores.[22] Si la primera ley de las artes es la imitación de la bella naturaleza, esto se entiende en la naturaleza física, y salvando las excepciones atrás mencionadas: no en la humana, que no es como debe ser; que está caída, degradada, y no llena la misión a que la destinó el Eterno. He aquí el más noble fin del arte del poeta: rehabilitarla y darle su

---

20   Esto es lo que no dedujo el célebre La Harpe cuando dio por causa de la indiferencia con que algunos (¿quiénes?) leen el *Quijote*: «el inconveniente de las obras que solo pintan al hombre por un lado ridículo», y agrega: «por más mérito que tengan siempre son inferiores a aquéllas que pintan el hombre de todos los tiempos y de todos los lugares».
     ¡Qué! ¿No es esto último el vivo reflejo de la obra del *Quijote*? El héroe es ridículo por un lado (tratándose de la caballería), o más bien, es loco solamente por esa parte; y es esto acaso lo que llevó al crítico a avanzar esa peregrina idea. Pero no hay un lado ridículo del hombre que no se refleje en la obra: y es eso lo que le hace conservar la inmensa popularidad a que no ha llegado en los tiempos modernos ninguna obra literaria.
21   Así lo reconoció el mismo Aristóteles.
22   «El poeta puede contar o cantar las cosas no como fueron, sino como debían ser.» *Quijote*, Parte 2.ª, capítulo III: «Sigue la inspiración, no imites», hace decir a Cervantes don José Bermúdez de Castro en su novela Los dos artistas. Habría expresado mejor la noble idea que dejó sentada, interpretando justamente el alma elevadísima del inmortal novelista, si, como se concretaba a un punto en que debe imitarse la naturaleza física, y por tanto ajeno de su dicho, hubiera extendido la idea a las artes que se relacionan más con la naturaleza moral en su mayor perfección, como son las puramente poéticas.

esplendor y su dignidad primordiales. Para ello usa, lo trágico y lo cómico, haciendo horribles los crímenes y ridículos los vicios, aumentando, agravando las circunstancias de cada uno, y haciendo triunfar la racionalidad aquí y la virtud allí. En estos géneros entran el drama, la comedia, la sátira, la novela, la epopeya, que los abraza a todos,[23] la lírica, que es la primera escala de la poesía, y que no es arte, ni ciencia, sino intuición, sentimiento, naturaleza, resuelto todo esto en los raptos del entusiasmo por lo grande y por lo bello.[24]

El objeto de la historia es ser el espejo del mundo real, en su superficie: el de la poesía es penetrar en el corazón, en el fondo de la sociedad: o en otros términos: la poesía, en su expresión más alta, es el alma de un ser cubierto por la corteza de la historia. De aquí se deduce que ésta no debe ocultar ninguna acción real que interese a la verdad:[25] en tanto que la poesía no debe ocuparse de las acciones que no le pertenecen. Si una acción es heroica y de sentimiento, pertenece a la historia y al poema; pero si es baja, solo pertenece a aquélla.[26] También pudiera agregarse que, así como todas las acciones verosímiles son históricas, no todas las históricas entran en el terreno de la verosimilitud literaria, que es la cualidad que hace racional un hecho. Me explicaré: una acción puede haber sucedido, y ser tan extraña, tan fuera de lo común, que se haga rechazable o dudosa: en este caso no se la debe hacer salir de la jurisdicción histórica, porque si en ella entra con dificultad, en la fantástica es ridícula y enojosa.

---

23 No es nueva esta alta idea: Platón la consignó en su diálogo titulado Ión [You, en el original], aunque exagerada, como lo hizo con todas las que recogía en la filosofía y en la ciencia, revistiéndolas su genio poético de aquella elocuencia que lo hizo llamar el cisne de la filosofía (no se si con alguna oscuridad en la idea), y por lo cual decía Cicerón que si los dioses quisiesen hablar la lengua de los hombres sin duda escogerían la de Platón. ¡Digno homenaje de un sabio a otro sabio!

24 «Y el historiador las ha de escribir (las cosas) no como debían ser, sino como fueron, sin añadir ni quitar a la verdad cosa alguna», *Quijote*, Parte 2.ª, capítulo III.

25 Esta ley deberían tenerla presente todos los poetas, especialmente los dramáticos.

26 Esto está basado en estas palabras que se leen en el *Persiles*, libro III, capítulo XVIII; «que no todas las acciones verosímiles ni probables se han de contar en las historias, porque si no se les da crédito pierden de valor: mas al historiador no le conviene más de decir la verdad, parézcale o no».

Capítulo II

Dos cosas han venido desde los primeros tiempos trabajando contra el desenvolvimiento del progreso y oponiéndose a su gradación ascendente. Estas son las idolatrías y el fanatismo, nacidas aquéllas de las falsas interpretaciones que se han dado al lenguaje simbólico, y éste de las demás creaciones que de allí se desprendían y daban al espíritu el embrutecimiento y el pavor que conducen de un extremo al otro contrario. Las figuras jeroglíficas, representativas de las necesidades de los pueblos y de sus relaciones con las verdades físicas, con el orden astronómico y con los fenómenos atmosféricos y agrícolas, fueron mal traducidas y luego aplicadas a otros usos, según las modificaciones de sus raíces, agregándoles otros símbolos, transformándolas, etc., hasta llegar a hacer un sistema incomprensible y monstruoso que, pasando de los seres inanimados a los animados, y dándoles individualidad real, hizo creer que el símbolo era en efecto el mismo objeto venerado; de allí resultó que se divinizaron las piedras, los cocodrilos, gatos, cebollas, etc., y se pasó al politeísmo animado, adorando los seres humanos que les representaban una cualidad que al principio solo había sido un símbolo, una circunstancia del fenómeno que observaba y que aplicaba a tal o cual personaje sobresaliente en la guerra, en el arte o en la ciencia. De aquí nació, como dije, el fanatismo, monstruo fatal al espíritu y abortador de otros monstruos que llenan de temor y de tinieblas a los incautos humanos, sustentando su existencia por medio de preocupaciones y de esas negras ideas en las épocas de oscurantismo.

Si el primero de los dos males últimamente mencionados cae en el panteísmo, el segundo puebla la naturaleza de esos absurdos, de esos entes que turban la imaginación y entorpecen el camino de la luz y que tanto influjo han ejercido en las literaturas, constituyendo el principio de sus mitologías, de su maravilloso o máquina poética, y de consiguiente entorpeciendo los pasos del genio y de la imaginación. Todos esos seres anti-racionales o antifísicos, son, pues, el alimento del fanatismo y de las ideas terríficas de los hombres. Ellos mantienen el estacionamiento y el pavor que humilla la atención racional y el noble aliento del alma en la vía de su desarrollo. Y de aquí resulta naturalmente que la fantasía mantenedora de esos abusos del genio, conspira contra la ley del progreso: y de aquí tan bien que la idea regeneradora y católica, ha debido ver con desconfianza esa labor de la imaginación que, si ha impelido la cultura y revestídola de agradables formas, no ha dejado libre vuelo a las conquistas del entendimiento; porque, repito, la misión de la poesía es civilizadora, y para esto debe revestir la verdad de bellas formas, sublimar el sentimiento, enaltecer la ficción racional, que ha de hablar al corazón y a los sentidos con el lenguaje puro de la naturaleza, acercando esas verdades a la verdad eterna, a Dios, modelo sublime de los poetas y de los artistas: artista inmenso que habla en los huracanes, en los mares, en las brisas y en las fuentes, verdades más bellas que las más puras creaciones de la humana fantasía.

Capítulo III

He aquí por qué era preciso destruir esos seres alimentadores del fanatismo, y esas ficciones que aprisionaban en un círculo de hierro la imaginación asustadiza de los lectores y la fantasía de los poetas. Todos contribuyeron al mal: todos debían regenerarse; y era el mismo mal el que debía curar sus efectos. La razón era impotente: el juicio flotaba a la merced de los vientos, desde que Pandora fue llevada por la dañina curiosidad, como la Eva de las tradiciones bíblicas; y el alma era el encadenado Prometeo... Ella no había subido a robar el fuego del cielo; pero, había cerrado los ojos, comprimidos por las nieblas y los miasmas del espíritu.

Era preciso, pues, que un genio superior, un hombre honrado y no influido por las preocupaciones anti-racionales de la sociedad, viniese a purificar la tierra y a purgarla de la mala simiente, rompiendo la cadena que ataba los humanos al poste de la ceguedad y la barbarie.

Este hombre era Cervantes.

Helo, pues, secundando la idea regeneradora, la colosal doctrina del Cristo, y hollando con planta poderosa los muros que se oponían a su paso, esos monstruos que aún no del todo se habían relegado a añejas tradiciones, a las creencias poéticas, y, en toda su deformidad, a esa literatura bastarda e insostenible que presentaba por sus más arrogantes blasones los libros de caballería.

Por desgracia para nuestros días, en ellos parece haber resucitado esa caterva de seres endemoniados, y tomado formas, que en gran parte debemos a las nieblas de la Alemania; a esa nación, por otra parte, tan sensata y culta. Mas, la obra de Cervantes está presente: ella conjura esos abortos de calenturienta fantasía; y mientras ellos desmayan, ella está cada vez más fuerte, más firme y más nueva: su influencia social y literaria crece a medida que más se la profundiza; porque Don Quijote sigue eternamente luchando contra nuestras locuras, pequeñez y debilidades.

Otro mal mayor había nacido de la idolatría; porque era una legítima consecuencia de la caída original la ceguedad del alma y su perversión. Así como está en el orden histórico el sucesivo y visible desarrollo de la perfectibilidad, después que la ley del Evangelio se extendió por el mundo y rehabilitó el ser racional, así está también en su orden el visible y sucesivo desarrollo de todo principio malo, si, no se le ataca con uno bueno. Aquella rehabilitación no cortó de raíz el mal; pero fecundó la semilla del bien; y a esfuerzos del genio y de la razón van surgiendo la luz y la verdad de entre las sombras de la ignorancia.

El mal a que me refiero fue la astrología judiciaria, que, más avanzada que lo que fue su origen, logró extender su influencia a los tiempos más cercanos; y de allí tomaron sus principales elementos la andante caballería y su funesta literatura. Mientras que la idolatría dejaba subsistentes en los corazones un resto de reconocimiento y temor religioso, la astrología tiende a destruir toda virtud, sustituyendo las fórmulas supersticiosas a los sanos destellos que habían quedado de la prudencia y la experiencia anteriores. Enervó el ánimo por medio de ideas pavorosas, fundadas en un vano juego de palabras; arruinó la práctica del bien y tranquilizó [a] los culpables por medio de la incontrastable fatalidad y según el juicio del planeta dominante, no juzgándose el mal como obra de la depravación. Y como los ambiciosos y malvados desean hallar complicidad o defensa; he aquí por qué tuvo la astrología tanta suerte en la Edad Media y llegó a ejercer bastante influencia en las cortes y en las multitudes[27] después de haber contribuido en gran parte a la caída del Imperio Romano, circunstancia no atendida por los historiadores que se ocupan de buscar las causas de aquellos acontecimientos.[28]

---

27 «Jamás se ha visto, dice Pluche (*Histoire du Ciel*), la irreligión llevada más lejos que en las cortes de Henrique II y Henrique III en Francia; y jamás los astrólogos fueron mejor pagados, ni nunca los horóscopos estuvieron más en boga.» Algo semejante puede decirse del tiempo de Henrique IV y Luis XIII, donde ni Thou ni Mézerai pudieron escaparse a las influencias de aquella perniciosa preocupación. Un astrólogo asistía en el aposento de Ana de Austria cuando nació Luis el Grande; a Luis III se le llamó el Justo por pedirlo así el haber nacido bajo la Balanza. Voltaire se extiende sobre el uso de la astrología, y lo mismo el grave Lultz.

28 Desde el tiempo de la República y posteriormente se trataba en Roma de cortar ese mal por algunos espíritus superiores que preveían la depravación consiguiente a él, y dictaron medidas para expulsar a los astrólogos. En 614 el pretor Dionisio Héspero los echó de Italia: varios edictos de los Emperadores y del Senado hicieron lo mismo; y se castigaba severamente a los que creyeran en la ciencia de los caldeos, sin que jamás se lograse extirparlos. Antes por el contrario, su número fue en aumento, hasta que en los últimos tiempos de Roma era una plaga que influía más de lo que se cree en los ánimos supersticiosos, dando color de religión a la fe que se les daba; por lo que a medida que disminuían las creencias aumentaba la influencia de los astrólogos. Y no solo la Política, el mismo Derecho se ocu-

Esta preocupación, este error lamentable, hijo de la superstición y el fanatismo, conducía a los extravíos más lastimosos, dando plaza de brujo o mago, ser sobrenatural y terrible, hechicero, etc. al que en cualquier ramo se sobreponía a sus semejantes. Desde muy atrás estaba arraigada la creencia dicha de que no se podía concebir un sabio que no fuera astrólogo o mago: así es que aun los caudillos de Israel no pudieron escaparse de ser tenidos entre los otros pueblos, y aun en el suyo, por encantadores, en vista de las cosas superiores que hacían; y llegaron a ser héroes de multitud de fábulas. Pero fue en la Edad Media, cuando este error se aumentó, a favor de la creciente superstición, que era natural a la mezcla de tantas ideas y creencias tan contrarias como se adunaron en su formación: y si las dos cualidades dichas eran propias del sabio de la Antigüedad, otra se les agregó, nacida de las preocupaciones feudales y caballerescas. Ni los monjes ni el pueblo podían concebir un sabio o literato sin las circunstancias esenciales de mago, astrólogo y caballero andante. Hércules, Jasón, Alejandro, etc., eran de esta última clase; Zoroastro, Orfeo, Numa, Aristóteles, etc., eran de las otras dos respectivamente: y se tenía como brujos y encantadores a los sabios contemporáneos, como Merlín, Rogerio Bacon, Alberto Magno, Santo Tomás de Aquino, los papas Silvestre II y Gregorio VII, etc., etc. Mas, el que era tenido por el mayor mago de todos los tiempos era Virgilio, de quien se contaban en la Edad Media grandes hechizos y brujerías.

Esta negra ciencia era, pues, una necesidad del caballero andante, según lo declara Don Quijote al dar cuenta a Don Lorenzo (Parte 2.ª, Capítulo XVIII) de lo que encierra el saber de un caballero; era una parte esencial de los libros de caballería: tan extendida estaba en el vulgo, que claro nos lo demuestra Cervantes al suponer a Sancho, tan asno como era, gran sabedor de ella, según se deduce de la escena de los batanes, cuando explicó el modo de conocer la hora;[29] y como se declara en el capítulo VIII de la Parte 2.ª, cuando dedujeron él y Don Quijote, por los relinchos, rebuznos y suspiros de sus caballerías, que les esperaba buena

---

paba seriamente en su extirpación; y así vemos que una de las catorce causas por qué un padre puede desheredar a su hijo es esta: «Si se hiciere hechicero» ¿No puede estar aquí una de las principales causas de la decadencia del Imperio?

29   Esta explicación, más o menos exacta, se lee en la obra titulada *Teatro del Mundo y del Tiempo*, por Galuzzio y traducida del latín al castellano por M. Pérez (Siglo XVI).

ventura, «fundándose no sé si en la astrología judiciaria, que él (Sancho) sabía». Además, también se corrobora la idea anterior en la escena del retablo de Maese Pedro, cuando dice Sancho: «porque cierto está que este mono no es astrólogo, ni su amo ni él saben alzar estas figuras ni lo que llaman judiciaria que tanto ahora se usa en España, que no hay mujercilla, ni paje, ni sastre, ni zapatero de viejo que no presuma de alzar una figura, etc.» (Capítulo XXV). Aun más se robustece la idea de la popularidad de la astrología en el capítulo LXII con la alusión a Escotillo y con la relación y la escena de la cabeza encantada (parodia de lo que creía el vulgo respecto al autómata de Santo Tomás de Aquino, y más aun de la cabeza de barro, de Bacon, que respondía a lo que se le preguntaba.

También era preciso cortar de raíz este error y su funesto influjo, que daba virtud sobrenatural aun a los amuletos, talismanes y demás engendros y supersticiones de la alquimia y de la negra ciencia arriba mencionada.

He hecho las anteriores reminiscencias históricas y literarias, porque ellas son una muestra del estado de degradación del espíritu. Se le había traído una nueva filosofía, que hizo caer ante la cosmogonía mosaica los delirios de Aristóteles, las extravagancias de Pitágoras, las combinaciones de Tales (revividas después por Paracelso), las excentricidades de Moscus y Epicuro, y todas esas otras monstruosidades hijas de la razón que está entregada a sí misma y sin apoyarse en la Fe y la revelación: se le trajo una conciencia y una razón que le enseñaran las nociones de la verdad y de lo justo; y se le trajo un corazón y un sentimiento que debían amar a Dios y al hombre y elevarse en alas del huracán y de las brisas, del torrente y de las selvas, de las flores y de las primaveras, hasta el amor de la primera causa, y asentarse sobre el pedestal de su prístina grandeza. Mas, aunque la razón y la conciencia ganaron terreno, no así el corazón, que siguió la senda que había tomado cuando se separó de los mandatos del Altísimo.

Fijémonos ahora en el estado del espíritu literario del siglo en que se presentó el *Quijote*, asunto que se enlaza con el anterior.

Capítulo IV. Siglo literario de Cervantes

Para podernos situar en el verdadero punto de vista y considerar el valor de la obra de Cervantes, es preciso, después del bosquejo anterior, atender al siglo en que ella se escribió, a ese siglo erudito y disputador, falsificador de la Antigüedad y que recuerda los últimos días del Bajo Imperio; siglo demasiado ponderado por unos,[30] «casi perdido para la razón» según otros, también exagerados en su juicio.[31]

Ese espíritu erudito, bagaje de la Antigüedad, según Balzac; o bagaje del entendimiento, según Batteux, se había apoderado, con su única cualidad cierta, la vanidad de las letras, de las ciencias y de la poesía. Ya la erudición científica había invadido hasta los libros de la más inocente recreación.

La ciencia franqueó, pues, el ameno campo de la poesía, confundiéndose la misión de ambas de una manera lastimosa, vana y extravagante.

La ciencia solo debe ocuparse de las verdades naturales, para describirlas y darlas a conocer; la poesía, vuelvo a decir, se apodera de ellas y las reviste de bellas formas para hacerlas amar y para explotar en favor de ellas el sentimiento, la fe y una pureza de afectos que no pueda ofuscarse con las tempestades del mundo. Pero si la poesía entra en el terreno de la ciencia, ya no puede ser sino una pedante impertinente que no sabe contenerse en los límites de la razón. Ella es hija de la fe y del sentimiento; es sintética; la ciencia es analítica, hija del frío cálculo.

Los escritores se disputaban el derecho de mostrar su talento y saber, y resolvían la poesía en descripciones astronómicas, médicas, geográficas, etc., en términos técnicos, ajenos de la vulgarización de la ciencia. Por eso los héroes, los pastores, los cocineros, eran sabios obligados y profundos eruditos; pues si alguna vez se dejaba el autor en el tintero esta circunstancia, era por reservarse para sí mismo la ostentación del caudal de que disponía, intercalándolo en cualquier parte sin discernimiento alguno.[32]

---

30 «Rival del siglo de Augusto en poesía» —lo llama— La Harpe.
31 Es preciso para posesionarse bien de esta materia, atender a todo lo que sobre ella se encuentra en diversas partes de esta obra; pues me ha sido dificultoso reunir en un solo capítulo todo lo que versa sobre este objeto, ni he debido segregar de dichas partes, lo que es necesario en ellas.
32 Cervantes mismo nos muestra, con la fina sátira que le caracteriza, esa pedantería que había entrado en el campo de las letras. En el *Persiles* (libro 2.º, capítulo XV) cuenta Periandro desventurados viajes, con mil incidentes largos y cansados, como era costumbre;

La imitación servil de los antiguos hizo a los modernos perder el tino en el escogimiento de lo que aquéllos tienen de noble y poético; y así debemos notar, entre otros, un error muy extendido en los autores del Renacimiento y ya empalagoso en tiempo de Cervantes. Este punto nació de no advertir la diferencia del lenguaje entre los idiomas modernos y los antiguos. En estos, los detalles de la vida común, y de los acontecimientos triviales, eran susceptibles del lenguaje poético, porque en ellos casi ninguna palabra es baja ni pueril, tales eran sus riqueza y flexibilidad y el sistema político que regía aquellos pueblos. Así la voz más común, como no lastimase la decencia, podía entrar en la más alta elocuencia, sin rebajarla, y en la figura más atrevida, sin dañar su mérito. En los idiomas modernos no sucede así; y el poeta no puede dejar de escoger las voces para expresar las ideas: tal es la estrechez de nuestras combinaciones, que no se puede entrar en parangón con los antiguos. Pero los autores del tiempo a que me refiero, mezclaban las expresiones y las frases de un estilo con las de otro, haciendo un monstruo de partes tan extrañas y de ideas tan inconexas, cuanto eran vulgares y altisonantes las palabras que usaban.

A la erudición científica siguió y acompañó la literaria, tan fastidiosa como ella cuando no se la usa con oportunidad y parsimonia (cualidad casi desconocida en nuestros días), produciendo el fastidio del lector. Juzgaba un autor que no era tenido por tal si no ostentaba las galas de extensos conocimientos universales: y por tanto los hacinaba a manos llenas, sin

---

y ya enojados los oyentes, aprovechando un espacio en que él se detuvo a tomar aliento, dice Mauricio a Transila: «Apostaré que se pone ahora Periandro a describir toda la celeste esfera, como si importara mucho a lo que va contando el declararnos los movimientos del cielo: yo por mí, deseando estoy que acabe, porque el deseo que tengo de salir de esta tierra, no da lugar a que me entretenga ni ocupe en saber cuáles son fijas o cuáles erráticas estrellas, cuanto más que yo sé de sus movimientos más de lo que él me puede decir». En otros pasajes de la misma novela, se ve la misma idea satirizada; igual cosa puede verse en otros pasajes de las *Novelas ejemplares*; y en el mismo *Quijote* (aunque el lugar de esta cita es el capítulo o capítulos en que se hable del «Plan de Cervantes»), en la escena de la barca encantada del Ebro, hay una disertación científica sobre la cosmografía, que explica Don Quijote a Sancho, muy alusiva a todos los autores de libros de caballerías y aun de otros. También se encuentra una sátira igual en el Capítulo XLI donde Don Quijote, durante el viaje en *Clavileño*, explica a Sancho y luego al duque, las diversas regiones en que se dividía la del éter, creencias aquellas que estaban muy en boga, y que eran cánones científicos, como puede verse en la obra *Teatro del Mundo y del Tiempo*. De la primera de las dos citas del *Quijote*, tendré otra ocasión de hablar, para responder a una censura que se le ha hecho.

discernimiento ni gusto alguno; produciendo un mosaico, un libro inexplicable, engendro de saber y de ignorancia, sin orden, sin método y de trabazón forzada; pero que en cambio abonaba por la erudición estupenda de su autor. Las materias, por lo general, eran indiferentes, insustanciales y nada útiles. Principiaba el libro por algún pensamiento necio y ajeno del asunto, que daba margen a varias digresiones, ofuscando y haciendo perder de vista lo principal; seguían las pruebas innecesarias, porque lo era el mostrar la facilidad lógica del autor; después objeciones y disputas, demostraciones geométricas para probar lo que nadie había negado; y al cabo de mil excursiones por los difíciles campos de la ciencia, se entraba de lleno en el asunto, que al menos debía ser portentoso... ¡Quién lo creyera! ¡Iba a tratarse...! ¡del uso de los guantes y su antigüedad! ¡del gallo! ¡de la botella de jabón[33] y otras trivialidades por el estilo, llegándose hasta el extremo de que Magnon emprendiera componer una enciclopedia en verso...! Las musas desmayaban; y, para aumento de la confusión, inundaba el Parnaso el estilo macarrónico, especie de jerigonza inventada por Jacques Folengius para torturar el pensamiento y dar náuseas al genio y al buen gusto.[34] Las cortes y las sociedades no eran más que la realidad de las «farsas cómicas» tan en boga entonces y tan en armonía con las bajezas, debilidades, intriguillas y miserias sociales de grandes y de chicos.

---

33 Véase a Nicolai, citado por Batteux. ¡Cuántos libros de estos, dice éste, de título, si cabe, más extravagante, ofrece la literatura española del siglo XVII y principios del XVIII! Ténganse presente estas frases para su lugar. / No debe dispensarse de leer el discurso de Boileau, Los héroes de romance, quien quiera posesionarse de las costumbres literarias que venga enarrando.

34 Mr. Garat cree que el reinado de la erudición contribuyó a apagar el genio. La Harpe juzga por el contrario, que lo desarrolló y le fue favorable. Ambas opiniones son extremas y por la tanto exageradas. Si ese espíritu sabio nos hizo conocer los clásicos antiguos, sucedio que al traerse a la práctica sus lecciones, fue, como asenté en el texto, sin el tino y escogimiento precisos; y de consiguiente, no dio el vuelo esperado al genio ni a la fantasía. Además, el demasiado apego a las lenguas sabias, hizo descuidar las nacionales, sobre todo la española, como veremos en la Parte 3.ª; y aunque La Harpe cita en contra de esta opinión varios casos de autores memorables, ellos son excepciones, son grandes poetas y escritores que siempre se sobreponen al saber general de la época en que viven. Mas, a pesar de desarrollar más adelante el espíritu pernicioso de la literatura en aquellos siglos, creo que la erudición hizo un bien, del cual se están recogiendo los frutos. Sin ella no tuviéramos tantas riquezas como nos ha trasmitido la Antigüedad; y no hay duda de que al refinarse el gusto se mejorarán mucho las modernas literaturas, que deben, sin duda, el ser a las clásicas que nos trajo la erudición.

56

Era natural que estuviesen al orden del día los enigmas, anagramas, acrósticos[35] y demás juegos de palabras y de pensamiento, tan dañosos a éste y al lenguaje, y tan indignos de la poesía. Al ver el buen éxito de las sextinas del Petrarca y los anagramas de Dorat, a quien granjearon el nombre de «Píndaro francés» y que Luis IX estableciese para él el título y empleo de poeta real; y al ver cómo los epigramas de Harrington le valieron fama y las consideraciones de la reina Isabel, todos los talentos siguieron el mismo camino y luchaban para aparecer oscuros y raquíticos.[36]

Como la parte moral se refleja directamente en la literaria y es el principal elemento de la poética, debo detenerme algún tanto en uno de los principales caracteres de ella, que se repetía en los libros a cada paso y era de moda en aquel siglo; vicio arraigado desde muy atrás y que en él se presentó en toda su fuerza, llegando a creerse necesario para la forma literaria. Hablo de esa inmoralidad y desvergüenza que desde los primeros días del mundo atravesaba y laceraba el corazón de la humanidad, y que pasó con

---

35 El acróstico había entrado desde muy atrás en la lengua latina y de ella pasado a las vulgares. De él, así como de la glosa, propiedad exclusiva de España, según Lope de Vega, y de otros usos generales del estilo español de esos días, me ocuparé en la tercera parte.

36 No puedo prescindir de llamar la atención hacia dos sonetos franceses, que me dispensan de extenderme más en el asunto: en ellos puede verse el juego de palabras, la antítesis y demás tours de force que tanto se admiraban y de que varias veces se burló Cervantes en algunos versos por el estilo. Uno de los sonetos es el tan nombrado de L'avorton [El aborto]; y es el otro relativo a un caballero recluido en un convento hacia fines del reinado de Luis XIII, y que insertaré por ser menos conocido, aun en Francia:
«Passant, si ton *esprit* est assez curieux / De voir ce que la grâce a fait sur la nature, / Arrête ici tes pas, et vois la sépulture / D'un homme vif et mort que demeure en ces lieux. // Il est vif, car la mort n'a point fermé ses yeux: / Il est mort, ne voyant aucune créature: / Il est vif, car son corps prend quelque nourriture: / Il est mort, car son âme est déjà dans les cieux. // S'il est vif, ¿que fait-il dans cette nuit profonde? / S'il est mort, que n'est-il tout à fait hors du monde? / Qui pourrait démêler un si merveilleux sort? // Il est vif, il est mort, et son âme ravie, / Conservant par devoir les causes de la vie, / Souffre par charité les effets de la mort» [«Paseante, si tu espíritu es bastante curioso / De ver lo que la gracia hace sobre la naturaleza, / Detén aquí tus pasos, y ve la sepultura / De un hombre vivo y muerto que habita en estos lugares. // Él está vivo, pues la muerte no ha podido cerrar sus ojos: / Él está muerto, no lo adivina ninguna criatura: / Él está vivo, pues su cuerpo toma algún alimento: / Él está muerto, pues su alma está ya en los cielos. // Si él está vivo, ¿qué hace en esta noche profunda? / Si él está muerto, ¿por qué no está completamente fuera del mundo? / ¿Cómo podré desenredar esta fortuna maravillosa? // Él está vivo, él está muerto, y su alma encantada, / Conserva por deber las razones de la vida, / Sufre por caridad los efectos de la muerte»].

los errores de la antigua a la moderna civilización. Como si fuera un acontecimiento, repito una vez más, que en nada la afectase, la Redención no tuvo de la raza humana, extraviada entre supersticiones, el agasajo consiguiente a la grande idea que venía a regenerar el mundo: y puede agregarse que la humanidad cristiana no se ha hecho digna todavía de los goces de la ilustración y cultura encarnados en aquella idea. Tanto en lo moral como en lo literario la ciega imitación de los antiguos hizo incurrir, como se ha dicho refiriéndose al lenguaje, a los modernos en extravíos enormes, practicando las escenas más comunes de la Antigüedad y pasándolas a los libros y a la poesía. Si en el mundo antiguo sentaban bien las saturnales, el anfiteatro y demás escenas de donde se proscribían el decoro y la inocencia, atiéndase a que el esfuerzo de la libertad moral y de la poesía debían destruir hasta las raíces de aquellas costumbres, que para vergüenza del mundo moderno, se hacen más culpables que en el antiguo, donde se efectuaban por falta de luz y sana conciencia.

Los poetas trascriben estos defectos de sus épocas a sus obras, sin que se les tomen en cuenta como defectos propios. ¿No se puede decir que el argumento de la *Ilíada* versa todo sobre el innoble germen de la liviandad?[37] ¿No gira la *Eneida* sobre el licencioso círculo de Eneas en Cartago, donde recibió las primicias de la viudedad de Dido?[38] No merecieron a Ovidio sus *Metamorfosis* y su *Arte de amar* el ser llamado «Príncipe de los poetas» y traducido al castellano[39] en esos días funestos para la moral y la literatura? ¿Y menguaron estas descripciones el mérito y la fama de sus autores? Ellos eran copias de modelos reales, autorizados por los reyes y las cortes.[40]

Si fuera a ocuparme de otros países que merecen un alto puesto en la poesía, no dejaría de nombrar a los orientales (árabes y persas sobre todo) que reclaman un lugar privilegiado, por ser el árabe, según los cono-

---

37 La cólera del hijo de Peleo nace del rapto de Criseida y se aplaca con la carta que ésta le escribe, llena de licencia hasta el extremo, como se puede ver en la heroida tercera de Ovidio [Heroida, es un término que refiere la obra poética en que se trata sobre algún héroe].

38 Ovidio, Heroida VII.

39 Por Diego Mexía: en el mismo tiempo el delicado y santo Fray Luis de León traducía la égloga segunda de Virgilio, muestra de licencia y desenfreno.

40 La mansión de Eneas en Cartago no es más que una copia de la de César en la de Cleopatra, etc., etc., etc.

cedores, superior al griego en lenguaje poético, por su sensualidad de costumbres y por la grande influencia que tuvo su literatura en la poesía de la Europa, principalmente en la española; pero por no alargar este capítulo, debo pasarlos en silencio, no siendo de una necesidad imperiosa detenerme en ellos.[41]

Mas solo debo ocuparme de la poesía cristiana y de la costumbre dicha, tan en desarmonía con ella, aunque fiel reflejo de su modelo real. Desde el primer poema cristiano después del Renacimiento,[42] hasta la «Bética conquistada»,[43] publicado dos años antes del Quijote, apenas hay una escena en ellos que no esté aliñada con esa falta de decoro de que vengo hablando. Aunque el más indecoroso, el poeta más justificado es el Ariosto, cuyo libro no podía prescindir de imitar las escenas de los libros de la caballería andante, como que es el poema clásico, la Ilíada de dicha caballería.[44]

Entrando en el asunto principal de la crítica de Cervantes, los libros de caballería, debo advertir que es en ellos en donde más resalta la inmoralidad, por lo que me he detenido y recalcado sobre ella. Sin entrar en ese inmundo palenque de obscenidades, solo citaré un libro —el Amadís de Gaula— que es el único legible de ellos y el que estaba más en boga. Él solo bastaría para probar lo dicho, no pasándose una hoja, un párrafo solo, sin encontrar esas

---

41 Pero no dejaré de hacer mención de dos o tres que influyeron mucho en la forma de la literatura popular de España, y cuya inmoralidad no se les imputa, por ser la copia de una verdad social. Anvarí, el más animado y elegante de los poetas persas, según Chezy, y que tiene relaciones singulares con el amable liberto de Verona, y cuya licencia desenmascarada solo pudo ser detenida a fines del siglo XII por Rechidi y Nazzemi: Sadi, el segundo poeta de aquella nación, y a quien se ha aplicado, como a Petronio, el dicho de que «escribía las cosas más impuras en el lenguaje más puro» y que, a pesar de la escrupulosidad de su nación, aún es en ella venerado, siendo el único que al fin se arrepintió de su licencia: Hafiz, a quien dan el tercer lugar y a quien llaman el Ovidio mahometano, y que si es visto con desdén es solo por sus ideas religiosas, un tanto evangélicas; y otros más, merecen tenerse en cuenta en la materia tratada.

42 «La Italia libertada de los godos por Belisario», poema de Trissino.

43 De Cueva.

44 Puede llamarse al Ariosto el Homero de la caballería andante, así como el Tasso lo es de la caballería real; es decir, aquél es el cantor de la caballería fantástica, que solo existía en las novelas, antes que los hidalgos quijotescos de Europa quisieren deshacer entuertos; y éste el de la caballería noble y verdadera, la histórica. Aquélla fue la que corrompió las costumbres de ésta y cuya literatura rehabilitaron los novelistas del tiempo de Cervantes, de la cual caballería hablaré más adelante.

escenas repugnantes de que debo hablar más luego en esta misma parte y en la segunda, cuando trate del espiritualismo y de la censura hecha infundadamente a Cervantes en este punto por Salvá y otros.

Toda la Europa, imbuida en la lectura de los libros de caballería, nos pudiera suministrar ejemplos de la costumbre literaria de que se trata: lo que es fácil comprender; pues recordando el espíritu de la poesía provenzal, donde bebían todas las poesías de entonces, sobre todo la española del siglo XV, no debe extrañarse que con tal espíritu circulasen también sus elementos principales.

Tal era la depravación en este punto, que de ella no se escapaban ni las cosas sagradas, llegando hasta el punto en España de cantarse canciones y coplas de esta especie con la música consagrada a los versos y cánticos de la religión, y llenando las calles y las plazas de estas inmoralidades, que ya condenó Sancho en sus ordenanzas (Parte 2.ª y L. VII), según el testimonio del maestro Luis de León;[45] entrando además los comediantes a representar los autos sacramentales a las iglesias de los conventos de monjas, y mezclando entremeses, cantares y bailes indecentes, que merecieron la desaprobación de algunos teólogos.[46]

Cervantes, pues, como gran filósofo, que mataba un defecto exagerándolo y que no podía sustraerse de un todo a la extravagancia, porque no sería leído; que debía destruir para fundar: así como llenó su cometido respecto a la imaginación, era seguro que lo llenaría respecto al corazón y a los sentidos; y atacó aquella falta con tal finura, que puede decirse que vistió de decoro la misma licencia. Esto no solo se deduce del examen de sus obras, sino del juicio de sus contemporáneos, como puede verse en la aprobación de hombres tan competentes como Gutiérrez de Cetina, Valdivielso, el licenciado marqués de Torres, que entre otras cosas dice: «No contiene (el *Quijote*) cosa contra las buenas costumbres, es libro

---

45 «¡Pluguiese a Dios, dice en el asunto, que resonase aquella sola poesía (la religiosa) en nuestros oídos; y que solo este canto nos fuese dulce, y en él soltara la lengua el niño, y la doncella recogida se solazase y el artesano aliviase su trabajo! Mas, ha llegado la perdición del nombre cristiano a tanta desvergüenza y soltura, que hacemos música de nuestros vicios, y no contentos con lo secreto de ellos, cantamos con voces alegres nuestra confusión!»

46 Ésta es una de las causas que conspiraron a que se ordenara cerrar los teatros, como se verá en su lugar.

de honesta recreación, de mucha filosofía moral», «nada tiene que sea indigno de un cristiano celo, etc., etc.». «Fue un hombre de maduro juicio y de fecunda imaginación», dice don Diego de Torres. Me he detenido en este asunto, y avanzado ideas que pertenecen a otra parte, porque siendo una costumbre general aquélla, injustamente se ha censurado en ella a Cervantes, siendo él quien menos merece la imputación, según el plan del *Quijote*.[47]

Haciendo un cotejo de él y los demás autores se ve que ninguno ha sabido cubrir mejor de un velo de decoro las escenas licenciosas que necesariamente debía emplear, ni ninguno ha usado como él de las perífrases para ello. Él se dedicó constantemente a cortar un abuso que aumentaba con los modelos de Boccaccio.

Algunos han tentado hacer la comparación de igualdad entre este autor y Cervantes; pero, por toda contestación insertaré las palabras del abate Lampillas sobre el asunto: «Hacen notable agravio a este singular ingenio (Cervantes) los que, como Quadrio, le llaman el Boccaccio de España;[48] porque, aunque no cede a éste en pureza y elegancia de lenguaje, le excede infinito en la invención, en la variedad, en la amenidad y sobre todo en la modestia y decencia de sus cuentos, por lo que con razón se llaman Novelas morales las suyas; si tiene en lo general mas crédito Boccaccio, es la causa la que señala Betinelli: todo el crédito de Boccaccio, dice, se debe a la deshonestidad y licencia de sus novelas, que halagan y lisonjean las pasiones dominantes: que hacen guerra a las buenas costumbres y a

---

47 No debe extrañarse, pues, hallar en el *Quijote* una que otra escena libre o baja a nuestros ojos, como las que se anotarán en las partes II y III de esta obra mía, destinada a la refutación de las censuras que a la fábula y al lenguaje de Cervantes se han hecho. A ellas remito al lector; sin embargo, avanzaré una idea del «plan de Cervantes», aunque también éste tiene su lugar más adelante. La escena, por ejemplo, de Maritornes la noche de los candilazos y de las puñadas del moro encantado, es parodia de las que a cada paso se leen en los libros caballerescos, como la del principio del de *Amadís*, en que Darioleta lleva la reina Elisena al aposento de su huésped, el rey Perión de Gaula; o de la que se lee en los romances de la Infantina de Francia, en que la dueña introduce a medianoche al pastor en la cámara de ella, etc. De estas escenas puede ser mejor parodia la de Don Fernando y Do rotea, donde también se alude a la entrada de Acina al aposento de Roger cuando este paladín llegó a la isla encantada, etc., etc. Según el «Plan de Cervantes», estas imitaciones ridiculizan sus modelos, como no se oculta a nadie que las haya leído, para destruirlas, como sucedió en efecto.

48 No faltaron españoles que se adhirieran a este juicio, como Tirso de Molina.

la moderación cristiana; por eso fue más estudiado y aplaudido, cuando las costumbres estaban más relajadas y aplaudidas por gustos poco devotos y castos.[49] Este ejemplo de Boccaccio era seguido en el teatro, escuela social de alta consideración, donde se hacía hablar a Melpómene en innobles epigramas y juegos de vocablos, ajenos de su celeste origen, principalmente en Italia donde Aretino era solo famoso por la licencia,[50] donde Ariosto era extravagante y licencioso como *Orlando*;[51] donde el Tasso violaba la primera ley del teatro, que está consagrado a la virtud, a la decencia y a la honestidad de las costumbres;[52] y donde Guarini lo hizo peor corrompiendo a un tiempo el gusto y el estilo... porque era común en tiempos tan disolventes, que cuanto más obscena era una comedia, tanto más se aplaudía.[53]

Este desenfreno moral, pues, formaba el fondo de la literatura canonizado por los más notables autores. En Inglaterra, Shakespeare había desterrado el arte, la decencia y la economía del teatro, «mezclando lo trágico a lo cómico, las acciones más terribles a las bufonadas más vulgares, representando, en pocas horas sucesos de más de treinta años, etc.».[54] Éste era el divino Shakespeare, como le nombra la culta Inglaterra, y a quien Voltaire, tan competente en la materia, halla monstruoso y monstruosas sus piezas, «donde se encuentra lo más absurdo que se pueda imaginar; donde se bautiza al héroe en el primer acto y muere de vejez en el último; donde hay hechiceras, borrachos, enterradores que cavan una sepultura, cantando y bebiendo en las calaveras...».[55] Lo mismo sucedía en Francia, donde Vauguelin, a imitación de Gazendi, y siguiendo las huellas de Lucrecio, pretendía dar formas al más sensual epicureismo; y donde Jodelle, creador del teatro francés, y el primero que desterró las

---

49 *Ensayo histórico* apologético de la literatura española, 1, 2. pág. 222.
50 Signorelli.
51 Id.
52 Betinelli.
53 Id. Podría agregarse, entre otros, el ejemplo de Lazzarelli escandalizando con su Ciceida y Tansilo en Il Vendimiatore [El Vendimiador], puesto en el Index, y del que su autor se arrepintió tanto, que expresamente para dar una muestra de su dolor, escribió las lágrimas de San Pedro.
54 Lampillas.
55 Id.

farsas y autos sacramentales en él; Garnier, Belleaux y demás individuos de la Pléyade de Ronsard «llevaban la poesía a la barbarie más lejana»[56] y aspiraban a calzar el coturno, empinados sobre un zueco despreciable, que se dejaba descubrir a cada paso. En Alemania, Opizt luchaba aún por volver al buen gusto y a la honestidad un teatro decaído. En España, que fue de las naciones cultas la primera que regularizó la comedia, donde, como en otras, se seguía el galanteo griego y latino en su forma más chocante, hubo de recurrirse a prohibiciones superiores para cerrar los teatros. En fin, en ese país laborioso, robado al mar, cantado por Douza, el Varrón holandés, y por Arlem; ese país que dio tanto impulso a la libertad europea, y el primero que lo dio a la regeneración social por medio de la más bella de las artes plásticas, obediente a Rembrandt y Scalken; ese país que fue también el primero que se ocupó de la vida real y de dar dirección y movimiento a los esfuerzos del hombre, Holanda, en fin, esperaba aún a Hoofs para regularizar su teatro y desterrar de él la licencia y la extravagancia.

---

56 La Harpe.

Capítulo V

No debe perderse de vista el dominio y la forma de las altas ideas de entonces. En filosofía dominaba Aristóteles, traído a España por Averroes y Avicena, y de ella extendido a las demás naciones de Europa. En ideas religiosas recuérdese lo dicho en los capítulos anteriores, y atiéndase a que se había infiltrado aquel espíritu tétrico y misterioso que tomaba cuerpo en preocupaciones y leyes, y en esos tribunales sangrientos que asombraban la imaginación y detenían el libre aliento de la vida; sobre todo estaban en boga la alquimia,[57] quimérica y absurda creencia que había sido también traída por los árabes, y que sin perder el rango que tenía entre los antiguos,[58] estaba perfectamente bien secundada por esa otra quimera, como podemos llamar a la mitología arabo-persa; mitología estéril, que separaba de los bosques y los espacios aquella santa soledad y aquel religioso silencio que les infunde la presencia real de la Divinidad Increada, dando, lugar allí a los gigantes, duendes, trasgos, magos y demás creaciones del genio oriental, oriundas del monte Caf, habitación del Enka fabulosa, y usurpadoras de los antros y duomos de la naturaleza. Agréguese a todo esto el trastorno del alma por medio de los hechizos, polvos y demás creencias vulgares, que entraban en todas las categorías sociales, y por la mezcolanza de las mitologías occidentales, informe unión de los residuos de la griega y la arriba mencionada, que daban ser a los faunos, silfos, hadas, dríadas, etc., y se tendrá una idea del estado moral y literario del siglo de Cervantes.

En cosmografía y astronomía dominaba el sistema de Ptolomeo, con todas las agregaciones y creencias vulgares, en su relación con las penas y castigos eternos, con las nueve mansiones y demás cosas que estaban en fuerza de autoridad.

En resumen, la poesía y la literatura se resentían naturalmente de todos estos extravíos y de su colorido romántico, especialmente en la concepción y en el estilo, que eran en general propiamente asiáticos.

Llamando la atención hacia los últimos párrafos, téngase en cuenta que el espíritu de la literatura caballeresca había pasado también al género

---

57 Un testimonio nos puede dar de ello, entre otras muchas cosas históricas, la opinión de don Alonso el sabio, quien aprendió de un sabio egipcio a fabricar la piedra filosofal, etc.

58 Ciencia sagrada la llamaban.

pastoril, tan usado en ese tiempo y por lo cual merece una mención especial. Había, pues, sido invadida la bucólica por el sentimiento caballeresco y científico, haciendo unos andantes de encrucijada de los pastores y zagalas: y este defecto, igualmente se debió al influjo de la poesía italiana, que pasó a las otras sus sutilezas y extraños sucesos y aquel gusto que era, según Betinelli, «el gusto afeminado de la varia y agradable erudición, tanto en prosa como en verso, historias de amores, de entretenimiento, novelas divertidas, ficciones de la Arcadia y otras semejantes. Todo esto bañado del Petrarquismo logró formar una extraña bucólica, calcada sobre el modelo de Guarini, quien había trasladado los palacios a las cabañas, aplicando en su Pastor fido a sus personajes las pasiones y costumbres de las antecámaras y las tramas más artificiosas de los gabinetes, poniendo en boca de los pastores preceptos para gobernar el mundo político y en las ninfas amorosos pensamientos tan escogidos, que parecían tomados de las escuelas de declamación.[59]

Con todas estas circunstancias, fácil es comprender la confusión de estilo y de pensamientos, mezclados en todos los géneros y ofendiendo la razón y el gusto, aun el más depravado. Y esta confusión, tan opuesta a la sencillez de la verdad, y a las leyes primordiales de la literatura, era tan de rigor y necesidad, que hubiera pasado por sandio e ignorante quien hubiera recordado el canon de Quintiliano y Cicerón, de que «el autor más perfecto es aquél que mejor adapta el estilo al asunto y a los objetos que trata».

Concretándome a España, aún en ella poco se cultivaba el campo de la alta poesía, contentándose los ingenios con las bagatelas de una fútil imagi-

---

59 De la razón poética. Una excepción ofrece la bucólica francesa, que cayó en el extremo contrario de la manera más abusiva. Su inventor, Honorato d'Urfé, había dado regularidad y sencillez a los caracteres pastoriles, aunque abusando un tanto en extensión y moralidad y ofendiendo el pudor. Alentados por el buen éxito del maestro, apareció una multitud de romancistas, que llenaron los libros de composiciones de este género. Los principales fueron Gomberville, La Salprende, Desmarets, Escudéry y Mlle. Escudery. Pero tomando un rumbo diverso, hicieron pastores bajos y rústicos a reyes, príncipes y conquistadores. Allí vemos a Ciro que no hace otra cosa que lamentarse todo el día y pintar su amor a Mandana; y lo mismo Scévola, Horacio Cocles, Los Brutos, etc., locos de amor, cantando ecos y villancicos, haciendo tonterías, proponiéndose enigmas galantes, etc. En estas obras campeaba a más de la extravagancia, la poca sencillez, la afectación de lenguaje y la interminable verbosidad en materia de amor, que eran de moda, y de que nos da una idea Despreux en el Discurso mencionado ya: «Los héroes de romance».

nación. Apenas se conocía el poema épico; y para hallar invención y elevación, envueltas en un estilo bárbaro a la verdad, y en un lenguaje incipiente, tenemos que buscarlas en la segunda mitad del siglo XII, donde se nos presenta el Poema del Cid como el más antiguo monumento de su especie.

No importa a mi propósito averiguar y decir si supieron los posteriores seguir la fuerza y el impulso dados por Virúes en este género de composición. Baste saber que se inoculaba el fatal espíritu del cultismo, de que me ocuparé en la tercera parte, al hablar del estilo y del lenguaje del tiempo de Cervantes, presentándose en esos días la caída y diferencias del gusto como se puede notar entre Juan de la Cueva y Jáuregui. En el primero, genio mediano, se compensa el descuido y flojedad del verso con la verdad y pureza en la expresión. En el segundo, buen poeta y de elevada fantasía, se siente la funesta influencia de dicha escuela, donde cayó después de haberla atacado fuertemente.

Pasaban ya los días de aquella cultura que fijó el reinado de doña Isabel; y si se puede decir con Clemencín que ella «al empuñar el cetro halló los castellanos valientes y feroces, y que al morir los dejó valientes y cultos, fomentando la ilustración y desarraigando la fatal idea de que los nobles no debían saber nada, y que el pueblo debía ser instrumento de los nobles; también puede asegurarse que a poco volvieron los españoles a ser, no valientes y feroces, como dice el comentador citado, sino valientes y descuidados. Las conquistas y el exclusivismo de Carlos V y la tiranía de Felipe II distrajeron la cultura española y la volvieron a otras atenciones, siendo constante que la guerra barbariza y trae ese espíritu de dominio tan opuesto a la blandura y racionalidad de la civilización; y siendo así mismo cierto que la tiranía enerva y postra el ánimo, envilece al hombre y deprava los pueblos. Cuando vino Felipe III ya estaban cansados, sin savia y con todos los vicios que traen los dos estados por donde acababan de pasar.

Habían huido, pues, la sencillez primitiva, el buen gusto poético y la naturalidad, sustituido por una poesía forzada y llena de afectación, de metafísica en la idea y de alambicados pensamientos, dando tortura y enojo a las musas por medio de la erudición científica y de la pedantería de que he hablado.

Capítulo VI

Así la poesía y la literatura habían pasado de su carácter sencillo y natural, de simplemente objetivas, por así decirlo, al de subjetivas, artísticas y eruditas: por lo cual se veían en un terreno en que, si no se alambicaba y retorcía el pensamiento, no se lucía, atendido el espíritu del siglo. Claro está que hablo especialmente de la poesía popular; pues la erudita propiamente dicha se había apegado desde su principio a la forma latina y demás caracteres que alejan la naturalidad de la poesía objetiva, forma ésta, que retrata o copia sin mayor esfuerzo y con pureza exacta, y cualidad propia de la infancia de la poesía. Agréguese, lo que es consiguiente, que se había abandonado el sendero de la verdad moral y de la histórica; resultando de aquí esas sutilezas y esos errores históricos y anacronismos chocantes que se ven en los poetas de aquel tiempo. Ellos tenían en poco la sencillez de los afectos, y de aquí los exabruptos que nacían de esa metafísica sancionada por Garcilaso, Herrera y casi todos los buenos poetas españoles: no se atenían ni siquiera a las crónicas; y ponían de suyo, siguiendo fábulas extrañas, todo lo que creían conveniente al interés de su composición.

No debemos olvidar la grande influencia artística y literaria de los árabes, de ese pueblo lleno de fuego, de ingenio; amante de la música y de la poesía, inventor perpetuo de danzas, fiestas y torneos, semejante, como juzga el autor de la «Pluralidad de los mundos» al que suponía habitar en el planeta de las gracias y de los amores;[60] recuérdese su influencia en la Península, donde llegó a ser por algún tiempo el principal elemento de la ilustración. Era natural que viniendo a un país donde veía las imágenes y bellezas de la Arabia; donde hallaba verdura y felicidad, climas apacibles y aguas claras, selvas que perfumaban el ambiente, cielo sereno, auroras límpidas y mañanas risueñas; era natural que sus imágenes poéticas tomaran formas y movimiento en la patria adoptiva. ¿Pudieran echar de menos al encantado Irem, que no envidia al Paraíso, que edificaron todos los arquitectos de la Arabia, con toda la plata de Hind, Grecia y Hormus; jardín de mil patios y con paredes de perlas y oro y demás bellezas que relata el poeta Musalis; pudieran echarlo de menos, si se hallaban en la Alhambra maravillosa? ¿Pudieran sentir la bella Metrópoli

---

60 Clemencín.

Sanaar, donde tenían a Córdova, la que arrancó lágrimas a Abderramán, y la que consoló su dolor con las palmas de la Siria, las fuentes y surtidores del nuevo Ruzaffa, y con las granadas de Damasco, que reunía en su seno? ¿Cómo llorar el valle de Mavazán, cuyas fuentes son dulces como la lira, y cuyas frutas semejan perlas y rubíes,[61] si entraban en la deliciosa vega de Granada? ¿Ni cómo, en fin, suspirar por los encantos de Adén, la ciudad del deleite, si respiraban las auras frescas de la Bética afortunada? ¿Cómo, pues, no habían de trasportar sus imágenes nativas, las bellas alegorías de las lenguas del Paraíso,[62] a aquella que servía para hablar con Dios, según se expresaba Carlos V, si en ella encontraban la suavidad del persa, la dignidad del turco y la abundancia y fuerza del árabe? ¿Si el halago y deleite de la primera, la energía de la segunda y la elevación de la tercera se hallaban en aquella que sabe interpretar el murmurio de los arroyos, la belleza de las flores, el esplendor de los cielos y la entonación de las tempestades? ¿Si las eróticas del persa se traducían a la lengua de los amores, y los poetas heroicos del árabe hallaban asuntos en el país de la poesía caballeresca, y los escritos morales del turco podían trasportarse a la lengua que ha producido la lección moral más acabada que cuenta la poesía?[63] ¿No encontraron el Alejandro de Nazzemi, a quien ningún poeta antiguo ni moderno iguala en gracia ni elegancia,[64] en el de Juan Lorenzo Segura, quien lo imitó, aunque toscamente? ¿Cómo, en fin, no agradarse, si entraban en un país donde tan fácilmente se injertó su literatura y apoyó los inciertos pasos de la que allí se formaba?

También era natural que las pastorales de la Persia, propias de la holganza de los árabes, que de ella la tomaron, se aclimataran entre los poetas españoles (agregándose el ejemplo de sus vecinos de allende los Pirineos), especialmente en tiempo de Cervantes, por su continuo roce

61   Abul-Hassen-Alí-Etru'l-Husen.
62   Según los árabes, la serpiente habló en árabe, lengua elocuente y persuasiva; Adán y Eva hablaban en persa, idioma dulce, lisonjero, insinuante; Gabriel los echó del Paraíso en turco, lengua amenazadora y de mando [Ni en el libro del Génesis, ni en De Vulgari Eloquentia, de Dante, queda esbozado este curioso poliglotismo bíblico. Dante, contrariamente, ha afirmado que fue el hebreo la lengua que se oyó en el Paraíso por primera vez y la que hablaron los primeros hombres].
63   Aludo a la lección moral atribuida a Rioja.
64   Hafíz.

con las naciones meridionales, donde prevalecía este gusto, llegando a impregnarse, como se sabe, en las extravagancias caballerescas y tendiendo ambos géneros a depravar aun más cada vez el gusto literario y trastornar los sentimientos heroicos y amorosos, presentando a cada paso pastores homicidas, raptores, etc.[65] Así, aquellos poetas que tomaron de la poesía oriental esas figuras en que las frentes de sus queridas se comparaban a la mañana, sus rostros al Sol, a la Luna y al jazmín; sus mejillas a la rosa; sus dientes a las perlas; sus labios a rubíes; el rocío al llanto de las nubes, etc.; tomaron también las formas y combinaciones fantásticas, los encantos, cuentos dorados y extravagantes y todas esas creaciones que no pertenecen al genio del espiritualismo cristiano.

Así como principió la poesía popular a formarse tomando esas imágenes ligeras, esos símiles bellos y fugitivos de la poesía árabe; a su vez tomó la erudita la profundidad y filosofía de los libros santos y las imágenes de los griegos y latinos: de, aquí aquellos ojos que hacen llorar la aurora; y que si se ocultan se oscurece el Sol; aquellas bocas que brotan sales y gracias y hacen reír al firmamento; aquellos pies que hacen brotar las flores, etc., etc. Mas, ni éstas ni aquellas imágenes y metáforas podían compensar los anteriores defectos de sensualismo y afectación que habían pasado al centro de la escuela social, al teatro, que se hizo cómplice de tan funestos extravíos.[66]

Para concluir este bosquejo del siglo literario de Cervantes, debo agregar algo sobre una cuestión que surge naturalmente de lo dicho, y que dejaría un gran vacío en este estudio si no se tocase. Hablo de los «Romances», esa «flor indígena de la poesía española», y la más bella expresión de la literatura popular, que tanto influyó en la cultura y caballería fundadas en las costumbres toscas de la Edad Media. No será malo antes de entrar en materia, asentar el principio que trajo a la poesía a este ministerio civilizador.

---

65   Esto es respecto de la vida real y sus costumbres; que en cuanto a la forma superficial y a la composición de la égloga, es notorio que los poetas, especialmente los eruditos, se dieron a la imitación de los griegos y latinos: y es por esto que aquellas disputas y cantos de los pastores iberos nos transportan a los países de la poesía clásica y nos presentan, bien que con menos finura y más descuido, los paisajes y escenas de ellos.

66   Sin duda que fue el teatro lo que más contribuyó a depravar el gusto literario. ¿Qué otra cosa eran las comedias, sino la copia de las extravagancias de los libros caballerescos? Recuérdese en anteriores párrafos el estado general del teatro en Europa.

Esa costumbre, pues, de Francia y España especialmente, de poetizar la historia, enaltecer los hechos gloriosos y cantar romances a sus héroes, viene del uso antiguo de los bardos galos y celtas, que fueron los primeros que llamaron la poesía a tan noble tarea. Es aquí donde se puede dar origen al romance español. Nacidos, ya de la comunicación y mezcla del feudalismo del norte con las monarquías absolutas del oriente, ya de la civilización más libre que creó la necesidad de reconquistar el país perdido, y que produjo en España la poesía de un caballerismo especial, presentan los romances la doble expresión que les dieron el trato y comercio de los pueblos de Europa con los de Asia y África, es decir, esa expresión de dos civilizaciones, de dos religiones distintas y adunadas en la formación de una sola: el espiritualismo cristiano envuelto en la barbarie de los pueblos primitivos, y el materialismo poético de los orientales.

La literatura española presentó estas dos expresiones, haciendo nacer la una desde el siglo XI; y la otra, que solo tuvo carácter propio en el XV y se regularizó en el siguiente, ofrece el bello conjunto donde se pueden ir a estudiar las verdaderas costumbres caballerescas de los tiempos heroicos de la España. Nada más interesante que esas relaciones leales y poéticas de las primeras luchas entre cristianos y moros; esos torneos, sortijas, desafíos, amores y demás imágenes del carácter de aquellos pueblos valerosos y nobles, que llamaban la atención de la Europa.

Ciertamente no se halla en el Romancero aquel boato poético de la lira entre griegos y romanos, ni aquel arrebato y vuelo atrevido, aquella vehemencia que forma el carácter propio de la musa lírica pero la ternura y la viveza de pensamientos, la sencillez, el candor y la naturalidad, la energía y la gracia de la expresión y mil otras dotes de espontaneidad, los hacen ocupar un gran puesto en la poesía.

Es notable la influencia de la política sobre la poesía; pero no debe extrañarse si se atiende a que el sentimiento, fuente de ésta, se seca o se exalta con la esclavitud o la libertad y con las instituciones que de ellas nacen. Luego que se concluyeron las guerras con los moros y empezaron las monarquías a hacer uso de sus fuerzas contra sus súbditos, porque ya no los necesitaban; luego que principiaron las guerras extranjeras, fomentadas por la ambición de los príncipes; y después que se abandonó el cuidado de las riquezas interiores, por atender a las exteriores, matando así el estímulo por la gloria nacional, era natural que con la abyección subsecuente cambiase el sentimiento de la poesía y buscara refugio en otras distracciones que las de la guerra y el heroísmo nacional.

Siguieron, pues, los romances pastoriles y amatorios, los romances vulgares, jácaras, cantarcicos, los romances moriscos, como reminiscencia de la pasada contienda, y otros géneros, en los cuales, si la elevación y fuerza de numen no iguala a los anteriores, generalmente lo consigue y aun los supera en delicadeza, dulzura y versificación, como que la cultura compensaba en parte a la libertad que inspiraba los géneros anteriores. Es verdad que los romances moriscos y caballerescos que más nos encantan por su perfección fueron fingidos, o posteriores a su acción; pero era ésta tan bien imitada; vemos tan claro las escenas de sus héroes, que podemos asegurar que son perfecto reflejo de sus épocas respectivas, que aún no estaban distantes. A medida que ellas se alejaban iba el espíritu entrando en la realidad del absolutismo y sumiéndose en el aliento funesto que de él se desprendía. Cuando la caballería terminaba, perdiendo su noble principio y su misión protectora, cediendo a la extravagante orden que ataca Cervantes, como luego veremos, ya se había perdido hasta el modelo de lo bello y de lo sublime en poesía.

¿Podía haber héroes para romances caballerescos en tiempos en que, si había capitanes gloriosos, eran, empero, palaciegos indignos; cuando la sombra del Cid se ruborizaría al contemplar a Gonzalo de Córdova, García de Paredes y otros renombrados, inclinar la sien ante el Monarca con extraño servilismo? ¿Cuándo la sombra de Padilla vería con vergüenza a los nobles correr a destruir de raíz las libertades de Castilla? ¿Y cuándo una dinastía extranjera mataba la nacionalidad del suelo español, y le traía con la esclavitud el fanatismo y la guerra de conquistas?

En esto es fácil ver la causa del aniquilamiento de los romances moriscos, y no en la sátira indigna que de ellos se hizo. Esto nacía de ser los romances dichos una poesía ideal, ficticia, en oposición con las costumbres reales de la época. Era ya ésta una época artística, subjetiva, llena de cultura, pero políticamente corrompida, según la expresión de don Agustín Durán, en la que una poesía rica y brillante, imbuida en el gusto por la novela, caminaba con demasiada ligereza a la exageración que encontró en el cultismo.

La distancia, pues, que existe entre los romances caballerescos y los de la última clase que se cultivó en España, es la misma que hay desde el sistema que brotó del feudalismo y las cruzadas, con su heroísmo bárbaro y generoso y sus ideas libres y varoniles, hasta la opresión de los pueblos ya retirados de la cosa pública y necesitados de la diversión que les dieron los poetas en sus cantos.

Reasumamos. Intermediarios los romances moriscos entre los últimos mencionados, y los caballerescos, ya no se ocupaban los poetas de los héroes históricos, ni aun de los hechos ideales de los Amadises, ni del ciclo bretón o el carlovingio, sino de los hechos reales y más poéticos de esa lucha de 700 años, que tan rico asunto dio al numen del poeta. Luego, los romances vulgares fueron la más pura expresión del estado forzado y estacionario en que permanecía el pueblo español bajo la dinastía austriaca. Ahogado el pensamiento y el patriotismo bajo el peso de un sistema erróneo que enviaba la mitad de la nación a derramar su sangre en lejanos climas y la otra mitad la convertía en frailes y espíritus fanáticos, los dichos romances contaban falsos milagros,[67] creencias funestas, vanas ideas y no teniendo héroes de buena ley que ensalzar, cantaban malhechores y bandidos, que burlaban la justicia de los hombres.[68] Los romances eruditos, pues, y los cantarcicos de los ciegos, empezaron a sustituir a los de los juglares, y a los romances vulgares propiamente dichos.

Tal era el carácter de estos últimos, bien diferente del género histórico, puro, espontáneo y característico del espíritu nacional. Mas, ya en los siglos XVI y XVII no podía ser espontánea la poesía, por ser eco de hechizos, castigos en el fuego y demás expresiones de escenas violentas.

Debo, sin embargo, detenerme un poco en alguno de los géneros de romance de la última época mencionada, para paliar la fuerza de la opinión de Durán, algo exagerada; pues si el romance vulgar se ocupaba de revestir de gloria y heroísmo a ahorcados, ladrones, malhechores y asesinos, tuvo su contrapeso en la jácara, que era una sátira contra el vicio, contra los jueces venales, contra el alguacil que encubría la falta por dinero o por favor, contra el escribano que prostituía su fe por iguales motivos, etc., etc., era, en una

---

67 Ya condenó Sancho en sus ordenanzas estas coplas vulgares, perniciosas al bien de la República.

68 Durán.

72

palabra, la jácara, el verdadero vengador de la justicia, la expresión del instinto popular; es allí donde encontramos el modelo de las creencias y costumbres morales de la nación, no solapadas como están en las antecámaras y en los palacios; no las que cantan los poetas serviles, sino las de las calles y plazas, a donde van las musas a solazarse libres de las preocupaciones contrarias.

Me he detenido en esta parte tan importante de la poesía española, porque ella viene a fundirse y tomar carácter en el siglo que venimos examinando, siglo en que la literatura se resintió en alto grado del espíritu social y político que lo inundaba, saliendo del foco de cortes corrompidas y de tribunales sangrientos, prostituidos al oro y al poder. Además, es en los romances que empieza el idioma español a presentarse con todas sus dotes de elegancia, de pureza y fuerza, y que ofrece una mina inagotable para la poesía: y es allí, por consiguiente, donde debe seguirse la lengua en sus pasos más marcados, de lo que me ocuparé en la parte tercera. También son los romances la mejor pauta para estudiar los avances intelectuales, el cambio de ideas y el adelanto o atraso del pueblo español.

Cervantes pertenecía a esa época de transición en que el romance caballeresco y el morisco daban paso al vulgar, a la jácara y demás géneros que manifestaban la lucha del instinto moral popular y las ideas opresoras.

Este breve bosquejo sobre la literatura del siglo de Cervantes, será reanudado en la parte tercera, donde, refiriéndome al estilo y lenguaje de los escritores españoles, indicaré los principales vicios que los habían inundado y de que no se escaparon ni aun los más afamados escritores.

Para acabar de conocer el espíritu de dicho siglo y para venir al objeto principal de Cervantes, creo deber decir algo enseguida sobre la andante caballería.

Capítulo VII. Caballería andante

Remontándonos al principio de la caballería andante, vemos que la temporada en que descolló cae en el promedio de las dos civilizaciones que se encontraron en las tinieblas de la Edad Media; en ese plazo de barbarie y lobreguez subsecuente a la decadencia del Imperio y la invasión de los pueblos del norte, en que la fuerza constituía todo derecho; en que la justicia se deslindaba por los duelos, esa funesta herencia de dichos pueblos, que tarde pudo desterrar de la legislación el influjo del cristianismo; y en que el espectro feudal, con su espíritu egoísta y absorbente, asolaba las tierras y mataba los derechos del individuo.[69] Los señores feudales eran dueños absolutos de sus feudatarios; disponían a su antojo de la libertad y la vida de éstos, que solo a fuerza de dinero y servicios compraban la honra de sus esposas y de sus hijas... débiles presas del capricho de aquellos bárbaros señores, a un mismo tiempo altaneros y bajos, halagadores y tiránicos, injustos, malvados, crueles, que sin cesar degradaban su nobleza y envilecían su rango, en vez de sostenerse en él protegiendo al desvalido y amparando la inocencia. Pero tal era el carácter de la época.

Solo los esfuerzos de la Iglesia lograron ablandar la aspereza de aquella fuerza brutal que impelía los hombres a alejarse cada vez más de la fraternidad cristiana, y logró dar a la inocencia y a la debilidad un refugio, aprovechando algunos instintos nobles y caballerescos que se habían salvado de aquel abismo de ignorancia y barbarie. Ella, pues, obtuvo primero la concesión llamada «Tregua de Dios»,[70] que dio un respiro a las naciones

---

69   Algo particularizado y dudoso es el origen que dan algunos a la caballería andante; entre otros el abate Betinelli, que, hablando de la tragi-comedia, dice que de los árabes se comunicó a los españoles y de éstos a los franceses y a los italianos, y agrega: «Parece haber provenido de allí la caballería andante» (*Ensayo apologético de la literatura española*, 16, pág. 44). Pero, aunque sea demasiado reducida esta aserción, por encerrarse en una composición dramática, es cierto que la caballería trae su origen o al menos su organización regular, de la mezcla de las naciones árabes y los pueblos septentrionales, cuando invadieron en opuestos lados Sicilia, Galia, Provenza, España, y el centro de Gaula, a principios del siglo VIII.

70   El gran defecto de la moderna escuela histórica consiste en dar demasiada importancia e influencia en el desarrollo de la civilización a los elementos germano y romano y poco al espíritu del Cristianismo. Por esto Gibbon supone que la «Tregua de Dios» no fue más que una imitación de la costumbre germana de reunirse, a cierto tiempo, en el Monte Casto, donde habitaba más frecuentemente su diosa Hertha (madre tierra) y regocijarse allí, suspendiendo todo pleito, guerra, odios, etc. Pero esta analogía es puramente casual; no debe

74

y un descanso al ánimo afligido de los apóstoles de la nueva y definitiva civilización. Asunto fue éste visto con el mayor respeto, desde que en 1025 se ocupó el Concilio de Clermont de dar autoridad y vigor a aquellos sentimientos generosos, que ya despertaban en el corazón de muchos seglares; deteniéndose con grande atención en ellos y en la institución que los organizaba, y obligando por boca de los obispos, a todo noble mayor de doce años a jurar ante su diócesis la observancia de ciertas reglas para ejercer la caballería.[71]

Entonces sonaban las hazañas y aventuras de los paladines como el murmurio lejano de plácida canturía; y eran gratas al alma como lo es en un desierto la luz ansiada de campesina choza. ¿Y no había de ser así, al considerar el noble instituto que buscaba el concierto de los elementos sociales, y que, enristrando la lanza y encasquetando el morrión, andaba por el mundo parando los golpes que al débil se dirigían, tornando en práctica las virtudes del corazón honrado y oponiéndose a los desafueros de los orgullosos señores feudales?

Existían tratados especiales de reglas para los torneos y combates de la caballería y para todos sus actos, y leyes correspondientes a la dignidad de una orden que tenía tan nobles principios, tan aceptos al corazón y a las costumbres de la época en que se instituyó aquélla donde no solo las sociedades y el vulgo, sino los reyes y los magnates se interesaban en su acrecentamiento y vigilaban por la observancia de sus mandamientos, de sus códigos, y por la lectura de libros caballerescos que incitaran al ejercicio de las dotes de la caballería.[72]

---

defraudarse a la Iglesia de tan noble pensamiento, que con su influencia se extendio a toda Europa. Es por eso también que Guizot olvida que la Iglesia es el principal elemento de la civilización moderna.

71   Consistían éstas en defender a los débiles, proteger las viudas, los huérfanos, las casadas, las doncellas, los viajeros, etc.

72   En las *Partidas* se lee: «así como en tiempo de guerra aprendiesen hechos de armas por vista y por prueba, que otros en tiempo de paz lo aprendiesen por oída y por entretenimiento... Y aún sin todo eso hacían más, que no consentían que juglares dijesen ante ellos otros cánticos si no de guerra y que hablasen de hecho de armas... Y éste era porque leyéndolas les creciesen los corazones». Y se recomienda en otras partes que los caballeros trajesen a la memoria a sus damas en momentos de peligro para acrecentar el ánimo, etc., etc. (Del cumplimiento estricto y el estudio de estos mandatos fue que se secó el cerebro de Don Quijote.) En otros libros se recomendaba otras semejantes leyes.

Ésta influyó poderosamente en el espíritu de las cruzadas y les dio aquel sentimentalismo y honor, cuyos recuerdos aún conmueven las fibras de los corazones generosos.

Mas, como todo lo humano pasa y muere cuando los elementos de su existencia y el aura que la vivificaba se agotan y ceden su puesto a otras creaciones, traídas por la ley eterna de la regeneración, y cuando las épocas van desarrollando otras costumbres y otras necesidades, la caballería descendió y tocó a su fin, corrompiéndose sus principios vitales. Se había constituido protectora; mas, este carácter decayó cuando se introdujo una legislación regular y equitativa que afirmó el poder real. Entonces pasaron a éste las prerrogativas y mandos que habían sido privativos de los señores feudales y de los caballeros andantes; y entonces fueron sustituidos por el poder de las leyes y por los tribunales, tanto el combate judicial, como también la odiosa desigualdad que había introducido la anarquía feudal.

El espíritu verdaderamente caballeresco había pasado: y sus memorias quedaban solo en los ensueños de la imaginación, en el delirio de los pechos hidalgos y en las ilusiones del poeta. Hundíase en el tiempo la Edad Media con su entusiasmo y su gentileza, con su lealtad y su heroísmo: ya habían pasado como nubes fugitivas aquellas empresas, aquellos versos enamorados y aquellas canciones que las auras repetían, llevando por los aires el amor y la religión del caballero: en vano los trovadores, de castillo en castillo, evocaban los recuerdos de mejores tiempos... ¡Ya no tornaban aquéllos en que los laureles del guerrero caían a los pies de la beldad y en que era ella el talismán de la gloria! Solo cruzaban los salones del castellano las sombras mudas de los paladines, que venían a suspirar sobre la tumba de la caballería: y el amor y el canto, tristes como alegría pasada, ya no entonaban sino el lays de su desventura. ¡Felices, decían los trovadores, felices, o vosotros los que cantabais las hazañas del cruzado, que leal y rendido, partía con su amor su ventura y con los necesitados su sustento! ¡Felices, o vosotros los que os inspirabais en un ambiente de poesía y en una edad que suspiraba amor y dicha; donde las damas y los paladines, llenos de franqueza y cordialidad, ofrecían la copa al poeta, heraldo de la gloria, para apurarla por el triunfo de los corazones generosos! Esto decían... porque ya había pasado, al cálido sopor del egoísmo, ese espíritu regenerador que inspiraba la más noble de las instituciones humanas, fundada para defender al desamparado, para exaltar la mujer y para practicar las virtudes del hombre en provecho de la humanidad.

Ya habían pasado a la categoría de fábulas las hazañas del héroe, el amor del caballero y ¡ay! la fe y la superioridad de la hermosura. Los paladines dormían el sueño de los sepulcros; y en su lugar poblaban la Europa, hechas realidad, las ficciones de extravagantes fantasías. No eran solo creaciones fantásticas los Belianises y Gaiferos; eran copias de modelos vivos, revestidas con las creencias vulgares y con las galas del poeta. Todo era locuras y ridiculeces; y puede decirse que si el Ariosto era el poeta popular de la Italia, fue por haber pintado al héroe de la Europa.

Ya no se reunían las reinas y las damas para libertar al guerrero cautivo que, en pro de la hermosura ejecutaba las proezas de la caballería: ya había pasado el tiempo en que el conde de Urgel, caballero cual ninguno, remitía su hija al ilustre Raimbaldo; y éste se arrodillaba a los pies de su prometida esposa, cuya beldad conocía por la fama: ya no se veía a la bella Fredegonda suspirar de amor porque no podía contener en su pecho la gratitud que le inspiraba la generosidad de Raúl: ni ya esperarías tú, enamorado Rudel, señor de Blaya, recobrar el fuego que el amor volvió a tus ojos; ni encontrarías en tus brazos a la luz de ellos, a la encantadora condesa de Trípol: y tú, real trovador, que ibas en otros días de castillo en castillo cantando tus empresas y tus amores, y los de los caballeros que te recibían en sus salones... Rey René... en vano, ¡ay!, suspirarías:

«Por esa edad feliz del corazón.
En que era el corazón urna sagrada
De amor, caballería y Religión.»

Solo se veían las extravagancias de Beltenebros en la Peña Pobre, de Roldán desesperado, y de Polinice entontecido. Solo se veía a Suero de Quiñones, acompañado de Lope Estúñiga, Diego de Bazán, Pedro Navas y otros nueve, prometiendo hacer astillas 300 lanzas para rescatarse de los brazos de su dama, y defendiendo por un mes el paso del Órbigo, como Rodomonte el puente de Mompellier; a Gonzalo Guzmán, Juan de Merlo,

Pedro Vázquez de Saavedra y Diego Valera, excediendo en denuestos a don Diego Ordóñez, «a fuer de caballeros andantes, peregrinando por varias naciones de Europa y convidando a todo valiente a quebrar lanzas en obsequio de sus damas».[73]

Éstos y otros mil ejemplos dan una triste muestra del estado a que habían llegado la gentileza del héroe cristiano, confundidas ya las ideas del honor con las de la licencia y el desenfreno.

Éstos eran los que llenaban los libros de la literatura caballeresca; esa literatura que nos da una idea de aquellos pobres y desvanecidos hidalgos que se acompañaban de un mozo, un rocín y un galgo corredor, y cuyas figuras trasladó a la inmortalidad el ilustre autor del *Quijote*, logrando lo que no pudieron los clamores de los más eminentes moralistas, como Granada, Malon de Chaide, Melchor Cano, Luis Vives y otros; ni los decretos reales; ni aun la Bula que había fulminado Inocencio III contra los libros de caballería, cuya lectura era el mayor entretenimiento de grandes y de chicos, en todas las clases de la sociedad.[74] Dicha lectura

---

73 Hernando del Pulgar
74 No es exacta la opinión de Salvá, «que ya había decaído la lectura de los libros de caballería, y que Cervantes lo que hizo fue dar el último golpe a un gigante moribundo». Tanto más raro es este dicho, cuanto que el mismo gramático dice que era muy grande el número de los libros de caballería (él había contado 250 y seguía en este trabajo) en comparación del cortísimo de otras novelas, lo que prueba el gusto por aquéllos. El gramático parece no recordar las palabras de Alejo Vanegas, que dice: «La lección de los libros de caballería era el único entretenimiento de la gente rústica (es decir, los no letrados) y ociosa»; y las siguientes del mismo: «En nuestros tiempos, con detrimento de las doncellas recogidas se escriben los libros de caballerías, que no sirven sino de ser unos sermonarios del diablo, con que en los rincones caza los ánimos tiernos de las doncellas». Con más extensión y enojo se expresan Pedro Mejía en la Historia imparcial y Cesárea, y Luis Vives, Granada y otros. Si es extraño que todo esto lo olvidase Salvá, aun más lo es que no recordase las palabras de Navarrete, que dicen «la lectura de los libros de caballería, no era tan propia y peculiar del vulgo, que no estuviese igualmente radicada y extendida entre los grandes, los cortesanos y los nobles, que tal vez se resentían más de algunas rancias costumbres y preocupaciones bebidas en aquellas fuentes». Viejos y niños, dueñas y doncellas, todos se ocupaban en la tal lectura, y hasta los reyes violaban los decretos que expedían, como sucedía a Carlos V y Doña Juana, que se embriagaban en aquella lectura. Pero el que más luz nos puede dar en la materia es el mismo Cervantes, quien no solo nos habla de la popularidad dicha, al presentarnos casi todos sus personajes instruidos en la caballería, sino que claro dice el objeto de su libro, el cual era «deshacer la autoridad y cabida que en el mundo y en el vulgo tienen los libros de caballería»; idea que se repite varias veces en el *Quijote*. Véanse además, las «aprobaciones» de este libro y las del *Buscapié* (En la Parte II tendré

iba depravando los sentimientos y materializando las aspiraciones que tiene el alma hacia lo bello y lo sublime; sobre todo en Francia, donde se llegó al punto de pensarse seriamente en el restablecimiento oficial de la andante caballería, como lo propuso en los Estados generales de 1589 el arzobispo de Bourges; y donde se repetían a cada paso los propósitos y escenas andantescas enarcadas más arriba; así como en Inglaterra, donde el Lord Surrey y otros imitaban a Suero de Quiñones y demás hidalgos mencionados.

Éstos, pues, eran los protagonistas de los libros en que los autores se sobrepasaban describiendo las aventuras de sus héroes; cuyas extravagancias daban margen a otras que la imaginación descabellada forjaba. Sin miramiento de ninguna especie a la verdad racional, ni aun a la verosimilitud, iban hacinando torpes desatinos en historia, en geografía, en física y despropósitos funestos a la moral:[75] nada les ocurría que no fueran lanzadas y más lanzadas, cuchilladas, batallas incesantes, proezas increíbles, aventuras sin plan ni enlace; mezclaban cariños y desafectos, vicios y supersticiones, llamando a terciar monstruos, gigantes y encantadores y demás entes enumerados más atrás al hablar de las creaciones de la mitología de la Edad Media.

La literatura caballeresca había nacido en el romance del arzobispo Turpin, escrito en tiempo de la primera cruzada por el monje Roberto.[76] Allí se habla de Carlo Magno y de los doce pares; y de este asunto tomaron argumento los ingleses para su historia del rey Artús y la Tabla

---

que volver a este asunto).

75 Atrás he mencionado el principal elemento de estos libros, que consiste en la inmoralidad más desenfrenada. Nada debo agregar, sino las palabras de Luis Vives, que dicen: «Junto a esto, qué cosa hay de ingenio, ni buen sentido, sino son algunas palabras sacadas de los más bajos escondrijos de Venus, las cuales se guardan decirlas a su tiempo para mover de quicios a la que ellos dicen que sirven, si por ventura es dura de derribar?». Pero quien mejor nos informará de esto es el mismo Cervantes: léanse sus obras todas para que se vean las costumbres admitidas entonces y que encajaban de necesidad en la novela, y que él no pasa un momento de satirizar: sobre todo léase en el libro 1.º, Capítulo XII del *Persiles* la costumbre de Ibernia y lo que nos enseña con la lección moral envuelta en una bella perífrasis y en una parábola: «Vosotras, digo, más lascivas que religiosas, que con apariencia y sombra de ceremonias, queréis cultivar ajenos campos sin licencia de sus legítimos dueños» (Véase la pág. 10 y la nota 8 de la pág. 10, de la Parte 2.ª).

76 Otros creen que fue por Sofredo, anterior a Roberto.

redonda. Setenta años después de la muerte de Carlo Magno, apareció su historia, escrita por un monje de San Galo, la cual era un verdadero romance por el estilo de los de Antar. Pertenecen los libros caballerescos de la Tabla redonda, pues, a la segunda serie, siendo la primera los del siglo carlovingio:[77] y formando la tercera los de los Amadises, Tirantes, etc., en que ya había decaído la verdadera literatura caballeresca y su carácter especial, fundado en el espíritu noble de sus antiguos héroes. Artús, posterior a Carlos, instituyó su orden según la de éste, el día de Pentecostés, en el castillo de Windefore, a donde hizo asistir muchos reyes, damas y caballeros: su orden ya presenta rasgos más avanzados que la del Emperador francés.

Él es el bello ideal del caballero, y el que siguen todos los que quieren parecerlo y cuya historia es el modelo de los escritores caballerescos; en su siglo principió la caballería a llevar por norma el sentimiento romanesco y a predominar el galanteo sobre la guerra, norte del anterior. Pero allí empezó a decaer la caballería y a tomar las formas del ciclo greco-asiático, o sea la serie de los Amadises, Esplandianes y demás corruptores de la institución: y aunque todo avanzaba en la sociedad y buscaba nuevos resortes de progreso, esta literatura caballeresca quedó estacionada en sus primitivos modelos.

También la poesía prestaba sus armonías a las extrañezas caballerescas; y aún los más elevados poetas secundaban el funesto influjo de la caballería andante.[78] Tanto más extraño era esto, cuanto que el modelo más cercano del caballero histórico, era muy diferente del héroe que pintaban los autores, más en consonancia con la primera mitad de la época en que dominó la caballería.[79]

---

77 Pellicer, Arrieta y otros, truecan las dos series.

78 No me referiré a los romances caballerescos sacados de aquellas crónicas, que cantan a los Amadises, Lanzarotes, etc., porque más pertenecen a la poesía popular. Citaré el ejemplo de Camoens, que canta esas escenas, como puede verse en un episodio del canto VIo. de su admirable poema, sobre los doce de Inglaterra que se combatieron con otros tantos portugueses a guisa de *Quijotes*; y en la alusión que hace en el canto 8.° a otros caballeros, cuyos nombres eran Gonzalo Riveira, Vasco Anes y Fernando Martínez de Santarén, quienes, dice Lamberto Gil: «al uso de caballeros andantes de aquel tiempo, iban por el mundo buscando aventuras en qué probar sus fuerzas».

79 Para asentir, en mi opinión, debe tenerse en cuenta que la última mitad de la Edad Media fue más pura respecto a la caballería, más noble y heroica que en su principio; y esto se

Finalmente, la que entraba en los libros que nos ocupan, había llegado a ser una parodia de la verdadera caballería, de aquella hermosa institución, cuyos recuerdos, envueltos en nubes de gloria y amor, arrancan suspiros al sentimiento. Era, para terminar este largo y muy fastidioso capítulo, y valiéndome de un símil histórico y poético, era como Nerón respecto de Apolo, a quien quiso imitar en el banquete de «los Césares» de Juliano, exponiéndose a que el dios del canto dijera (frase alusiva a todos los poetas): «quiere imitarme, pero no es más que un simio con el laurel en la cabeza».

Tal era la caballería andante, que había logrado penetrar en el espíritu cristiano: y se necesitaban las fuerzas de un genio superior para desprenderla de la imaginación: un genio que diera a la literatura cristiana su carácter especial: el espiritualismo; y que la llevara sobre sí para alejarla un tanto del materialismo que le imprimió la influencia mahometana. Esto no podía ser de otra manera; pues nuestra literatura, tuvo que ceder al poder de la árabe, como que estaba incipiente y debía doblarse al primer impulso que se le diese; y así como fue romana y gótica primero, fue árabe a su turno. Esos palacios encantados, esas visiones de voluptuosidad, esas hadas de cabellos de ébano y ojos hechiceros, y todas las demás delicias del Oriente, dando mayor fuerza a las costumbres y mayor languidez a los sentidos, ejercieron un alto predominio en la poesía del pueblo español, y mantuvieron el materialismo que introdujo la influencia árabe. Y todo ese cortejo embriagador y sensual, había invadido la Europa entera, especialmente la España, donde el clima y las costumbres ofrecían a los invasores más atractivos, y en donde fue más larga y heroica la lucha, así como fue el asiento y el foco de las artes y ciencias orientales, que tanto impulso dieron a la finura y gusto posteriores

---

debió en gran parte a los trovadores, que en sus romances se acercaban cada vez más al bello ideal del caballero: y éste hacía profesión de imitar al héroe del trovador. La rudeza, la tiranía y la deslealtad de los primeros tiempos, cedieron a la lealtad, el honor y la hidalguía de los siguientes. La impudencia del antiguo castellano y el desenfreno del guerrero, se convirtieron en el más santo respeto por la moral y el noble entusiasmo del cristiano: y entonces fue que la religión, el amor y la patria formaban el culto del caballero. Ya se habían olvidado aquellas casas de prostitución organizadas por Guillermo de Poitiers, caballero afamado, extendidas a toda Europa, imitando las abadías con sus celdas... Y aquellas cortes de amor (¡parodia lastimosa de bella institución!), cuya presidente era madama Diè, con sus constituciones capaces de ruborizar al mismo Ovidio...

de la Europa. Ésta volvía los ojos a la Península, porque de allí partían los rayos de la luz intelectual y el halago de los sentidos.

Córdova era la metrópoli del mahometismo, donde se reunían los productos de su civilización y de sus encantos: era la Atenas de Europa y la Roma del Continente: allí se reunían los doctos, los poetas, los hechiceros y los señores del Imperio y ella se sentaba orgullosa y abandonada, como sultana favorita, a la ribera del Guadalquivir y reflejaba en él sus medias lunas, sus minaretes y la alegría de sus festines: Granada era la ciudad de los encantos, la Meca de Occidente, con su Alhambra que aventajaba al templo de la Caaba; Sevilla, la Hispalis Romuela o Romulensis de los latinos, disputaba a Córdova el Principado de la Bética; Valencia, de cultura helénica, Paraíso de los mahometanos; Toledo, Jaén y otras muchas ciudadades eran mansiones de amor, donde las garridas moras y los gallardos musulmanes poblaban las auras de canciones y suspiros enamorados.

Todo esto tenía que dominar Cervantes para cortar usos y preocupaciones que ya formaban la constitución, la sangre, por así decirlo de aquel pueblo, que corría en pos de extravagancias cabellerescas y del sensualismo oriental.

Capítulo VIII. Varias opiniones respecto a la obra del Quijote

No creo que conduzca a nada, respecto al mérito de Cervantes, la cuestión de si fue él quien primero tuvo la idea de satirizar los libros de caballería; cuestión resuelta con tino y escrupulosidad por don Adolfo de Castro en su «Proemio» al *Buscapié*, obra, a la verdad, escrita con alguna prevención, cualidad que aumenta cuando censura a don Vicente de los Ríos por haber encarecido el mérito del *Quijote* y elevádolo «nada menos que a la epopeya en un extravagante discurso». Esta opinión del señor de Castro me ofrece la oportunidad de entrar en una cuestión que no es ajena de este lugar y que ya fue iniciada en mi «Proemio».

No veo la extravagancia de un discurso escrito con sensatez y erudición, aunque un tanto errado en sus juicios particulares; ni encuentro razón alguna para que no pueda elevarse a la epopeya el libro que tiene por héroe a aquél que echó sobre sus hombros la más grande empresa que haya cabido en el entendimiento humano, y donde mejor se observan las leyes épicas reconocidas.

El poema épico es una relación de acciones heroicas que subliman un fin moral.

Esta relación debe estar fundada en el juicio y embellecida por la imaginación. Si estas cualidades están bien repartidas en la forma de la acción épica, poco importa que ella dure más o menos tiempo de aquél que quieren los preceptistas; poco importa que pase en un solo lugar, como en la *Ilíada*, o en varios, como en la *Odisea*, la *Eneida*, los *Lusitanos*, etc.

Tampoco obsta que el héroe sea furioso, como Aquiles y Orlando, piadoso o traidor como Eneas; que haya un héroe solo o muchos; o que el protagonista sea fingido, como en *La Jerusalén*; o que la acción tenga un fin dichoso o desgraciado (leyes más estrictas para el teatro que para la épica). Con tal que dicho fin sea moral, civilizador y del todo conforme al objeto primordial de la poesía, las anteriores dotes son circunstancias nacidas del gusto y fundadas en el juicio y la imaginación. Como el fin no justifica los medios, moral y cristianamente hablando, he aquí por que los del poema deben ser morales, heroicos y en consonancia con aquél y a su altura.

Es por esto que una acción baja, indecorosa, vulgar, desdora el poema serio y en él es una falta grave, que acusa escasez de genio y gusto. Lo mismo debe decirse de la oportunidad, verosimilitud y demás cualidades esenciales de toda obra literaria.

¿Se entenderá por epopeya una acción de guerra únicamente, y que se encierre en los estrechos límites que le dan los preceptistas?

¿Quedará satisfecha la poesía con esas leyes de una legislación pequeña y caprichosa? No: no está allí la misión del genio, si se la mira bajo la nueva faz, la faz cristiana, la regeneración del hombre por medio de los resortes del sentimiento y de la fortaleza heroica. Y si aún no se ha fijado el gusto general, ¿podemos extrañar esas disputas que desde Aristóteles se han suscitado sobre el poema, pidiendo unos con él la unidad de acción: dudando otros sobre ella, como La Motte, que cree que se puede dar encanto a la vida entera de un hombre; otros pidiendo la epopeya también en prosa, a lo cual adhieren Cervantes y Chateaubriand; otros solo en verso? No ya entre las civilizaciones y naciones diferentes, sino en una misma y en un mismo pueblo se ven estas divergencias de gusto, sobre las cuales no se puede fundar la ley perfecta del poema ni del teatro.

Pero, cediendo a las ideas generalmente admitidas, no se debe negar al *Quijote* el plan del poema. Acción, episodios, caracteres, ejecución, todo está en orden; y no se puede disputar sobre ello, sin una prevención muy marcada y ánimo de rebajar el mérito de Cervantes.

Tampoco pertenece a mi propósito verificar la época en que se supone la acción del *Quijote*. Mas, como se ha debatido tanto este punto, creo deber detenerme en él y opinar si la razón pertenece a Mayans y los que con él suponen la acción en los tiempos de Amadís, o a don Vicente de los Ríos y los demás que la juzgan en los días de Cervantes.

El principal motivo de la opinión de Mayans estriba en las palabras de Don Quijote a Bibaldo (capítulo XXI, parte primera) asegurándole que... «casi en nuestros días comunicamos, vimos y oímos a don Belianis». ¿Es posible que tan sabio escritor no haga valer el sentido figurado de la frase y dé tal crédito a las palabras de un loco, contra el propósito de éste y contra los demás hechos históricos del libro?

El que vio a Pentapolín y Alifanfarrón en los carneros, a los moros de Sansueña en las figurillas de Maese Pedro, al arzobispo Turpin y al marqués de Mantua en el Cura y el rústico Pedro Alonzo, ¿no pudo ver a Don Belianis, o mentir que lo veía para robustecer la opinión de que tales caballeros existieron? Aun apartándonos del sentido figurado, véase que en aquellas palabras no está el riguroso que les da Mayans. Si Don Quijote hubiera dicho «en mis días vi, etc.», habría menos duda, aunque no decisión, porque el que veía gigantes podía forjar caballeros, cuya historia era su único sustento; mas él solo dice «casi en nuestros días»; él no lo alcanzó, sino que su imaginación estaba tan poseída de las hazañas y figura de Don Belianis, que lo proyectaba hasta sus días; así como la corpulenta encina proyecta su sombra a larga distancia cuando el Sol cae al occidente. Esta explicación se corrobora con las siguientes palabras del mismo Don Quijote en el capítulo 1.º de la segunda parte: «la cual verdad es tan cierta, que estoy por asegurar que con mis propios ojos vi a *Amadís de Gaula*, que era un hombre alto de cuerpo... y del modo que he delineado a Amadís, pudiera a mi parecer pintar y describir todos cuantos caballeros andantes andan en las historias del mundo, etc., que por sus hazañas y condiciones... se pueden sacar en buena filosofía, sus facciones». Pero dejando aparte éstas y otras frases también decisivas del *Quijote*, atiéndase a varias circunstancias y fechas también decisivas, que se encuentran en diversas partes de la obra, formando algunas el fondo de ella.

Pudiera citar multitud de aquéllas, pero bastan las siguientes: la Inquisición, que no se remonta más allá del siglo XIV; la Santa Hermandad, del XV; Turpin, del X; los árabes en España, del XIII; el descubrimiento de la América, que fue en 1492; la batalla de Lepanto, en 1571; la expulsión de los moros y los judíos, a fines del siglo XVI y principios del siguiente; los molinos de viento, que fueron traídos de oriente en el siglo XI;[80] los cañones, que fueron introducidos en Europa en 1346, en la batalla de Crecci, dada entre Eduardo III y Felipe de Valois; los Fúcares, comerciantes del siglo XV; la fábula de Durandarte,[81] etc., etc., etc.

Pudiera agregarse el conocimiento que tenía Don Quijote de los últimos libros de caballería, como el de Feliciano de Silva, publicado en 1603, y

---

80 Aunque los de brazos se atribuyen a los egipcios y los de agua, a los romanos, los de viento, que son los aquí mencionados, solo fueron conocidos por los árabes en el siglo VI, y traídos a España en el XI. Fueron inventados 1.480 años antes de nuestra era, por Mulé, rey de Arcadia.

81 Murió en Roncesvalles y estuvo más de 500 años encantado, cuando habló a Don Quijote. Estos 500 años son los mismos que mediaron entre Carlo Magno y el tiempo en que la novela caballeresca empezó a inflamar el ánimo de los italianos.

varias circunstancias que robustecen la idea dominante en él, de que venía a resucitar la orden de caballería que estaba olvidada «y la necesidad de resucitarla». Tampoco se nombraría allí la Tabla redonda, que fue posterior; pues la acción de *Amadís* fue en el siglo primero del cristianismo, según se dice al comenzar la historia: «Pocos años después de la pasión del Salvador»; y aun hubo de ser contemporáneo de Pilatos, como juzga Clemencín, pues su tercero o cuarto nieto, el príncipe Anaxártes, murió en 115 de nuestra era, según la historia de don Florisel de Niquea.

Lo fantástico e imitativo del *Quijote* hace que su acción sea incierta respecto a la fijación precisa del tiempo, pues en varios se la puede colocar, siguiendo algunos pasajes: ya en 1589, por el relato del Cautivo; ya después, por aparecer posterior a la expulsión de los moriscos y otras circunstancias de la época de Felipe III. En esto no hizo Cervantes más que dejar ciertas vaguedades o indecisión propias de los libros que ridiculizaba.

Es por esto que creo innecesaria la escrupulosidad con que don Vicente de los Ríos fija la acción en el año 1604; y para esto basta atender a las palabras «se engendró en una cárcel», aludiendo sin duda a la prisión de Argamasilla de Alba, en 1603. Otra prisión sufrió Cervantes, a consecuencia de la escena trágica de don Gaspar de Espeleta; pero ésta fue en 1605, en Valladolid, posterior por consiguiente a la publicación de la primera parte del *Quijote*. Además, si en 1604 tenía privilegio para la impresión, y si al fin de dicho año ya estaba impresa la primera edición (véase el Proemio), es necesario presumir que la acción fuese anterior a aquel año. El editor de Barcelona (1840. Imprenta de A. Burgos y C.ª) supone la acción anterior al año de 1598 (en éste la coloca Clemencín); y asegura o sospecha que fue ideada, empezada y concluida la Primera Parte en el intermedio de las fiestas fúnebres de Sevilla en aquel año, hasta la incorporación de Cervantes a la Corte en Valladolid el de 1603; opinión que se opone a la que tenemos admitida, que es la que se desprende de las palabras del autor. No creo que nadie entienda que la idea del *Quijote* fuese concebida en la prisión en que estuvo Cervantes en 1597, por motivo de las cobranzas por comisión real. Sin embargo, lo juzga así don Aureliano Fernández Guerra y Orbe, y aun sospecha sin duda alguna, que en 1601 leyó Cervantes algunos trozos de su novela a Rojas, cuando fue éste a representar a Sevilla con Villegas.

Capítulo IX. Fábula de Cervantes

La fábula de Cervantes es ingeniosísima y original. Él se colocó en un terreno en que solo un alto genio podía salvar los escollos de la verosimilitud y el interés. Si los gigantes, enanos y demás seres fantásticos de los libros caballerescos existieron únicamente en la imaginación de sus autores, Cervantes los hace existir en la del Manchego. Esos descomunales entes se encontraban realmente con los caballeros fantásticos; y Cervantes, para cubrir de ridículo a tales escritores y no pudiendo dar realidad efectiva a aquellos seres, acudió al medio más ingenioso que concebirse puede. Si, según la razón no pudo dar realidad a los caballeros, ni, según la razón y el gusto, darla a los gigantes y endriagos, porque pudiera incurrir en el defecto que censuraba, allana el primer punto con acudir a un loco, lo que da verosimilitud a la creación; y allana el segundo, más difícil, con dar realidad a esos seres repugnantes del maravilloso de los libros caballerescos, pero solo en la fantasía del *Quijote*, haciendo que su mente desacordada revista de andantes formas a los molinos insensibles, a los pacíficos monjes, a los inofensivos carneros, etc.; y de este modo hace soltar la pluma a los autores y la carcajada a los lectores, cada vez más enamorados del héroe de la Mancha.

¿Quién se atreve a escribir más sobre Galaores y Kirieleisones, después que Don Quijote los venció a todos en disparates y en caballería?

¿Quién de Orianas y Melisendra, después que Dulcinea las dejó atrás en castidad y formas señoriles; y más cuando en la fuga del meneo de la criba dio quince y falta a todas las doncellas andantes? ¿Quién, después de la batalla de los cueros de vino tinto, se atreve a hablar de gigantes; ni de dueñas, después de Doña Rodríguez y Maritornes? ¿Ni quién de espantables temerosos ruidos, después de los batanes; ni de Fierabrás el de los fuertes brazos, después de la alcuza que hizo vomitar los hígados a Sancho? ¿Quién, de castillos almenados y encantados caballeros, después de las ventas y venteros con que Cervantes dio el golpe de gracia a aquellas ridículas invenciones? Y finalmente, ¿quién hablará del poder de los caballeros andantes después que Cervantes les asesta su picante ironía, al principiar la 2.ª Parte, cuando Don Quijote arbitra la mejor medida para contener al turco, aconsejando a S. M. que reúna dos o tres caballeros andantes, y que esto valdrá más que cuantas otras medidas se tomaren?[82]

Amadís, el mejor de los caballeros, no pudo dar cima y acabar todas las empresas de su tiempo, porque sus fuerzas no alcanzaban a tanto, ni lo permitía la encantadora Urganda: y por eso dejó a Esplandián las famosas hazañas que las historias cuentan. Pero la fortuna de Don Quijote lo hizo muy al revés; y a pesar de los rigores del hado, su fortaleza y bríos, dirigidos por el sabio encantador mortal que escribió sus hechos y preparó sus golpes, no permitieron nacer al nuevo Esplandián; porque ya no quedaban péñolas, empresas ni gigantes, cuyos despojos sangrientos yacían a las plantas del ilustre caballero de la Mancha.

Sí es admirable la creación del héroe, no lo es menos la del escudero, segundo personaje de la novela. Contraviniendo a todos los usos y leyes de su profesión, Sancho es hablador y malicioso y toma parte en los consejos del amo; y es este punto el que da margen al interés con que se le sigue por todas partes, y lo que da razón del tino y gusto exquisito del autor. Las censuras prácticas de acciones indecorosas y sucias, de palabras miserables, malignas, prevaricadoras del lenguaje, etc., que, siguiendo el plan del libro, se presentan exagerados para hacerlas más odiosas y risibles, no podían estar bien en boca del principal protagonista, tipo de decencia, pureza y honestidad. Era, pues, necesario dar cabida en la acción a esta censura moral y literaria de cosas y de frases que pululaban en los libros de caballería y aun en los mejores autores: de aquí la creación de Sancho, costal de chistes, pozo de necedades y depósito de discreciones.

Si el amo es el acusador de la sociedad, aun en mayor relación con ella está el interesante escudero, por ser el espejo real de ella en su camino de miserias, tribulaciones y falta de sentido común... Don Quijote es el hombre de lo ideal; Sancho el de la materia, que se cuidará únicamente de su interés y de tener el vientre lleno, verdadero tipo de las sociedades materialistas, a las cuales simbolizó Cervantes en este personaje. Jamás levantan el pensamiento a más nobles ideas que al interés individual; y se dejan guiar siempre e incautamente por los charlatanes o malvados que especulan a

---

82 Éste es uno de los pasajes más significativos y satíricos que influyeron en el desprestigio de los caballeros andantes, de fuerzas colosales y de poder sobrenatural, ante lo que era una bicoca la resistencia de las naciones, etc.

sus expensas, o por los cándidos que de buena fe se creen redentores de los pueblos, como si las creencias, preocupaciones y debilidades de estos pudieran ceder repentinamente a medios naturales y sanas intenciones. Sancho crédulo, interesado e incapaz de pensar ni conseguir nada por sí, cree ciegamente cuanto dice su amo, y le sigue, llevando por delante el grandioso espectáculo de una gobernación. Es la realidad histórica y continua de la humanidad: mientras menos méritos, más aspiraciones; y para llegar a la deseada meta, nada importan las fatigas, las humillaciones y los desvelos. Sancho es vocinglero como las sociedades; y como ellas, y a pesar de su caudal de refranes, filosofía popular, no entendía el que más concierne al caso, explicado en esta frase: «el robo si es callado, por sesudo es reputado», con que se recomienda la prudencia en ocultar con el silencio la falta de capacidad. Si Sancho no podía comprender el sentido figurado de esta sentencia, sí es seguro que comprendía el sentido recto, como lo prueba el empeño que tenía el asunto de la maleta de Cardenio... Mas, su interés era santo, pues siempre tendía al bien de sus hijos y de su mujer, según sus palabras mismas (Parte 2.ª, Capítulo XXI). Su único caudal eran los refranes; pero un caudal que empleaba sin discernimiento, lleno de confusiones y que no podía aprovecharlo por falta de seso. Pero al menos tenía el mérito de confesarse insuficiente y llamarse asno cuando su amo lo reprendía, confesión que jamás se deja salir de los labios de semejante seres (la generalidad de los hombres).

Si en Don Quijote vemos la mezcla de la elevación y del ridículo, es porque de este defecto adolece el idealismo exagerado; y si en Sancho vemos alguna mezcla de suspicacia e ingenio, es porque nunca el espíritu es dominado completamente por la materia; de aquí sus ideas de legalidad, de respeto a las leyes, en el vulgo, que en los que se creen exentos de contribuir a la armonía social, ya por su nacimiento, ya por su fortuna, o ya por los oropeles con que se cubre a los grandes...

Tenemos, pues, en los dos principales personajes de la novela el remedo de la sociedad en su aspiración incesante al mundo perfecto del sentimiento y en su abyección inmediata bajo la sumisión de los sentidos y de innobles pasiones: tenemos allí la materia y el espíritu, la poesía y la historia; tenemos, en fin, esa lucha del presente y del porvenir, del estacionamiento y la perfectibilidad de la sociedad como es y la sociedad como debe ser. Y es éste el grandioso cuadro que solo a Cervantes pudo ocurrir y que solo él debió llevar a cabo, valiéndose únicamente de dos personales, al parecer tan comunes, como son un loco y un necio, pero en realidad tan grandes, por representar cada uno el sublime de su esfera.

Es preciso comprender bien el espíritu de la época y las necesidades y miserias artísticas (no hablo de las artes plásticas) para conocer la exactitud que hay en el plan y en la acción del *Quijote*. El mismo desorden, escenas inesperadas, episodios que se juzgan ajenos de la obra, etc.; todo es bien medido y mejor meditado.

¿Quién no ve en aquello de trocar las cosas, de ver gigantes donde molinos, ejércitos donde carneros, castillos y doncellas donde ventas y mujeres del partido, quién no ve allí, a más del sentido recto, el de la imaginación, que, luego que se extravía se hace visionaria y extraña a la realidad de las cosas? ¿Quién no ve allí los engaños de la fantasía, engaños crueles, dolorosos, pero que no la curan ni la detienen en su camino de miserias?

¿Quién no ve en los consuelos y esperanzas que aquel hombre honrado da a su simple y lloroso escudero en las calamidades, quién no ve los reclamos de la conciencia, que nunca se turba mientras sigamos por la senda de la rectitud? ¿Quién no descubre la fuerza de la fe en la fortaleza inalterable del caballero, que, siempre fijo en un fin, jamás se desvía de lo que a él conduzca, con tal que sea un medio honesto y equitativo? ¿Y quién no ve la santa fraternidad, la solidaridad verdadera, en aquella abnegación y en ese amor por los menesterosos y los débiles, de quienes se constituyó amparo y defensor, y en ese respeto y veneración por las cosas y personas venerables? ¿Y en aquel admirable fin de la acción, aquel sueño que lo despertó a la salud y a la razón, ¿quién no ve el símbolo de la nada de nuestras locuras, la vanidad de la vida humana y la pureza y el triunfo de la razón?

Este sueño nos da una muestra más del conocimiento profundo que tenía Cervantes del corazón del hombre, y de su maestría literaria (a pesar de la opinión de algún comentador suyo). Las grandes catástrofes, las desgracias que excitan interés y compasión, no tienen cabida en la comedia, ni en la novela satírica, que de ella nace; por lo cual una caída ridícula hace mejor efecto en ellas que una lamentable y trágica. Si Don Quijote hubiera muerto estando loco, de cierto que su fin no formaría buen juego con su vida. Fue por esto, pues, que antes debió sanar y volver al mundo racional, poniéndose frente a frente con el lector, bajo la desgracia natural e inherente a la condición nuestra y también eso era necesario para poder confirmar el propósito del autor condenar todas esas mentiras y extravagancias que le habían sucedido y vuelto el juicio. Este sueño es el más original e ingenioso desenlace que se haya visto: el mismo héroe viene a condenar las locuras de su época y a sancionar lo que antes condenaba. Vuelve a la razón y a confesar simbólicamente los sueños del mundo: ¡Así como son sueños, ay dolor, los generosos sentimientos del corazón recto, las aspiraciones del alma noble que delira el bien social, y las prácticas del hombre honrado... sueños para una sociedad egoísta y materializada! Nadie, que yo sepa, ha concebido un fin más moral y de mejor gusto literario que éste (a pesar, vuelvo a decir, de varios eruditos, como veremos).

Reanudemos el discurso interrumpido.

¿Quién no ríe sobre la sombra de sus varios proyectos, de sus ideas estrafalarias, como rió el *Quijote* sobre su locura? Los engaños de éste, sus esfuerzos; aquel tropezar siempre con desagradecimientos, con injusticias; aquella continua ansiedad, sin tocar jamás a la meta de sus deseos; ¿no son la imagen del corazón en este valle de amarguras? Y aquel amor platónico; aquella Dulcinea nunca tocada, invisible siempre, siempre en idea, ¿no es la imagen de nuestros sueños, siempre fugitivos, siempre engañadores y jamás realizados? ¿No es ella la sombra de nuestras esperanzas, más bellas en cuanto más distantes, en cuanto menos se tocan con la realidad del mundo? Y, abarcando la humanidad en esta idea, ¿no vemos en la Princesa de la hermosura, bella mentira, la verdad de la perfección humana, siempre suspirada y nunca alcanzada, variando figura según las intrigas o candidez de los hombres? Si Dulcinea tomara formas, siquiera un momento; si se hiciera visible y palpable, dejaría de llenar el importante papel que representa: ella, que debió, empero, presentarse al caballero como una tosca labradora; porque algunas veces creemos tocar la dicha... Y, ¡ay!, ¡solo tocamos una sombra mentirosa!

Bajo las consideraciones hechas, creo que en ningún libro han hallado mejor intérprete que en éste las Escrituras y la filosofía universal, todo matizado con los risueños colores de la comedia humana. Los consejos y sentencias que frecuentemente salen de los labios de Don Quijote, son el resumen de la sabiduría, salpicado de agudezas y atractivos. Allí tienen reglas y modelos el magistrado, el juez, el caballero y demás gentes de la nomenclatura social; lo mismo que las ciencias, las artes, la literatura y los oficios; todo impulsado por las eternas leyes de la justicia, de la caridad y de la misericordia, espíritu de las leyes cristianas, que nadie con razón disputaría al héroe de esta incomparable novela.

El filósofo había dicho: Nosce te ipsum [Conócete a ti], frase que a Juvenal pareció bajada del cielo; pero, como las máximas a secas son estériles, y para grabarse en el corazón (en la imaginación es fácil) necesitan un colorido, ya de lágrimas, ya de risa, que son las dos cosas que ablandan la dureza de la filosofía, Don Quijote dice a Sancho: «Procura conocerte... de conocerte saldrá el no hincharte, como la rana que quiso igualarse con el buey: y si esto haces, vendrá a ser por pies de la rueda de tu locura la consideración de haber guardado puercos en tu tierra». ¿A quién no le hinca y le entra esta máxima, y quién no ríe, si la tiene presente, al llegar el caso, que si llegará, habiendo tantos hombres-ranas en el mundo? Más pudiera agregar, recordando el ingenioso modo de hinchar los perros (leído en el prólogo de la segunda parte), remedio que es la pura imagen de esos mentecatos a quienes otros tales hinchan a fuerza de falsas razones y adulaciones serviles. Considerando esto venimos a ver que el uso de este libro, como ya lo reconocieron algunos sabios holandeses, ingleses y alemanes (entre otros Van-Efren), es de mayor provecho que cuantos de moral y ciencia en lo humano conocemos. Allí está la práctica al lado del consejo, lo que no hizo ningún filósofo antiguo ni moderno.

Nada valen las máximas de una severa moral, ni los consejos de la filosofía, mientras vayan envueltas en la tosca corteza de la seriedad y el rigor: y es por esto que nada han enseñado al mundo los filósofos, ni el mismo Homero con sus sabias lecciones. Solo la sátira ha producido los mejores resultados; mas no una sátira como quiera; sino la que ridiculiza sin bajeza y sin humillar al criticado; una sátira sin odio, sin egoísmo, como solo puede estar en los labios de Don Quijote, que no tiene pasiones bastardas, ni mezquindades, ni individualidad, como que es hermano de todos los hombres y perseguidor de los vicios.

Como símbolo de la igualdad humana, y con el objeto de combatir la preocupación de que es necesario el estudio y el saber para mandar a los pueblos, viene el más asno de los mortales a hacer ver que para ello bastan la buena intención y la honradez (cosas preciosas, por raras). Bastáronle en efecto, su sencillez y los sabios consejos del amo; y sobre todo, bastáronle, como él dijo al duque, tener el Cristus en la memoria, y el recuerdo de la cristiana máxima del canónigo de Toledo de que «así suele Dios ayudar al buen deseo del simple, como desfavorecer al malo del discreto»; bastóle eso para exaltarse de escudero sandio a ser el mejor Gobernador nacido y por nacer. Su vuelta del Gobierno es la mejor apología de su mando y una amarga sátira del ajeno. Desnudo entré, desnudo salí y desnudo me hallo. Si él hubiera cohechado, si hubiera vendido la justicia, entraría a ser un ente vulgar, un ser que se confundiría entre la multitud de los hombres. ¿Y no se ve aquí la mejor práctica de los consejos del Cristo en el asunto? El pidió la perfección del hombre, la enseñó, presentando en sí el modelo: ¡mas, para ello no hizo necesario el saber, ni el linaje; sí la conciencia, la honradez, la virtud! El llamó para salvar el mundo, no a los sabios, ni a los retóricos, ni a los sofistas, ni a los jueces humanos... llamó a ignorantes pescadores, llenos de sencillez en los labios y de pureza en el corazón, y les dijo: «al salir de una casa debéis sacudir el polvo de vuestras sandalias». ¿Quién, antes del libro que nos ocupa, ha realizado entre los hombres este mandato? ¡Y nadie menos que un Gobernador, que son los que más debieran sacudir las sandalias al salir de su casa!

Capítulo X

Concebido el plan, el autor da una recorrida por las más famosas y por las más ignoradas escenas de la caballería andante; se empapa en el espíritu de los libros que de ella tratan; y, para llegar al fin propuesto, imita y exagera aquellas extravagancias, llenado así el verdadero papel de la comedia.

Colocado Cervantes entre la racionalidad y la locura, dotes de la humanidad, domina la escena más grandiosa que haya abarcado el entendimiento. Repartiendo con tino y exquisito gusto las cualidades más propicias de esos dos seres morales, personificados en el amo y el mozo, y hermanándolos con intento pundonoroso y disparatado, hace con el lector, luego que lo pone en contacto con estos dos importantes personajes, lo que la vorágine con la nave que llega a tocar su circunferencia: ella no puede volver atrás; y el lector se ve forzado a seguir y acabar aquel inacabable argumento, cada vez más interesante, cada vez más nuevo y nunca gastado, que nos liga a ellos por medio de los más entrañables lazos de la existencia, como son los del honor, de la lealtad y de la desventura: porque esos seres, siempre rectos y siempre desgraciados pensando siempre en la desdicha ajena; olvidados de la propia; cuya imagen, si viene algunas veces es solo como una reminiscencia, porque como decía Pirrón: «no se puede prescindir completamente de la naturaleza»; aquel caballero que pedía a las estrellas ablandasen sus rigores, no para su propio alivio, sino para haber fuerzas y aliento con que acabar de purgar la tierra de gigantes mal nacidos, y ese escudero tan conforme con su mala ventura y con ver aguadas sus esperanzas a cada paso; esos seres, no pueden dejar de ser amados por todo aquel que los siga con sana intención y recto juicio. No solo se los ama, se familiariza uno con ellos y los ve como íntimos amigos y compañeros.

Pero el amor que les tenemos lleva alguna diferencia, consiguiente a su carácter: amamos al caballero con el afecto de que solo es acreedor el hombre de bien, la virtud perseguida por el ludibrio de los hombres; y amamos al escudero con el interés y la compasión que infunden la inocente credulidad, la sandez irreprochable, la debilidad inofensiva.

Amamos a todos los personajes secundarios, porque cada uno tiene una alta significación en el libro, y llena su cometido a pedir de boca: y si alguno hay que no nos inspire el sentimiento del cariño, aun ése está bien en el lugar que ocupa, por su utilidad para la acción y por su significado moral en la fábula.

El amo del muchacho Andrés, por ejemplo, es necesario; porque esta primera hazaña del caballero debe traducirse en esta lección moral: «Aun para hacer el bien es preciso reflexionar y oficiar con tiento y cordura», o en esta otra idea filosófica, que se resuelve en aquélla y que era desconocida de la mayor parte de los filósofos de la Antigüedad: «La sabiduría y la virtud tienen necesidad de una medida, sin la cual llegan a hacerse inútiles y aun perjudiciales». Esta escena, que tiene su mérito imitativo, como todas las del *Quijote*,[83] rompe la leyenda del novel caballero, alza el telón de la comedia, como la portada que lleva escrita aquella máxima de la sabiduría y que debe tener un lugar prominente en la vida del hombre. Allí se descubre prácticamente la índole caballeresca y confiada del héroe, que creía como todo hombre recto, que en los demás han de prevalecer el honor y el cumplimiento de las promesas.

Ésta era su creencia, y si una vez puede sostenerse que faltó a su palabra, fue obligado por las circunstancias y por los rigores del hado. ¿Cómo fue eso? Porque no alcanza a más la impotencia humana; porque no se puede luchar contra lo imposible: y él no pudo soportar el bochorno de verse pisado por animales inmundos, ni pasar por la idea de que esto se supiese y de haber faltado por la primera vez, no a su palabra, no a su ley, en lo que era escrupuloso sino a sus esfuerzos, agotados ya, por no ser posible su intento. Esto, además, no hace al caso, en el asunto de las pastoras de las redes verdes, a quienes él prometió sostener su hermosura contra caballeros, no contra toros de Jarama: y esto, si bien se ve, no es faltar, pues él retó a los caballeros que debían venir y no vinieron.[84]

---

83   Puede tomarse por origen de esta aventura la del Capítulo LXXII del libro 2.º de *Amadís*: «Pasando por un bosque Daraido y Galtaziro, oyeron voces lastimeras de persona que se quejaba, e internándose en él, vieron que dos damas estaban azotando con varas verdes a un caballero, desnudo y atado a un tronco de encina, por amante desleal, que había dado palabra de casamiento a entrambas a un tiempo».

84   En esta escena se ridiculizan las acciones que se ven a cada paso en los libros de caballería, como que eran ellas el fundamento principal del caballero andante. Continuamente iban a sostener la hermosura de sus damas sobre todas las conocidas y por conocer; y como cada uno hacía esto, es natural que a cada momento se batieran por solo ello, a más de las mil necedades que los obligaban a batirse. Agréguese esto a lo que dejo consignado, para que se conozca más el tipo del caballero andante. Recuérdense los modelos efectivos y aun

He hecho estas consideraciones para que se vea lo consecuente que es Cervantes con la naturaleza mortal de su héroe, que no es invulnerable, para excitar así el interés por medio de sus desgracias, «pues un loco que efectivamente fuese valeroso y afortunado, sería más bien odioso

---

los reales, como Suero de Quiñones, etc., Carlos V y Francisco I, el duque de Braganza y el de Medinaceli; el necio Pedro de Vidal, etc., y muchos de los que vinieron a la América... e importuno, que agradable y divertido», como muy bien dice don Vicente de los Ríos.

Capítulo XI

No acabaría de comprender el plan de Cervantes quien no conociese y apreciase bien la manera de que se sirvió para hacer del dominio popular la sátira de las prácticas y ridiculeces literarias y de las preocupaciones sociales que pesaban sobre aquella época; asunto sobre [el] que ya he avanzado algunas ideas.

No fue el primordial y único fin de Cervantes divertir a sus lectores, como sería si siguiésemos la opinión de Salvá, anunciada atrás, y en lo cual no hubiera dado a su obra esa inmensa popularidad y esa trascendencia que ejerce en todas las naciones en todas las épocas. Valiose de aquel medio como de cebo para atraer la curiosidad al fondo de su fábula y para endulzar la amarga sátira que se proponía y vestir de ridículo al objeto de ella. Por tan agradable senda nos conduce, pues, al desprecio y burla de las costumbres andantescas; y luego nos guía por el espinoso campo de la crítica social.

Él debía, en primer lugar, posesionarse de esa perjudicial literatura que, como veneno en copa almibarada, se iba infiltrando en el seno de los pueblos; a la manera que hoy esa otra literatura bastarda que en mil novelas y en el teatro alardea de bellas formas, va derramando el opio de la corrupción... Para aquel propósito expurgó libros y censuró toda extravagancia, toda idea ajena del lugar que en ellos ocupaba, toda frase o palabra que no estuviese a la altura del estilo, y que Longino llama marcas vergonzosas que castigan la expresión; y especialmente satirizó las ideas que no deben existir en los libros, por ser actos de la naturaleza material, necesarios únicamente para su desarrollo: actos que por sabidos se callan; y porque «no todas las cosas que suceden son buenas para contadas, y podrían pasar sin serlo y sin quedar menoscabada la historia». Si esto se dice respecto a la historia, con mayor razón se debe repetir respecto a las obras fantásticas, en las que nada debe entrar que desdore la belleza de la poesía.

No se contentó, pues, con impugnar los libros de caballería y el teatro, lleno de extravagancias e inverosimilitudes, como se ha dicho al tratar del «Siglo literario de Cervantes»; sino que reprendió de una manera juiciosa y fina, para lo que le daba margen su fábula, casi todos los defectos de las demás profesiones y estados, proponiendo modelos y consejos para todos ellos. A cada paso se ve esto en sus obras, especialmente en el *Quijote.*

Ya propone ejemplos de hospitalidad; ya zahiere la vana costumbre de mantener bufones y pagarse los príncipes de sus chocarrerías, tan ajenas de la dignidad real y la categoría de los nobles;[85] ya recomienda la buena crianza y educación de los hijos, como fuente de la paz doméstica, de la gloria de los padres y de la felicidad de los Estados; ya combate las supersticiones que se infunden a los niños por medio de una crianza mal dirigida, como llenarlos de miedo y hacerlos tímidos y asustadizos, valiéndose de espantos, sombras, cuentos de brujas o hechiceros, etc., etc., ya combate los cohechos, que eran públicos y populares, por su falta de recato y decoro; ya la creencia en agüeros, tan arraigada en Europa, como se ha dicho atrás; ya con esmero laudable y firme ataca la preocupación nacida en la ignorancia y abyección moral de los pueblos, que da margen a una cuestión filosófica: hablo de la certeza con que se negaba (¡y aún se niegan!) o se vejan con asombro los hechos que sobrepujaban, un punto siquiera, los alcances de la razón común, tan embotada en aquellos tiempos, y que salieran de las líneas establecidas: hechos, aquéllos, que se veían como prodigios o señales de catástrofes. De aquí se desprende, naturalmente, recordar la crítica de Cervantes sobre la astrología, etc. Cervantes, en fin, dio una grande importancia social a su obra; y no hay en ella idea que no sea altamente filosófica y que no haya sido adoptada por las ciencias sociales y políticas, aun los más insignificantes dichos que parecen pasar desapercibidos.

Ya en posesión de su asunto, y trazado el plan, se dio a discernir su admirable cuadro, esparciendo en él todos estos caracteres de la huma-

---

85 Veamos lo que dice el abate Lampillas (pág. 234, tomo 6.º, de su Ensayo apologético, etc.): «Ni debe reprenderse a los españoles (habla de la comedia y la tragedia) que entre las acciones de grandes personajes den lugar al gracejo y jocosidad que nacen de las chanzas propias de la comedia, pues los príncipes no siempre conservan la majestad, ni están desterrados de los palacios de los grandes los sucesos que mueven a risa. Esto era todavía más conforme a la costumbre de los dos últimos siglos, en los cuales apenas había palacio de Monarca, o de gran señor en que no se hallase un bufón, que a veces tenía más fácil entrada al Gabinete del príncipe que los primeros cortesanos; y tanto, que aun los ministros más sagaces solían valerse de las bufonerías de aquéllos para hacer llegar a oídos del príncipe algún aviso importante, que no se atrevían a darle, o para templar la melancolía de algún siniestro accidente». ¿No vemos aquí corroborada la costumbre, que tan finamente satiriza Cervantes? ¿Y no lo vemos valerse de Sancho y de algunos otros bufones para hablar a los príncipes y a los grandes y chicos de la tierra?

nidad crédula y supersticiosa. Mas, como una serie consecutiva de sátiras sobre un mismo asunto, haría fastidiosa su lectura, es por esto que su genio le hizo intercalar las que se dirigen a un asunto y las que a otro: ya las de hechos históricos, ya de caballerescos, sociales, etc.; discernimiento que no han sabido apreciar los que notan de confusión esta aglomeración de cosas distintas.

Principiemos por el prólogo, como es natural. Era costumbre en España, en Francia y en Italia poner a la cabeza de todo libro que se publicaba, a guisa de librea o blasón o padrinazgo, una larga serie de elogios al autor (regularmente por él mismo escritos), retumbantes y en orden inverso al mérito del libro. El *Cancionero* de López Maldonado (para traer algunos ejemplos) lleva de lacayos doce o más piezas poéticas, laudatorias de sus alabanzas: el poema de «Los amantes de Teruel», de Juan Yagüe, lleva seis; lo mismo la «Araucana», el «*Teatro del Mundo y del Tiempo*»; el «Viaje entretenido» de Agustín Rojas lleva veinticuatro; la «Rima» de Lope, veintiocho, etc. No solo se alude a dicha costumbre y se la ridiculiza en las poesías burlescas que alaban al libro de Don Quijote, sino que todo el prólogo es una censura de ella y de otros usos ridículos. Como los tiros deben asestarse al punto más culminante y robusto de una fortaleza, es por esto que Cervantes se dirigió principalmente a Lope de Vega, que por sus dotes poéticas y su fecundidad llamaba la atención de España y de toda Europa. Así, pues, le dirigió las siguientes palabras del párrafo segundo: «Solo quiero dártela (la historia) monda y desnuda, sin el ornato del prólogo ni de esa innumerabilidad y catálogo de los acostumbrados sonetos, epigramas que al principio de los libros suelen ponerse».[86] El mismo Lope, en El Peregrino, dio motivo a éstas y otras palabras del párrafo quinto: «En lo de citar en las márgenes los libros y autores de donde sacares las sentencias y dichos que pusieres en vuestra historia, no hay sino hacer de manera que vengan a pelo algunas sentencias o latines que vos sepáis de memoria».[87] También a él se dirige la puya respecto al orden alfabético de los autores que ha de citar, haciendo de modo que de la A a Z no falten ni uno ni varios en cada letra, como en los poemas

---

86 El erudito Hartzenbusch cree alusivos a Lope, ciertos versos de Urganda: lo rebate débilmente Benjumea.

87 ¡A cuántos hoy día pudiera servir la sátira que envuelve este consejo!

dichos. «El Isidro» contiene, según Viardot, hasta ciento cincuenta y cinco autores citados en el índice.[88] Hay en la obra otras alusiones a Lope, con quien de tiempo atrás andaba torcido Cervantes. Se lee en el mismo prólogo una muy directa, que no puede menos de llamar la atención de los hombres de letras: «Tras esto, dice, para mostraros hombre erudito en letras humanas y cosmógrafo, haced de modo como en vuestra historia se nombre al río Tajo, y veréis luego con otra famosa anotación poniendo "El río Tajo, fue dicho así"», etc. (léase el párrafo). Esto se ve a tiro de ballesta que es una sátira a Lope, que había tenido oportunidad de mostrar igual erudición en el Índice de la Arcadia, diciendo: «Tajo, río de Lusitania, nace en las sierras de Cuenca, y tuvo entre los antiguos fama de llevar, como el Pactolo, arenas de oro... En sus postreras orillas... entra en el mar por la insigne Lisboa». También el verso que dice: «Tú, sabio autor, al mundo único y solo», alude al lema jactancioso de la portada del «Peregrino»: aut amicus, aut peregrinus [a los amigos, a los peregrinos]; y no a lo que equivocadamente juzga Clemencín, el cual asegura, como lo hace comentando otros muchos versos de Cervantes, que éste se elogió a sí mismo en aquel soneto: esto es no conocer el espíritu burlesco del soneto ni el de su autor. Nadie duda de que se dirigió especialmente a Lope la crítica justísima que de la comedia hace el canónigo Toledo; así como, jactándose aquél de tener en sus manos las riendas de la poesía, se le tuvo presente en el loco «Neptuno», alusión que confesó el mismo Lope en estos versos:

«¡Honra a Lope, potrilla, o guai de ti!
Que es Sol, y si se enoja lloverá.»

Pero donde más se nota esta alusión es en la admirable concepción del «Retablo de Maese Pedro», verdadera sátira de la comedia. Esta sospecha mía crece al leer las palabras del director del Retablo cuando nota Don Quijote la inverosimilitud de las campanas en Sansueña: «No mire vuesa merced en niñerías, señor Don Quijote, ni quiera llevar las cosas tan por el rabo, que no se le halle. ¿No se representan por ahí; casi de ordinario, mil

---

88   Don José Pellicer de Salas en sus *Lecciones solemnes a las obras de Góngora* (1630), «hizo preceder un índice de 2.165 artículos, divididos en 72 clases».

comedias llenas de impropiedades y disparates, y con todo eso corren felicísimamente su carrera y se escuchan no solo con aplauso; sino con admiración y todo. Prosigue muchacho, y deja decir, que como yo llene mi talego, siquiera representa más impropiedades que tiene átomos el Sol». Sábese que Lope cuidaba más de su talego que otra cosa, según testimonio de Cristóbal de Meza y según él mismo decía:

«El vulgo es necio; y pues lo pide; es justo
Hablarle necio para darle gusto.»

¿No se ve aquí la confesión del estudio que ponía en disparatar, etc.? Atiéndase a que Cervantes tiene cuidado de decir por boca del ventero, que la historia de la libertad de Melisendra «es una de las mejores y más bien representadas historias que de muchos años a esta parte en este reino se han visto».

«Los autores dicen que así han de ser porque así lo pide el vulgo», dice el canónigo al hablar de las malas comedias que pululan.

Mas, para explicar éstas y otras muchas alusiones a Lope que hay en el libro, es preciso saber que este había dado principio a la ojeriza que existía entre ambos ingenios: desde 1601 echó a volar públicamente en la portada de *El Peregrino* sus resentimientos; y antes (agosto del mismo año) había escrito frases injuriosas para Cervantes, en carta al duque de Sesa. Nótese también que el «Ovidio español» era Lope, no el mismo Cervantes, como cree Clemencín; ni menos don Diego Sánchez Rosel y Fuenllana, como juzga Fernández Guerra y Orbe.

Pasemos al texto de la obra.

Para oponerse a esa liviandad eterna y a esa debilidad moral de caballeros y damas andantes, y para hacer chocar con el contraste aquella inclinación que los hacía vivir como brutos y ofrecer a cada paso escenas repugnantes de lascivia, enaltecidas y honradas por los autores y los lectores, vulnerando todas las leyes del decoro y la decencia, removiendo los ánimos con impuras sensaciones opúsoles Cervantes el modelo de la honestidad, aprovechando la circunstancia de la fe jurada por los caballeros a sus damas, y presentándolas ridiculizadas por el exceso. La honestidad, como dijeron los sabios, es la cualidad que conserva la bondad, la sabiduría y el orden de la familia y la sociedad, porque «tanto es una ventura buena cuanto es duradera, y tanto es duradera cuanto es honesta».[89] Pues bien, esta cualidad fue exagerada en el *Quijote*; porque el verdadero filósofo sabe que toda doctrina, toda idea, debe entrar de esta manera, como nos lo enseña la misma Divinidad; y más cuando la depravación pide un remedio extremo. Esa honestidad, esa fe guardada y esa constancia de Don Quijote para resistir a las tentaciones; esas dotes que llegan al pináculo de su fortaleza en aquella venta, que juega un papel más importante de lo que se juzga; esa hora (que para él fue menguada) en que la visión de Dulcinea triunfa de la naturaleza bruta, aun a pesar de la suerte caprichosa, cortesana impura de la desvergüenza, lacaya del atrevimiento, tan rigorosa con él, que solo le guardaba candilazos y puñadas, palos y más palos... en aquel lugar y hora aparece el honrado hidalgo como el gigante vencedor del monstruo de la concupiscencia; o como el acusador de la liviandad y pequeñez de los caballeros y gigantes; y el autor aparece como el vengador de la inocencia contra tantos malandrines pretéritos y futuros, que con talento o sin él, pero con el corazón corrompido, quieren vengarse de esta fatal prenda envenenando la decencia y el decoro y manchando la sociedad, presentándole la virtud rebajada al lodo donde ellos revuelcan la frente... ¡No es eso, autores, y vosotros, novelistas, lo que del talento reclama la civilización! ¡Pero vosotros no la oís, y dais colores risueños a la inmoralidad! Id a la venta; id al castillo de los duques, y postraos a los pies de Cervantes, llorando vuestras faltas; si es que os queda un átomo de conciencia honrada.[90]

Este fuera el lugar de hablar de esa otra costumbre de que están llenos los libros, y que se relaciona literariamente con ésta: hablo de la falta de decencia con que notan y relatan todas las acciones puercas; no las que faltan a la moral, sino a la limpieza. Pero como más adelante, al tratar de

---

89 *Persiles*, libro 4.º, capítulo X.
90 Esta escena de la venta se repite, variada, en el *Persiles* (libro 4.º, capítulo VIII), cuando Periandro resiste a la tentación e importunaciones de Hipólita, dejando cual nuevo José, en poder de la nueva egipcia «esclavina, bordón y sombrero». Con el hecho de repetir éste, como otros muchos pasajes de la fábula del *Quijote*, en el último libro que escribió, da a entender que fincaba mucho en ello, para familiarizar al lector con su doctrina, y como para hacer del *Persiles*, según más adelante veremos, la piedra de toque de su *Ingenioso hidalgo*.

las censuras hechas a Cervantes, me extiendo en este punto, refutando a ciertos comentadores que parece haber olvidado o ignorado tal costumbre y su repetición en los libros, me es forzoso detenerme y no tratar más de una cuestión que pudiera dar náuseas a mis lectores.

Era constante que los caballeros se creyeran exentos de las leyes y que podían cubrir con su protección a los malvados; y he aquí esta creencia reflejada en la libertad de los galeotes (Parte 1.ª, Capítulo XXII), que ridiculiza a los autores de aquellos libros en que estas hazañas se contaban, máxime en lo real de la sociedad, donde es de mayor uso este hecho inmoral; donde el poderoso creía, cree y creerá ser inviolable y que le son permitidos aún los más grandes desafueros, con tal que los cubra con el escudo del poder, de la nobleza o del dinero... ¿Qué resolvió a Don Quijote a acometer la aventura de soltar los encadenados? En primer lugar la imitación de los caballeros, de quienes era remedo fiel; y en segundo, el parecerle que no debía dejar pasar la oportunidad de ejercer su oficio en pro de los oprimidos, pues como Sancho le dijese: «No digo eso, sino que es gente que por sus delitos va condenada a servir al rey en galeras de por fuerza», él contestó: «Pues de esa manera, aquí encaja la ejecución de mi oficio, deshacer fuerzas y socorrer y acudir a los miserables». En el primer punto imitó a Amadís, cuando dio libertad a los caballeros y doncellas que llevaba presos el gigante Jamongodamán para sacrificarlos a su ídolo; o recordó Cervantes alguna idéntica escena pasada cerca de Sevilla durante el tiempo que allí estuvo, según sospecha Fernández Guerra y Orbe.

Nada más risible que esas casualidades extraordinarias que suceden en apoyo de alguna aventura guardada para el caballero del libro y que debe suceder como traída a posta. De aquí esas barcas que lo esperaban y conducían con buen tiempo y mejor fortuna a la torre donde un gigante debía ser vencido, una doncella rescatada y una dueña regocijada al presentarse el andante. Así pasó a Don Galaor cuando lo llevó una barca desconocida a la ínsula Gravisanda; así pasó a Amadís cuando se embarcó con Darolieta en una barca casual, y fue a acabar una aventura desconocida que debió esperarlo en la ínsula del gigante Patán; así pasó a Orlando cuando al bajar a la orilla del río divisorio de la Normandía y el Bretón «vio una barca y una doncella», que lo convidó a embarcarse y acabar la aventura de Vireno (canto

9) y Cimosco; tal pasó al caballero del Febo para ir a la ínsula Solitaria, según se lee en un romance de Lucas Rodríguez; tal pasó a Rugero para ir al país de Lojistila; a Don Olivante de Laura y Darisio cuando vino a buscarlos una doncella andante, y vieron lejos una barca que con una cadena de un árbol estaba atada, y apeándose la doncella de su palafrén, volviéndose a Don Olivante, le dijo: «caballero, es menester que en esta barca os metáis» (libro 2.º, capítulo I); y finalmente tal pasó a *Persiles* en la barca «que sin duda le deparó el cielo». Viendo, pues, a Don Quijote en la barca del río Ebro, dominando a todo lo dicho atrás, y lo demás contado en esa innumerabilidad de libros ¿no vemos la sátira más graciosa de esas barcas y de esas descripciones pedantescas que a cada paso arrojan por los codos los autores?

De exageraciones en exageraciones se iba, de manera que eran sin escrúpulo sancionadas en los Estatutos de la orden pizmienta de la caballería. Así la regla 9.ª del «Tesoro» de Márquez dice: «Que ningún caballero se queje de ninguna herida que tenga». Por esto Don Quijote apuró dicha extravagancia hasta el punto de no dolerse por más tempestades de palos, puños y candilazos que sobre él llovían; y siempre hallaba salida a su desdicha, ya en no habérselas con caballeros, ya en que cambiaría pronto el rigor de las estrellas, o ya en los encantamentos; con lo que consolaba al desconsolado escudero. Volviendo a la presente ridiculez, fue por esto que Don Quijote, después que los gigantes se le trocaron en molinos de viento y lo molieron a su manera, como Sancho le pidiera que se enderezase un poco, porque «parece que va de medio lado, y debe de ser del molimiento de la caída», él respondió: «Así es la verdad... y sino me quejo del dolor, es porque no es dado a los caballeros andantes quejarse de herida alguna, aunque se le salga las tripas por ella». ¿No se ve en esto último el chiste de la exageración? ¿Y no revienta aquí la risa al recordar a esos fatuos caballeros contrariar una ley de la naturaleza humana que pide quejas al dolor?

La risible costumbre con que un caballero no podía emprender aventura, por grave que fuese, hasta no acabar y llevar a remate la que hubiese emprendido, como se ve en el juramento de Rodomonte y Mandricardo de «no comenzar empresa hasta no auxiliar a Agramarte», lo que les impidió castigar a Rugero que los insultaba... ¿no se ve en mil puntos del *Quijote* chistosamente aludida, especialmente en las graciosas escenas de la princesa Micomicona y en el recuerdo del juramento del duque de Mantua?

Llenas están las historias caballerescas de los combates de los caballeros con grifos, endriagos, leones, etc. Amadís venció al Endriago, horrible monstruo que nadie vencía: Palmerín de Oliva mataba leones como si fueran corderos; y su hijo Primaleón ni les hacía caso. Palmerín de Inglaterra combatió solo contra dos leones y los venció. Perión, padre de Amadís, amenazó a un león, y éste se fue, después volvió encima del rey y éste lo mató hiriéndole por la barriga, etc., etc. En la misma historia se encuentran estas escenas locas, hijas del vano espíritu andantesco, como la del caballero don Manuel Ponce;[91] la del Cid que se lee en sus romances; la de Guzmán el Bueno, que peleó con un león y una serpiente, igual en descripción que hace de ella la tradición al endriago con que se combatió Amadís. ¿Y estas imprudentes y quijotescas hazañas no se ven parodiadas en la de los leones que desafió Don Quijote?

He aquí el sistema que siguió Cervantes para atacar las ridiculeces de esa literatura bastarda que llenaba los libros de extravagantes invenciones. Quien lea el juicio que de ella hace el canónigo de Toledo (Parte 1.ª, Capítulo XLVII), y conozca alguno de esos libros, me dispensará alargar este capítulo con más analogías y ejemplos, que podrá hallar en otra parte de esta obra; y así también me evitará agregar si fue aquél el mejor sistema y el mejor modo de manejarla; pues el resultado inmediato y el olvido de esa literatura y la risa que causa, prueban lo certero del plan de Cervantes. Pero sí dedicaré algunos párrafos a la crítica social, acaso más interesante que la literaria, y que el autor manejó, sino con la libertad que aquélla, por las preocupaciones y leyes de la época, sí con la misma finura y tino.

Abundante y extenso era el campo donde Cervantes podía hacer vagar su fecunda fantasía.

---

91 Durante la guerra de Granada vino un Emir africano con varios presentes para los Reyes católicos; entre otros unos leones. Junto con los reyes y la corte estaban las damas; y una de ellas, a quien servía Ponce, dejó caer un guante al lugar en que estaban los leones. Don Manuel saca su espada, penetra al recinto de aquellos animales y toma bizarramente el guante caído. Desde entonces fue llamado León, segundo apellido que le agregó la Reina y con el cual es conocida la descendencia de aquel caballero.

Aun más que la literaria, se encuentra a cada paso la sátira social, envuelta ya en la imitación caballeresca, ya en máximas y consejos filosóficos y morales de alta trascendencia y significado, y ya en los mismos refranes y hechos del simple escudero, que no los discernía... y de casi todos los personajes de la novela. En la escena, por ejemplo, de los carneros, que a Don Quijote parecieron ejércitos, no solo ridiculizó Cervantes a los autores y sus pomposas descripciones, sino que penetró en el orden social y político, y satirizó, según Aureliano Fernández Guerra y Orbe: «ya las muchedumbres de dóciles súbditos de Felipe III despotizados y regidos por hombres que estaban muy lejos de merecer gobernarlos; ya la turbamulta de tiranuelos, mercaderes de sangre humana, entrometidos, aduladores, ambiciosos, avaros y soberbios».[92]

En la segunda parte tendré oportunidad de ocuparme, en su relación literaria, de la Gobernación de Sancho: ahora debo hacerlo considerada socialmente, ya que algunos han rechazado este episodio por inverosímil en la historia. Si consideramos dicho episodio en su relación con la historia coetánea (y la de todos los tiempos), veremos que su mérito es eminente; solo que Sancho torpe, Sancho asno, se muestra tan sabio, tan docto y discreto, que admira por ser él solo ejemplo, al revés de los tales Gobernadores, que si nacieron como torpes, en el Gobierno y fuera de él se quedan como Dios los hizo, aunque algunas veces peores... Era costumbre de aquellos tiempos (de duración indefinida para el caso) enviar a los Gobiernos, mayordomos en vez de gobernadores; y aunque llevaban este nombre, sus méritos no llegaban ni a aquél. De este modo se secundaban los planes del señor principal, cuyas órdenes eran las leyes que regían las ínsulas gobernadas; otras veces, la mayor parte, era por el interés monetario, o el cohecho (como hoy y después) como la conseguían aquellos gobiernos; y como ni el uno ni el otro tenían obligación (ni costumbre) de ser honrados y discretos, he aquí

---

92   Yo, pidiendo permiso al recomendable autor citado, me atrevo a dilatar aquella segunda ilusión propia que aplicó Cervantes con diestra mano a su época, y alargarla a todas las épocas y naciones... ¡Cervantes es el pintor de las sociedades! El erudito y juicioso escrito en que el señor Guerra ha diseminado los nombres usados por Cervantes y ocultos bajo el velo del anagrama, del seudónimo, de la semejanza, etc., por ser vedado satirizar a los grandes a las claras... nos ofrece una prueba del esmero que puso Cervantes al escribir su *Quijote* y la detención que hubo menester para tan laboriosa tarea. Téngase presente esto para más adelante.

por qué tantos asnos y tan pocos Sanchos se usaban en los gobiernos. Los reyes y los señores al conceder tales gobiernos tenían costumbre de dar por escrito sabios y necios consejos a sus elegidos; unos de moral (innecesarios por sabidos) y otros sobre educación y decoro (id.). Éstos eran regularmente los que más ocupaban aquellos documentos. Pues bien, los segundos consejos que dio Don Quijote a Sancho (los primeros no se usan ya sino en los libros santos) son una parodia de los que daban regularmente esos señores grandes, ocupándose solo en futilezas y vulgaridades, como los que dio Felipe II a don Juan de Austria al encargarlo de la armada de la Liga; o los que dio el duque de Alba, don Fernando de Toledo, al mismo don Juan; o los de don Martín de Padilla y Manrique, adelantado mayor de Castilla, a su hijo don Juan de Padilla, al tomar este estado militar: en los cuales consejos (estos últimos) no se olvida ni el modo de andar, de vestir, caminar, traer los bigotes, el capote, abanillos o cuellos alechugados, y demás menudencias, buenas para observadas, pero no para escritas, y que si el mozo las ignoraba, bien necio sería y mal acondicionado.

La costumbre de hacer rencillas y pleitos de simples hechos y elevarlos a graves cuestiones diplomáticas o políticas, que agitan las cortes y conmueven las naciones, está perfectamente bien parodiada en la escena del pueblo de los rebuznos, que se lee en la 2.ª Parte c... del *Quijote*.[93]

De la institución de la caballería había pasado a lo real la ridícula costumbre de armar caballeros, con todas las prerrogativas y fueros que les atañían a los tales; categoría a que ascendían los mismos hidalgos y aun

---

93 Don Aureliano Fernández Guerra y Orbe hace derivar este suceso de uno acontecido en el Peral, antigua aldea de Alarcón, cerca de las sierras Valerianas o de Cuenca; y allí mismo hace pasar la escena que pintó Cervantes, oponiéndose a Clemencín que la pone en Argamasilla, o en el Toboso: «Partiendo límites con Villanueva de la Jara, trataron de visitar una mojonera en los últimos años del siglo XV los alcaldes ordinarios del Peral, Alfonzo Navarro y Bartolomé Radejo. Alborotose la gente de Villanueva, revolviose contra sus colindantes, ambos pueblos vinieron a las manos, y en la refriega quedaron muertos el uno y el otro alcalde. La mala voluntad que se tienen pueblos limítrofes, y el afán con que se ridiculizan mutuamente, sin malograr ni desperdiciar coyuntura, "levantando caramillos en el viento y grandes quimeras de nonada" según el mismo Benengeli, pudo sugerir a los de Villanueva alguna burlesca invención sobre el caso verdadero de los dos alcaldes, convirtiendo en rebuznos las razones que debieron alegar para defender las mojoneras. Con ello darían alimento frecuente a quejas, odios y choques de poder a poder; y a Cervantes, motivo para trazar uno de sus rasgos mas bellos», A. F. Guerra y Orbe.

los pecheros, a quienes calzaba las espuelas la más hermosa doncella o la dama de mayor valía; se velaban las armas, y había todas las demás ridiculeces que parodia Cervantes y que más adelante tocaré a mi vez. Este uso corrió la suerte de la caballería, pues al principio era noble y digno su empleo, que tendía a mantener el honor caballeresco. Mas, luego cayó en extravagancias y necedades. A Norandes arma caballero el rey Lisuarte, y le calza la espuela Oriana, hermosa doncella, que había dejado de serlo a hurtadillas de la corte por amor de Amadís; a Roger le calza Orlando y le ciñe la espada el Emperador, le ponen la rodela Bradamante y Marfisa, Astolfo le trae el caballo, el hijo de Dudón le tiene el estribo, para ir a combatir a Rodomonte. Los reyes de España, como Fernando III, armaban caballeros de una manera semejante, y los de Portugal excedían en ridiculez.[94]

Como los caballeros andantes encontraban a cada paso una aventura original, desencajada, increíble, en medio de otros sucesos naturales, comunes y constantes, Cervantes llenó admirablemente esta ley de imitación, de tal manera que por más que se empeñen los críticos en asentar la inverosimilitud e inoportunidad de alguna escena o episodio, jamás desenmarañarán el asunto hasta llegar a pruebas claras y precisas en su acción.

Todas estas cosas que pasaban a los caballeros se dirigían a un objeto, como era constituirse defensores del oprimido, digno objeto si no se hubiera llevado a la exageración y cometido en su nombre abusos y tropelías que venían a hacer del defendido una víctima y del honor un escarnio. De aquí la creación ideal de una Dulcinea que con sus formas reales pusiera en ridículo todas las prácticas que se desprendían de aquélla. También es ella la parodia del poeta que canta maravillas a alguna estantigua que le calienta la cabeza, o que finge una deidad de alguna

---

94 El que se iba a armar caballero, después de acercarse con ademán siniestro y torva mirada a un enorme escudo preparado para el caso, que levantaban en el aire cuatro principales caballeros de la corte, acompañados de los padrinos, se montaba en él, y así sostenido en alto sobre el escudo, desenvainaba la espada y tiraba tajos, volviéndose a los cuatro vientos, murmurando imprecaciones y desafíos a los malandrines y follones, enemigos de su patria y de su rey: luego bajaba, le calzaban las espuelas y le ceñían la espada. Cervantes se hizo cargo de todas estas ridiculeces y las inmortalizó en su obra, a pesar de las censuras de Clemencín, como se verá más adelante.

mala catadura, de alguna Maritornes y canta perlas y rubíes, y lluvias de oro, y aun nos acatarra con tanta charla.[95]

---

95 Pudiera seguir acumulando ejemplos de analogía con los hechos del libro de Cervantes, y no me faltaría como verificar la imitación de todos ellos; mas, como no creo que ello sea necesario, y como en la segunda parte de esta obra debo reanudar este asunto para vindicar la verosimilitud de los episodios y escenas censuradas, juzgo necesario concluir este asunto y el capítulo XI de esta primera parte.

Capítulo XII. Conclusión del plan

He aquí el inmenso edificio construido por Cervantes en honra de las letras humanas y en memoria eterna de su nombre y de su nación. Este edificio descansa sobre vastas y gigantescas columnas, de risueñas y encantadas formas, como vienen a serlo mil ingeniosos episodios y acciones curiosísimas que se relacionan entre sí con inimitable armonía, y se sostienen salvando diestramente las luces del recinto, los escorzos de las estatuas que le adornan, y ofreciendo clara y distinta, y en cada lugar, la del héroe, adusto, seco, sombrío, ya con la espada levantada, ya con aspecto de represión, las quijadas vacías en son de abrirse, ya amonestando al legal escudero o a los labriegos, ya filosofando con los letrados, los enamorados y los duques, ya, en fin, tomando todas las actitudes del honrado y valeroso caballero de la Mancha, prototipo de los valerosos y honrados caballeros.

Entre tanta multitud de episodios aparecen algunos principales que vienen a ser, siguiendo la alegoría, las nobles y robustas columnas sobre que descarga el conjunto y a los que convergen todas las partes y todas las fuerzas en su magnífica trabazón. Entre dichos episodios o columnas sobresalen tres, de que no puedo dejar de hacer mención, por ser la parte que alimenta y sostiene la fábula, y por lo mismo que todos ellos han sido mal comprendidos, y tachados por algunos críticos de esos que meten su hoz en mies ajena...

Ya dije algo respecto a la Gobernación de Sancho, y en la segunda parte debo ocuparme otra vez del asunto. Él domina a cada momento la idea del escudero, a dicha idea se dirigen todos sus pasos, esperanzas y desagravios; él es el fundamento de la creación y sostén de este segundo personaje: así es que no sé por qué se desconoce su mérito literario, caballeresco y social, según hemos de ver. Este episodio es la base de acciones graciosísimas, de lecciones importantes, de máximas morales, filosóficas y políticas y sobre todo de luz para desterrar un sin número de preocupaciones que rebajan la igualdad y dignidad de los hombres.

El interesante episodio del «Escrutinio» de los libros de Don Quijote, que a muchos parece ajeno de la acción, es el que más trascendencia e influjo tiene en ella, como el robusto leño que sostiene el maderamen de todo el edificio gótico construido por Cervantes para derribarlo luego.

111

En primer lugar se presenta el Escrutinio de la librería como la exposición del libro y nos señala el campo donde va a girar el héroe del poema: allí se nos da cabal idea de la literatura caballeresca y del estado de las letras de España en aquel tiempo. Con el juicioso discernimiento del Cura vemos clara la figura moral y el gusto literario del Cervantes desechando lo completamente malo y separando lo estimable por alguna cualidad moral o literaria. En cuanto a la trascendencia del episodio en la acción, en la cual nos encontramos con seres y cosas extraordinarias y los aceptamos naturalmente por lo que declara la exposición; en cuanto a la influencia, repito, de dicho episodio, veamos que de allí es de donde se desprenden la mayor parte de los acontecimientos, la ilusión del poema, la fuerza de la fábula y su liga con los mejores incidentes de su acción; y esto es por el hecho de haber creído Don Quijote que un encantador, Tritón, o Fistón, había robado sus libros y el aposento; y de aquí nace la creencia que da vida a los sucesos y disculpa a las aventuras desventuradas, fijándose más bien en la imaginación del Hidalgo la verdad de los encantamentos y de la influencia de los encantadores sobre sus pasos. Por esa ilusión, más fuerte por la fe del Cura, vio gigantes donde molinos, trocados luego por los encantadores enemigos, y vio ejércitos donde carneros, y vio los moros de Sansueña donde las figurillas de pasta en aquella escena, acaso la más admirable y graciosa según el propósito de Cervantes; y vio mil transformaciones fabricadas por la envidia y mala intención de los follones encantadores que querían defraudarlo de la fama que conquistaría su brazo: y es por aquella ilusión que nosotros vemos también aquellas cosas que pasan al caballero, sin que se nos hagan inconcebibles.

El episodio de la «Cueva de Montesinos», que ha sido tachado de demasiado fantástico, y lo que es más inconcebible, de ajeno de la acción, es el que remata el conocimiento de la fábula caballeresca y de los sucesos que en ella encajaban bien: es la inmensa bóveda sostenida por aquella innumerabilidad de arcos y columnas de construcción y vista portentosas. A dicho episodio se encaran y él explica los principales sucesos de Don Quijote, y nos acaba de dar idea de aquellas descabelladas tradiciones sostenidas en los romances y en los libros de caballería. La bajada del caballero a la Cueva de Montesinos, que don Vicente de los Ríos asocia a la bajada de Eneas y Telémaco al Infierno, dándole más naturalidad por

112

la tradición de la Cueva y del caballero que le dio nombre, nos recuerda otras escenas de poetas y caballeros, como la entrada de Amadís a la «Cámara Defendida», con la que tiene grande semejanza, hasta el punto de hallar en ésta encantados a sus fundadores Apolidoro y Gravonesa y por otras circunstancias. Pero tiene más que todas esas escenas análogas la originalidad y magnificencia, y la popularidad, por versar sobre un hecho tradicional y conocido del vulgo.[96] Hubo una Cueva de este nombre y de ella se contaban las cosas que las historias caballerescas dicen y que Cervantes repite: y en este hecho real, así como en dichas tradiciones se funda el episodio; así como la fábula de la bajada de Orfeo al Tártaro es la alegoría en su encierro en una cueva. Por otra parte, tiene el mérito del interés nacional; pues así como Virgilio se valió del episodio de Eneas en el Infierno para describir la descendencia de este héroe y la grandeza de Roma, Cervantes se valió de su escena para dar a las antigüedades de la Mancha un origen fabuloso y enorgullecer a los compatriotas de su héroe. Sin este episodio se destroncaría la acción primordial, y quedarían sus partes como las ramas y las hojas de un árbol si el hacha hiriese el tronco hasta derribarle: por eso lo creo uno de los más principales, a pesar de los que no se posesionaron de su mérito y fallaron sin conocimiento de

---

96 La tradición de la cueva de Montesinos es la siguiente. El conde Teobaldo, sobrino de Carlos Martel, perdió sus Estados y fue a España desterrado; y allí fundó el lugar de Fuente-Grimaldo, donde, por vivir en una montaña, cazando, le llamaron Montesinos. Volvió a Francia en tiempo de Carlo Magno; fue de los doce pares y se distinguió en mil aventuras y desafíos; luego volvió a España, donde se casó con una doncella llamada Rosa Florida, señora del castillo Rocafrida, que le eligió entre los pretendientes a su mano, por la fama de sus hazañas. Murieron y fueron enterrados en un castillo, junto al cual estaba una cueva que llevó el nombre del caballero; dejaron descendencia en Andalucía, Murcia y Castilla. Esta tradición se contaba aún en tiempo de Felipe II, según consta de las relaciones que dieron los pueblos por orden de este rey, en los cuales se hablaba minuciosamente de ella. Clemencín le da otro principio, fundado también en una tradición que traen muchos romances. El conde de Grimaldos, calumniado por traidor, tuvo que irse a España huyendo de la cólera de su suegro el rey; en el camino dio a luz su mujer, y el niño fue llamado Montesinos, por nacer en el monte, hecho semejante al de Tristán el Ermitaño, que nació en un desierto, yendo sus padres en peregrinación a visitar el cuerpo de San Martín en Auxerre, etc.» Un ermitaño crió al niño Montesinos, que a los 15 años fue a París, mató al calumniador de su padre, y éste fue llamado por el rey. Desde aquí sigue la tradición unida a la anterior. Escójase entre los dos principios el que más agrade. Durandarte era amigo de Montesinos, y se cuenta de él todo lo que se lee en el *Quijote* sobre el asunto y en los romances que se le dedican.

causa. En la cueva está Dulcinea encantada: lo que viene a fortalecer las ideas del caballero y a dar crédito al episodio del encantamento y luego a la aparición de ella en el castillo de los duques y al majestuoso del mandamiento para el desencanto. Encajaba tan bien en la fábula de entonces esta especie de ficción, que a cada paso la vemos en los libros: Ariosto la sanciona más de una vez, especialmente cuando describe la descendencia de Rugero para halagar a la casa de Ferrara; y el mismo Cervantes la trae algunas veces en sus otras obras, como en el libro 3.º, capítulo XVIII, del *Persiles* (novela donde puede irse a buscar la fábula de aquel tiempo), en la cueva de Saldino, cuya agradable descripción, así como lo variado de los viajes de Periandro en el libro 2.º, capítulo XVI (relato de la isla encantada) me trae la reminiscencia del lago ferviente que hace Don Quijote con maestría y fecundidad admirables y con tal entusiasmo, que pone grima y contento al ánimo que lo escucha.

Éste es el plan de Cervantes; si lo desarrolló a pedir de boca, dígalo la inmensa popularidad de su obra; si consiguió el fin propuesto, dígalo el resultado. Ante Don Quijote desaparecieron repentinamente, o fueron desvaneciéndose, esas nubes de extravagancias literarias y de preocupaciones sociales que llenaban de tinieblas su tiempo. Esos tribunales sangrientos, opresivos, egoístas; ese falso brillo de una aristocracia empinada sobre vanos oropeles; todas esas plagas de la humanidad, han ido prestando acatamiento al ilustre autor complutense, que de todo se rió, porque era superior a todo eso, a pesar de la oscuridad a que lo condenó en sus días su suerte y la envidia de sus contemporáneos.

En vista de ese plan, tenemos que lamentar que no hubiera aprovechado la coyuntura que preparó él mismo para acabar su empresa cual caballero vencedor de los gigantes y duendes de las letras humanas. Hablo de la crítica de la poesía lírica, que parece prepararse en el episodio naciente de los pastores Quijotis y Pancino; y que sin duda tenía la intención de asestar allí sus tremendos mandobles, iniciados más de una vez en el curso de la obra. Con él se hubiera evitado el culteranismo y el decaimiento posterior de la poesía, cuyo torcido curso no bastaron a detener los esfuerzos de Cadalso y Luzán; así como no bastaron tampoco los posteriores de Meléndez, Moratín, Quintana, Martínez de la Rosa, Hartzenbusch y otros estimables escritores

114

y poetas de exquisito gusto, para contener el torrente estrepitoso y turbio de esa turbamulta de poetastros que, prohijando los mayores extravíos de imaginaciones infatuadas y calenturientas y de corazones descreídos y visionarios, se han dado a soñar con fantasmas, a reír con calaveras, a conversar con brujas y a montar sus duendes en palos de escoba...; esa poesía que, llevando el puñal en la mano, el veneno en las alforjas, como diría Sancho, en los labios infernales sonrisas y en la frente la maldición, retuerce los sentimientos del amor, de la inocencia, de la naturaleza, en fin, y se hace la pitonisa de cierta decantada redención literaria, que se anda por ahí maldiciendo cuanto mira y matando con su aliento cuanto toca. Esos poetas de tumba y puñal, modelos de caballeros andantes de la literatura, se verían cara a cara con Don Quijote, que lanza en ristre y encasquetada la bacía del barbero, los conjuraría a desaparecer de sobre la faz de la tierra y dejar quietos los oídos en la demasiado lastimada humanidad.

Capítulo XIII. Estilo de Cervantes

Después de conocer el plan y el desempeño de la obra; después de seguir aquella fantasía rebosante y voladora como el águila; después de admirar aquella maestría sobrehumana con que se siguen y enlazan los episodios, llenos de interés siempre variado y pujante, y la aparición repentina y agradable de los personajes; después, en fin, de ver la armonía en la contraposición de las sentencias del amo y los chistes del escudero, del señorío de aquél y la chocarrería de éste, ¿cabe no percibir el hechizo de ese precioso lenguaje, tan fluido y numeroso: de ese estilo donde se cifran todos los estilos, desde el cómico más llano, hasta la más grandiosa elocuencia, y que ha hecho decir del libro que está divinamente escrito por una pluma divina? ¿Será necesario encarecer la parte exterior, la vestidura de este gran paisaje de la naturaleza humana? ¿Será ello preciso, si en ningún autor se han armonizado de una manera más patente la concepción y el estilo, el lenguaje y la fábula, el alma y el cuerpo del poema?

Séame permitido, empero, agregar algo a lo dicho por eminentes autores, y aun disentir de ellos en alguna parte.

Creo que no hay libro que mejor se ajuste a la primera ley del lenguaje, recomendada por Quintiliano, Cicerón y demás maestros, como dejo sentado atrás, y que mejor reparta a cada personaje el que le conviene, sin jamás salirse del natural. Allí hablan como deben hablar el erudito, el sabio, el loco, el frenético, el enamorado, el celoso, etc., etc., lo mismo que el paje, la dueña, la doncella recatada, la desenvuelta, el rústico y el gañán, etc., circunstancia que para mengua de la crítica moderna (por no decir de los críticos), ha sido lastimosamente desatendida, queriendo ajustar todos los lenguajes y estilos al erudito, como veremos en la tercera parte. Todos aquellos personajes llenan muy bien la condición de su lenguaje y nos hacen asistir a su comedia como a una escena de la vida real. La ilusión es perfecta, y en ella nos pasa lo que en menor escala pasaba a los espectadores del afamado Byron (o Biron, como lo llamaba Luis XIV), el Esopo francés y el Rocius, de quien tanto se enorgulleció la corte de aquel gran rey,[97] sin que el actor ni autor pudiera parangonarse con Cervantes,

---

97   Era tal, en efecto, la ilusión, que se olvidaba del poeta y actor (que era el mismo), y creía estar viendo, según Lacombe, a Aquiles, Agamenón, Pirro, Séneca, etc. ¡Tanta era la exactitud con que caracterizaba a sus héroes!

116

que como humilde y no favorecido por corte alguna, no adquirió en vida los laureles del citado. Mas, la posteridad venga las injusticias del tiempo y de la historia. No solo asistimos a la escena como espectadores, sino que tomamos parte activa en ella y seguimos las emociones, reveses, aventuras y peripecias que la acompañan, con el mismo movimiento de ánimo que sus actores; sentimos palpitar el corazón de alegría, de dolor, de triunfo, de desesperación, según que entramos en éste o en aquel lugar, según que acompañamos a los sencillos pastores o vamos al lado de aquel caballero tan leal y comedido, tan desinteresado y honesto, ya en las cortes, en las ventas o en las encrucijadas. Allí hablan y se distinguen los pastores cultos de los verdaderos campesinos: los cabreros hablan de diverso modo que la encantadora Marcela o la constante Quiteria, o las pastorcillas de la nueva Arcadia. Allí un mismo personaje tiene dos o tres papeles muy diversos, y en cada uno de ellos se expresa con la mayor naturalidad y precisión. Véase si no, al interesante Carrasco hablando ya a lo bachiller, ya a lo caballero andante, y en ambos casos de una manera admirable: véase a Sancho, ya de Gobernador, ya de escudero, ya de engañado, ya de engañador, graciosísimamente llenando su cometido a pedir de boca; véase a la interesante Dorotea, ya como enamorada, prófuga, infeliz: ya como princesa engañadora y suplicante; ya como amante dichosa, en brazos de Don Fernando, hocicándose a hurtadillas, como escudriñaba Sancho; y nótese si en cada uno de estos estados no es admirable. Jamás baja ni se remonta más de lo debido; cualidad en que lleva Cervantes la primacía sobre el mismo Homero, que a veces duerme, cuando quiere familiarizarse; y cae, según los críticos modernos, que citan en comprobación el retrato de Vulcano, de Tersites, de Iro, la historia de Marte y Venus y otros pasajes.[98] Aunque la obra de Cervantes es jocosa, sube con frecuencia al estilo serio, al grandioso, al sublime; pero nunca es hinchado, sino en alguna ocasión en que sigue el sistema de imitar a los libros de caballería.

Lo mismo puede decirse respecto de la naturaleza física, donde los paisajes, los lejos, prados, arroyos, etc., parece que en ninguna parte se han

---

98   Sin embargo, de que esto puede ser defecto de las traducciones, como dejo sentado en nota anterior, siguiendo la opinión de Boileau.

incrustado mejor que en el *Quijote*, de tal modo, que en vano buscamos mejor que en él la sencillez y elocuencia de la verdad reflejada; ni ninguno antes ha sido tan diestro como aquí, pudiendo responder a Cadalso, cuando dice: «La naturaleza es la única que puede ser juez; pero su voz, ¿dónde suena?» En Cervantes, le diría un interlocutor, inteligente, imparcial y legal: en ese libro que es el cuadro de la naturaleza, majestuoso, imponente, sencillo, grave risueño y delicado, según las circunstancias y las modificaciones de la ciudad, el desierto y el firmamento: en todas partes hallaréis la verdad bella y pura, con aquella voz que es de ella sola y de un gran genio que la lleva por norte. Buscad la voz y la verdad en Cervantes, a quien se puede llamar con más criterio que a Buffon el pintor de la naturaleza.[99]

Es fácil de consiguiente comprender por qué tuvo el *Quijote* más influencia inmediata en la literatura que en la religión, en la moral y la política. Es claro que la literatura está más independiente de los demás órdenes sociales que éstos entre sí: agréguese a esto lo dicho de que solo indirectamente tocaba Cervantes lo que con éstos se relacionaba. Sobre todo en la novela y en la épica tuvo más resultado, no siendo así en la dramática, por causas que no ignorará el que tenga un mediano conocimiento de la literatura española y recuerde las confesiones de Lope de Vega en el asunto... y porque el teatro casi nunca se separa de las influencias que pesan sobre el sistema social.

Y no se diga que la universalidad del *Quijote* depende del idioma en que fue escrito; pues, aunque entonces, siguiendo a Mayans, ya en Italia entre damas y caballeros se tenía por gentileza y galanura saber hablar castellano; y aunque Escalígero, escribiendo a Isaac Caseaubon decía que había enriquecido el *Lexicón* de Lebrija con dos mil vocablos, y agrega: «y con todo eso, me parece que no he hecho nada, siempre que leo libros españoles, y es tanta la abundancia de aquel lenguaje, que cuanto más aprendo en él, tanto más se van ofreciendo cosas que sin maestro nunca las aprenderé»; y aunque el cardenal Bentivoglio encontraba a los españoles eminentes «para las materias espirituales, porque hasta su idioma lleva consigo una virtud superior», y aunque los autores del «año literario

---

99 No es esto sino por su mayor extensión, no porque se rebaje el mérito del más puro escritor francés. En Cervantes entran la naturaleza física, la moral y la humana.

de París» dicen en el juicio de Mr. Rivaroles (1786) sobre la universalidad de la lengua francesa: «Hubiera perdido el interés de su causa al confesar que el italiano y el español formaban en otro tiempo parte de la educacion francesa, y que hasta el tiempo de Corneille toda nuestra literatura era todavía española», idea que otro celebrado autor francés[100] acepta, agregando que el lenguaje castellano es puro como el oro y sonoro como la plata; y aunque la lengua española sea «la más armoniosa de las vivas y la que más participa de las riquezas de la griega, así por la diversidad de sus frases y abundancia de terminaciones siempre completas, como por la justa medida de las palabras, siempre sonoras»;[101] y, finalmente, aunque las conquistas e influencia de la España hubiesen hecho universal el conocimiento y el amor del idioma español, sobre todo en Francia, donde era «tan común como pudiera serlo la nativa... y hacía las delicias de todas las personas discretas... dando a la francesa, con su unión, una dulzura y una majestad desconocidas hasta entonces»;[102] a pesar de todas estas condiciones y de las alabanzas de D'Alembert y otros, no consiste en esto la popularidad del *Quijote*; porque, si casi en todo el mundo culto se establecieron cátedras para enseñar el español, y el mismo Cervantes era convidado a regentar las de París, y en las cortes de Viena, Baviera, Bruselas, Nápoles y otras su inmortal novela fue traducida a casi todas las lenguas, y se hicieron y se hacen todos los días numerosas ediciones de ella, más es por su valor intrínseco, por el fondo, que por su inimitable estilo, su elegancia y el gracejo inagotable con que está escrita.[103]

---

100 M. Reinal.

101 Pluche.

102 Mr. Ginguet dirigiéndose a la Academia española.

103 Desde muy al principio conocieron las naciones el *Quijote* en sus idiomas propios, traduciéndolo a ellos consecutivamente, y ya se conoce en latín, griego, holandés, sueco, dinamarqués, ruso y otros: en alemán lo han hecho Tieck y Soltau; en Inglaterra hay más de diez traducciones, además de un comentador en Bowle y un panegirista en Walter Scott, que dice: «Es una de las obras más esclarecidas del ingenio humano». En Francia ha sido muchas veces vertido a su idioma, desde los bosquejos de César Oudery, hasta las ricas versiones del presente siglo; lo mismo en Italia, desde Franciosini hasta el anónimo de 1815, para el cual dibujó Novelli sus grabados, y hasta las ediciones modernísimas. En la América del Norte, Ticknor se ha ocupado profundamente del *Quijote*, logrando rivalizar a Sismonde; lo mismo que ha hecho en estos años ulteriores Viardot en Francia, aunque con bastante inexactitud en la interpretación o insuficiencia en la traducción.

Capítulo XIV. Deducción

Y ese valor intrínseco consiste en que el *Quijote* reúne las dos cualidades de una obra destinada a vivir eternamente, y que ninguna otra, hablando en el campo de las letras humanas, ofrece en un grado tan excelente: a saber, que al mérito literario agrega la popularidad, el interés nacional, llevando por argumento el más conocido y de amor patrio. Y como esta popularidad se extiende en la obra, no al de una nación, a un continente, a una época, sino que afecta a la humanidad entera, he aquí por qué el interés que lleva es el mayor de toda obra humana. Ésta es la única que ofrece aquellos dos caracteres en un grado eminente; por responder a las ideas y preocupaciones de la Europa de su tiempo, en su parte ridícula, y a las del mundo en su parte más elevada y moral. Ella ha desarrollado perfectamente bien la cuestión psicológica de que el hombre puede conocer una cosa y no creerla. En primer término, Don Quijote es la figura que domina esta cuestión; y así como el crimen conoce y sabe que lo es, mas no lo cree ni confiesa, así el mundo, donde reina la hipocresía, es fatuo, vano, caballero andante, etc., y no lo cree, aunque lo reconozca; así como los caballeros andantes sabían sus necedades y no las creían; así como los reyes sabían y saben sus injusticias, más no las creían ni las creen; el erudito, el pedante, el mentecato, saben y conocen sus futilidades, mas no las creen.

Creo, por todo lo dicho, poder asentar la superioridad del *Quijote* sobre todos los libros literarios, especialmente sobre los poemas.

Es superior, porque éstos se ciñen a una época, a una nación, y él pertenece a todas las naciones y a todas las épocas.

Es superior, por su naturaleza y por su misma falta de plan, acción idéntica a la historia del hombre, y por ser todo improvisado, sin línea recta, como la carrera de los caballeros andantes en los caminos y la de los hombres en el teatro de la vida.

Es superior, por sus episodios impensados y sus peripecias naturales, como no las hay en ningún poema conocido.

Es superior, por su estilo y lenguaje, como hemos visto atrás; y porque nunca cansa, nunca empalaga, no hay descripciones forzadas ni escena injustificable, de lo que no se han librado ni los mejores poetas.

Es superior, porque así lo han declarado el juicio universal y la conciencia humana. Mientras solo los hombres de letras leen a Homero y a Virgilio (éste más que aquél); mientras nadie conoce a Hesíodo, Pisandro, Antímaco, Pausanias, Lucrecia, Lucano, ni a los poetas asiáticos; mientras pocos comprenden al Dante, que se lee para estudiar las costumbres y preocupaciones del siglo XIII y las extravagancias caballerescas de los siguientes; mientras que si todos gustan leer al Tasso, es para gozarse en un bello episodio de las cruzadas, y al Ariosto con el objeto de hallar el resumen y el modelo de una literatura ya muerta, merced al genio de Cervantes; y mientras Klopstock es de poco éxito en la alta literatura, por faltar a una ley primordial del argumento, siguiendo la idea de los poemas indios respecto a la inalterable acción del protagonista[104] el *Quijote* es el libro más conocido, porque responde a todas las acciones de los hombres, a todas las exigencias, deseos y gustos de los pueblos. Él no tiene nacionalidad: su patria es el mundo y su vida los siglos. Sus dichos han pasado al lenguaje vulgar y al erudito, a los sabios y a los ignorantes, sin que se gasten jamás; y no hay rincón de la tierra donde él no esté presente, como el genio de la risa y del buen humor, como el Argos de los vicios y ridiculeces de los hombres: y con él están los mitos y los misterios de la comedia del corazón.

Pero donde se finca más la superioridad literaria del *Quijote*, es en una cuestión filosófica más elevada, a que ya he hecho alusión en el «Proemio» y que presenta el carácter más original y grandioso de la obra en su extraordinaria concepción; porque la hace encontrar eco en todas las formas humanas y el unísono de sus notas en las fibras de todo corazón. Hablo de la disertación que mejores plumas y altos ingenios harán sobre lo trágico y lo cómico en su íntima relación con el alma humana, para deducir la altísima importancia del *Quijote* en el asunto. El dolor y la melancolía son más naturales, y como inherentes en el corazón del hombre, que no la risa y la alegría. Si el mundo es un valle de amarguras y la vida una trabajosa peregrinación,

---

104 La Mesiada, que se tiene por la obra maestra de la epopeya alemana, y cuyo título y argumento principal son tomados de un poema escrito en alemán antiguo, en el siglo XI, es sin duda una obra de bellísima ejecución; pero no puede sostener el carácter del poema épico, por faltar la lucha, las pasiones falibles, la variedad de emociones que se requieren en el héroe y que no puede haber en un protagonista divino.

como lo rezan el texto sagrado y la filosofía cristiana, todo lo que nos rodea está más en armonía con la seriedad y el temple severo de la desventura, que no la sátira y la comedia, las cuales, si bien parecen ser el palenque de la vida social, es solo visto por el lado ridículo de ella; y este lado ridículo no está de acuerdo con la verdadera situación moral y racional del corazón. Por eso he dicho que el dolor y lo sombrío son más propios de éste; forman, por así decirlo, parte de su constitución, mientras lo otro es solo un accidente, una modificación nacida de la vanidad, de la sin razón y del espíritu superficial del hombre. Su primer grito anuncia que el llanto nació con él y que de llanto está empapado el camino de la vida y que el dolor fijó la condición de su ser. El corazón, nacido para el amor y el dolor, no conoce la sátira; ésta no pertenece a la naturaleza humana... Por esto es más natural y fácil la imitación trágica, pues nace naturalmente y halla más fácil acceso en el ingenio, que no el ridículo y lo cómico, los cuales necesitan más del trabajo del talento que de la espontaneidad del genio; más estudio que fantasía. Es por esto que la tragedia, es menos dificultosa que la comedia, naciendo como en su propia fuente, en la fuente que parte del corazón y riega los zarzales de la existencia. Apenas ha producido el talento de los hombres dos o tres comedias perfectas; al paso que pueden contarse en abundante número las tragedias afamadas. La imitación literaria; para ser más perfecta, necesita cierta armonía del asunto con el estado del corazón; y si es cierto que de lo sublime a lo ridículo no hay más que un paso, como dijo un célebre moralista francés, esto tiene mayor cabida en lo cómico, por su dificultad, superior a lo trágico, donde es más fácil conmover el corazón, por estar en relación con él.

He aquí en lo que me fundo para dar a esta materia una grande importancia en la crítica del *Ingenioso hidalgo* y una gran superioridad a su historia sobre todos los libros en que el terreno de las letras humanas conocemos. Es natural y explicable la grandeza de la *Ilíada*, la *Eneida*, la *Divina Comedia*, el *Paraíso perdido*, etc.; pero la del *Quijote* nos admira más y más cada día, por que su autor ha sabido trillar un camino desconocido y por nadie transitado antes que él, y que parece no podrá serlo después. Con héroes como Aquiles, Eneas, Godofredo; con asuntos tan elevados y de interés nacional; con virtudes regias y acciones tan escogidas y que afectan la parte noble del arte, no es incomprensible la altura épica de Homero, Virgilio y el Tasso:

lo que si admira es como dice el sabio Saint-Ebremont, cómo en boca del hombre más loco de la tierra halló Cervantes medio de parecer el hombre más entendido, y el mayor conocedor del mundo que pueda imaginarse: lo que sí admiramos es como halló Cervantes el modo de hacerse popular y universal solo con dos personajes tan bajos en la escala social, como son un loco y un necio.

Pero no debo avanzar lo que a otro lugar pertenece.

No se extrañará, pues, el alto grado en que creo que se debe tener al *Quijote* respecto de los poemas conocidos; porque además de lo dicho, él es el comentario de todos ellos, la explicación de sus nudos; el reverso de sus representaciones; y los abarca, los interpreta y traduce.

Séame permitido explanar estas consideraciones, respecto al orden moral y al gusto literario.

¿Cuál es el argumento de la *Ilíada*? ¡Una venganza! venganza injustificable;[105] pues el rapto de una mujer hermosa, cuyas mejillas semejan a una cortina encarnada sobre una mesa de mármol; de una mujer, que ya se había fugado antes con dos aventureros,[106] no es motivo suficiente para la destrucción de un pueblo. ¿Y cuáles son las acciones que se desprenden de allí? Intrigas, pasiones bastardas de dioses y hombres, mezquindades de héroes, riñas vulgares, celos y enojos de chiquillos... El objeto principal, se desarrolla y efectúa; pero ¿de qué manera? Por la astucia de Ulises y la felonía de Sinón: luego matanzas, odios, etc. Así es que nada hay noble, nada grande y heroico; y si pequeñeces... ¡Solo es grande el poeta!

Don Vicente de los Ríos dice que el argumento de la *Ilíada* interesa a toda la humanidad, porque su acción no es particular a una nación, sino general, por el hecho de ser sacada de una pasión común a los hombres. ¡No! Interesa a la humanidad, si hemos de argüir por el lado de la civilización, una virtud, no una pasión criminal que turba su movimiento de perfectibilidad, y pie por más común y natural que sea puede afectar la humanidad, no interesarla. Acaso esto sucede más bien con el plan de Virgilio. Bateux piensa como Ríos.

---

105 Insania la llama Camoens.
106 Antes de seguir a París, había seguido a Teseo y Piritous.

¿Cuál es el argumento de la *Eneida*? Más moral, más gigantesco y civilizador que el de la *Ilíada*, es, según Proudhon: «la empresa más colosal que se haya visto en el mundo de la inteligencia». Tiene por asunto natural los orígenes de Italia; pero al celebrar la grandeza de la ciudad eterna se descubre su objeto moral, que es la regeneración de ella y con ella de la humanidad: «cosas ante las cuales, dice el autor últimamente citado, se hubiera detenido la misma musa griega». Virgilio, absorbido en la idea de la palingenensia[107] universal, y apoyada en las palabras del oráculo de Delfos,[108] la supo aprovechar en favor de su obra, iniciando la regeneración moral, por lo que tiene conexión íntima con la acción cristiana. Mas, a pesar de lo dicho, en su conclusión, se nota la personalidad del poema; fin moral para éste, pero estrecho para una obra universal. El Asia anulada, absorbida, y Roma orgullosa e inviolable, presentan una antítesis en el movimiento regenerador.[109]

---

107 Esta idea, que significa regeneración, había sustituido a la Pericyclosis, que encerraba la idea de vuelta, y que a su turno había ocupado el de la Metempsicosis, que era el pasaje de las almas a distintos cuerpos. En esta gradación se ve claramente el desarrollo de la perfectibilidad humana, y la parte que en él toma la filosofía. La primera idea, es decir, la metempsicosis, que tuvieron los pueblos, nacida de la sensualidad y torpeza con que leían los símbolos del Zodíaco y los aplicaban a las demás transformaciones mitológicas, era, como creencia, indiferente, degradante al alma, que reprimía su vuelo y hasta la esperanza de su dignidad. De ella se pasó a la segunda idea, que era un paso más avanzado; pero, aunque se tenía como lejana creencia de la caída y rehabilitación, la palabra vuelta no se extendió a una perfección superior al orden histórico conocido, y se conformaba con un círculo simbólico de sus eras histórico-fabulosas. Ya en la tercera idea se había salido de él y convencido el mundo de la necesidad de una regeneración universal, superior a las fuerzas humanas. Ésta era la idea de que se apoderó Virgilio. Homero solo alcanzó la transición de la primera a la segunda; y es por ello que su obra no podía ser tan general como la del cisne mantuano.

108 Los oráculos habían callado al llegar los tiempos en que debía oírse la palabra divina; habían callado, no porque los hombres dejaban de ser sencillos, como decía Cicerón, sino porque debía reinar un profundo silencio en la naturaleza corrompida, para que la voz de Dios se esparciera por los espacios. El oráculo de Delfos era en ese tiempo el más venerado y aquél cuyos fallos eran inmortales. Instado por Augusto a romper su silencio, le reveló la causa de él en tres versos que anunciaban la venida al mundo de un Niño hebreo, Dios de los dioses (Véase a Feijoo en su Teatro crítico, tomo 2.º, disertación IV, en que se ve aquella tradición sostenida por Suidas).

109 Aunque Virgilio siguió las huellas de Homero, y aunque no dio la última mano a su poema, todavía se disputa la supremacía de él sobre su maestro. Éste tiene más genio y aquél más arte; Homero tiene un vuelo más elevado, pero Virgilio se sostiene mejor, según algunos críticos. Voltaire opta por Virgilio, La Harpe por Homero.

¿Cuál es el argumento de Las Lusiadas? Este poema, tenido por el más perfecto después del Renacimiento de las letras,[110] es la exposición de los viajes de los portugueses el año 1449. Por tanto es un asunto particular. Sin embargo, agregando a que es civilizador, el genio fecundo y maravilloso del poeta, no debemos dudar de darle uno de los primeros puestos al lado de Homero y Virgilio, y considerarlo como un poema superior al de aquél en su argumento. ¡Cuánta belleza además! ¡Cuánta nobleza y sublimidad en las ficciones! ¡Qué descripciones tan ricas! ¡Y sobre todo, qué poesía en esa inimitable isla encantada de Venus, desesperación de los poetas y delicia de los lectores! Grandes lunares, empero, empañan el poema,[111] siendo el principal lo relativo al maravilloso, de que se hablará dentro de poco.

¿Cuál es el argumento del *Paraíso perdido*?[112] Este extraordinario poema es aun más universal, por su asunto, que afecta a la humanidad entera,

110 Algunos dan la preferencia a la Italia libertada de los godos por Belisario, del Trissino; pero están muy lejos de poder sostener su opinión.

111 Este poema, que tuvo por boceto los que Apolonio de Rodas y Valerio Flaco escribieron sobre la expedición de los Argonautas, es tenido, como dice el texto, por el más perfecto después de los de Homero y Virgilio, y aun hay quien lo suba más. Esto puede ser en cuanto a la acción, en que sus modelos, ni la Henriada pueden gloriarse de tan perfecta unidad: también puede ser respecto a la ejecución y a la intención, aunque, en la invención es inferior a Homero, dice La Harpe, si bien igual en la imaginación. Pero esta altura no la tiene respecto al héroe, ni en lo referente a la peregrina e injustificable idea de introducir las falsas divinidades en un asunto puramente cristiano, asunto sobre que se hablará en el texto dentro de poco; sin que baste a equilibrar esta falta la concepción y ejecución de la admirable isla de Venus, ni la descripción de la diosa en el canto II, ni menos la explicación que da don Manuel Faría para disculparlo. También es injustificable la erudición de sus salvajes.

112 Viajando Milton por Italia, asistió en Milán a la representación de una comedia titulada Adán, o el pecado original, dedicada a la reina de Francia, María de Médicis, por Andreíno; y aunque era extravagantísima, como las del tiempo, descubrió en ella una fuente de riquezas y sublimidad que podían presentar un efecto sorprendente, manejadas por hábiles manos. Midió, pues, sus fuerzas, y se juzgó llamado a tan colosal empresa. Primero se ensayó en una tragedia; y sin concluirla, acometió el poema que le ha dado un puesto entre los más elevados poetas. Esta casualidad, pues, fue el origen del *Paraíso perdido*, obra mirada por muchos como «el último esfuerzo del espíritu humano» (Lacombe, Diccionario), por las imágenes grandiosas, la sublimidad, los pensamientos atrevidos y por lo enérgico de la poesía que lo llenan; pero es, al mismo tiempo un cúmulo de quimeras y singularidades en que se abusa constantemente del genio y se resiente la razón y el buen gusto. Así, pues, de una pieza ridícula del todo, donde se llama al arco iris: arco del violín del firmamento; a los siete planetas: las siete notas de la música celeste; la cual forma un órgano medido por

como que versa sobre la caída y la esperanza en la rehabilitación; y es por esa universalidad que más se toca con el *Quijote*. Mas, a pesar de esto y de su ejecución admirable, se resiente de la personalidad y de las pasiones del hombre: y basta a rebajar su mérito, así como sucede con la Henriada y otros, esa mezcla chocante de la Muerte, la Discordia, el Pecado y otros seres abstractos, que dependen de nuestras faltas y flaquezas, con la Trinidad, los Ángeles y demás seres reales y verdaderamente sobrenaturales.[113]

La parte maravillosa, la máquina poética, es la piedra de toque de la epopeya. Sin embargo, nada más fácil que acertar en este punto, sujetándose en todo a las creencias admitidas en la época de la acción del poema. Pero he aquí que este punto ha sido lastimosamente desatendido por los poetas, que han mezclado fábulas opuesta y de épocas remotas, como se dice en el párrafo anterior. Siento ver en Ariosto, por ejemplo, a San Juan Evangelista, a Cristo, etc., al lado de las Parcas, Baco, Venus, el Leteo, el Desdén, el Silencio y otros seres, ya pertenecientes a la mitología griega, ya abstractos; punto, este último, de dificultoso éxito en poesía. Estos lunares, además, forman un verdadero anacronismo; pues tratar un asunto cristiano con mezcla de divinidades paganas, es lo mismo que tratar un asunto pagano con el maravilloso cristiano, lo que sería insoportable. Y es ésta una de las causas porque Homero y Virgilio aventajan a todos los poetas antiguos y modernos.

El Tasso,[114] siguiendo esta confusión de divinidades y llenando su libro de hechizos, encantadores y metamorfosis chocantes, erró, por ser

---

el compás del tiempo y que suena removido por los vientos... de esas piezas ha resultado el gran poema, honor de Milton.

113 No es éste el lugar de hablar de la *Divina Comedia*; porque siendo el protagonista el mismo poeta es, como los poemas líricos, hijo de la pasión individual y no de la impersonalidad que el autor debe tener en la epopeya. Lo mismo debe decirse de La Araucana y de otros semejantes.

114 *La Jerusalén* es considerada por Voltaire y por Blair, como el poema que puede estar después de la *Ilíada*. En efecto, el Tasso tiene tanto fuego como Homero en la pintura de las batallas, con más variedad: sus héroes, como los de éste, tienen caracteres distintos, pero mejor sostenidos. «El ha pintado lo que Homero trazó, dice un autor francés: ha perfeccionado el arte de fundir los colores, y de distinguir las diferentes especies de virtudes, vicios y pasiones que tienen puntos de contacto y se confunden en uno.» Hay en *La Jerusalén* mucho interés y un arte admirable, pinturas encantadoras, estilo claro y elegante, mas, entre tantas bellezas, hay también grandes defectos, episodios confusos, fábulas ridículas, versos en que se entrega el poeta al gusto dominante de retruécanos, concetti, y demás

esto indigno de la épica cristiana y racional;[115] si bien es algo disculpable porque tales eran las ideas del tiempo que pintaba. Pero a estos absurdos, a estas creencias del espíritu, no se les debe dar realidad efectiva; es decir: pueden quedar aterrorizando las almas vulgares, como creaciones de ellas, que forman parte de la naturaleza social de entonces, mas no presentarse realmente a influir con su presencia en los acontecimientos; pueden influir en las ideas, no en los hechos. El lector sensato ríe, o por lo menos ve alejarse la verosimilitud desde el momento en que se le presenta un gigante o un hechicero haciendo detener las leyes de la naturaleza, atributo robado a la Divinidad, a quien solo pertenece el poder de hacerlo. Ya condenó Cervantes esta mezcla en el prólogo de su libro.

Aun más extraño es este maravilloso cristiano alternando en el mitológico en un poeta tan elevado como Camoens, en cuyo poema se subordina unas veces aquél a éste, y otras vemos a Baco adorando al Dios Vivo y a la Virgen; y ¡a Venus encargarse de la propagación de la Fe en las Indias! Tanto más notable es esto, cuanto que en un poema en que, dominando la mitología, solo en el momento en que se escribió estuvo ella en relación con el pueblo portugués; pues se cuenta la historia de Portugal y nada ha habido que hacer en ella con aquellas divinidades, que ni se mencionan; en otros términos, un pueblo tiene dos creencias opuestas: o se somete a ellas.[116] Menos disculpa tiene, por el hecho de cantar el poema un triunfo del espíritu cristiano y una región a donde se lleva su luz; y esto por un poeta que llama a una cruzada contra el turco (canto VII, de entonación homérica) y que al fin del poema pone en boca de Tetis una confesión

---

puerilidades del estilo.

115 El mismo autor se vio en la necesidad de excusarse diciendo que sus ficciones, a imitación de lo que había hecho Camoens, eran alegorías a asuntos religiosos. ¡Compara los goces honestos del hombre justo, con las voluptuosidades de la lascivia y sensualidad!

116 No puedo prescindir de dar un ejemplo. En el canto IV, donde se relata la despedida de los portugueses (despedida escrita con lágrimas, como dice Souza), vemos un anciano que personifica a Portugal, hablar de Jesús, Ícaro, Faetone, Prometeo, etc., como divinidades populares; se nombra al Tártaro para conminar a Gama... ¡Esto en boca de una nación caballeresca y cristiana, tierra de promisión y cuna del poeta! Es por esto que veo un lunar grave en la oda de León «a Santiago», al encontrar las Nereidas impeliendo la barca donde se conducen los santos despojos.

explícita de esto, verdadera mancha que le quita el interés, destruye el maravilloso y su efecto, para llegar a un desenlace, bajo y vulgar.[117]

Vida y Sannazaro, aquel en su Cristiada y éste en el Parto de la Virgen, y otros muchos, mezclaron también las divinidades gentílicas con los primeros personajes de nuestra religión.[118]

He hecho las anteriores observaciones para considerar la consecuencia y tino de Cervantes en esta materia.

Veamos ahora cuál es el maravilloso de los libros de caballería, al cual debía ajustarse el autor del *Quijote*, libro donde no hay mezclas chocantes, ni anacronismos morales, por así decir, sino la máquina que necesariamente conviene a la fábula que desarrolla.

En primer término, forman la máquina poética de libros, gigantes, duendes y demás creaciones de la mitología de la Edad Media. A esto se ajustó Cervantes, sin que se le pueda echar en cara lo que a los poetas mencionados. Si él toma imágenes de la mitología griega o egipcia, es por incidencia y para imitar el orden caballeresco, que las usaba, como que tenía grande afinidad con ella y con sus héroes; y si Don Quijote venera y se somete a la Providencia, es porque él vino en su nombre, en nombre de la razón, a destruir aquellos entes fabulosos y la misma historia que forma el enredo de que él es centro.

Pasando de la trama principal a sus accidentes, vemos que, si en los demás poemas todo son intrigas, bajezas, crímenes y liviandades, en el *Quijote* no se ve sostenida ninguna de esas pasiones bastardas, ni esas afecciones particulares que forman la trama novelesca (sobre todo en nuestra edad). Al contrario, el *Quijote* anonada esos desafueros del hombre contra la razón, y esas inconsecuencias morales, sociales y políticas.

Ningún héroe fantástico, además, puede parangonarse, ya que he hecho este cotejo con sus historias, ninguno puede parangonarse con el *Ingenioso hidalgo*. Aquiles es iracundo y vengativo; Ulises astuto y mañero; Eneas ingrato y traidor, como lo califica Cervantes; Reinaldo débil e indeciso; en Milton no hay individualidad, ni humanidad en Klopstock. Pero Don Quijote

---

117 Tetis desvanece con un soplo el encantado palacio, construido por el poeta, y dice que ella y Saturno, Júpiter y Juno, etc., no son más que seres fabulosos, ficticios... que nada han tenido que hacer en el asunto.

118 «Este defecto era común a los poetas de aquel tiempo», Gil y Zárate.

ni es iracundo y vengativo; ni astuto y mañero, sino en cuanto lo permite la caballería; ni ingrato y traidor; ni débil e indeciso; ni representa individualidad alguna; ni tiene divinidad.

Y no es esto una vana palabrería: Aquiles vengándose en el cadáver de Héctor; Alejandro haciendo arrastrar, horadado por los talones, al fiel Betis; Ulises robando el Palladión; Eneas, ese devoto, de quien dice Saint-Ebremot [119]que es más propio para fundar una orden monástica que un imperio; ese pío Eneas abandonando despiadadamente a la triste Dido, habiéndolo hecho antes con Creusa su esposa, ¿pueden medirse con el héroe que no llevó su ira más allá del vencimiento; y que se conformaba, a usanza andantesca, con enviar los gigantes vencidos a la dueña de sus pensamientos, presentándonos la idea moral de las pasiones vencidas por la razón en holocausto a esa dicha imaginaria tras de que corre desalado el género humano? La ambición de esos engañadores de dioses y hombres ¿puede compararse con el desinterés del que buscaba al dueño de una prenda perdida para ponerla en sus manos?

¡Y eso que no tenía ni una blanca, ni un lecho donde reposar de sus fatigas!

Él es loco... Pero ¿quién no lo es, o no lo ha sido? (Aquí llamo la atención hacia el capítulo primero de esta primera parte.) Y he aquí su mérito más elevado: ser lo que todos, y ser superior a todos. No es un loco como Orlando, cuyas locuras a nada conducen, ni hacen bien a nadie; no es un desgarrador de leones y hombres, como Hércules; ni como Teseo castiga los raptores y tiranos, superándolos en maldades... El mismo Amadís, con ser la flor de los caballeros, mereció que Andalón lo reprendiera, por que, venciendo a todos los hombres, no sabía vencerse a sí mismo. Don Quijote, en fin, es un loco, en quien se encierran las dotes de la honestidad, la honradez, la racionalidad, y a quien califica perfectamente el vizconde de Chateaubriand al decir: es el más cuerdo de los locos y el más juicioso de los hombres.[120]

¿Y no ha de serlo el que, no solo predica la rectitud, sino que es el modelo de ella? ¿No ha de serlo el que habla como nadie habló sobre moral, legisla-

---

119 Se refiere a Charles de Saint-Évremond. (N. del E.)

120 Este dicho célebre recuerda el que se aplicó a Desmarets, para comprender su rica imaginación y su poco gusto: «Es el más loco de los poetas y el mejor poeta de los locos».

ción, costumbres, política, higiene, medicina, etc.? ¿El que se muestra el más profundo conocedor del corazón humano?

Juzgando el libro del *Quijote* de esta manera y bajo este punto, decía el sabio Saint-Evremot[121] que de cuantos libros había leído de ninguno apreciaría ser autor como del *Quijote*: y si los soberanos mandaron que se leyese en las cortes, colegios y liceos, el sabio holandés Van-Efren lo recomienda para la juventud y para las escuelas como el mejor libro para enseñar la imaginación y cultivar el juicio. Ésta era la misma opinión del filósofo de Ginebra, que se encantaba leyéndolo, y de Lord Byron, que decía: «ante el placer de leer el *Quijote* en su propia lengua desaparecen todos los demás placeres».

En efecto, ningún maestro para enseñar, ningún crítico para censurar y reprimir abusos, como el que mereció del mismo Sancho estas chistosas y significativas palabras: «Éste mi amo cuando yo hablo de cosas de meollo y sustancia suele decir que podía yo tomar un púlpito en las manos y irme por esos mundos adelante predicando lindezas; y yo digo de él que cuando comienza a enhilar sentencias y dar consejos, no solo puede tomar un púlpito en las manos, sino dos en cada dedo, y andarse por esas plazas a qué quieres boca. ¡Válate el diablo por caballero andante, que tantas cosas sabes! Yo pensaba en mi ánima que solo podía saber aquello que tocaba a sus caballerías; pero no hay cosa donde no pique, y deje de meter su cuchara».

Y no solo es Don Quijote el dueño de la fama inmortal del poema; sino todo lo que a él se relaciona y a lo cual ha dado nombradía y conocimiento. Su fama, sus hazañas, sus disposiciones son únicas: su caballo ha dejado atrás a todos los caballos conocidos y por conocer, de tal modo que Bucéfalo y Belerofonte, Orelia, tan caro a España, Babieca, y hasta el mismo Pegaso, de origen divino, Hipócrifo y Bavarte, son tortas y pan pintado en presencia de Rocinante, que, flaco y hambriento, señalando los puntos de su notomía, maltrecho y mohíno, esta ahí suspirando y dando quince y falta a todos los de atrás, puesto que delante ninguno se atrevería. El yelmo de Mambrino no fue popular hasta que, andando los tiempos, apareció en figura de bacía: el caballo en que viajó Piérres y la linda Magalona se quedara en las sombras del olvido, sin la fanfarronería de Malambruno y sin el arrojo inaudito de Don

---

121 Se refiere a Charles de Saint-Évremond. (N. del E.)

Quijote y de Sancho por añadidura. De la misma manera los jayanes, los gigantes y los *Quijotes* pretéritos y futuros no hubieran pavor y nombradía si el ilustre Manchego no los conjurara y venciera; porque tanto el vencido es más honrado, en cuanto el vencedor es reputado, trocando la frase del original.

Capítulo XV. El Quijote y la mitología

Si el Abate Ragois encuentra gran moralidad en las *Metamorfosis* de Ovidio y se atreve a compararlas en esto a la Biblia,[122] recomendando su lectura a la juventud: ¿Qué no diremos del libro donde no hay sino lecciones de la más sana moral, de caballería y generosidad, de gusto y luz para la razón y de tranquilidad para la conciencia? ¿Dónde no hay crimen que no sea anatematizado, virtud que no sea aplaudida; donde no hay Venus incestuosa, ni Júpiter engañador? ¿Dónde no hay una fatalidad que prepare los acontecimientos y los haga saber con anticipación, quitándoles así el mérito del heroísmo y pasando al Olimpo las pasiones de los hombres, que vienen a ser meros espectadores y a lo más instrumentos del poema? ¿Qué no diremos, en fin, de un libro donde no se desconocen las leyes de la física, de la legislación, del derecho de gentes, del sentido común y de los instintos humanos; donde no se violenta la naturaleza, ni se rebaja el espíritu, ni se trastorna la materia? ¿Dónde nada, fuera de la Divinidad, es superior al hombre, ni nada, excepto la Providencia, es superior a su voluntad? ¿Y dónde no hay esas chocantes transformaciones y extravagancias que pululan en la mitología, no obstante sus muchas bellísimas alegorías?

La misma mitología entra en la jurisdicción del *Quijote*, por el hecho de estar dividida la verdad fantástica que ella envuelve, en dos clasificaciones que él somete a su dominio y corrección, es decir: verdad verosímil y verdad inverosímil, aceptando aquélla y rechazando ésta, según el sentido común. En efecto, las bellas alegorías que la mitología presenta son verdades universales y eruditas, que no pueden refutarse sin caer en la inconsecuencia de negar la acción de la estética sobre las concepciones artísticas. Aquellas alegorías, empero, las representa y las personifica el *Quijote* bajo formas más morales y perfectas.

¿Quién, al ver al hidalgo manchego venciendo las pasiones y los gigantes, revestidos de formas desconocidas, pero que él tenía por cierto ser las propias de aquellos enemigos del linaje humano, quien no ve al mejor de los dioses, Apolo, venciendo a la serpiente Pitón, metáfora que se traduce por

---

122 Lo mismo hace Diego Mexía respecto a las heroidas del mismo poeta, y Ferdusi respecto al Diván de Hafiz.

los rayos del Sol disipando las emanaciones insalubres de la naturaleza física y fecundizando la tierra.[123]

Don Quijote, símbolo de la fuerza moral, ¿no recuerda a Alcides, símbolo de la fuerza material, vencidos ambos al fin, aquél por la fortuna, y éste por su inconstancia en el amor?

Pigmalión, odiando las liviandades y torpezas de las Propétides, y simbolizando la pureza y la castidad en una estatua, objeto de sus amores, ¿no semeja al castísimo caballero protestando contra las costumbres de su tiempo, contra la ligereza de las mujeres de sus queridos y mentirosos libros, y contra sus creaciones vacías y desvergonzadas?[124] ¿No es Dulcinea la estatua de Pigmalión?

¿Lograría Hipólito triunfar de las hermosas doncellas, de las reinas y las princesas que solicitaban a Don Quijote apenas lo veían?

Y aquel Tántalo admirable, y aquel admirable Sísifo, figuras de la ansiedad humana, ¿no son la del triste caballero que, al acercarse al desencanto de Dulcinea, halla un nuevo engaño y ve alejarse el punto de su felicidad?

Y los padecimientos eternos y cada vez renovados del caballero, por hallar a cada paso obstáculos a su noble idea de salvar la sociedad, ¿no pueden explicarse por la fábula de Prometeo?

Y finalmente, esas transformaciones de los hombres, esas metamorfosis morales que castiga, reprende y satiriza el honrado manchego, y que son el engaño y el azote de la sociedad, donde unos hacen del oso, otros de la serpiente, del loro muchos, o del mono danzante, de la zorra otros, todos imitando las malas, y pocos las buenas cualidades de estos irracionales... ¿no recuerdan las transformaciones físicas de dioses y hombres, hechas para turbar la quietud, matar el honor, engañar la inocencia y luego ceder y confundirse al poderoso impulso de la razón?

---

123 Ya se tome esta creación en el sentido que le daban los griegos o ya bajo la figura de cocodrilo, dragón, hipopótamo, o del monstruo acuático que los egipcios llamaban Ob, imágenes con que pintaban el destrozo que producía el desbordamiento del Nilo, que era la mayor calamidad entre ellos; o ya sea el OB de los escritores sagrados, con que expresa ban las supersticiones y locas ideas de los paganos, y que los antiguos traductores vuelven a su primitivo nombre Phiton, de todos modos se representa la misma imagen para nuestro asunto.

124 Esta última frase se refiere al autor del *Quijote*.

No es vanamente que he hecho alusión a la mitología griega. Ella, puede decirse, ha dado alimento a los libros caballerescos de los ciclos últimos, que en aquellas monstruosidades han tomado la existencia de sus fantasías. Pero no es el momento de alargar este capítulo señalando más analogías; pues puede deducirlas el que con atención note las transformaciones repentinas de los dioses, las inconsecuencias y ridiculeces de los héroes, las pasiones de dioses y hombres, la liviandad de las mujeres, y esas creaciones antinaturales, esas prerrogativas de los reyes y héroes, seres sobrehumanos que nacían naturalmente para hacer su voluntad en la tierra, etc., etc. Quien estudie estos puntos, puede deducir las anomalías a que se da imagen en la absurda caballería.

Ya veamos a Perseo libertando a Andrómeda del monstruo marino, o a Roger en idénticas circunstancias librando a Angélica; ya veamos a Teseo castigando a insolentes y tiranos y luchando con el Minotauro, o a Amadís vengando tuertos, desfaciendo agravios y luchando con el Endriago; ya veamos a este héroe o a Perseo siguiendo igual destino desde la cuna, arrojados al mar y encontrados por casualidad por unos pescadores; ya veamos a Ayax, perdido el juicio por influjo de Minerva, ocupado solo en vengarse de Ulises, a quien la diosa había dado las armas de Aquiles, y acometiendo a unos pastores y a una manada de carneros,[125] o veamos a Orlando y demás caballeros en idéntico suceso; ya veamos a Alcides, sin juicio, por influjo de Juno, combatiendo a los vientos, creyendo combatir a Euristeo,[126] o enviando a Dejamira con su amigo Licas los despojos y los prisioneros de sus expediciones, como enviaban los caballeros a sus damas los gigantes y follones que vencían; o ya veamos las doncellas mitológicas expuestas a salteadores y monstruos, como las andantescas expuestas a los malandrines; o ya veamos, finalmente, tomando argumento en la ingeniosa fábula de Céfalo y Procris, todos los cuentos que imita la admirable novela del «*Curioso impertinente*»;[127] de todos modos estas

---

125 Ayax furioso, tragedia de Sófocles.
126 Hércules furioso, tragedia de Eurípides.
127 Céfalo, cediendo a los celos, busca, como Anselmo, pruebas en su misma necedad para convencerse de la virtud de Prócris: las halla, mayores aun que las de Anselmo, porque, dándole la Aurora el poder variar de forma, él mismo se encarga de verificar lo que en el *Quijote* se encargó a Lotario, y que era fácil en aquel tiempo y al favor de los dioses. Hizo, pues, la prueba tornándose en mercader y ofreciendo a su víctima los mayores regalos a

últimas ideas caballerescas; ya que no pueden tener fundamento en la razón ni en las verdades históricas, la tienen en las mitológicas, de donde vienen casi todas las creaciones caballerescas, así como la influencia y costumbres de la Grecia y otros pueblos antiguos reflejaron su luz en toda la Edad Media, y acaso en nuestros días.

Quien prescinda de estas ideas o las desprecie al formar juicio sobre el *Quijote*, de seguro que hará falsear su sistema en uno de los puntos más esenciales para apreciar el mérito del gran novelista, quien, como hemos visto, no pensó ni pudo pensar en detenerse en una época particular, con lo que no conseguiría la alta trascendencia que hoy tiene su obra, sino que comprendió la necesidad que tenía en su vasto plan de abarcar mayor campo y remontarse al origen histórico de las sociedades, religiones, mitos, etc., presentándolas en figuras al lector curioso; pues bien sabía él que la nigromancia, la astrología, la magia y demás absurdos de la Edad Media fueron herencia de las viejas sociedades, de que se resentía y se resiente aun la civilización cristiana, y que se van disipando ante su luz.

---

ver si la seducía... Ella iba a ceder, cuando él se descubrió.

Capítulo XVI. Personalidad del Quijote

Aunque he presentado al *Quijote* como el símbolo de la verdad y sus diversos desarrollos poéticos y morales, esto no quiere decir que acepto la idea de idealizarlo hasta el extremo de no darle forma real y efectiva, forma personal y temporal, relaciones ordinarias con su época y con la vida activa del hombre, siendo éste el principal asunto que se desprende a cada paso de la intención de Cervantes. Aquella original y peregrina interpretación, que aún no había ocurrido a los críticos anteriores, ocurrió a uno posterior, imitando lo que algunos hicieron con la *Ilíada*. Donde no veían más que personificaciones morales y no dioses populares y héroes reales; lo mismo que los modernos quisieron hacer con Camoens.

Don Quijote es real, como cualquier otro caballero, y personifica las ideas de su época;[128] así como Dulcinea es también un modelo tomado de un ser real, para ridiculizar las damas de los caballeros de su tiempo.

Dejando a un lado, por extraña, la idea de que la heroína del *Quijote* «es el alma objetiva de Cervantes» o «el símbolo de la sabiduría», como asienta el mencionado crítico, debemos considerarla solo en su conformidad esencial con el plan de la obra. Ella, que es cabal y perfecta para Don Quijote, para Cervantes, y aun para Sancho, una tosca aldeana de rostro amondongado y olor hombruno.[129] El aserto, pues, del crítico está

---

128 El modelo de Don Quijote estaba en los caballeros andantes y en los hidalgos españoles; pero se fijó, a lo que se cree, en un tal on Rodrigo Pacheco; principal factor de la prisión de Cervantes. Dicho Pacheco era un hidalgo pudiente... que había estado loco en alguna ocasión y no andaba en otras muy cuerdo... Por su rostro largo y estrecho, ojos espantadizos y largos bigotes, no le acomodaría mal el título de «Caballero de la triste figura» (Harzenbusch). Fue enemigo de Cervantes; y así, no hay duda que fuese el original de la novela de éste, idéntico en la enfermedad y acaso en las causas de ella, pues se daba a tales pasatiempos y ocupaciones, como todos los hidalgos de entonces. Hay más: se muestra a la orilla del pueblo un solar de casa, y afírmase haber sido allí la morada de Don Rodrigo, casa de Don Quijote. Aún muestran el hueco de la ventana, correspondiente al cuarto por donde volaron al corral los libros que se quemaron en el auto del cura, del ama y del barbero. Juzga Hartzenbusch que este Pacheco fue tío o hermano de la dama que se cree haber ofendido Cervantes. Pero es más racional creer que fuese el amante y el principal de los que mostraron ojeriza al manco ilustre, y que la dama fuese la que se dice en la nota siguiente.

129 «Fugitivo llegara Cervantes al Toboso, dice el señor Jiménez Serrano, donde un rico labrador llamado Lorenzo le albergó en su casa. Éste tenía una hija muy coqueta y muy galanteada, y como cundiese la noticia de que había llegado un viejo sacamantas (acaso sacamanchas) huyendo de otro pueblo, aquella misma noche varios mozos alegres, y partidarios, por lo que se deja entender, de la doncella, fueron a su casa a buscar a Cervantes con el intento

en abierta oposición con la idea cardinal que se desarrolla respecto a la obra. En primer lugar, si él cree, con otros muchos, que Cervantes atacó el espiritualismo y tendió a hacer triunfar el materialismo ¿no ve que esto de idealizar tanto el *Quijote* forma con lo anterior una chocante paradoja? ¿No ve, además, que si «amaba tanto la caballería andante y su literatura», no debió tender a destruirlas, como a cada paso manifiesta? ¿Y no ve que idealizando no se debe ni se puede imitar lo que es toscamente real y material?

Pero aun más allá va el autor citado. Consecuente con su idea principal, y hallando objeciones a ella, las satisface y explica, amoldándolas a su sabor con todo lo demás que pudiera detenerlo. Es una verdad incontrovertible que el exterior de una obra debe estar en armonía con el interior; o en otras palabras, que su valor intrínseco se relaciona con el extrínseco. Solo la mentira es falsa, muestra un exterior distinto; y solo los malvados son hipócritas; la verdad es consecuente.

En las obras producidas por el genio del hombre, esta ley se manifiesta en toda su grandeza. El lenguaje es en ella adecuado al asunto y fiel intérprete de los pensamientos del autor. Hacer otra cosa es profanar este sublime don concedido al ser racional por un Dios benéfico; es anular el lenguaje, que tiene una altísima misión para responder al reclamo del genio y sus concepciones; y dicha profanación, hija de bastardas pasiones y mezquinos afectos, no se puede encontrar en las obras que proclaman la gloria del talento humano; sí en las que lo rebajan, en las que desdicen de la civilización y de la ley del progreso.

«Cuando un autor se explica por sus palabras o por sus escritos, dice D'Alembert, es contra toda razón el dejar los signos externos de sus pensamientos, yendo a buscar sus pensamientos, puesto que solo él sabe sus pensamientos.» «Para que toda creación tenga forma, ha escrito Schiller, es

---

de darle un baño en "Las Tinajeras", según acostumbraban hacerlo con los recaudadores de apremio. Lorenzo se opuso a esta injusticia por modos indirectos; pero su hija entregó a Cervantes, dando motivo para que los villanos realizaran en parte su designio, pues tropezando con la turba unos cuadrilleros de la Santa Hermandad, rescataron al infortunado poeta, llevándolo preso a Argamasilla.» Sea esta moza, de quien se burló Cervantes, el modelo de Dulcinea; o sea la hija de Zarco de Morales, cuyos parientes atropellaron a Cervantes por algún chiste que la dirigió, es lo cierto que no es del todo fantástica esta creencia, adornada con todos los puntos y collares de las damas andantescas.

indispensable que a la obra presida siempre la potencia que dé al mismo tiempo la vida y la forma.» ¡Profundos son estos pensamientos! En efecto, no podemos concebir la idea sin la forma, y si aquélla está bien concebida, ésta debe estarlo también: luego, no podemos prescindir de reconocer en el lenguaje, forma exterior, la necesidad de su perfección y armonía con el pensamiento, forma interior, y con la fábula general. Este principio ha sido asentado como canon desde los más antiguos autores hasta los maestros modernos, que han dado salida a sus doctrinas y belleza a sus obras. Recorred los grandes poetas, los grandes escritores y veréis que su lenguaje es, por así decirlo, una chispa de su espíritu, un reflejo de la luz que en el genio brilla.

Pues bien: dicho autor, juzgando que en los grandes libros «la letra mata y el espíritu salva», dice que así es que debe entenderse el *Quijote*; es decir, él interpreta a su sabor la idea de Cervantes, esos combates imaginarios, esas transformaciones y toda la carrera del *Quijote*, argumentando desde su falta de juicio hasta su vuelta a la razón, puntos de grande interés sin duda en la concepción; pero en los que se detiene sobre disertaciones ajenas del interés dicho: y como «la letra», no está de acuerdo con su objeto, asienta un sistema original, en el cual lo claro, lo terminante y rotundo, lo que no admite interpretación, encierra un sentido oculto que equivale a lo contrario de lo que arroja el literal sentido de la frase... más, lo puramente hipotético, lo dudoso, lo indirecto, y que puede interpretarse, es lo que merece verdadero respeto, lo que debe servir de criterio para juzgar el *Quijote*. Anomalía singular, que nos ofrece una regla curiosa para discernir y decidir: en lo claro «lo contrario de lo que dice» y en lo dudoso «lo que cada cual interpreta según su leal saber. «¡Ésta es la idea más peregrina que sobre Cervantes, el pobre Cervantes, se haya escrito! El ilustre manco no conocería su obra al verla salir de las manos de tales intérpretes! ¿Y cómo interpretamos si no tenemos pauta? ¿Si no tenemos en qué fundarnos, ni fe en las extravagancias de un autor que a cada paso nos engaña, que se burla de nosotros, como observa muy bien el señor Tubino, refutando esta opinión?

Pero, en paz sea dicho para el señor... y para Cervantes, hasta ahora no teníamos el «conocimiento» sino solo el «pensamiento» de los tesoros escondidos en la producción de éste, tesoros que estaban guardados para que el otro los declarase. Este crítico ha encontrado el hilo que conduce por el laberinto del libro de Cervantes: él es el nuevo Teseo que vencerá el monstruo, y explicará el misterio que hasta ahora se había conservado inexplicable; ha encontrado el verdadero espíritu de la obra: ¡y él, y solo él, puede revelarlo! Con tal dogmatismo y presunción, ya se ve cuánto puede producirse... ¡Mal año y mal mes para los demás comentadores, que son solo tortas y pan pintado a la presencia de...!

Mas, no es nueva esta doctrina: creo encontrarla en Clemencín, quien da margen a tan extravagante opinión, es decir, a que se crea que Cervantes opone su letra a su espíritu. Para probarlo pudiera traer varios pasajes del *Comentario*; pero basta el siguiente: comentando la graciosísima escena del armarse caballero a Don Quijote, comprendiendo muy bien la ridiculez que ella arroja sobre esta costumbre, ya exagerada, pero tachando de indiscreta la descripción, por atacar al pundonor, cuyo espíritu se hallaba expresado en las ceremonias de la recepción de la caballería, cree que ha cometido Cervantes una antitesis chocante... desconoce el plan de la obra, su propósito, y agrega: «Cervantes, remedándolos del modo que aquí se ve en el discurso de la relación presente, haciendo del corral capilla, de la pila del pozo altar, del libro de paja y cebada manual, del ventero maestro, de las rameras caballeros asistentes y de las bestias de los arrieros capítulo, imprimió a todo un sello de ridiculez, que sin duda alguna estuvo muy lejos de su intención». ¡Pobre Cervantes! ¡No sabía lo que decía! Su sistema, que aquí se ostenta a maravilla, ha debido ser otro que el que se lee en su obra y se desprende de su letra: su intención era otra... ¡O sabios estupendos, que han logrado descubrir en Cervantes lo que Cervantes no era y en su Don Quijote lo que Don Quijote no era (como éste se temía)!

Capítulo XVII. Imitaciones y comentarios del Quijote

Muchos autores, como veremos (y no sé si grandes, o pequeños) han intentado ponerse a la altura de la obra; pero lo que han hecho es bajar la obra al nivel de ellos, a la común medida. Han formado una red, una turquesa, para coger en aquélla y vaciar en ésta la fábula, la acción, los episodios y las palabras de Cervantes. Pero el manco soldado, el soldado caballero, es el águila caudal que domina los espacios sin poder ser alcanzada por las balas de los cazadores, aun los de mayor altanería, cuyos tiros solo llegan a las tímidas liebres y a las inofensivas avecillas que viven en la selva o vuelan debajo de las nubes. En vida de Don Quijote se le intentó retratar: pero, como muy bien dice Don Juan en la venta, solo su primer pintor podía y debía hacerlo. Después de la muerte del caballero, como el héroe más popular de las naciones, tanto en la suya como en las extrañas, se intentó romper el entredicho, y probar las fuerzas de Roldán. Mas, todos, malos y buenos autores, y aun los mejores poetas, no han hecho más que desbarrar lastimosamente.

Concretándonos a España, desde Avellaneda hasta don Ventura de la Vega, solo se ha puesto en el lugar del verdadero Don Quijote un héroe común, adulterado y egoísta, intrigante, que se deja servir de instrumento para ajenos deseos, lo que desnaturaliza su elevado carácter. El verdadero Don Quijote jamás predispone, jamás traza un plan; y, como la vida en su desarrollo, como la historia y la naturaleza, no ve un objeto determinado, sino que desenvuelve su grandioso plan a medida de las circunstancias, de improviso, sin premeditación, no obstante que sus aventuras tienen mucha relación y están como hermanadas unas con otras en su mayor parte. Él sigue firme en su propósito, inexorable en su idea; pero sin detenerse en intrigas, que desconoce, ni en mezquindades que detesta, como se detiene el de los autores mencionados. Al héroe de éstos ha pasado lo que a todos los que se trasplantan de un lugar a otro, de un ingenio a otro, que pierden su naturaleza íntima, como los griegos de Racine, según Chateaubriand y Lista, Blair, Vauvenargues, Batteux (quien vanamente pretende disculparlo y decir que no era defecto, porque los grandes hombres pertenecen a todas las edades), «las divinidades» de Camoens, «los muertos» de Fontenelle, «los persas» de Montesquieu, y todos los héroes de romance de los siglos XVI y XVII en Francia. Francisco Ávila escribió en 1617: «El entremés famoso de los invencibles hechos de Don Quijote de la Mancha», tomando por acción la llegada a la venta en su primera salida, la vela de las armas y las ceremonias de ser armado caballero. Delante de Felipe IV y su corte, se representó, el martes de carnestolendas de 1637, una comedia titulada Don Quijote de la Mancha, probablemente de Calderón.

Guillén de Castro escribió dos comedias, una con el título de «Don Quijote de la Mancha» y otra sobre el asunto del *Curioso impertinente*. También han presentado en la escena a Don Quijote, Lope de Vega, Gómez Labrador, Francisco Martí, Valladares, etc.; y en nuestros tiempos don Ventura de la Vega, sin que ninguno de ellos se pueda gloriar de haber compartido con el autor original una pequeña parte de su triunfo.

Con mejor tino y discreción se dedicaron otros autores a explicar los usos y costumbres que se leen en el *Quijote*; pues, como él está ligado a su época por alusiones y metáforas tomadas de ella, se hacía necesario para las posteriores un comentario que las explicase. Desde los primeros años apareció éste, y consecutivamente han trabajado en él los más afamados literatos de su nación y en las extrañas. He aquí los principales.

Edmundo Gayton fue el primero que hizo un comentario del *Quijote*, impreso en Londres en 1654. Aunque defectuoso y muy limitado, tiene el mérito de haber abierto el camino, trillado después con tanta erudición por muchos autores. A este primer comentador siguió otro más concienzudo, si bien menos imparcial en la materia del sentimiento, piedra de toque para las obras de la fantasía. En 1742 el inglés Jarvis ilustró con notas y con un buen prólogo la edición que hizo preceder de la *Vida de Cervantes* escrita por Mayans. El editor, sin embargo, se equivoca al dar a Cervantes intenciones gratuitas que no pudo tener; sistema que han seguido otros.

Por los años de 1770 salió la magnífica edición de la Academia española, precedida de la *Vida de Cervantes* y el *Análisis* de don Vicente de los Ríos, trabajo de mucho mérito y alta estimación, pero que se sale del terreno del plan del *Quijote* y va a buscar analogías e imitaciones fuera de él, cono veremos en la parte siguiente de esta obra. En 1781 publicó el inglés Bowle su edición, en la que había pasado 14 años, ilustrándola y comentándola con bastante juicio y gusto. Fue el primero que correspondió al deseo que había mostrado el M. Sarmiento, explicando las frases oscuras. Florián en 1783 tradujo al francés el *Quijote* y publicó su juicio sobre los escritos de Cervantes. Desde entonces hasta 1797 vieron la luz varios trabajos, mereciendo particular mención los de Garcés y Capmany. En dicho año aparecieron los comentarios de Pellicer, precedidos de un buen discurso sobre el texto y sus variantes. Esta edición está llena de notas e ilustraciones curiosas, en cuyo caudal van a beber todos los que desean salir airosos en semejantes trabajos. En 1819 ilustró Navarrete la *Vida de Cervantes* con noticias y juicios tan concienzudos, que la hacen superior a cuantas se habían escrito. En 1833 salieron los comentarios de Clemencín, llenos de erudición, de profundidad y de interés respecto a la fábula: pero indecisos o errados en las observaciones filológicas, donde muestra bastante descuido respecto al lenguaje del tiempo de Cervantes y a su oportunidad. Casi al mismo tiempo publicaba en Barcelona don Vicente J. Bastus y Carrera sus anotaciones al *Quijote* más atinadas respecto al lenguaje que las del anterior y muy interesantes respecto a las costumbres caballerescas de la Edad Media, instituciones, usos y demás útiles circunstancias necesarias para juzgar bien la obra de Cervantes. Viardot, Sismondi, Hartzenbusch, Salvá, Cantú, Slegel y otros (de algunos de ellos me entretendré en particular en las partes siguientes) se han ocupado también del *Quijote*, mereciendo mencionarse Arrieta en su edición anotada, Benjumea, Aureliano Fernández Guerra y Orbe, y Tubino, en nuestros días. Acaso este último y Benjumea son los que han tomado un nuevo y extraño vuelo en sus observaciones y en su interpretación. Ya hemos visto algo de la opinión de éste: aquél da menos mérito al *Quijote* que a su oportunidad, juzgando que esta circunstancia es la que le valió aceptación, pues sin ella «sería un fenómeno la aceptación». Esto no debo replicarlo... Por lo demás, estos dos autores, si bien iniciaron cuestiones profundas, pierden el tiempo en polémicas vanas como la que hace relación a la melancolía y locura de Don Quijote, donde disputan sobre «si entra o no en la jurisdicción de la medicina o de la filosofía», y se pierden en abstracciones metafísicas de no muy buen gusto y de resultado erróneo respecto a la interpretación del libro: cuestiones trivialísimas a la manera de las de Clemencín al disputar a Don Quijote sobre el número de muelas que debía tener en la boca... o de la explicación que da de que cuatrocientos viene de cuatro así como cuadrillero, etc.

(capítulo XLV, 1.ª Parte del *Quijote*) y otras nimiedades que se verán en la 3.ª parte de esta obra.

Antes de poner punto a este capítulo, con que termina esta 1.ª parte, y reanudando el asunto de los comentarios, mencionaré la edición que en 1863 hizo Rivadeneira en la Argamasilla y en la casa de Medrano, prisión de Cervantes.

Como mi objeto no ha sido escribir un Comentario del *Quijote* (asunto superior a mi esfuerzo), ni seguir paso a paso los que se conocen, sino dar una idea de su inimitable fábula, orgullo de la nación española y delicias del género humano, creo que basta lo dicho para ello, explanándose en las dos siguientes partes los asuntos tocados en ésta. Mas, el que quiera imponerse mejor de la figura y de acción del Ingenioso Manchego, puede consultar varias de las obras que al efecto se han escrito, especialmente las de Mayans, Ríos, Pellicer, Bastus y Clemencín, estimables estos últimas, en particular, respecto a la erudición de la fábula y al conocimiento de las costumbres caballerescas.

Parte segunda
Censuras que se han hecho a la fábula del Quijote y a la verdad de sus caracteres

Mal medio sería de reparar un templo antiguo convertirle en palacio o en Museo.

Ochoa, Introducción al *Tesoro de historia española*

Capítulo I. Ideas generales

Consideremos ahora el libro del *Quijote* bajo una faz diferente.

Más de dos siglos y medio hace que se discute sobre su mérito, no por los pueblos y naciones, sino por algunos eruditos, y se ensaya en él la crítica más escrupulosa, acerba a las veces, llevada por la rivalidad impotente, o por la vanidosa erudición, por la buena fe errada, cayendo sobre sus admirables páginas, y solo alcanzando, los unos rebajar momentáneamente el valor de ellas, y los otros quebrar su diente envenenado en el diamante que las acoraza.

Preciosos trabajos, sin embargo, se han elaborado en este terreno, que presenta todos los días nuevo pasto a los ingenios, probando con ello lo colosal de la obra y la rica fantasía de su autor.

La envidia de los contemporáneos dio el primer impulso a la crítica. Ellos, vanos y presuntuosos en su mayor parte, ensimismados con los aplausos del vulgo (robados casi siempre a hurtadillas), veían como atrevimiento inaudito el que un hombre oscuro, sin títulos académicos ni de otra alguna categoría, intentase llamar la atención, y lo que es más, satirizarlos y mostrarles su pequeñez.

Mas, los que no comprendiendo el *Quijote*, desdeñaron su mérito, no pensaron que la inmensa corriente de influencia social y literaria que en sí llevaba, los había de envolver a ellos mismos: y agotaron todos los medios de desprestigiarlo; llegando hasta el punto de calumniar a un hombre superior a la calumnia y superior a todos ellos por sus virtudes, sus servicios y sus infortunios. Estas envidias y estas calumnias no cesaron. Los más doctos no podían soportar la superioridad de Cervantes, ni hallar en su novela la censura de las faltas en que a cada paso incurrían; y lograron formar una autoridad en su círculo que lo satirizase indirectamente, diciendo para motejar a un autor o a su libro «cosas de Cervantes». En prueba de ello citaré la 2.ª parte de la Historia de Toledo, por el conde de Mora; pues don Lucas Cortés, hombre eruditísimo y, según Mayans, el más entendido en las cosas de España, dijo de dicha obra (indigna por cierto de su título), «con que todo el libro no parece más que de Cervantes», agregando frases burlescas y despreciativas de su mérito. Tampoco nombra a Cervantes don Diego de Saavedra Fajardo, a pesar de que parece adoptar su plan general: ni le menciona Faría Souza, a pesar de hacerlo con otros de mérito muy inferior.[130] Lope de Vega decía, en la carta ya citada, al duque de Sesa: «de poetas, muchos en ciernes el año que viene; pero ninguno tan malo como Cervantes, ni tan necio que alabe a Don Quijote»; y hasta Baltasar Gracián, ese desgraciado coplero, confundiendo a Cervantes en el número de los autores adocenados que habían escrito contra los libros de caballería, dice en su Cronicón: «han querido sacar del mundo una necedad con otra mayor».[131]

De entonces acá, unos con más, otros con menos fortuna, con más o menos juicio, erudición e imparcialidad, han seguido, tanto españoles como extranjeros, la misma senda respecto a la crítica del *Quijote*, sobre el cual se trabajaba «tanto y con tanta obstinación y con ánimos enconados y voluntad muy torcida... buscándole tachas y haciendo inquisición en todas sus aventuras, etc.».[132]

El principal error del comento del *Quijote* consiste en que se ha salido de su verdadero terreno y entrado en el de la crítica y censura; terreno, este, arduo y espinoso para juzgar las obras de la fantasía y del sentimiento.[133] Y después de esa falta, lo que han hecho la mayor parte de los críticos, es presentar una mala glosa del libro, que no conocería Cervantes, quien, sin duda, para los tales, anticipó y dijo estas palabras de Don Quijote a Don Lorenzo (página 2, capítulo XVIII): «un amigo y discreto, era de parecer... la razón, decía él, era que jamás la glosa puede llegar al texto, y que muchas o las más veces iba la glosa fuera de la intención y propósito de lo que se glosaba». Así han quitado a Cervantes no solo la forma y la

---

130 Escritor del tiempo de Felipe IV, escribió su obra titulada *Epítome de las historias portuguesas*, en la que se detiene, al fin de cada capítulo, en hablar de las cosas más notables y las efemérides de cada reinado de la historia del mundo, dedicando muchas líneas al Dante, Tasso, Galileo, etc. Mas, no nombra a Cervantes, haciéndolo con otros autores españoles.

131 Esta idea es sin duda tomada del *Buscapié*, donde la pone Cervantes en boca de los censores del *Quijote*.

132 El *Buscapié*.

133 Comentario. s, m. Escrito que sirve de explicación y comento de alguna obra, para entenderla más fácilmente. Comentarium. COMENTO s, m. Explicación, exposición, declaración de algún libro u obra literaria. Explanatio, declaratio, interrrelatio [Explanación, declaración, interrelación] (Diccionario de la Academia). COMENTARIUM. i, n. Get Comentario, comento, explicación de alguna obra para entenderla con más facilidad (Nuevo Valbuena).

letra, sino la intención en esas variantes, interpretaciones y deducciones en que han gastado tanto tiempo.

«La crítica del *Ingenioso hidalgo*, dice un juicioso autor contemporáneo, si es algo más que la enumeración de las bellezas particulares del libro; si se remonta a averiguar la idea fundamental que simboliza su extraña acción y sus extraños caracteres, no puede someterse a las condiciones de la crítica ordinaria de un libro de simple entretenimiento; porque en tal caso sería imperfecta y mezquina la idea que se formase de la obra, y contradictoria a esa inmensa popularidad que acaso no haya alcanzado en los tiempos modernos ningún monumento literario.» Esto está muy bien dicho, porque «Cervantes, al escribir su *Quijote*, como dice Clemencín con igual juicio, entraba en una senda enteramente nueva y desconocida. Halló el molde de su héroe en la naturaleza, hermoseada por su feliz y fecunda imaginación: creó un género de composición para el que no había reglas establecidas; y no siguió otras que las que le sugería naturalmente y sin esfuerzo su propio discurso». Estas y las anteriores palabras me dan margen para hacer ver la inconsecuencia del mismo Clemencín y otros eruditos al juzgar el Don Quijote; caída natural a los genios que, abandonando sus espontáneas producciones, se entregan al prurito de mostrar erudición y talento.

¿Por qué dice el citado Comentador: «escribió su fábula con una negligencia y desaliño inexplicable?» ¿Por qué agrega, «y así como su héroe erraba por llanos y montes, sin llevar camino cierto, en busca de aventuras que la casualidad le deparase, del propio modo el pintor de sus hazañas iba copiando al acaso y sin premeditación lo que le dictaba su lozana y regocijada fantasía?». No: el pintor describió lo que debía y sabía describir, y el héroe erraba por los montes y las cabañas, porque los caballeros andantes erraban así. Mas, si es inconsecuencia juzgar una obra por leyes anteriores, aun lo es más juzgarla por leyes posteriores, como lo hacen casi todos con Cervantes, según veremos.

Sin conocer bien la literatura caballeresca, serán infructuosos todos los trabajos que se hagan sobre el *Quijote*, que es una obra incrustada allí (en cuanto a lo literario) como esos mosaicos y figuras de las catedrales góticas, de alto mérito artístico cuando se refieren a su propio lugar y rodeándolos de todos los monumentos que los acompañaron en su formación y vida natural;

pero que solos y separados de aquellos monumentos, quedan sin el prodigioso efecto que tienen en la composición a que pertenecen.

No basta profundizar en la época del *Quijote*: es preciso empaparse en la lectura de los libros caballerescos, adueñarse de sus ideas y creencias, apropiarse su estilo y su lenguaje, que son su vestidura propia, que semejantes a las luces de un cielo o las hojas de un árbol, no se les puede separar so pena de no comprenderlos y menos pintarlos.

Mas, a los que no penetran en tal profundidad y no se colocan en el verdadero punto de vista de una crítica filosófica y justa, les pasa lo que al cardenal Hipólito con el *Orlando* de Ariosto. Luego que este poeta presentó el libro a su Mecenas, éste lo leyó y le preguntó asombrado: ¿«de dónde había sacado tan estrambótica invención»?

En efecto, el *Orlando*, como el remedo y resumen de los libros de caballería, es monstruoso considerado aisladamente, es un libro sin orden, sin salida y sin plan; es el reflejo de la caballería, adonde puede ir a estudiarla todo el que quiera conocerla bien. Probablemente no la conocía el Cardenal, o había leído muy de paso los libros que de ella tratan, y no podía discernir el mérito de aquel poema tan grandioso, donde no hay una escena, una incidencia, que no sean naturales en la esfera en que giran, aunque inconcebibles y ridículas en el mundo real.

El *Quijote* (sigamos considerándolo en su parte literaria y caballeresca) no es solamente un poema de este género, como lo consideran algunos modernos;[134] es la crítica de la caballería andante, bajo el velo de su imitación; y una caricatura, una parodia, no puede entrar a figurar entre las obras serias de dicho género.

No es extraño, pues, hallar en él cosas inverosímiles al parecer, chocantes a la razón y al gusto, miradas a la luz en que el cardenal Hipólito vio a *Orlando*, o bajo la faz de la crítica moderna.

Veamos, para alejarnos de tal error, la lista de algunos de los desafueros que al héroe se han cometido por caballeros noveles, que no puedan en verdad afrentarlo, por que le han herido con armas de mala ley.

---

134 Salvá; Clemencín en alguna manera juzga lo mismo; y también puede aplicarse esta opinión al señor Benjumea, al francés Lesser y a algún otro.

Asentemos primero los cargos que se achacan a la obra en general, para ocuparnos después de los puntos de la fábula separadamente. Mas, antes dejaré consignado un punto que me habrá de servir mucho en lo sucesivo.

Capítulo II. Persiles y Segismunda

Parecerá extraño que tenga que hablar de esta novela en un capítulo de una obra dedicada exclusivamente al *Quijote*; mas no lo parecerá cuando se sepa que ello es necesario, porque dicha novela es como la contraprueba de mis argumentos y el complemento de mi plan.

Si con intención fue hecha para el objeto que yo deduzco, no lo sé; tampoco sé si fue un hecho de la casualidad el que así fuera. Es lo cierto que de ambos modos es una creación nada despreciable, que no debe confundirse con la generalidad de aquellas obras escritas sin plan, sin objeto y sin miras de ninguna especie; solo para divertir al lector y aglomerar hechos inconexos, acciones extravagantes y una insufrible algarabía. Si Cervantes no tuvo intención de hacer otra cosa, pagando así el tributo que rinde nuestra flaqueza a las preocupaciones de la época, como le sucedió en la novela pastoril y en algún otro escrito, debe considerarse a la novela que nos ocupa como una chispa del admirable ingenio que había creado el *Quijote*, y como una combinación del talento que vino a llenar un alto puesto sin premeditación.

Ella no es solo una cabal pintura de las ideas extravagantes que reinaban en los espíritus y agradaban a los pueblos, sino que responde a las exigencias que se hacían al novelista, al historiador caballeresco y al poeta. Es en una palabra, la pintura de la naturaleza social de aquella época. Allí se refleja la luz de la caballería, aunque estrictamente no sea más que la peregrinación de un caballero, adornada con las acciones caballerescas, combates, hazañas y maravillas de que están llenos los tales libros.

Persiles y Segismunda pues, es una novela adonde podremos ir a buscar las creencias, aventuras y la verosimilitud que se exigían y que encajaban bien en la literatura caballeresca. Además, ella representa, si se quiere, el paisaje por donde caminaba el último caballero andante, el que vino a destruir los restos que quedaban de aquellos desalmados y mal nacidos gigantes y descomunales encantadores que anteriores caballeros habían dejado sobre la faz de la tierra. Caminando con el Hidalgo Manchego en esta senda, vemos en ella sus hazañas, sus aventuras, sus propósitos más o menos idénticos, pero con la misma idea y verosimilitud, sirviéndonos este trabajo de explicación del enredo que en el *Quijote* hemos creído imposible o defectuoso.

Del dicho trabajo he de servirme respecto a la novela; así como respecto al lenguaje haré idéntica tentativa.

Véase por qué doy lugar en este capítulo a la mención de la última novela que escribió Cervantes. Con mucho cuidado y escrupulosidad fue escrita, fundando en ella el autor su verdadera gloria por las anteriores explicaciones. Su fábula, su estilo y lenguaje son una muestra de la perfección exigida en aquel tiempo: respecto de este último punto aún hoy lo es; y por ello de grande auxilio nos ha de ser en el presente trabajo.

Basta que un suceso, por imposible y raro que parezca, esté consignado en esta novela, para que se le dé cabida entre los que formaban la novela del tiempo pues ya he dicho que ella es una reunión de las creencias y prácticas literarias del funesto reinado de la extravagancia en la literatura europea.

A los que tachan o tacharen (porque la crítica aún sigue por la misma senda recorrida hasta ahora) de inverosímil o defectuoso algún hecho o dicho del *Quijote*, lo remito a la novela dicha, o le responderé con las siguientes palabras que se leen en el libro primero, capítulo VII de la misma novela: «Haré yo eso de muy buena gana, respondió el barbero italiano, aunque temo que por ser mis desgracias tantas, tan nuevas y tan por extraordinarias, no me habéis de dar crédito alguno». A lo que dijo Periandro: «En las que a nosotros nos han sucedido, nos hemos ensayado y dispuesto a creer cuantas nos contaren, puesto que tengan más de lo imposible que de lo verdadero».

Bien comprendía esto (que descuidan muchísimos críticos) el juicioso autor de la *Nouvelle bibliothèque universelle des romans* cuando dice al hacer la crítica del romance «Le chevalier d'Essart» [«El caballero de Essart»]:[135] «si hay algunos (episodios, hechos, etc.) que parezcan fabulosos, inverosímiles, no acuséis de ello sino al tiempo en que vivían la condesa y el caballero».

---

135 Anónimo publicado en 1735, pero atribuido a M. Chassaigne.

Capítulo III. Espiritualismo

El más fuerte de los cargos que se hacen a Cervantes es que su obra tendía a destruir el espiritualismo.[136]

Creo todo lo contrario: y como para errar en esta cuestión debo referirme a gran parte de lo dicho sobre la caballería (Parte 1.ª, capítulo VII), perdonarán aquí algunas repeticiones imprescindibles.

Las exageraciones y las extravagancias que invaden los órdenes sociales destruyen los sentimientos más nobles del corazón y turban la armonía del mundo moral. A este punto había llegado la Europa, invadida por el espíritu de la caballería andante, y por las hazañas fabulosas de los libros que de ella tratan; y solo podía una obra gigantesca y original purificar los sentimientos, poniéndose frente a frente con esas costumbres bastardas y con las ridiculeces de sus héroes, que cometían mil abusos, llevando consigo el consentimiento de las naciones. Ya sabemos que se había hecho ley de la extravagancia caballeresca en lo real de la sociedad; y aquellos libros monstruosos cautivaban la imaginación de los pueblos, haciendo gran mal por su inmoralidad y doctrinas perniciosas, encendiendo el tierno pecho de las doncellas, que cada una se creía una Melisendra a una señora Oriana, según testimonio de Juan Sánchez Valdez,[137] y de los hidalgos pacíficos, que se transformaban en su imaginación o realmente en caballeros de encrucijada y «pretendían asemejarse a los Amadises y Esplandianes en poner a riesgo las vidas por el vano deseo de ser tenidos por héroes.[138]

Las crónicas galesas, y los romances sobre ellas, eran los asuntos que estaban más en boga, por ser los más extraños e inmorales: así, pues, eran de moda los Amadises, el caballero del Febo, etc.; y luego Lanzarote del

---

136 Entre otros autores, lo repite Salvá, quien cree que «la valentía y el pundonor que daba la lectura de los libros de caballería fueron atacados». Ya hemos visto algo parecido respecto de Clemencín.

137 «Viendo yo, benignísimo lector, que los mancebos y doncellas y aun los varones de edad y estado gastan su tiempo en leer libros de vanidades enherboladas... de las cuales no sacan otro provecho ni otra doctrina, sino hacer hábito de sus pensamientos de asuntos de mentira, etc.»

138 Adolfo de Castro [Célebre cervantista, hoy se sabe que escribió el apócrifo *Buscapié* de Cervantes, para defender al novelista. Vid. supra e infra].

Lago, Don Tristán y demás personificaciones de la obscenidad más desenfrenada.

Las ceremonias de las cortes, tan severas, tan nobles y tan propias para sostener la lealtad y el pundonor del caballero, se habían exagerado en los libros de caballería hasta el ridículo, como he tenido ocasión de notarlo en la Primera Parte, y daban margen a abusos y burlas, plagando las cortes de que trataban, de mil extravagancias que mataban el espiritualismo cristiano, daban el modelo que seguían las cortes reales, y llegaban a hacer un sainete, una parodia y una caricatura de aquellas costumbres primitivas de las cortes y palacios.

«Los que han querido defender que el espíritu caballeresco era útil para mantener la honradez en los nobles, el valor en los militares y el pundonor en las damas, parece que no tienen siquiera noticia de lo que son los libros de caballería, pues basta su lectura para conocer que estas monstruosas y perjudiciales novelas destruían el verdadero concepto de la honradez y de las obligaciones más características de los nobles, que desfiguraban la idea del valor, torciéndolo a lo injusto y haciéndolo degenerar en temeridad reprehensible, y finalmente que al paso que colocaban el pundonor de las damas en puras exterioridades, franqueaban la puerta para la disolución más abominable, enseñando tercerías, tratos clandestinos, robos y otras abominaciones, que doraban con solo pintarlas como ejecutadas con esfuerzo o con temeridad...» Estas palabras de don Vicente de los Ríos resumen la fatal doctrina de los mencionados libros y me relevan del empeño de agregar nada a lo escrito aquí y en la parte 1.ª sobre este asunto. En efecto, no hay escena, por inmoral que sea, que no se pinte justificada; porque las armas, las hazañas y hasta los propósitos y pensamientos de los caballeros son superiores a las cosas comunes, y gozan privilegio aun las más indignas acciones, bastando decir que una doncella creía que el amor de un caballero la dispensaba en sus liviandades... Una admiración inútil era lo que excitaban tales escritos; pues al traer hazañas sobrenaturales, las alejaban del deseo de la imitación, y nada influían en el heroísmo verdadero, sino risas y burlas. ¡Y es ese el espiritualismo que se lamenta y se achaca a Cervantes haber atacado! ¿El honor y la hidalguía española permitirían que se les confundiese con extrañezas de un falso pundonor y de una caballería ridícula? ¿Pueden la fe, la lealtad y la noble altanería castellana confundirse con esas parodias risibles? ¿Puede la caballería española parangonarse «con esas innumerables de los fingidos caballeros andantes (palabras de don Diego de Miranda, parte 1.ª del *Quijote*) de que estaba lleno el mundo, tan en daño de las buenas costumbres y tan en perjuicio y descrédito de las buenas historias? ¡No! y en nombre del ilustre manco, del caballero soldado, levantemos ese padrón de infamia que han pretendido arrojar sobre su patria algunos escritores ligeros, de entre sus mismos compatriotas.

Para concluir este capítulo recordaré una verdad histórica que ya dejé sentada en la 1.ª parte, a saber: el espiritualismo había huido y encerrándose en la tumba de la caballería real, dando lugar a esas monstruosidades fantásticas que con el nombre de espiritualismo lamenta Salvá que concluyeran, achacando a Cervantes la causa de ello.

Capítulo IV. Imitación

No es un cargo, sino un error que rebaja el mérito de Cervantes, el que versa sobre la imitación que buenos literatos han creído encontrar en el *Quijote*, sin ir a la verdadera fuente de donde naturalmente había de tomarse la analogía.

En primer lugar se cree que Cervantes imitó a Homero y a Virgilio, como aseguran don Vicente de los Ríos y otros. Sería ello un honor, pero más alto está Cervantes de una imitación. Acaso se fundan dichos autores en muchas escenas e ideas que se leen en el *Quijote*, semejantes a las del ciego de Esmirna; pero no atienden a que donde hay analogía es entre aquél y los libros caballerescos, cuyos héroes tanto se parecen a los de la fábula griega, como queda sentado más atrás (Parte primera). El argumento de la *Ilíada*, gira sobre el rapto de Helena, hecho por París, y sobre el sitio de Troya, donde estaban ella y él; así como el principal asunto del *Amadís de Gaula*, se funda en el rapto de Oriana, hecho por este caballero, y en el sitio de la ínsula Firme, donde ella estaba con el raptor y sus parientes y aliados; sitio propuesto por Lisuarte, rey de la Gran Bretaña y padre de Oriana, y por el emperador de Roma, a quien ella estaba prometida. Toda la Gran Bretaña y los aliados del Emperador acudieron al sitio. La Fatalidad, que influye directamente en los acontecimientos homéricos y hace inclinar unos dioses a favor de los griegos y otros al de los troyanos, está representada en el libro caballeresco (pues aquélla no debe reconocerse en un libro de distinto maravilloso) por medio del símbolo de Arcalaus el encantador y el rey Arábigo, que ocultos veían la contienda, para caer luego sobre los vencidos; ya inclinados a unos, ya a otros, según los sucesos; o más bien, por el gigante de la torre Bermeja, bajando de la montaña a destruir a Cildadán y a los cien reyes que contra éste peleaban, sin decidirse aún por ninguno de los combatientes, sino por el que fuese más débil.

Ridiculizando Cervantes los hechos de los caballeros andantes, ha debido usar ideas, conceptos y similitudes que pueden creerse, pues, tornados de Homero. Después del argumento general, pocos ejemplos particulares bastarán para probar lo dicho y volver la analogía a su lugar.

Se ha juzgado que Don Quijote dando auxilio a Pentapolín (Parte 1.ª) y lloviendo lanzadas contra los pacíficos carneros, es una imitación de Aquiles, traído por Ulises en auxilio de Agamenón. Pero, no es esto: dicha escena es un remedo de *Amadís* viniendo en auxilio de Lisuarte, cuando éste fue atacado por el mismo ejército que había mandado aquel caballero, y que juzgó, por las leyes de su orden, que así debía hacerlo. O bien, esta escena del *Quijote* es parodia del ataque de Orlando solo a los dos ejércitos moriscos que iban en ayuda de Agramante: o del destrozo del mismo paladín furioso, hecho en los pastores y carneros, cuando vio las señales de la vileza que le había cometido Angelia,[139] o el hecho de Félix Marte, cuando «arremetió un grandísimo y poderosísimo ejército, donde hubo más de un millón y seiscientos mil combatientes, y los desbarató como si fuesen manadas de ovejas».[140] La elocuente descripción de los ejércitos, hecha por Don Quijote a vista de los carneros, es, según Ríos y Pellicer, una imitación de la que se lee en la *Ilíada* (libro XX) de los capitanes y naves de los griegos en el sitio de Troya. Puede ser; pero la verdadera intención de tan magnífica parodia (en el fondo, que respecto al estilo es inimitable y superior a cuanto se conoce en el asunto), está, en traer el recuerdo de las numerosas y fantásticas descripciones de los ejércitos en los libros de caballería, como la que oye Roger del ejército de Bretaña que iba a socorrer al emperador Carlos, sitiado en París por los moros;[141] y la de Agramante,[142] que sin duda es uno de los mejores trozos del poema; o, si nos remontamos más en el tiempo, puede recordarse la del «sitio de Tebas»,[143] que hace un tebano a Eteócles. Pero donde creo hallar propiamente el motivo de la sátira es en el hecho que se lee en el libro IV del caballero de Gaula, cuando se describen los dos ejércitos enemigos (uno del rey Perión y otro del emperador de Roma;) descripción que es, sin duda, la que tiene presente Don Quijote, según las analogías que hay entre los dos caballeros: y si me fuera permitido traer algún otro hecho, citarla el que se ve en el canto XX de la Araucana, donde no falta ni la polvareda, ni el remolino, etc. Rechazando, pues, la opinión de Ríos y Pellicer (y aun la de Clemencín, que hace aparecer la descripción de Cervantes

---

139 Así como el destrozo de las figurillas de palo de M. Pedro recuerda el del mismo Orlando, hecho en los muebles del cuarto, en cuya puerta estaba la marca de la misma vileza escrita.
140 Parte 1.ª, capítulo XXXII.
141 *Orlando furioso*, canto X.
142 Id., canto XIV.
143 De Esquilo.

inferiorísima en su conjunto y defectuosa en sus partes, según su manía de rebajar el mérito del autor complutense), creo que debemos atenernos a la opinión sentada, que se robustece con el mismo dicho de Cervantes, de que su héroe habló allí todo absorto y empapado en lo que había leído en sus libros mentirosos; y creo, a pesar de Clemencín, que hizo muy bien Garcés en citar el pasaje como un modelo, en su *Teatro de la elocuencia*.

Ya he hablado en la Primera Parte sobre la bajada a la cueva de Montesinos, que se ha creído una imitación de la bajada de Eneas al infierno.

También se cree que la mansión de Don Quijote en el Castillo de los duques es una imitación de la de Eneas en Cartago. Al asegurarlo así don Vicente de los Ríos, olvidó la misión moral de la obra de Cervantes y equiparó su honestidad y caballería con la liviandad y deslealtad del héroe de Virgilio. Búsquese la imitación en la morada de Amadís en la corte del emperador de Constantinopla, y se hallarán las analogías que haré ver cuando me ocupe de rebatir las censuras hechas a todas las escenas ocurridas en dicha morada.

¿Se cree que *Clavileño* es una imitación lejana del caballo de Sinón, por el solo hecho de que «allí se ve la malicia de Don Quijote, que alude a dicho caballo»? *Clavileño* es una imitación de la Serpiente alada (sino se quiere la misma descripción de *Clavileño* en el libro de Piérres y Magalona),[144] que sorprendió a los que estaban en la ínsula Firme, y venía por el mar, echando humo y górgoras, a semejanza del Toro, padre del Minotauro y del humo de *Clavileño* encendido; y que traía en su seno a Urganda la desconocida, a los enanos, palafrenes, barcas, etc., como el de Sinón a los caballeros o el de Don Quijote a los combustibles para su vuelo. Si dejamos esa imitación fabulosa y vamos a la histórica, la hallaremos (ya que mi propósito es referirlas literaria y socialmente a la época de Cervantes) en el caballo de madera que, terminada la comedia, sacaban a las tablas por vía de sainete y mientras se vestían los de la misma máscara, para que diesen muy buenas vueltas y vuelos sobre él algunos pajes, con regocijo del rey y de la corte.

Llegaron a tal punto estas inferencias de varios autores, que dieron motivo a los enemigos de Cervantes para echarle en cara haber iridiculizado a Homero! Fue por esto que se motejó al grande ingenio español de haber equiparado, porque así lo aseguró el señor Ríos, y parodiado la escena de

---

144 Toledo 1530.

las armas que dio Tetis a Aquiles con la del Yelmo de Mambrino... en que no pudo tener Cervantes tal idea, ajena de su feliz ingenio y rica imaginación. Tampoco parodió el relato del Palladium en el de *Clavileño*, sino lo que he dicho; ni con las bodas de Camacho parodió la descripción de los funerales de Patroclo, como el mencionado autor asegura con otros varios.

Este mismo cotejo puede hacerse, en muchísimos pasajes del libro; así como también entre los caballeros y los héroes griegos, que todos eran cortadores de cabezas, arrastradores de huesos y hombres, llorones, fanfarrones, etc.

Mal pudiera tacharse de imitador a Cervantes, que es el autor más original que se conoce: y en este punto el mismo Homero le rinde la palma. La originalidad del poeta griego está en la acción y sus episodios; pues, el asunto principal y las mismas fábulas estaban en la imaginación de los griegos: religión, mitos, costumbres, etc., todo allí es imitado. Cervantes es más original en todo pues hay en el *Quijote* dos epopeyas que corren paralelas, lo que hasta él no se había visto; es a saber: la acción real y la que pasa en la mente del héroe. Ésta es imitativa; aquélla original. Si Don Quijote imita a Amadís y demás caballeros, ¿a quién se imita al vestir de forma humana a los molinos, carneros, etc.? Esta originalidad es la que forma el fondo de la obra, y ella da margen a todas las sátiras literarias, morales y políticas de que echó mano Cervantes, usando sus transformaciones de un modo maravilloso, para censurar las que usan los hombres en sociedad, de las cuales ya hice mención en un capítulo de la primera Parte.

La única imitación que siguió Cervantes es la que necesariamente debía emplear: la de los libros caballerescos; así como respecto al estilo y al lenguaje tomó para su sátira la imitación de ellos y de los demás de su época, en la cual andaba la literatura manga por hombro; y en esto tiene el mérito de la invención y la crítica de un asunto conocido. El quiso destruir los disparates de la fábula caballeresca y al mismo tiempo las impropiedades y afectación de un lenguaje tan bello, que se llenaba de anomalías y falta de gusto y criterio; y así como llenó el primer punto, como hemos visto en la Parte primera, manejó el segundo con el mismo tino, haciendo ridículo el lenguaje caballeresco, de la manera que se verá en la tercera Parte; y probó a la par la riqueza y elevación de que era capaz la rica habla castellana. Para esto último imitó los mejores pasajes de los mejores modelos de elocuencia, nacionales y extranjeros, haciendo ver que muy bien podían sobrepasarse en número y poesía. Véase, si no, la bellísima descripción de la edad de oro (Parte 1.ª, capítulo XI), cuando las bellotas trajeron su reminiscencia a Don Quijote, y dígase si es superior a ella la que se lee en las *Geórgicas* de Virgilio, o si la iguala la de Ovidio en su *Metamorfosis* o el bello coro de pastores con que termina el primer acto del *Aminta* del Tasso. Véase la primera salida de Don Quijote, y dígase si no supera a todas las que se leen en los libros de caballería, entre otras, a la mejor de ellas, que es la del libro II de Don Belianis: «cuando a la asomada del Oriente, el lúcido Febo su cara nos muestra, y los músicos pajaritos las muy frescas arboledas suavemente cantando festejan, mostrando la muy gran diversidad y dulzura y suavidad de sus harpadas lenguas, etc.».

Capítulo V

Se ha dicho también, y ésta es opinión de Pellicer, que Cervantes tuvo por modelo *El asno de oro*, de Apuleyo. Pero creo que esta idea tiene menos fundamento que la anterior. De la casualidad de que el asunto del *Quijote* sea burlesco y satírico como el del *Asno de oro*, no se deduce que sean iguales en sí; ni menos que un autor haya imitado el otro. Veamos sus diferencias esenciales, sentando primero que las ideas, creencias, civilización y objetos ridiculizados no son iguales; y de que no lo es la situación de los héroes, ni las causas de las novelas.

La obra de Apuleyo es más bien religiosa que moral: la de Cervantes es más moral que religiosa; pues ésta tiende a refrenar las costumbres y aquélla las supersticiones. Apuleyo se dedica al arte mágica y a atacar sus absurdos y los embustes y astucias de los sacerdotes y el mal gobierno de Roma imperial que no se perseguía ni castigaba a los salteadores que infestaban los caminos. En esto último puede haber puntos de contacto; porque Cervantes, aunque sin chocar directamente con los gobiernos, hace por medio de su héroe lo que éstos debieran hacer: y esta fina sátira es lo que da más carácter político a su obra. El héroe de Apuleyo se ha convertido en asno por sus indiscreciones y lubricidades: y éste es un punto del todo contrario a la obra que tiene el héroe más discreto y honesto que se haya conocido. El asno recorre una serie de aventuras que lo ponen en el caso de conocer lo que pasa en los lugares domésticos y en el seno de las sociedades más secretas, cuyos misterios describe, descorriendo el velo a culpables delitos...

¿Hay algo de esto en el *Quijote*? Y siendo enteramente distinto el carácter y la constitución de los dos héroes, no es posible creer que el uno sea molde del otro.

El asno de oro es una novela por el estilo de las fábulas milecias, que eran cuentos de maravillas y obscenidades: y a las que pertenecen los libros de caballería, según el juicioso canónigo de Toledo.

Si de estos rasgos generales entramos en los particulares y que son consecuencia de aquéllos, podemos dar cabida a la explicación del símil de dos ríos que nacen a regar diversos prados. De distinta forma y diferente naturaleza son sus manantiales, el uno corre por cerros y lleva turbias sus aguas, entra en la profundidad de las cavernas, sigue entre sombras y murmurando con voces roncas, mientras que el otro corre mansamente con aguas claras, y refleja el Sol, las nubes y las campiñas.

Por último, Voltaire dice que el *Quijote* es imitación del *Orlando furioso*: y no falta quien asegure que el Tasso dio modelo a Cervantes.

Acaso sea esta opinión la que menos se aleje de la verdad, si no se da cabida a la siguiente pregunta: ¿una sátira, una censura, serán imitación de lo censurado?

El poema de Ariosto es el más fiel reflejo de la caballería andante; es su *Ilíada*, por decirlo así; es su resumen, hecho en bellísima poesía y por un genio superior. Allí las extravagancias, las inverosimilitudes, las inexplicables casualidades, los milagros, los encantamientos y los combates de aquellos guerreros, que a cada paso hallan aventuras, que a cada paso tropiezan con fantasmas, enanos, dueñas y doncellas, etc., se ven revestidos del rico manto de una imaginación privilegiada: allí se ven aquellos caballeros asesinos, ladrones y tramoyistas de la primera época de la caballería andante, faltando solo sus continuos lloros y pucheros para completar la imitación.

A esta primera época siguió la segunda, más pundonorosa y heroica, que dio asunto al Tasso: de manera que ambos poetas presentan el cuadro donde se debe estudiar la caballería.

Ambos son superiores; y sus obras tienen una gran trascendencia histórica y filosófica, así como Homero y Virgilio son el reflejo exacto de dos distintas épocas, una de infancia y otra de civilización; una sencilla, otra variada y complicada, que cede a la influencia de pasiones y necesidades mayores que la anterior.

Mas, aunque Cervantes siguió al *Orlando*, como a *Amadís*, he aquí los principales puntos de diferencia, para que se vea que no sometió su genio a ningún otro.

En primer lugar, el Quijote no es invulnerable, como Orlando; lo que le da aquel interés que acompaña solo a la virtud desgraciada; circunstancia que no existe cuando se sabe que el héroe es superior a las fuerzas humanas y que no será vencido nunca. En este punto hay una superioridad inmensa, que hace de Cervantes el primer épico conocido; pues hasta el mismo Homero hizo, en parte, invulnerable a Aquiles.

Consecuente con esto y con la virtud de su héroe, no lo hace raptor, ni desconocido, ni brutal, ni engañador de doncellas, como los héroes de Ariosto: ni deja duda respecto a su carácter de protagonista, disputado en este poeta entre Orlando, Rugero, Astolfo y Reinaldo (eso es si separamos la admirable pintura de Rodomonte, a que pocas igualan en la epopeya). El alimento, el nudo del poema de Ariosto es momentáneo; lo que hace discurrir al poeta por otros campos para sostener el plan: esto es, la locura de Orlando, que es la causal del poema, como la cólera de Aquiles lo es de la *Ilíada*, es el sostén principal de guerra; pero siendo accidente momentáneo, y más duradera la acción, tiene el poeta que llenarla con otras mil que rompen la unidad. Esto, pues, no se ve en el *Quijote*, cuya acción dura lo que la locura del héroe, y termina al volver a éste el juicio. Sin duda que es evidente la superioridad del fin del *Quijote* sobre el de la misma *Ilíada*; pues esta continúa después de terminada la acción propuesta, lo que es un defecto notable. El poema debió terminar en la muerte de Héctor, porque lo que se iba a cantar no era la ruina de Troya, sino la ira de Aquiles y los efectos que esta trajo a los griegos. Esta cólera, que terminó en la muerte de Patroclo, es lo que se propuso cantar el poeta; así, están demás los dos cantos en que se pintan los funerales de ese amigo de Aquiles y la escena de Príamo en la tienda de este héroe demandando el cadáver de Héctor. No creo que lo anteriormente dicho sea un defecto en el *Orlando*, que es una imitación perfecta de los libros de caballería, y no un poema épico perfecto, como se ha pretendido. Lo noto para que se vea que en los puntos principales, y más aun, en éste solo que es esencial, difieren el libro de Cervantes y el de Ariosto. También atiéndase al fin de la locura de ambos héroes, que en el *Quijote* es natural y filosófico y en *Orlando* risible y hasta irreverente.

Pero la diferencia mayor entre los dos poemas está en la cuestión del amor y en la misma acción del protagonista, que en el libro italiano solo empieza en el canto 9.°; hace un papel casi secundario, semejando en esto, así como en su mal momentáneo, a Orestes sobre todo; en el fin no aparece, ni se sabe qué ha sido de él.

Por último, no ha faltado en la misma patria de Cervantes, quien le haya hecho otro cargo de semejante naturaleza, diciendo que la segunda parte de su *Quijote* es ¡imitación del de Avellaneda; pero que está llena de defectos!

«Como si no fuese constante, dice don Vicente de los Ríos, que Cervantes tenía trabajado y concluido lo principal de su segunda parte, cuando publicó la segunda Avellaneda. En el capítulo LIX, Parte 2.ª, es donde habla Cervantes por primera vez del *Quijote* de Avellaneda. No lo vio antes.

Capítulo VI. Alfonso Fernández de Avellaneda

El autor que ocultó su nombre con este seudónimo tuvo el mismo propósito y el mismo fin que el poetastro italiano que quiso rivalizar y ridiculizar al Tasso.

Paolo Guidotto Borgheso fue un pintor y poeta del siglo XVII, que tenía gran facilidad para los versos, pero ningún estudio ni conocimiento del arte. Era en esto igual a casi todos los poetas de su tiempo en Italia, donde ya para las letras y las artes se consumía en el espacio el brillador espíritu que presidió la época del Renacimiento,[145] el cual había lucido en aquella nación con anterioridad por lo menos de un siglo a todas las demás.

A pesar de las desfavorables cualidades mencionadas, pudo Guidotto hacerse de alguna reputación y dejar una que otra obra estimable entonces. Pero en cambio de no imprimir a su historia el sello del lustre literario, ha logrado, como Avellaneda, dar a su nombre, si no la fama de éste, ni menos la de Erostrato, sí un puesto en los anales del ridículo, como imagen del cuervo de la fábula... Su ambición era hacer caer *La Jerusalén* libertada; y para ello hizo un poema que llamó *La Jerusalén destruida*, en el que siguió el mismo plan, imitó el género, la medida, la especie, el número de versos, y en fin, las mismas rimas de Tasso. ¿Mas, que hizo?

Un poema insípido, una ridícula parodia del grandioso libro que es orgullo de la nación italiana.

Igual cosa pasó al escritor de Tordesillas que se firma Alonso Fernández de Avellaneda, seudónimo, según algunos, de fray Luis Aliaga, confesor de Felipe III; de Juan Blanco Paz, según otros; y según Adolfo de Castro (en su segunda opinión) de un tal Alonso Fernández, religioso, que solo agregó a su nombre y apellido el de Avellaneda.

Me inclino a creer que el autor anónimo fue Aliaga, habiendo fijado esta creencia cuando leí los preciosos datos del señor Fernández Guerra y Orbe. La confesión que se deja escapar en el prólogo de Avellaneda, de que él reproduce la figura de Sancho; la ostentación del seudónimo o apodo voluntario de este nombre, con que desde chiquillo motejaban a fray Aliaga en su barrio de San Gil y en el convento de Zaragoza; su parcialidad servil en la polémica entre Cervantes y Lope de Vega; la decla-

---

145 No así para las ciencias, que no habiendo abandonado jamás la Península, parece que reconcentraban sus fuerzas en esa brillante constelación presidida por Dante y Galileo, para asombrar el mundo.

ración de aquél de que «Sancho había obtenido los aplausos del Ovidio español, Lope de Vega, cuyo familiar y confidente era Aliaga; y otras alusiones que hay en el *Quijote*, dan a entender que Aliaga y Avellaneda son una misma persona. Esto se corrobora al conocer lo humildes y nada meritorios principios de Aliaga, y la sátira que se envuelve en las dos décimas dirigidas «al asno de Sancho por el moscardón Académico de la Argamasilla».[146]

Acaba de afirmar la opinión de que Avellaneda es Aliaga la décima del conde Villamediana, que principia:

Sancho Panza, el confesor
Del ya difunto monarca, etc.

Es cierto que Avellaneda «fue uno de los más crueles adversarios de Cervantes», según se expresa el autor del «Proemio» del *Buscapié*, don Adolfo de Castro, y según se deduce de la lectura de la segunda parte apócrifa del *Quijote*. Pero es digno de algún aprecio y no merece los cargos de «escritor oscuro», «ignorante», «inferior a todos los rivales de Cervantes», como han dicho algunos exagerados escritores; y es extraña la aserción de Torres de que «el libro estaba escrito en estilo rudo» (aunque reconoce mucho mérito en la invención y correspondencia entre los personajes de su historia).

A la verdad, merece calificativos que depriman el presuntuoso que, sin comprender el mérito ni la fábula de *Quijote*,[147] se arrojó a la palestra literaria «a concluir la obra que el primer autor no podía llevar a cabo» y recoger el guante que éste arrojó en el final de la primera parte, cuando al dejar la pluma dijo con Ariosto:

«Forse altri canterá con meglior plettro»
[«Quizá otros cantarán con mejor plectro»]

---

146 No han sido citadas, ni acaso conocidas, por los editores y comentadores de Cervantes estas décimas, así como otras poesías a que hace alusión Cide Hamete y ofrece publicar, y que leí en una antiquísima edición de la segunda parte del *Quijote*, a la cual sucedió sin duda lo que al *Buscapié*, que en estos últimos años es que se ha encontrado. Ya aludí a ella en el Proemio.

147 Como muchos y muchos posteriores a él.

Sí hay que reconocer en él un lenguaje castizo en su mayor parte y algún mérito de naturalidad, bien que considerado aisladamente; porque al parangonarlo con Cervantes desaparece su brillo, a la manera que las estrellas filantes lucen en las sombras y se disipan cuando el Sol se ostenta.

En efecto: solo la parcialidad sistemática o el poco criterio pueden hacer decir a don Agustín Montiano y Luyando: «no creo que ningún hombre juicioso sentenciará a favor de Cervantes, si forma cotejo de las dos segundas partes».

Ya la posteridad ha fallado, y su juicio es inapelable.

No lo cree así el autor del «Proemio» del *Buscapié*, que halla refutable la calificación de la posteridad respecto a los dos libros en cuestión, porque «al formar el juicio acerca del *Quijote* de Avellaneda, la pasión por Cervantes y el cariño que engendran en los ánimos de los lectores las páginas del *Ingenioso hidalgo*, han servido de consejeros, y de consejeros recusables?

¿Por qué son recusables? Si el libro de Avellaneda tuviese páginas como las del *Ingenioso hidalgo*, de cierto que la posteridad sería indiferente a la pasión por Cervantes y emitiría sin ella su juicio sobre Avellaneda. ¿Qué tiene que ver esta pasión respecto de dos obras que tengan igual mérito? Únicamente de la superioridad de la una puede nacer dicha pasión por su autor; y, esta posteridad, que ha sabido medir la inmensa trascendencia social del *Quijote* de Cervantes, así como la personal, la pequeñez local y la tendencia vulgar y mezquina de Avellaneda, ha concebido una pasión noble, desinteresada, indestructible por el autor original del caballero de la Mancha.

¿Hay algo de recusable en esto? Si en esa pasión solo entraran sus parientes, sus amigos, sus coetáneos, pudiera en parte ser recusable, aunque en el mismo caso estaría el autor contrario. Si hay algo de personal en la pasión por Cervantes, esto es debido a las groseras injurias de su rival, quien, más que una novela, hizo un libelo. Esas invectivas tan injustas contra un autor tan recomendable desde muy atrás, que había merecido fama y cariño por sus *Novelas ejemplares*, y que tenía los nobles fueros de la desgracia y la virtud, unidos a la moderación, atrajeron el odio a su indigno émulo, de manera que la obra de éste fue despreciada en sus primeros días, se la vio con cierto aire de prevención y se la relegó al olvido.

Solo era estimada y leída por los enemigos de Cervantes: por aquellos vanos y presuntuosos que veían como atrevimiento el que un hombre sin títulos académicos ni otra alguna categoría, intentase llamar la atención, y lo que es más, satirizarlos y mostrarles sus pequeñeces.

Un siglo permaneció Avellaneda durmiendo el sueño del olvido, hasta que en 1704 lo tradujo Lessage y lo publicó notablemente adulterado, con nuevas galas de estilo y con supresión de todo lo nauseabundo del original español, como hombre que era de gusto y moralidad.[148] Entonces se despertó el deseo de conocer dicha obra en su propio idioma, pues la traducción, que juzgaban fiel, les daba la idea de un libro estimable.

En consecuencia, don Blas de Nasarre publicó en 1732 una edición del original, y desde entonces acá es más conocido Avellaneda, pero no más estimado que en sus días.

A la verdad, salvando algunas prendas de gracejo y lenguaje, es preciso estar muy prevenido en su favor para leer con calma las ofensas que allí se prodigan a Cervantes, la pesadez de muchísimos pasajes y en especial la obscenidad repugnante y sin objeto,[149] las supersticiones ridículas, y las otras mil cualidades que lo colocan entre los libros que quemó el Cura en el escrutinio del principio de la Primera parte. El héroe es un ser vulgar que se confunde con la generalidad de los caballeros andantes, bastando, para ver su disparidad con el verdadero Don Quijote, saber que en él el amor es una simple circunstancia, un accidente, visto como se ven en la vida común las necesidades del momento, y no una pasión sublime, purificadora, como lo es en Cervantes. Por esto aparece curado de esta niñería y renegando de Dulcinea; de lo que altamente se enojó el verdadero Hidalgo cuando lo supo en la venta donde tuvo noticia que se le falsificaba.

Compárense en este solo punto ambos protagonistas, y decídase si no es un necio impertinente el tal Avellaneda.

Véase también la ejecución del plan. ¿Qué más falta a la novela de Cervantes para que se haga precisa su continuación? Nada: y aquí está la maestría del autor: todo está concluido; el cuadro contiene todo el plan, y nada se deja atrás. Solo el poco gusto de Avellaneda hace hincapié

---

148 Como había hecho con Marcos de Obregón.
149 Esta obscenidad y torpeza se ostentan especialmente desde el capítulo XV hasta el XIX inclusive.

en agregar necedades; y, no contento con las que a cada paso prodiga sin objeto ni chiste, deja a su héroe en el Nuncio de Toledo (vulgaridad insufrible) y prepara otra salida para cuando sane... Hace interminable el cuento, a usanza de los libros de caballería. ¡Qué falta de gusto! ¡Y el tal se quería medir con Cervantes! No podía, pues, sino repetir y más repetir:[150] mientras que el fin del *Quijote* de Cervantes es admirable por la originalidad y por el objeto grandioso que despierta, como se ve en la primera parte de esta obra.

Sobre todo, aunque el estilo en el autor de Tordesillas es a las veces puro, su lenguaje es castizo en su mayor parte, insulso y contrario a los cánones de los preceptistas, que en otras palabras asienta Cervantes de esta manera. «La salsa de los cuentos es la propiedad del lenguaje.»[151]

La diferencia entre el Sancho de Cervantes y el de Avellaneda es notable, y solo un apasionado de éste puede emitir la opinión del traductor francés que dio a conocer al émulo de Cervantes. Cree dicho autor «que el Sancho de Avellaneda es más original que el de Cervantes; que el de éste es muy afectado y dice cosas que solo son del carácter de un necio, rústico y sencillo, faltando a la condición de observar la conveniencia ofendiendo la regla de servate decorum [guarda el decoro]».

«El Sancho de Cervantes, sigue el traductor francés, quiere ser gracioso siempre, y no lo es, el de Avellaneda lo es siempre sin quererlo ser.» Mucha prevención es preciso tener contra Cervantes, para emitir este absurdo literario, contra el cual se opone la popularidad del verdadero Sancho. Éste jamás mortifica, ni es importuno, ni ofende con sus dichos, ni es necio como el supuesto, y siempre hace reír, lo que no logra el otro siempre.

Los que no habían conocido a Avellaneda más que por la traducción, lo alabaron, y aun censuraron la incuria de sus coetáneos por haber dejado perder los ejemplares de aquella novela. Uno de estos censores fue don Diego de Torres Villarroel; y alabaron la obra entre otros, los autores del *Diario de los sabios*.[152]

---

150 Defecto que mucho se estila entre los novelistas del día, que no tienen presente lo que Cervantes, maestro en la materia, dijo en estas palabras: «no hay argumento que, aunque sea bueno, siendo largo lo parezca». *Persiles*, libro 1.º, capítulo VIII.

151 Libro 1.º, capítulo VII.

152 Primer periódico particular que se imprimió en París, comenzando en 1665 por Mr. Saló a

Mas, quedó olvidado casi del todo, siendo una prueba de su inferioridad relativa, esta misma lucha y su resultado, y el hecho de que los mayores émulos de Cervantes (entre los que había doctores, letrados y poetas estimables), no hiciesen valer el mérito del segundo autor, siendo este silencio, como dice Navarrete: «o circunspección con que de él hablaron en su siglo, o una recriminación y cargo muy severo contra la presunción y liviandad de los que cien años después, comenzaron a prodigarle elogios que no merecía».

---

nombre del señor Hedewille.

Capítulo VII. Episodios censurados

Habiendo publicado Mr. Sorel en 1647 *Le verger extravagant* [El huerto extravagante] para ridiculizar los libros de caballería y los de poesía, se le echó en cara haber seguido el plan de Cervantes. Entonces él, para contestar el cargo, se propuso atacar el *Quijote* y probar la inverosimilitud de muchos en sus episodios, como los que pasaron en la casa de los duques, la Gobernación de Sancho, la salida del Cura, el Bachiller y el barbero en busca de Don Quijote y otros en que cree que no hay conexión con los libros de caballería. También un crítico inglés, que tuvo al menos el buen juicio de ocultar su nombre, supone mil inconsecuencias e inverosimilitudes en las aventuras del viscaíno, de los benedictinos, de los galeotes y de Dorotea; supone impropiedad en las historias de Marcela, de Zoraida, del *Curioso impertinente*, y en la de Cardenio, en la cual reconoce sin embargo un gran mérito de imaginación; y finalmente abulta otros lunares que cree descubrir en la obra, y en los que ha tenido el séquito de autores españoles. Navarrete y Arrieta, con casi todos ellos, encuentran inconsecuencia en la historia del «Cautivo» y en la novela del «Curioso», etc. En fin, se ha hecho una autopsia en el cadáver del *Quijote* y se le ha reducido a cenizas que después han soplado y esparcido por el espacio...

Sensible es confesar que no ha habido mucho conocimiento y precisión en la censura; pues basta para la verosimilitud hallar las analogías de estas escenas y episodios con las que forman su pauta, su espíritu, recorrer los campos de la novela, de la historia; de la vida social, en cuyas fuentes bebió Cervantes, y empaparse en el asunto de ellas, para ver si caben o no, como he dicho, las partes que se tachan en este autor.

Bastaría para mi propósito remitir los lectores a la Primera Parte de esta obra, que responde a todas las objeciones. Pero como debo entrar en el terreno histórico, es por esto que quiero dedicar algunas líneas a las críticas particulares hechas al libro inmortal.

No es el *Quijote*, como quieren algunos, y como se desprende del análisis de los críticos, una serie de invenciones inconexas, como pudiera decirse de *Las mil y una noches*; y para probarlo, voy a ensayar mi sistema contra la anterior censura.

Me ocuparé en primer lugar de las escenas que pasaron en el castillo de los duques. La mansión de Don Quijote en él, ya sabemos que es una imitación de la de *Amadís* en la corte del emperador de Constantinopla, con muchos incidentes semejantes pues hasta los tocadores y las ligas de Altisidora son imágenes de las coronas que a aquel caballero regaló la doncella Leonorina.

La escena de la Dueña dolorida es parodia de la que pasó a la reina Elisena cuando iba a la ínsula Firme y encontró a la reina de Dacia enlutada, que buscaba «al buen caballero Amadís» para que la hiciese vengada de un usurpador del reino de sus hijos.

Los lamentos y quejas de Altisidora pueden ser extraños al que no haya leído los de Olimpia, Dido y Calipso, al ver alejarse a sus fugitivos Bireno, Eneas y Telémaco, o al que no haya visto los de Sinforosa al partir Periandro, en el libro 2.º, capítulo XVIII del *Persiles*.

La burla del lavatorio de las barbas la pudo tomar Cervantes de la que hizo un duque de Benavente a cierto embajador portugués que se hospedó en su casa; burla hecha con las mismas incidencias que la del *Quijote*: «Tomaron los criados una bacía de barbero de plata y un aguamanil y unas toallas, y sobre comida llegaron al embajador a lavarle la barba. El creyó que aquello era para honrar a los huéspedes» (Quevedo).

La escena de Tosilos puede ser parodia de la de Gandalín rompiendo lanzas con el caballero de la gran Torre de Rivera, burlador de una doncella, cuya dueña buscó a aquel aguardador; y el caballero, después de vencido, huyó con la doncella; y vuelto a encontrar por aquél, al ir a batirse se arrepintió y dijo que estaba resuelto a casarse y cumplir su promesa, etc.

Respecto a la Gobernación de Sancho, que también a Clemencín parece inverosímil, recordaríale yo la historia de Faraón y Azuero, la novela de *Amadís*, la del caballero de la «ardiente espada», la de *Amadís de Grecia*, que enviaron sus escuderos a gobernar ínsulas; le recordaría la burla del «Califa de Bagdad, etc., etc.»: pero solo citaré la opinión de Faría (coetáneo de Cervantes) que la cree muy verosímil en tiempos en que se enviaban tantos Sanchos a los Gobiernos.

En cuanto a la razón de Clemencín para probar su opinión, esto es, que es imposible que en el lugar recibieran por gobernador a un rústico y labriego, en el mismo texto se dice queda mayor parte de los vecinos sabían la burla. Digo lo mismo a Sorel, Mayans y otros que creen aquello de Clemencín.

Pudiera seguir el mismo cotejo respecto a todas las escenas y hasta los menores incidentes ocurridos con los duques; pero me evitará este trabajo el mismo Cervantes, que dice al fin del capítulo XXXIII: «el estilo caballeresco, en el cual le hicieron muchas, tan propias y discretas, que son las mejores aventuras que en esta grande historia se contienen». Además, la Academia, juez tan competente, ha decidido el punto desde la primera escena (la bajada de Don Quijote en la puerta del palacio): «en este pasaje y en todos los que siguen y ocurrieron en la casa de los duques, supone Cervantes instruidos a éstos en los libros de caballería, y a su contenido están arregladas todas las ceremonias del recibo y obsequios con que festejaron a Don Quijote».

Mas, antes de concluir este capítulo, quiero llamar la atención, remontando a un punto más elevado y filosófico, hacia un importante episodio que se relaciona con uno de los que he mencionado en el capítulo XII de la parte primera. Hablo de la imponente y majestuosa escena del desencanto de Dulcinea. Dicha escena que don Vicente de los Ríos compara a la selva encantada del Tasso, agregando que es «más variada y verosímil», es superior a cuanto traen las descripciones caballerescas, y solo comparable a lo más elevado de la fábula antigua, donde para hallar igual magnificencia, tenemos que ir a las otopsías (tercera parte de las thesmoforias),[153] cuya solemnidad formaba época en Egipto, en Fenicia, en Sicilia; y especialmente se usaba en los misterios de Eléusis, por ser la celebración del paso de Isis o Ceres civilizando a Atenas. Esto tiene puntos de contacto en el asunto que nos ocupa, y debemos detenernos en ella.

Ceres, afligida por la pérdida de su hija Perephata o Perséphona (la Proserpina de los latinos) la busca por todas partes, y al fin la encuentra, con el auxilio de una buena mujer llamada Baubo, cerca de Eléusis, en pago de haber enseñado a Triptólemo, hijo de Celeo, la agricultura y otras artes de la paz. La diosa instituyó dichas fiestas en memoria de aquel acontecimiento. ¿No hay semejanza entre estas fatigas y las del caballero para conseguir el desencanto de su señora y merecer su amor? Dejando a un lado la descripción de las fiestas en general, veamos lo que hace al caso. El tercer acto de

---

153 Thesmophôria, orum. Fiestas en honra de Ceres.

174

ellas era una procesión solemne o una representación misteriosa. En una noche de borrasca, en medio de truenos y relámpagos y una imitación pavorosa de lo que tiene la naturaleza de más triste e imponente, la serenidad que sucedía dejaba ver cuatro personajes magnífica y misteriosamente vestidos. El más brillante era el primero de ellos, el Hierofante, y representaba el Demiurgo (el supremo Magistrado en las ciudades griegas, el Dios Criador de todas las cosas o el Ser que conducía el Universo); el segundo llevaba las lámparas y tenía cierta relación con el Sol; otro representaba la Luna; y el cuarto era el mensajero y representaba a Mercurio. Iban en un gran carro. Las demás ceremonias eran alusivas al hallazgo de Proserpina. La explicación de cada uno de aquellos símbolos no es de este lugar, pero sí se debe observar la semejanza de significación entre los nombres y las escenas y la misión civilizadora del *Quijote*.

Después de esta alusión moral, ¿me será permitido traer otra puramente local y de relación con el anterior argumento? Acaso tuvo Cervantes presente el reinado de Plutón en España, adonde lo envió Júpiter después de haber vencido a los Titanes en Tarteso (Andalucía) y sumergídolos en el Tártaro. Esta fábula, como nacional y que daba origen divino y fabuloso a su patria, era muy apropiada al carácter de los libros de caballería; y muy oportuna, como la escena de la cueva de Montesinos para el mismo asunto respecto a las antigüedades de la Mancha. Con fiestas y ceremonias semejantes a las anteriores se celebraba la venida de Plutón a reinar en España. Las analogías mencionadas son referidas a lo serio y magnificente de la acción. Si la vemos por su lado ridículo, tenemos que ir a lo social y buscar la sátira local en aquellas grandes ceremonias con que celebraban el Corpus, ridiculizándose desde muy antiguo los sagrados asuntos de nuestra religión, al mezclarlos a esos juegos pueriles en que terciaban la Tarasca, los Gigantones y las Danzas, excitando el necio temor o las burlas del vulgo.[154]

---

154 Para que se tenga idea de lo antiguo de estas ridiculeces, véase lo que dice Sexto Pompeyo, citado por Pellicer: «En las fiestas y pompas de los antiguos solía ir la figura Tragón entre las demás ridículas y espantosas, con grandes quijadas, con la boca desmesuradamente abierta, y haciendo grande ruido con los dientes». Es verdad que en nuestro Corpus, la fiesta por excelencia entre cristianos, puede tomarse la Tarasca como imagen de la eterna humillación del Demonio, vencido por Jesucristo; ¡pero se le mezclan tantas ideas vulgares y aun profecías, ridículas e insulsas!

Estas ceremonias llegaron a estar muy en boga en tiempo de Cervantes; y por desgracia aún hay pueblos civilizados que pagan tributo a esos vanos festejos que degradan las cosas más sagradas, trayendo al ánimo sus ideas asociadas a las ridiculeces de aquéllas. La Tarasca constaba en tiempo del *Quijote* de un serpentón engullidor y de una mujer estrambóticamente ataviada y sentada sobre él.

No debo insistir en la verdad y propiedad de lo ocurrido en casa de los duques. Basta lo dicho.[155]

---

155 Quien lea con atención el relato de las fiestas de San Juan de Alfarache, tenidas el 4 de julio de 1606, en la carta de Cervantes que debemos a la laboriosidad del señor Fernández Guerra y Orbe: «verá, dice este señor, reflejado aquel día de solaz y sazonadas burlas en algunas de las que se hicieron a Don Quijote habitando el castillo de los duques». «Registrad, sigue, los cronistas, los avisos y relaciones de aquel tiempo con el deseo de estudiar el fondo de las costumbres y manera de vivir de los magnates; y hallaréis cómo la última pesada burla dispuesta para dar al traste con el discreto gobierno del buen Sancho, tiene su original en la verdadera que por julio de 1605 hicieron en Lerma al truhán Alcocer los príncipes de Saboya. Cercaron a medianoche su posada con treinta criados, bien pertrechados de arcabuces; y entre millares de improperios y denuestos, y el ruido espantoso de la pólvora, echan por tierra las puertas, le sorprendieron en la cama, le atacaron desnudo, y lleváronlo en una acémila por las calles públicas, hasta encerrarle en un oscuro calabozo. Al otro día, sacándole con igual afrenta e ignominia, lo enviaron a la reina doña Margarita, que hubo de rescatarlo por una cadena diaria; bien que el pobre Alcocer, pues no era de risco, enfermó y estuvo a las puertas de la muerte.»

Capítulo VIII. El mismo asunto

¿Por qué ley o gusto puede rechazarse la historia de la encantadora Marcela? Éste es, acaso, uno de los trozos más bellos de la obra; y tan verosímil, que en 1774 la Academia de Troyes (en Champaña) nombró, por acuerdo del 10 de mayo, una comisión para verificar los acontecimientos relativos a la muerte de Crisóstomo; tan naturales le parecieron. Si el autor inglés mencionado niega la verosimilitud al episodio en cuestión, asunto que yo disputaría con la historia en la mano, no podría él negar la verosimilitud poética y novelesca si hubiera tenido presente un hecho literario, cuya ignorancia u olvido son bien extraños en un autor que tan magistralmente censura: hablo del origen de la novela pastoral en Francia, que tiene grande afinidad con la presente escena. Éste es como sigue: Honorato D'Urfé, de linaje ilustre en el Lionnois, y muy inclinado al amor, queriendo acreditar una gran porción de versos que había compuesto para sus queridas, y recopilar las nuevas aventuras amorosas que con ellas le habían sucedido, apeló a una invención muy agradable. Fingió que en Fores, país contiguo a Limognes, en Auvernia, hubo una caterva de pastores y pastoras, que moraban en las riberas del Lignon (en tiempo de los primeros reyes de Francia), y que, no obstante de estar bien acomodados en bienes de fortuna, quisieron, por mera diversión, tomarse el cargo de apacentar por sí mismos sus rebaños. Como todos estos pastores y pastoras estuviesen muy desocupados, el amor, como es de creer y refiere el cronista, no tardó en turbar su reposo y dar ocasión a muchas y muy variadas aventuras, etc. De esta novela tomaron asunto las demás, y esa multitud de romances de que ya he hablado en la primera parte, que se hicieron tan de moda en Europa, logrando en España compartir el gusto con la novela caballeresca.

Ese hecho hace verosímil la resolución de Marcela, de hacerse pastora. En cuanto a la admirable escena de su aparición, no creo que haya nadie, de mediano gusto, que no la vea como un hecho muy propio y de un golpe dramático singular y oportuno. Solo Clemencín la rechaza; pero no es extraño que así lo haga quien no tiene más que sátiras burlescas para el episodio entero y para mil otras bellezas, como iremos viendo. Se valió Cervantes de este discreto discurso para responder a la preocupación que había introducido la literatura caballeresca, de que un caballero, por el solo mérito de

177

serlo, y un amante, por el de estar enamorado, eran de justicia acreedores a ser correspondidos.

Si el rigor científico duda de las muertes por amor, hay en ellas verosimilitud poética, a la cual acudió Lope, por no salir de España, en sus estancias «Riberas del humilde Manzanares» y Figueroa en la estancia citada más adelante (Parte III); y para que se vea lo admitido que estaba el hecho, léase en el libro 3.º, capítulo I del *Persiles*, lo que dice un portugués sobre la muerte de Manuel de Souza Coutiño: «conté a sus parientes la enamorada muerte; creyéronla, y aunque yo no se la afirmase de vista, creyéronla por tener casi en costumbre el morir de amor los portugueses»; léase también el hecho histórico de Garcí Sánchez de Badajoz: «natural de Écija, uno de los mejores versificadores de aquel siglo, que últimamente perdió el juicio y murió de amores»:[156] véanse también los cuentos de Boccaccio, y se tendrá esta idea como verosímil en la novela. Para los demás casos del entierro, léase el romance pastoril que principia:

«Frondosos y altos cipreses»

Análoga al episodio de Cardenio es la escena de *Amadís*, cuando éste, viniendo de la Romania, en vísperas de partir con Gracinda para la Gran Bretaña a romper lanzas en pro de su hermosura, halló en un monte, donde al acaso vagaba con su escudero, un caballo muerto; y buscando qué fuese, oyó al lejos las voces de Don Bruneo que se lamentaba «con la membrana de su señora Melicia y de sus amigos, y se propone dejar el alma en aquel desierto. Amadís vino donde él, que lo estrecha en sus brazos, lo mira una gran pieza atónito, tan desacordado, que no conoció a su amigo, cayéndole lágrimas por las sus faces con grande abundancia». ¿Hay, pues, en la escena de Cardenio la inverosimilitud o impropiedades que supone el inglés citado? Veamos los otros incidentes, justificados como los anteriores. La caridad con que los pastores ponían la comida a Cardenio, su soledad y otras circunstancias de su situación, son idénticas las que se leen en el libro VII de la *Bética conquistada* donde un anciano solitario cuenta su vida al rey Fernando. Lo mismo pasó a Orlando desesperado en el valle donde vivió Angélica con

156 Clemencín. *Ensayo sobre el siglo de Isabel la Católica.*

Medoro, y estuvo loco hasta el punto de destrozarlo todo y obligar a los pastores a huir de él y abandonarle el alimento y las cabañas por donde pasaba, etc.

Se vale Cervantes del episodio de Cardenio para censurar una falta más real que fantástica, por la cual los grandes sacrificaban y sacrifican la inocencia, escudados con la impunidad que con ellos suele usar la justicia humana... En él prepara el episodio de Dorotea, no menos interesante y bien escrito, y que es su complemento. En el relato que hace la princesa Micomicona a Don Quijote se ve un remedo de tantas escenas que hay en los libros de caballería y en los poemas. La infanta Celinda pide favor al rey Lisuarte por haber entrado en su reino Antifaz el bravo que le destruía sus Estados; y que habiendo quedado ella huérfana y sin amparo, venía a buscarlo en la caballería del rey de Inglaterra. Si buscamos la verosimilitud en la historia real, véase a Cleopatra demandando favor a César, contra el traidor Fotino que se había apoderado de su reino de Egipto. En la novela, véase a Aurístela enviada por sus padres demandando el favor de *Persiles*, porque los enemigos le invadían el reino. Marfisa dio muerte al rey de Persia, que la requería de amores, así como Dorotea al mozo que tuvo igual atrevimiento. No hay, pues, las inconsecuencias e inverosimilitudes que afirma el inglés en dicho episodio; pues hasta las voces de Dorotea que oyeron el Cura y el barbero, tienen relación con el encuentro del ermitaño y Angélica en el canto VIII de *Orlando*; o bien cuando el príncipe Anaxarte oyó cerca de una fuente unas voces de mujer, y se llegó sin ser sentido adonde estaba la lastimada princesa de Niquea, desecha en llanto y retorcidos los brazos.[157] Más adelante se verán otras censuras, especialmente de estilo y lenguaje, hechas a este episodio y a los que se han mencionado.

Respecto a la salida del Cura y el barbero en busca de Don Quijote, recuérdese al maestro Elisabat y al santo solitario Naciano, que fueron en busca de Amadís. Luego, en estos hechos hay la verosimilitud que niega el inglés anónimo.

Sobre las salidas del bachiller, que han dado un nuevo interés a la novela, la primera tiene un modelo en la de Patin cuando fue a provocar a Amadís en la Peña Pobre y a romper lanzas con él, sin faltar ni el laúd que tanto choca a

---

157 *Amadís de Grecia*, Parte II, capítulo XXIX.

Clemencín, ni el vencimiento, ni la causa del duelo;[158] y las palabras con que el Bachiller logró irritar y sacar de su prudencia a Don Quijote son idénticas a las que dice Ferragut a Orlando (canto XII) para decidirlo a pelear, o más bien a las que usa Mandricardo para el mismo intento y resultado con Orlando (canto XXIII). El pacto hecho antes de pelear entre Don Quijote y el Bachiller se lee a cada paso en los libros, y Ariosto lo modela en el que hicieron Bradamante y Rodomonte en el puente, sobre que ya se ha hecho mención. Pero nada de esto sabía Mr. Sorel, como tantos otros que parece no han leído los libros que imita y satiriza Cervantes.

La escena del Caballero de la Blanca Luna, que pone fin a las aventuras de Don Quijote de un modo natural y amoldado a las costumbres caballerescas, es un remedo de lo que pasó a Amadís (ya caballero de la «Ardiente espada») viniendo de la Romanía; y encontrando a Brandasidel, que quería estorbarle el paso en presencia de Gracinda y sus doncellas, se batió con él. Aquí se varía el fin, pues Amadís venció; pero ya el libro del *Quijote* debía concluir, y su héroe fue vencido, para aprovechar la coyuntura de aquella usanza de ser los caballeros fieles cumplidores de sus promesas, resumidos estos hechos en una escena de *Orlando*, que tiene grande afinidad con la nuestra, a saber: Rodomonte vencido por la doncella, se retira un año a un monte, colgadas de un árbol sus armas condición por ella puesta.

---

158 Puede agregarse esta analogía a las juiciosas respuestas que Hartzenbusch y Martínez del Romero dan a la censura de Clemencín, quien no aguanta el laúd por el hecho de creer que estorba este instrumento a un caballero que lleva armas, sin reparar que los más de ellos llevaban un escudero hasta con seis u ocho lanzas en una mula, y que, el Bachiller llevó a Tomé Cecial.

Capítulo IX. El mismo asunto

No creo que merece llamar la atención la censura hecha por Clemencín y otros sobre «que no guardó consecuencia el autor en las costumbres de Sancho». Por toda contestación a esto, remito el lector a los párrafos desde el número 63 al 67 del «Análisis» de Ríos sobre el *Quijote* (1.ª parte) y a lo que agrega Arrieta en el asunto.

No creo tampoco necesario alargar este escrito refutando la censura sobre la impropia sabiduría de Sancho, ni sobre la ficción inverosímil de la cueva en que cayó, notadas ambas cosas por Mayans. Respecto al primer punto, bastole, como queda dicho en la parte anterior, la buena intención unida a un poco de suspicacia, a los consejos del amo y al recuerdo de varios casos semejantes que había sabido. En cuanto al segundo punto, obsérvese que el libro no es geográfico ni histórico, para exigir tanta exactitud, y que aquél no puede ser negado, sin hacerlo primero con todos los hechos semejantes de los libros y poemas fantásticos: la isla de Venus en Camoens, la selva de Armida en el Tasso, la «Cámara defendida» en *Amadís*, los jardines y palacios fantásticos de Boccaccio, salidos por arte mágica, etc., están en este caso. Y en el último, dejo al censor la respuesta de Ariosto a Fulgosio, cuando le reprendía igual inverosimilitud en Lampedusa, donde se combaten sus reyes, sin que hubiera espacio para ello en el tiempo de la objeción: «antes había, dice el poeta, un gran peñasco, y se sabe que un terremoto lo dividió e hizo invadeable el terreno». Además, no hubiera hecho el crítico tal censura, si hubiera tenido en cuenta la existencia real de la cueva, a sacarlo por las siguientes palabras del libro: «no poco se maravillaron (los duques), aunque bien entendieron que debía de haber caído por la correspondencia de aquella gruta que de tiempo inmemorial estaba allí hecha».[159] Atiéndase a las circunstancias explicadas en la nota

---

159 Este prurito de negar un hecho (real o positivo) porque la geografía o la historia no lo traigan, hizo caer a Estrabón en igual inconsecuencia respecto a los viajes de Hannon, por el hecho de no existir en su tiempo los establecimientos que aquel capitán fundó en África. Opinión errada, pues olvidó que en la isla de Arguin (h gir de los moros) había en los tiempos de Bougainville y probablemente hoy, dos cisternas abiertas en la roca por dicho capitán, para recoger el agua de diversos manantiales con que proveer sus navíos. Dado caso que Estrabón desdeñase el Periplo del navegante, ha debido atender a la existencia de colonias de África fundadas por Hannon, según refiere Seilax en su Periplo. La cuestión es fútil como literaria; y como científica manifiesta una grave ignorancia. Si existió tal o cual

última, y a que si Estrabón, que debía ser, por su carácter de geógrafo, más consecuente, se deslizó en la misma falta que se nota a Cervantes, ¿por qué no puede disculparse a éste; y, atendida la usanza de los libros caballerescos, no justificarlo aun?

Esta especie de reparos tan fútiles pueden ponerse al lado del de Clemencín en la escena en que pinta Cervantes (Parte 2.ª, capítulo XXXIV) al jabalí muerto cubierto con ramas de mirto, en que dice él: «Dudo que el mirto, planta de nuestros climas meridionales, se dé en la parte de Aragón donde se suponen los sucesos de la cacería»; y al otro reparo de que las pastoras de las redes verdes no podían usar de tales o cuales ramas, por que éstas no se producen sino en noviembre, etc. ¡Erudición estupenda! ni se debió de usar adelfas en el entierro de Crisóstomo por no darse en aquel lugar.

Juzga Mayans inverosímil el soliloquio de Camila (novela del *Curioso impertinente*) cuando espera a Lotario en la cámara preparada al efecto. Exactamente lo fuera si no estuviera de propósito estudiado y sabido de antemano, y si no se presentaran a cada paso esos discursos afectados y dramáticos, lo que justifica a aquél según la verdadera crítica. Véase esta misma situación, casi con las mismas palabras, en el libro 2.º, capítulo IX del *Persiles*, cuando Auristela, solicitada por el bárbaro Clodio, usa un soliloquio igual. El arte del verdadero poeta consiste, no solo en describir las costumbres reales, sino en imitarlas, cuando lo pida el asunto.

La imposibilidad que nota el señor Ríos de estar impresa la historia de Don Quijote cuando habló por vez primera con el Bachiller, me parece de un rigorismo exagerado; y más, teniendo Cervantes mil modelos para ello, como la historia de Amadís, etc. El señor Fernández Cuesta quiso salvar aquel

---

terreno, tal montaña, loma, valle, etc., es un hecho sujeto a las inconstancias del tiempo y a las leyes que guían el interior del globo. Sin entrar en explicaciones geológicas, recórrase la historia y se encontrarán las usurpaciones del mar sobre las tierras y el desaparecimiento de éstas. El mar Negro se ha comunicado con el Bósforo de Tracia y el mar Caspio; éste se comunicaba con el lago Aral, etc.; las arenas saladas de Asia, África y la parte occidental de Europa prueban que el Mediterráneo se ha dilatado algún tiempo más que ahora: es probable que los montes Urales se alzaban como una grande isla y que la Oceanía se enlazaba con el Asia y la América del Norte; se conserva entre los griegos la memoria de un continente llamado Letonia, que ocupaba parte del mar Egeo; en tiempo de Homero se navegaba desde la isla de Faro hasta el lago Mereótidas, etc., etc.

error de Cervantes poniendo un año entre la segunda y la tercera salida del *Quijote*; pero no lo creo necesario.

Con dicho cargo se relaciona el siguiente, que por eso lo he reservado para este lugar. Que contase Altisidora cómo vio en el Infierno a los diablos jugando a la pelota con el *Quijote* de Avellaneda, lo encuentra Ríos inoportuno e inverosímil. Lo primero, por creerlo fuera de relación con su amor; lo que creo falso; ¿no es lisonjero para Don Quijote decirle que la historia que tanto le enojaba era despreciable? ¿no era esto agradarlo? Veamos la inverosimilitud, y entremos en una disertación teológica que nos probará una vez más la facilidad y elevación de Cervantes. Dice la filosofía cristiana que el mal no es otra cosa que la ausencia del bien; y nos enseña la Iglesia que una acción buena, un buen pensamiento, se reflejan inmediatamente en el cielo, que es su fuente. De la misma manera una acción mala se ha de reflejar inmediatamente en su fuente, que es el lugar del mal y del espanto. Aplicando esta idea ¿no es muy lógico, poético y original creer que el libro de Avellaneda, malo para Cervantes y peor para Don Quijote, estuviese en el Infierno en el mismo acto de concepción? Y pues los diablos se regocijan con lo malo ¿no es creíble, y admirablemente chistoso, ponerlos jugando a la pelota con él y arrojándolo y riendo de sus necedades? ¿Por qué es inverosímil? Si se quiere buscar un original a la idea, ábrase *Orlando*, en el canto 35, donde el paladín ve el mundo superior que recorre con el Evangelista, y le dice éste al observar el anciano que arroja mil nombres en el Leteo; los cuales son sacados por los animales que vuelven a caer con ellos al fondo, menos dos cisnes, que salvan a los que sacan: «Has de saber dice el Apóstol, que ni una hoja se mueve en la tierra, cuyo movimiento no se repita aquí, ni pasa allá una acción que aquí no se sienta; pues ese anciano hace aquí lo que allá abajo hace el tiempo». Sigue el Apóstol hablando y hace ver que los nombres infames, etc., van al olvido o al castigo, bajando al fondo del abismo que cubre el Leteo, etc. etc., ¿No verían esto los censores?; y por último la extraña invención de Altisidora ¿no tomaría origen en la del Feronda de Boccaccio (capítulo VIII, parte 1.ª)?

Al notar Ríos la inverosimilitud del viaje de Don Quijote (Parte 2.ª) y el del paje que llevó la carta a la mujer de Sancho, por lo veloces, parece que olvidó los que hacen a cada paso los caballeros, las dueñas, los enanos etc., quienes, como guiados por encantadores, hacen fácilmente esos viajes inconcebibles para los que viajamos como Dios y nuestras caballerías quieren; y olvidó también que «suele suceder que un caballero ande de una hora a otra dos o tres mil leguas», como decía el mismo Don Quijote; y olvidó todos los caballos alados, palafrenes extraños, Hipógrifos, dragones, grifos, etc., etc., que andaban a las mil maravillas con los andantes y las doncellas a cuestas; y olvidó, para acabar de fijar la verosimilitud novelesca del hecho, los viajes de las doncellas por medio de la nigromancia (dos mil leguas en un abrir y cerrar de ojos) según se lee en el cuento 9 de la jornada 8.ª de Boccaccio y el viaje de M. Jorel en el cuento 9 de la jornada 12.ª, por influjo del mago de Saladino. Está demás citar hechos, bastando al lector hojear los libros, donde los hallará a pedir de boca. Esto mismo se puede decir a las impropias censuras de Clemencín y otros respecto a inexactitudes de tiempo, por falta o por sobra de él, en los sucesos de la 1.ª Venta y otros lugares de la obra. Estos viajes y estos sucesos eran tan admitidos en las novelas satirizadas por Cervantes, que a éste no pueden disputarse sin sumo rigorismo o falta de conocimiento de ellas.

Ríos cree también algo inoportuna y larga la *Historia del cautivo*; y la tacha, como a la del Curioso, porque no tiene relación con los hechos de Don Quijote. Pero si recordara bien las costumbres del tiempo, vería estos episodios de cautivos tan naturales, que no pueden rechazarse sin un completo abandono de la historia y la novela de entonces. A cada paso los encontramos; porque realmente ocurrían en esos días en que turcos, moros y cristianos se daban caza y se disputaban el señorío de Europa. Véanse, si se quiere la justificación de aquella verosimilitud y oportunidad el *Persiles*, *La española inglesa*, *El amante liberal* y otras muchas novelas de Cervantes y varios autores.

Inverosímil, pero posible, le parece al señor Ríos la llegada del Oidor tan a tiempo para el reconocimiento del hermano en la Venta (Parte 1.ª, capítulo 42). Esta sutileza es indigna del censor; pues esa especie de casualidades, las vemos a cada paso en la novela, en la poesía, en el teatro y sobre todo en los libros caballerescos; y mal puede censurarse una cosa que responde a las exigencias de la crítica, por entrar bien en las costumbres del tiempo. Ábranse los libros y se verán estas escenas en que chocan tales casualidades, verdaderamente verosímiles y posibles... Ábrase sobre todo el *Persiles*, donde Cervantes reunió los mismos asuntos censurados hoy en el *Quijote*, como para que las censuras pasaran por el crisol de las costumbres literarias, como he dicho, aglomeradas en su última novela, escrita con todo el vagar y gusto a propósito para enseñar lo que de la novela podía exigirse. Allí pueden verse estas casualidades como llovidas, y esas vulgaridades de los libros de caballerías, y esas inverosimilitudes que pugnan con la crítica moderna y que los críticos no se han tomado el trabajo de ponerlas en su lugar.

Le parece defecto al mismo censor aquello de no dejar pendiente ninguna circunstancia en los episodios, en los capítulos, en las partes del *Quijote*. Esto, a más de no ser muy exacto, no es un detecto. ¡Otros censuran lo contrario en el Ariosto: en Homero mismo! ¡O juicio humano, nada te satisface! Si al fin de la 1.ª Parte quedó Don Quijote en su casa, disponíase a salir. Ya veremos lo que dice Clemencín a esto.

Si Brunelo quitó a Sacripante el caballo, de la misma manera que Ginés a Sancho, ¿por qué se censura este hecho? Al tacharlo así olvidáronse que él es histórico también; pues lo usaban los ladrones del siglo pasado, como se deduce de un robo parecido que cuatro de ellos hicieron a un rústico en la plaza de la Greve: «tomaron la albarda, mientras él estaba embobado viendo jugar unos hombres del pueblo; pican el asno por detrás; sale éste, y ellos sueltan la albarda, dando al suelo con el pobre rústico, que creyó que se le había abierto la tierra y no sabía lo que le pasaba».

Fútil y hasta enojosa me parece la censura respecto a *Clavileño*, «punto que absolutamente no puede disculparse», dice el señor Ríos. ¿Y sabéis, lectores, cuál es este punto? Que un caballo de madera «no pudo volar por el aire a impulsos de la pólvora... ni los que de él cayeron a este vuelo dejar de quedar muy estropeados». Bien: es muy natural usar, y aun ensanchar la hipérbole en la novela, y más si es para satirizar semejantes escenas, o metáforas extravagantes. No veo la imposibilidad de que un caballo de madera, hueco y liviano, pueda volar a impulsos, de la pólvora: lo pueden decidir los que conozcan la fuerza de este combustible. Además, una de las definiciones del verbo volar es: «hacer saltar o elevar en el aire con violencia alguna cosa, especialmente con pólvora» (Academia). Si el caballo de Cambuscán, rey de

Tartaria, «era de bronce y volaba por los aires como una águila», como se lee en Chaucer (el Ennio inglés), ¿qué extraño es que vuele uno de madera, gobernado, como aquél, por una clavija que llevaba en la frente? Respecto al golpe de los jinetes, bastaba el más leve movimiento para caer, sin que fuese necesario que ascendieran muy alto; y aun cuando así fuese, ha debido verse si esta altura y este suceso eran probables, por medio de los hechos admitidos para darle entrada en la obra: para lo cual basta abrir el *Persiles* (libro 2.º, capítulo XXI) y ver lo que pasó a Periandro con el caballo de Cratilo, que habiendo saltado de una altísima peña sobre el mar helado y duro como piedra, se levantó bueno y sano, con sorpresa de los que en la playa lo veían, de tal modo, que quiso repetir la prueba. Pudiera traer muchos ejemplos; pero éste basta.

Cervantes pintó a Sancho amigo de comer; y Avellaneda lo pintó comelón, goloso y puerco. Es esto lo que a ese respecto critica el autor del *Quijote* original en su émulo, que varía el carácter del escudero. Me parece, pues, que sufre equivocación el señor Ríos al desechar esta censura de Cervantes y querer vindicar a Avellaneda. Lo mismo hace en el asunto del viaje a Zaragoza, que no hizo el héroe de Cervantes y sí el de Avellaneda. Creo una invención muy feliz resolverse el verdadero a no ir a dicha ciudad, aunque el mundo sabía que se disponía a ir a las fiestas que allí se preparaban. El solo hecho de sacar mentiroso al falso autor de su historia y hacerlo aparecer como falsificador, me parece que da a esta ocurrencia gran mérito. Mas, el prurito de buscar y rebuscar censuras torció el juicio del censor al juzgar un hecho tan original y laudable y dar la razón a Avellaneda.

Al concluir el juicio sobre estas censuras de un literato tan estimable como don Vicente de los Ríos, haré notar, para que no se crea que tengo prevención contra él, el punto falso en que se coloca y la contrariedad en que incurre. En el número 311 de su Análisis, dice: «de poco seria para la bondad de la fábula, que todos los acontecimientos que en ella se refieren sean oportunos y conexos con la acción principal, si ellos en sí no son verosímiles. Por eso, aunque nuestro autor es digno de la mayor alabanza por la oportunidad de todos sus episodios (a excepción de los pocos que quedan referidos) con todo es preciso confesar que en algunos falta a la verosimilitud». ¡Cómo! ¿Habrá oportunidad donde falta la verosimilitud? Y si la fábula es de por sí inverosímil, podrá medirse, como he dicho, la inverosimilitud de sus partes? ¿Esta cualidad no será una verosimilitud relativa, es decir racional para la existencia supuesta de la fábula? Estas inverosimilitudes lo son o dejan de serlo, según el lugar que ocupan, y según la imitación o la sátira que envuelven, como ya varias veces lo he sentado.

Capítulo X. El curioso impertinente

Voy a ocuparme en particular de esta novela, porque ella es uno de los puntos en que más se ha cebado la crítica, ya desechándola toda, ya sus partes, y tratándolo de inverosímil, inoportuna, indigna de figurar en el libro, y no sé cuántas otras cosas en que se han extendido los censores. Ellos han creído apoyarse en las mismas palabras de Cervantes, para emitir sus juicios: mas, estas palabras no están explícitas, ni es decisiva la opinión que se cree descubrir en ellas, por lo mismo que se dirigen en común a los demás episodios que intercaló con la misma maestría, y que ya muchos eruditos han defendido.

La ficción es la siguiente: el autor español no quiso traducir «la queja del moro por haber tomado entre manos un asunto tan seco y de tan pocos personajes, de quienes había de hablar siempre y con repeticiones; y que por huir de este inconveniente, había usado el artificio de algunas novelas... que están como separadas de la historia». Éste es el único argumento que presenta Cervantes, quien no es responsable de lo que no quiso traducir; y aunque lo tradujera el moro autor, no dice claramente que «están separadas» sino «como separadas, etc.»; y es esta última frase, la única que puede ofrecer salida a la opinión de los críticos; pues las demás del párrafo citado nada dicen contra las novelas que no sea favorable a su colocación en la obra. Sigue Cervantes: «también pensó que muchos, llevados de la atención que piden las hazañas de Don Quijote, no la darían a las novelas, o pasarían por ellas o con prisa o con enfado, sin advertir la gala y artificio que en sí contienen, etc.» Ésta es una defensa. La gala es la que tienen en su ejecución; y el artificio, además de la imitación de las muchas novelas semejantes que traen los libros, es la finura con que se han tratado ciertos asuntos y el modo de incrustarlos en una obra de alta trascendencia social y literaria, y la maestría con que ofrece la oculta relación que tienen con la acción principal. Para corroborar lo dicho respecto a la intención del autor, véanse en el capítulo XXIII de la 1.ª Parte, las siguientes líneas relativas al asunto «por haber tenido tan honrosa determinación (la de intercalar las novelas) gozamos ahora... no solo de la dulzura de su verdadera historia, sino de los cuentos y episodios de ella, que en parte no son menos agradables y artificiosos y verdaderos que la misma historia». No creo que sean de peso las palabras del Bachiller (Parte 2.ª, capítulo III); pues ellas nada arguyen en contra de las novelas visiblemente; y además son, como todas las que usó en esos momentos, más irónicas que verdaderas, más de burlas que de serio, y no se les debe dar autoridad. Además, si por los críticos, se ha de rechazar la novela en cuestión, ¿qué hemos de hacer con el episodio de «la cueva de Montesinos»? Si aquélla se rechaza por inoportuna, ajena de la acción, etc.; la de la Cueva debía serlo con más razón, si nos fundamos en la inverosimilitud, declarada por el primer autor, al decir: (capítulo XXIV) «no me puedo dar a entender, ni me puedo persuadir, que al valeroso Don Quijote le pasase puntualmente todo lo que en el antedicho capítulo queda escrito. La razón es, que todas las aventuras hasta aquí sucedidas, han sido contenibles y verosímiles; pero ésta de esta Cueva, no le hallo entrada alguna para tenerla por verdadera, por ir tan fuera de los términos razonables, etc.» ¿Y quién se atreverá a rechazar esta escena, que es una de las más importantes del libro, como hemos visto en la parte primera de esta obra? Y si por las palabras de Cervantes fuéramos a condenar las novelas y la Cueva de Montesinos, tendríamos que hacerlo también con el capítulo V de la 2.ª parte, por creerlo el autor apócrifo (o inverosímil) por las cosas que habla Sancho superiores a su estilo (y a la verosimilitud); ¿y quién se atreverá a censurar dichos coloquios entre Sancho y su amo, acaso los mejores trozos de esta parte, por el estilo y la originalidad? Lo mismo decimos del capítulo X y otros.

Ahora, si fuese a detenerme en los usos y mal gusto con que se intercalaban en los libros mil episodios inútiles, inconexos, largos, inverosímiles, etc., lo que aún justificaría las novelas de Cervantes por el argumento de la imitación, abriría el *Persiles* por el libro II, capítulo XIII, para hacer ver tales usos reasumidos en estas palabras: «la paciencia... ya la hubiera perdido escuchando su larga plática (de Periandro) de quien juzgaron Mauricio y Ladislao, que había sido algo larga y traída no muy de propósito», palabras más explanadas en las siguientes: «paréceme, Transila, dijo Mauricio, que con menos palabras y más sucintos discursos pudiera Periandro contar los de su vida, porque no había para qué detenerse en decirme tan por extenso, las fiestas de las barcas, ni aun los casamientos de los pescadores, ... pero yo sin duda creo que Periandro nos quiere mostrar su ingenio y la elegancia de sus palabras».

Pero, aceptada la hipótesis de que Cervantes no haya dado opinión cierta, entraré a discutir con los autores sobre la interesante novela, donde veo un cuadro brillante y necesario, por su relación con las costumbres de la época.

Los episodios son de dos maneras, a saber: o en ellos interviene el héroe, o no interviene.

Si son inútiles a la acción, se pueden suprimir aquéllos. En éstos hay diferencia, pues los hay que, aunque nulos en la acción, no lo son en su unidad (unión y relación) y sirven para enlazar dos partes de ella. No deben entonces suprimirse, porque dejan un vacío, un intermedio, que solo está bien en el arte dramática.

Éste es el caso de la novela dicha, que llena un papel, y cuyo más visible objeto es entretener al lector durante el sueño del protagonista. Ya el plan de la obra estaba expuesto, sus circunstancias conocidas, y no podía usarse un gran espacio sin el héroe, como se pudo al principio del poema con aquellos objetos de exposición. Se ve, pues, que todos los siguientes episodios son cortos, lo suficiente para preparar nuevas escenas al héroe. Habiéndose, en consecuencia hecho innecesarias desde este punto, aquellas explicaciones, y debiendo no repetir los casuales encuentros, que ya hubieran dado monotonía a la relación, defecto muy usado de que Cervantes debía huir, necesitaba un argumento que llenase el vacío que dejaba el sueño de aquel señor.

Cualquiera otro asunto llenaría el mismo objeto, y también sería censurado con las mismas razones que se aplican a la novela. Además, creo hallar en ella más de un punto de relación con el plan general de la obra. ¿Cuál es el objeto de ésta? Es una sátira universal, a la que faltaba este nuevo carácter que, como uno de los principales de la época, no debía pasarse en silencio. Allí estaba el amor retratado en todas sus posiciones y actitudes, como dice don Vicente de los Ríos; el trágico e infeliz en el episodio de Crisóstomo; el precipitado y mudable en la historia de Cardenio y Dorotea; el ingenuo y pueril en el suceso de Doña Clara; el falso y engañoso en el casamiento de Leandro; el constante y resuelto en el lance de Quitaria y Basilio; el fingido y burlesco en la pasión de Altisidora; y el ligero y poco decoroso en la aventura de la dueña Rodríguez. Pero faltaba la extravagancia del «Curioso impertinente», caso raro, pero no imposible ni inverosímil, como veremos, ni

190

inoportuno; y que recuerda la fábula mitológica de Céfalo y Prócris, según en la primera parte se ha dicho.

Él se funda, pues, en la verdad; y más aun, en la verdad histórica, que es de más valor que la fantástica (que también la tiene, como veremos), donde más se basa esta obra.

Como todas los novelas de Cervantes, ésta tiende a corregir un abuso pernicioso, y se funda en un modelo vivo y en una verdad novelesca de que están llenos los libros; aprovechándose la mejor oportunidad para darle entrada en el libro.

Ése no es un drama, donde el rigor de la crítica exigía las tres unidades, o más bien su armonía; sobre todo, la de acción. No es un poema propiamente dicho, donde ésta es esencial, como la respiración al ser viviente. No es un cuento, una simple novela, donde todo ha de subordinarse al fin. Es una novela fantástica, satirizadora de la novela extravagante, descabellada, que no tiene reglas fijas y por consiguiente, que no entra en la jurisdicción de la crítica ordinaria. Es una obra original, donde la variedad es más necesaria que en otra alguna.

Mas, ¿no es importante esta novela en el lugar que ocupa?

En aquella misma venta, donde había tenido lugar el primero y más grande acto de la honestidad del caballero; donde se reunían personas que habían sido víctimas de su candidez o curiosidad amorosa; donde se abría a una nueva vida para tantos, y se reanudaban amistades y lazos de amor; donde acudían los personajes más notables del poema, algunos de alta dignidad, entre quienes con más frecuencia sucedían realmente aquellas escenas, y a los que se debía echar en cara la desmoralización social; en esa venta, en fin, ha de ver el lector un episodio importantísimo de la alta misión del *Quijote*.

Creo de consiguiente aquella oportunidad la más propia para extender un plan que se rozaba con la más íntima sociedad, con las costumbres y con esas ideas falsas de honor, grandeza y condición... con esas categorías que inventó el hombre y que el sentimiento nivela, haciendo grande al que tiene corazón y conciencia; elevando a noble la sangre de la elevada cuna, si es el honor lo que le da fundamento; y arrastrando al lodo la frente altanera, si el juez inexorable, la conciencia pública, la marca con el estigma de villanía y deslealtad. Debía desarrollarse allí un plan que alertara, que enseñara;

y para esto se debía exagerar hasta lo que se cree imposible: se debía exaltar el sentimiento, por medio de lo cual viniera a la imaginación de los presentes el recuerdo de su pasado y a la del lector del *Quijote* el conjunto de todas las aventuras y escenas de dicho libro. Aquello, pues, era como la preparación, la exhortación a una nueva vida, por donde entraban al campo de las intrigas, de las malicias y de las redes que cercan al corazón en este fementido mundo.

Mas, pasando al campo de los hechos, busquemos otra defensa de la novela en cuestión.

No me detendré en la mayor extravagancia, en los libros de caballería, para buscar ejemplos; bastaríame para esto escoger dos o tres del mejor concebido de ellos, y llevar al lector a las cortes que hizo el rey Lisuarte en Londres con motivo de las nuevas que tuvo de Amadís y Galaor. Entra un caballero desconocido y, a petición de la reina, le da un manto encantado, de virtud amorosa, como el de Dejanira, que luego que se lo pusiese no habría más enojos entre ella y el rey; y si él se lo ponía, aumentaría en honra y fama. Todo este episodio va lleno de rarezas y curiosidades y jamás se vuelve a saber del personaje ni de las pruebas.

También en el libro 4.º capítulo 41 hay otro episodio que tiene más relación con la novela.

Pero siendo mi intención no detenerme en los libros particulares, tomemos el libro clásico de la caballería, su poema, y abrámoslo por cualquier parte. Tomemos el canto 43 y veamos un caballero, que en el mismo caso de Anselmo, quiso pasar por la misma prueba; y, habiendo seguido el consejo de la maga Melisa, obtuvo el castigo de su impertinencia. Aquí hubo la misma curiosidad, un viaje fingido, etc.: mas, en vez de valerse de un amigo, hizo el mismo huésped la prueba de requerir de amor a su esposa, tomando, por influjo de la maga, la forma del amante: hubo la fuga de éste, luego que se descubrió todo: y, en fin, para que no haya más diferencia que entre el relato hablado y el escrito, esta larga historia es contada a Reinaldo en el palacio encantado de Lampedusa; habiendo sido esta misma prueba verificada otra ocasión por consejo de Morgano para convencer a su hermana de la deslealtad de Ginebra. La prueba era beber licor de la copa encantada; y si se derramaba por el pecho, era señal de la infidelidad; mas si lo bebía sin mojarse, era segura la fe de la esposa. No convencido el huésped con haberse bañado el pecho, fue a la prueba de la vista, como sucedió a Anselmo. Las observaciones de Reinaldo son semejantes a las de Lotario.

A poco sigue, con incidentes aun más análogos, la larguísima historia de Anselmo y Argía, contadas por los marineros a Reinaldo. Para probar la virtud de ella, fueron agotados mil medios de persuasión, durante un viaje del marido (cuyo nombre tomó Cervantes, como para decir a sus censores donde estaba su modelo), hasta que ella cayó y fue descubierta por la criada confidente, cuando se disgustó con su señora.

La novela del *Curioso impertinente* y el episodio que le da entrada también son una parodia bastante exacta de lo que pasó a Rodomonte en la venta, orillas del Sona, donde se reunieron una multitud de personas; y después de oír varias opiniones y cuentos, un posadero relata al rey de Argel la historia de Jocundo, historia que tiene alguna semejanza con la del Curioso, aunque el argumento no puede llamarse el mismo; pero es muy semejante por relacionarse con las escenas presentes y por tratar de infidelidad en amores y amistades. Jocundo ama entrañablemente a su esposa: siente hacer un viaje que le ordena el rey Astolfo, quien lo llama, y le es preciso salir de Roma por dos meses. Su mujer llora, se desespera y le da para memoria un collar que trajo un peregrino a su padre. Parte el esposo; y recordando en el camino que ha olvidado el regalo, vuelve... La cortina le ocultaba en aquel momento su desventura.

En vez de vengarse, se desespera y huye. Va a donde le espera el rey y allí presencia la infidelidad de la reina con un enano: llama al rey y lo hace atisbar por la hendija de una puerta (recuérdese que nada de esto pertenece a la acción del poema, cuyo héroe ha quedado loco en un monte, como Don Quijote en el aposento). Desesperados él y el rey, se van a viajar y a cometer las mayores extravagancias.

Para concluir lo relativo al asunto, diré que, para llenar la falta que hubiera quedado al suprimir la novela, por medio de un asunto que formase parte de la acción, quedando el héroe dormido, tropezaba el autor con un grave inconveniente, como era darle un lugar dramático. Entonces pecaría contra la unidad de acción; habría dos acciones, o por lo menos un episodio demasiado largo: y si este último defecto se cree encontrar, con poca razón, en la *Historia del cautivo*, se le hallaría con mayor razón aquí, llegando a ser esto una inconsecuencia indisculpable. Si el asunto ha debido tratarse, es incuestionable que, al serlo con aquella extensión y aquellas cualidades, ha sido perfectamente bien.

Mas, dejando a una parte todos los modelos que pudiera traer de esta novela, desde el fabuloso de Prócris y Céfalo hasta los de Ariosto; ¿puede ser posible que se tache de inverosímil al «Curioso Impertinente» por quienes hayan leído el cuento IX de la 2.ª Jornada de Boccaccio, tan en boga en estos días, al menos, si se trata de la inverosimilitud poética? Hay en el cuento la misma necedad del marido, aunque no para probar para sí, sino para convencer a otro de la honradez de su mujer. Éste se encarga de hacer la prueba, después de varias disertaciones para convencer al marido de la equivocación en que podía estar y lo que se expone en llegar a la prueba, etc., etc. ¿La necedad de este impertinente Bernard, no daría motivo a Cervantes para su Anselmo, aunque con argumento variado? Pero aun mayor la analogía buscada en el cuento V de la Jornada 3.ª titulado el Magnífico, por la gran necedad del marido, que tiene por causa la del anterior, y por el resultado, en que el falso amigo y la falsa mujer lo burlaron, etc.

Era tal la costumbre de episodios traspuestos y desencajados, que no sé por qué se finca tanto en este motivo como única argumentación contra la novela del *Curioso impertinente*.

Tampoco debe olvidarse la gran analogía de la novela de Cervantes, con la Patraña 15 de Timoneda, aunque ésta se funda en que el marido Casiodoro apuesta a que la fe de su mujer Finea es incontrastable; se propone Falacio probar lo contrario y se vale de Crispina, que tenía entrada en la casa, y le ofrece diez ducados para que le ayude en su plan. Crispina le descubre las entradas y salidas de la casa y le da unos pelos de un lunar que tenía Finea en las espaldas: con tales señas, contento Falacio, se fue a probar al cándido marido haber ganado la apuesta (de este mismo argumento, hecha mano Boccaccio en uno de sus cuentos). El marido se confesó vencido.

En cuanto a la casualidad que censura el señor Ríos de reunir tantas personas y anécdotas en la venta, atiéndase a lo dicho más arriba, y sobre todo a la casualidad que reunió en el canto 32 de *Orlando* en la Roca de Tristán a tantos huéspedes ilustres, entre los que se contaban tres reyes, Bradamante,

194

la doncella irlandesa, etc., etc. No se puede leer ese episodio sin trasportarse a la venta de la novela censurada. No se echa de menos ni aun la falta de albergue para los que iban llegando, ni el desafío que se asemeja al del caballero velador. Allí hubo cena, se contó la historia de Clodio, ajena de la acción principal, pero con más relación con ella que la de Jocundo, y menos que la del Curioso. No faltó encantamiento, ni una larga profecía sobre las guerras de Italia y Francia, explicadas por el alcalde sobre las pinturas de Merlín en el salón mágico; historia que ninguna relación tiene con el poema, que por su extensión e inoportunidad puede contarse entre los episodios nombrados más arriba, y posponerse al de Cervantes.

Véanse también las casualidades extraordinarias, y aun injustificables muchas, que reúnen tantos personajes en el Mesón de la isla Bárbara, donde llegan Mauricio y Ladislao, etc., que se lee en el libro 1.º, capítulo XII del *Persiles*. Allí hay armas, convencimientos y demás justificativos de lo que censuraron.

No debo concluir este capítulo, sin notar una impugnación más hecha a la «Novela» en cuestión, no ya sobre su inverosimilitud, o inoportunidad o extensión, etc., sino sobre su mérito intrínseco, idea que a nadie había ocurrido antes que a Clemencín. El dice en su comentario: «Verdaderamente la necedad de Anselmo es tal, que infunde más bien desprecio que lástima, y acaba de destruir y aniquilar (morles de morles) el interés de la novela. Todos sus personajes son malos: Lotario malo, Camila mala, Leonela mala, Anselmo necio en grado superlativo: ¿por quién ha de tomar interés el lector?» El lector, señor Clemencín, toma interés por la moral, que es el objeto principal de la novela y al que se relacionan todos esos incidentes de la naturaleza humana unidos de una manera original y admirable. Mas, todo allí es relativo y transitorio, si se exceptúa la necedad de Anselmo y aun la maldad de Leonela. Camila era buena y muy buena; y en ella se reflejan, el destino de la virtud y la fragilidad de nuestra naturaleza rodeada de precipicios y solicitaciones, como aviso a los que están tan ajenos e inocentes como la nave que, sin saberlo ni sentirlo, llega a la corriente engañosa y mansa que la vorágine del mar extiende a su alrededor; y es tal la fragilidad de nuestro ser, que no está a cubierto ni de los menores vientos emponzoñados... Ella sucumbió; pero, ¿quién no sucumbe, si hasta en el mismo seno del hogar doméstico están la red y la debilidad? ¿Y no ve usted allí, en esta mujer buena y luego corrompida, el mejor drama moral que se puede presentar? Lotario era bueno, y cedió a las seducciones, a las impertinencias de la amistad. ¿No ve usted en esto otra lección? Él cayó, pero... era preciso ser de bronce... ¿Y no ve Usted esa lucha, ese interés y sobre todo esas máximas y ese fin de la novela, que nos da el más alto principio de moral?

Mientras reinó la virtud, reinaron la paz y la felicidad: luego que entró el mal se turbó para siempre la paz de la casa... ¿No es esto lo que enseñan los libros santos? ¿No es éste el objeto continuo de las palabras del Cristo? Reinando la razón, reinó la moral: reinando la imprudencia, la sinrazón, la impertinencia, se perdieron la moral, el honor y la tranquilidad. Estos dos caminos, presentados por Cervantes en un ejemplo palpable, dan un motivo de confusión a sus adversarios gratuitos. Es preciso no ver las cosas solo por su exterior, que puede ser más o menos bello según los alcances del talento. Deben verse y medirse por las aptitudes del genio, por sus tendencias, su propósito y sus desarrollos. Y es preciso no juzgar a Cervantes como a la generalidad de los genios más elevados, sino como el vulgarizador de la filosofía católica, el heraldo en la moral y de la más alta poesía. ¿Y no está la moralidad encerrada en la carta que dejó Anselmo en la mesa de su amigo, antes de morir? Allí confesó su necedad e impertinencia, y dándolas por causa de su desgracia, perdona a Lotario, que no estaba obligado a hacer milagros; y finalmente: ¿no está la moralidad encerrada en las palabras de la más elevada filosofía que se leen allí, que avanzó Cervantes como su respuesta al comentador? «Ejemplo claro que nos muestra que solo se vence la pasión amorosa con huirla, y que nadie se ha de poner a brazos con tan poderoso enemigo, porque es menester fuerzas divinas para vencer las suyas humanas?»

No es extraño, pues, que Clemencín haya juzgado también, como los demás autores, de inoportuna y larga esta novela, si los ha sobrepasado en las anteriores consideraciones. No es extraño, pues, que como ellos no haya visto y comprendido la relación que ella tiene con la obra y su acción principal. Ciertamente no hay la relación exterior, la relación de forma, la relación que traba las frases, las palabras, las escenas de un episodio con la acción: esas fórmulas literarias simplemente, a que los genios mediocres y

196

los críticos humillan la cabeza, y que son, en efecto, necesarias para la perfección de un drama, o de cualquiera obra que entre en la generalidad de las concepciones regulares y comunes del genio. Pero si en ellas no ha de faltar esta forma, ni la relación íntima, la relación de esencia, de naturaleza, ésta es capaz de bastar en aquélla obra original, que según los mejores críticos «no ha tenido modelo ni tendrá copia» y que por consiguiente no entra en la común turquesa de la crítica ordinaria.

Desentendiéndome, pues, de la relación exterior, la relación de forma, en la que tampoco se ha descuidado completamente Cervantes, como cualquiera puede verlo, me ocuparé de la relación íntima de la novela dicha con la acción del *Quijote*.

La obra más original y de mayor trascendencia moral y literaria que se conoce, pone bajo su jurisdicción todas las escenas de la vida, y más las que se relacionan con la sociedad y sus miserias: el caballero que vino a regenerar el mundo social, a enderezar tuertos y vengar agravios, a favorecer a los desvalidos y a sacrificarse por la virtud... ¿no ha de tener relación íntima con todas las fragilidades y azares de la humanidad? El hidalgo pecho que tomó sobre sus hombros la ardua empresa de descubrir y señalar los crímenes y ridiculeces del hombre, ¿no ha de tener relación con las miserias domésticas y dominar el cuadro entero de las pasiones y debilidades del loco, del cuerdo, del necio y del criminal? ¿El noble y honrado Don Quijote no ha de tener íntima relación con la necedad y la imprudencia de Anselmo, con la lealtad y la deslealtad de Lotario, con la virtud y la corrupción de Camila y con la maldad de Leonela? No hay escena del drama del corazón, ni de la comedia humana, que sea indiferente a la inmensa obra que abarca la sociedad entera y la humanidad en sus tres fases de tiempo, de espacio y de lugar.

Pudiera seguir en esta disertación, pero creo ofender el buen juicio al empeñarme en dar más explicaciones.

Esto mismo pudiera decirse respecto a la *Historia del cautivo*, recordando lo dicho en su lugar sobre la generalidad y repetición constante de su argumento a cada paso en aquellos tiempos.

Este asunto, muy bien tratado por Cervantes, es, como episodio, un lunar en el *Quijote*, según Clemencín, un paréntesis de la fábula; y como novela, tiene para él algunos defectillos, como falta de interés en algunas principales escenas y flojedad en el fin y no sé cuántas cosas más.

Capítulo XI.[160] Clemencín y Salvá (ideas generales)

Merecen estos dos eruditos que se les dedique un capítulo aparte, ya por lo extenso de sus conocimientos, ya por ocupar un puesto culminante en la crítica del *Quijote*. Por lo mismo que son autoridades respetables, pueden arrastrar con más facilidad la opinión literaria; y es por eso que debe atenderse por separado a sus censuras. Las que versan sobre el lenguaje y estilo de Cervantes tendrán lugar en la 3.ª parte; pues también el uno en virtud de comentador y el otro de filólogo han caído sobre las frases y palabras del pobre manco, no ya como Aristarcos juiciosos, sino como Zoilos impertinentes.

Ya conocemos algo de las opiniones de ambos; veamos ahora las que se relacionan en Clemencín a la obra general, y en Salvá a algunos de sus episodios y aun a sus dos Partes (pues ya vimos lo que opina él respecto a la obra, al tratar sobre el «Espiritualismo»).

Los defectos más notables de la fábula del *Quijote* son, según Clemencín, que el héroe no ha debido hacer tres salidas, sino una: y que no hay la trabazón y enlace que sería de desearse entre las dos partes en que se divide. También nota la poca conexión de algunos episodios con la acción principal y poco estudio y esmero en la disposición de la fábula; y desea mayor corrección y lima en el lenguaje; y coge otros defectos que se verán en su lugar respectivo. ¡Ya se ve! El ignorantón de Cervantes «ni tenía ideas científicas del arte de escribir; ni había meditado mucho sobre el asunto». «Pero son inexcusables, sigue, las faltas que se observan en el *Quijote* contra la cronología.» ¡Cuánta escrupulosidad! ¡Cuánto pedantismo! Todo esto pudiera contestarse con lo que se dice al mismo erudito en el capítulo 1.º de esta misma Parte; pero también se irá viendo más adelante algo relativo al asunto. Su aserto respecto a las salidas de Don Quijote, a la poca conexión y trabazón de las dos partes y de algunos episodios, parece contradicho cuando al juzgar la 2.ª Parte, reconoce la naturalidad y aun necesidad de la tercera salida, y hablando del discurso de Don Quijote, que dio lugar a interesantísimos coloquios, dice: «¿cómo darse la acción por concluida?»... «la triplicación de las salidas, dice en otra parte, no rompe la unidad de acción»;

---

160 Capítulo XII, por salto en la numeración. En la edición original se enumeraron dos capítulos con el mismo número XII. Téngase presente que en adelante la numeración de los capítulos no coincidirá con la del original. (N. del E.)

y sigue probando su necesidad para dar mayor naturalidad y verosimilitud al desenlace.

Esta especie de censores no dejan recursos a Cervantes: él debió Soltar la péñola y dejarla para ellos, que lo harían mejor... Ya hablé de la censura hecha al Ariosto por no concluir sus cantos; ésta se hace a Cervantes por el defecto contrario. Pero de todos los censores el más curioso es Clemencín: ha hablado en su prólogo sobre la poca trabazón; y al detenerse a juzgar en el capítulo IX de la 1.ª Parte del *Quijote*, las palabras fin de su segunda parte, dice: «La suspensión de las aventuras del vizcaíno, la pérdida de la historia y su hallazgo no producen el efecto que al parecer se propuso Cervantes». ¡Cuánta sabiduría se necesita para entrar en el espíritu de un autor que nada nos revela con sus palabras! Cervantes quiso imitar a Ariosto... en éste estaba bien, lo que en aquél estaba mal... La fábula del *Quijote* tiene unidad de acción etc., etc., son frases que se desprenden del juicio contradictorio del Comentador.

La suspensión de la historia por la pérdida que no produce el efecto que quiso Cervantes, es una fina y natural imitación de semejantes ficciones traídas por los libros, y entre otros de la historia de Don Belianis, donde dice su autor, Fernández, al dejarlo sin concluir: «que bien quisiera referir los sucesos que dejaba pendientes; mas, el sabio Tristón (autor del original) pasando de Grecia en Nubia, juró había perdido la historia, y así la tornó a buscar».

Después de aquel juicio en globo de Clemencín, el primer defecto de su censura es que toma los hechos aisladamente y sin relacionarlos; y para esto era natural... errar, y más errar a cada paso.

Este sistema del crítico, trae por consecuencia la siguiente: «que si Mayans y Pellicer, como asegura Clemencín, no entendieron el *Quijote*», Clemencín no les va en zaga, ni dejan de acompañarlo otros muchos en este cuento. Al leer el Comentario, y aún solo el prólogo, cualquiera arroja el libro, acompañando la acción con estas palabras: «¡Qué insufrible debe ser este *Quijote*! ¡En cada página tiene mil defectos, fuera de los de la acción!, etc.»

Si imita y naturalmente es elevado, lo tachan de jactancioso: si es modesto y habla por sí y como debe, se le tacha de humilde, y se dice: «moderación, que por excesiva pudiera parecer afectada» (Clemencín, prólogo de la 1.ª Parte del *Quijote*).

Una prevención injustificable arrancó a don Vicente Salvá un aserto falso, en su empeño de deprimir la segunda parte del *Quijote*, para hacerla aparecer inferior a la primera. No era necesario esto; pues bastaba probar la superioridad de la una fundándose, como muy bien se funda, en la originalidad y sorpresa, y acaso en la mayor facilidad del estilo. Mas, es una equivocación asegurar que la preparación de los hechos les quita la originalidad. Sí se la quita el mayor estudio y lectura, como él muy bien dice, que no puede traer sino más imitación.

Dice Salvá: «Son forzadas y traídas por los cabellos las diatribas contra la 2.ª parte de Avellaneda, que se hallan en los capítulos LIX, LXX y LXXII, siendo un poco más natural lo que sobre este particular se dice en el LXXIV». Muy propio, chistosísimo y nada traído por los cabellos me parece el hecho siguiente (1.º de los capítulos). Llega Don Quijote a una venta, se recoge en su aposento, ya con el ánimo de desmentir al autor que lo maltrataba: pared en medio hablan dos personas sobre la 2.ª parte de su historia, disgustados de encontrar en ella mil necedades que desdicen del carácter del héroe, y sobre todo al ver roto el admirable nudo de la novela, la cuestión amor; cosas éstas y muchas otras, que hacen ese libro inmensamente inferior a la 1.ª parte que se conocía. El hecho de que estuviera en manos de los viajantes es muy natural, siendo la principal lectura que ocupaba a los viejos, a los niños, y sobre todo a los caballeros, y estando todos suspensos esperando más y más hazañas del que aún vivía. Todo lo demás que sigue después de la conversación de los dos viajeros, es decir, la entrada de Don Quijote en la escena, me parece de lo más natural, si se atiende al carácter celoso de Don Quijote, que no dejaba pasar un punto que su honra y fama mancillara; y más ahora que un sandio historiador ponía en historia su caricatura, otro Don Quijote que quería usurpar vuestro nombre, y aniquilar vuestras hazañas, como le dijo uno de los dos que entraron a abrazarlo. También creo muy natural la entrada a la conversación de Sancho, lo que da a la escena más sabor cómico; pues el escudero, como también celoso de su buen comportamiento, cae, seria y graciosamente sobre el necio Avellaneda, que también torció su carácter. Me parece una oportunidad muy a propósito ésta para dar a conocer al lector la falsificación y hacer ver la indignación que por ella mantenía Don Quijote.

Además, este capítulo prepara al lector para aceptar sin sorpresa la idea que trae el LXX sobre esa misma falsificación, que de otra manera, sin conocer el asunto, no podría tener cabida natural en él. Si Roque Guinart anuncia a su amigo de Barcelona la visita de Don Quijote, advirtiéndole que es el verdadero, no el falso, pediríamos explicación de estos dos calificativos, si no tuviésemos la menor idea de ellos. El aviso es muy oportuno y chistoso; pues el falso no va a Barcelona sino a Zaragoza, y el verdadero quiere sacar mentiroso al autor de aquél, y endereza su camino a donde no lo esperaban.

Respecto al capítulo LXX, que impugna Salvá con aquello de traído por los cabellos, etc., léase mi dictamen más arriba... Aun más natural me parece la alusión a Avellaneda en el siguiente capítulo: pues nada más propio que, al ver las malas pinturas con que se vulnera la historia, se venga a la imaginación de Sancho el recuerdo del mal escritor que trataba la suya y de su amo con el mismo descuido y ridiculez con que aquéllos lo habían hecho con Elena y Dido, y que lo comparase a Orbaneja que pintaba lo que saliere, como se lo acababa de contar Don Quijote; y es muy natural su temor cuanto que su historia pasaba de *mano en mano* y todos la sabían y era ya popular, más que aquéllas. Oportuna y chistosísima me parece la siguiente reprimenda (capítulo LXXI) de Don Quijote para desfogar su ira contra el mal autor que la falsificó; pues hacer conocimiento con un actor de la falsa historia, darse a conocer, hacerlo convenir en su diferencia y pedirle la declaración de estas verdades ante el alcalde y de que confiese ser él el verdadero Don Quijote, es invención muy original. También lo es, y de igual mérito, aunque Salvá lo rebaja, la que sobre el particular trae el capítulo último. Allí es altamente original, oportuna y sorprendente; pues, en vez de hallar maldiciones para el autor tordesillesco, nos hallamos con un buen cristiano moribundo, que le pide perdón por haberle dado motivo a decir tantos disparates. Véase cuánta finura para acabar con un mal escritor.

Además de esto y de lo dicho en varias partes de este libro respecto a las opiniones del señor Salvá, agregaré algo para que se vea si estoy fundado al decir que escribió prevenido. ¿No ha de estar prevenido el que sostiene una equivocación? Ya hemos visto que el gramático, con otros autores, sostiene que Cervantes no tuvo por objeto satirizar la esencia y fondo de los libros de caballería, puesto (!) que aumentó su número, sino purgarlos de los disparates e inverosimilitudes, etc. Es decir: quiso hacer lo contrario de lo que hizo y de lo que se deduce de sus opiniones emitidas a cada paso, especialmente al fin de la obra, cuando recobra el juicio el héroe y dice lo mismo que dijo tantas veces Cervantes. ¡O se atienen al juicio de un loco y desechan el de dos cuerdos!

Desdeña Salvá, por no traer asuntos de importancia, los primeros capítulos de la segunda parte, hasta el XXI; y sin embargo está en el X el admirable encanto de Dulcinea, en el XVII la aventura de los leones, hechos que, sin recordar lo que dijo, recomienda altamente pocas líneas más abajo. Cree disminuido el mérito, por que están preparadas, de las aventuras del caballero del bosque, y casi todas las de la casa de los duques. Lo mismo cree en la de la cabeza encantada y la visita a las galeras. Pero, ¿podrían ser de otro modo? La preparación misma nos suspende y conduce a la agradable sorpresa de encontrarnos con algo superior a lo que podíamos esperar. Este mérito indisputable, unido al que resulta de la relación de cada uno de estos sucesos con la fábula, y de la fina sátira que envuelven, nos hacen pensar que muy de ligero se ha juzgado.

Al ver en pie al *Quijote*, en su misma figura en que lo dejó Cervantes; y al ver el empeño vano de tantos escritores en probarle que la bacía no es yelmo y que los molinos no son gigantes, me vienen deseos de preguntar con Salvá: ¿Ha sido juzgado el *Quijote* como esta obra se merece? Hay más: a Salvá y a todos estos autores podría remitírseles a los dos cuentos que dedica Cervantes a Avellaneda y que les vienen de molde; digo el que habla de perros y cañutos y el otro que se le sigue, para que sean más cautos y menos escrupulizadores. ¡O digámosles: Hagan Ustedes un *Quijote*! Únanse las fuerzas de todos para ello, ya que se han unido para ir al encuentro al gigante de la literatura... Y si lo dicho por todos estos señores formase verdaderos defectos en el libro, callaré; pero diré con un autor contemporáneo: Más quiero el *Quijote* con defectos que el *Quijote* sin defectos.

Capítulo XII. Censuras particulares
Discurso sobre las armas y las letras

Este discurso, que hasta ahora se había juzgado como debía juzgarse, según la opinión de Cervantes, si hemos de interpretarla rectamente y no como quiere Benjumea y aun Clemencín, es decir, en propósito de hacer ver Don Quijote la supremacía de las armas contra las letras (cosa muy propia del caballero andante), es juzgado de distinta y contraria manera por un moderno escritor.

Acaso el prurito de rebatir en todo a Salvá, ha hecho fallar, en este punto erradamente a Martínez López, que a las veces lo rebate bien, entre otras cosas en dos o tres lugares del lenguaje de Cervantes.

En el prólogo de su gramática dice: «Ni se nos diga tampoco que Don Quijote pretendió en su discurso hacer la apología de la andante caballería» (Pues ¿qué pretendió y qué pretendía a cada paso?) «y probar la superioridad de las armas contra las letras». Pero el gramático no cuenta con el verdadero sentido de las palabras de Don Quijote en el discurso, y en otras muchas ocasiones, como el capítulo XXIV de la 2.ª parte, en que dice: «las armas, por las cuales se alcanza... si no más riquezas, por lo menos más honra, como tengo dicho muchas veces».

Sigue el gramático: «Ya se ve cuan en poco tenía Don Quijote a los caballeros andantes...» (Eternamente manifestaba lo contrario, cono buen caballero andante). «¿Ni que le importaba a Don Quijote, agrega el crítico, la profesión de caballero andante?» ¡Nada!, por ella perdió el juicio; por ella era lo que era; y a su amor se entregaba de alma y corazón. Es éste uno de los puntos en que se puede decir sin escrúpulo: «No tiene razón el censor».

Capítulo XIII. Otras censuras

Parte 1.ª, capítulo XX: «Érase que se era, el bien que viene para todos sea, y el mal para quien lo fuere a buscar; y advierta vuestra merced, señor mío, que el principio que los antiguos dieron a sus consejas, no fue así como quiera, que fue una sentencia de Catón Zonzorino romano, que dice: y el mal para quien lo fuere a buscar». Pellicer encuentra esta erudición superior a Sancho; y ésta es otra imputación al tino de Cervantes o al uso constante de aquel tiempo. La erudición de las consejas y cuentos populares está al alcance de las personas más rústicas, quienes las saben de oídas, como las saben los niños, los viejos, los muchachos, etc. Así se estilaba principiar los cuentos: y, por esto ¿qué tiene de sorprendente que Sancho supiere esto y mucho más? Los inventores de las consejas se escudaban de su necedad o les daban autoridad con decir que los antiguos las empezaban de tal o cual manera; y la misma equivocación del nombre Zonzorino habla de la ignorancia o malicia de Sancho, no de su erudición. El mismo Pellicer, siguiendo a Rodrigo Caro, dice que los muchachos y la gente rústica principiaban sus consejas de una manera semejante, a imitación de Plutarco y de Quinto Sereno Sarnónico; y Viardot agrega que los cuentos de vieja principiaban de este modo: «Le bien pour tout le monde, et le mal pour la maîtrise du Curé» [«El bien para todo el mundo, y el mal para la maestría del Cura»]. Esta censura de Pellicer es semejante a la de Clemencín relativa a las palabras de la sobrina de Don Quijote, cuando el Cura quiere saltar del fuego los libros de poesía (Parte 1.ª, capítulo V): «Ay, señor, dice ella, bien los puede vuesa merced mandar quemar como a los demás; porque no sería mucho que habiendo sanado mi señor tío de la enfermedad caballeresca, leyendo estos libros se le antojase de hacerse pastor y andarse por los bosques y prados cantando y tañendo, y lo que sería peor, hacerse poeta, que según dicen es enfermedad incurable y pegadiza». Estas naturales y sencillas palabras son censuradas por Clemencín, como discurso inverosímil en boca de la sobrina, muchacha sencilla e ignorante. Nada hay en este discurso que no esté al nivel de una muchacha sencilla e ignorante; pues basta la frase según dicen para explicar perfectamente estas circunstancias. Mas, estos censores no atienden al estilo del tiempo de la literatura caballeresca, en que, como dije en su lugar, hasta el más rústico gañán era metafísico, histórico y erudito. Agregaré un ejemplo a los que allí se exponen: véase el Desengaño en celos, novela en prosa y verso, de Enciso, donde la historia y la mitología, Platón, Nebrija, el Concilio de Trento, etc., entran como cosas muy naturales en boca de sus sencillos y rústicos personajes. Pero ya he dicho y repetido que los censores de Cervantes son inexorables: si se habla en estilo elevado, es defecto; si en estilo medio, es defecto; si el pastor habla como debe, es demasiado bajo; si el bachiller lo hace bien, es estilo malo, por afectado. ¡Y si esto fuera solo a los héroes de Cervantes!, pasaría; pero no: es a todos los de otros libros: lo que no es justo, por que el hecho de hablar así todos, es prueba de que así se hablaba, y porque lo que prueba mucho no prueba, etc. Clemencín, pues, censura al pastor de Iberia con estas palabras: «el lenguaje es malo; se truecan los tiempos de los verbos y hay solecismos». ¿Qué mucho que haga la misma y otras censuras a Cervantes, como veremos? Los dos cargos que hace en las líneas anteriores, no son defectos, según lo que se explicará en la 3.ª parte y que no debía olvidar el comentador. Y lo olvidaba, pues no es solo esta vez que hace igual censura.

Parte 1.ª, capítulo XVII: «que jamás pagaron posada (los caballeros) ni otra cosa en venta donde estuviesen». Rebate el punto Pellicer, y cita un caso en contrarío, hallado en un libro (Pulci) enrostrando a Don Quijote el no haberlo leído. Una excepción no niega la regla; y Cervantes ridiculizó la costumbre general de los escritores que se detenían en futilezas. No es de creer que Cervantes no hubiese leído el *Morgante Maggiore*, de Pulci; y hubiera sido una oficiosidad notar la excepción, que sin duda desvirtuaría el discurso de Don Quijote.

No podía Clemencín dejar de aprobar esta censura, nacida solo del prurito de mostrar erudición. Otras semejantes nimiedades se ven en las censuras, cogiendo puntos y excepciones a Cervantes: algunas se verán. En la corrección anterior cree Clemencín; a más de lo dicho, que Don Quijote no ha debido pensar lo que pensó... ¡Esto es corregir en maître la fábula del libro! El héroe no ha debido ser lo que era, sino otro de carácter distinto y distinta ley, distinta intención... y debía pagar...! Hartzenbusch defiende muy bien a Cervantes en este punto. El Comentador no solo desaprueba, sino que imitando al necio de Avellaneda, censura severamente, copia el largo párrafo en que el falso autor corrige, reprende y satiriza a Cervantes, y agrega: «he copiado más a la larga este pasaje, para que pueda enterarse el lector de la manera de escribir de Avellaneda. Y compararla con la de Cervantes». ¡Esto lo dice un erudito! Pero no haya miedo que tal opinión tome cuerpo.

Parte 1.ª, capítulo LII: Reprueban Viardot y Clemencín el papel del Cura y el Canónigo en la escena de Don Quijote y el cabrero, por sentar mal a su carácter, y agrega: «que aquel pasaje es indigno de Cervantes, quien cae en el mismo defecto que reprochó después a su plagiario Avellaneda». ¿Se dirá esto por la risa de los dos eclesiásticos? Al ver a Don Quijote, puesto en cólera y además siniestro, arremeter al cabrero; al ver pasar el pan de las manos del uno a la cara del otro; al ver a Sancho, a guisa de valiente, montarse sobre las costillas del rústico, éste sobre las del caballero, el caballero sobre las de él... ¿Puede el más austero mortal contener la risa? ¿Se leerá esta escena con semblante serio? ¿Y qué tienen que ver los cuentos insípidos, indecorosos, de Avellaneda, con la oportunidad, y la sal de los de Cervantes? ¿Será la censura porque permitieron la pendencia? No podían intentar impedirla, sin enfurecer a los contrincantes, ya montados en cólera. ¿Qué más podían hacer que impedirles usar el cuchillo o cualquiera otra arma mortífera que intentaran tomar? Confieso que no veo tal indignidad, sino naturalidad y pura imitación; pues ese hecho tiene más mérito si se recuerda lo pendencieros y burlescos que eran en general los eclesiásticos, cosa que acaso fue lo que quiso satirizar allí Cervantes. El que toma tal cuidado en no chocar al gusto ni al buen sentido, especialmente en las cosas sagradas, ¿había de cometer la falta que se le achaca en este punto? Expresamente hubo este cuidado poco antes con el mismo Cura, quien tuvo escrúpulo de vestirse de mujer y de dejar que le tocasen la cabeza. Agréguese la defensa de Hartzenbusch y los versos:

«Que aún el filósofo es hombre
En las horas de comer»

Parte 1.ª, capítulo XVIII: «ya os conozco, fementida canalla». Los que han querido deducir de estas palabras de Don Quijote un sentido muy ajeno de los sentimientos de Cervantes, y han visto en ellas una burla de los religiosos, sin duda que han caído en una ligereza imperdonable y dado nueva prueba más de que no comprendieron el libro. ¿Por qué no han dicho: flaquea el juicio de Cervantes, cuando han visto el empeño del hidalgo manchego en creer gigantes a los molinos? ¿Por qué no dicen: flaquea la misericordia de Cervantes, cuando ven a Don Quijote atacando un cuerpo muerto?, etc. Don Quijote se había imaginado que aquellos bultos negros debían ser y eran sin duda encantadores, que llevaban hurtada alguna Princesa... y a esos bultos negros, a esos encantadores, era que él decía fementida canalla, y lo demás que sigue en el texto de Cervantes. Si no pudo toda la malicia de Sancho hacer creer otra cosa a Don Quijote... ¿Pensáis vosotros, o censores, aplicar aquellas voces a intenciones que no llevaban? Tan es así, que el hidalgo tomó escrúpulo cuando se convenció que aquella era gente de Iglesia y creyó justo el castigo que le había caído por poner manos en ella. En todas ocasiones muestra Don Quijote sumo respeto por las cosas y personas sagradas.

Parte 1.ª, capítulo XVII: «Las mercedes... que en este vuestro castillo he recibido». «Olvidó aquí Don Quijote, dice Clemencín, lo de la mano fijada al brazo del descomunal gigante, el moro encantado, las quijadas bañadas en sangre, las costillas pateadas, la ruina del lecho, y finalmente el candilazo.» ¡Candilazo para Cervantes! Pero sepa, señor Clemencín, que el manchego no olvidó aquello: mas, como cristiano y caballero, como cortés y bien criado no debió dar las gracias recordando ofensas. Tanto más choca esta observación, cuanto que está en oposición con lo que el mismo dice en la nota siguiente, en que censura la salida del hidalgo sin pagar, y dice: «parecía natural que olvidando lo generoso y gratuito del alojamiento de los castillos, etc.», es decir: Don Quijote había tenido aquel alojamiento por el generoso y gratuito de los castillos; luego, el olvido censurado está muy en orden.

Parte 1.ª, capítulo XVIII: «La ley de su falso profeta Mahoma». Objeción de Clemencín: «No viene bien en Cide-Hamete, autor arábigo y filósofo mahometano, calificar de falsa la ley de Mahoma». El crítico sufre un grave error: no es Cide-Hamete quien habla; es Don Quijote, tan cristiano como el primero y el historiador debe pintar los hechos como pasan. Dicha frase cabe muy bien en boca del caballero y en la pluma de un historiador que a cada paso hace alarde de fiel y verídico. Cervantes, tan erudito, sabía lo que hacía.

Parte 1.ª, capítulo XXVIII: «Una voz que llegó a sus oídos». Es extraño que un hombre tan conocedor de los libros de caballería, donde la uniformidad y repetición de escenas semejantes forman el carácter principal y llegan hasta el fastidio; es extraño, repito, que un hombre como Clemencín tache de inverosímil la repetición de un mismo casual y muy justificado incidente en dos capítulos seguidos, y note de defecto las palabras citadas con que principia el episodio de Dorotea, habiendo principiado el de Cardenio por éstas otras una voz llegó a los oídos del Cura y del barbero.

Léase, entre otros libros, *La selva de aventuras*, de Jerónimo Contreras, cronista del rey; obra que es dechado de estas cosas caballeriles; y especialmente véase el libro 2.º, donde a cada paso se oyen voces tristes y enamoradas en el bosque, etc.

Ésta es demasiada temeridad; mas, concediendo algo, pudiera aquello tacharse de falta de memoria, de gusto o de lo que se quiera, menos de inverosimilitud. Sería enojoso traer ejemplos del discurso de Dorotea, y entrar en la defensa de él contra la censura del crítico, que flaquea desde el principio. No tendría más que abrir dos o tres libros para encontrar situaciones semejantes, entre otras la del príncipe Anaxarte y la princesa de Niquea, citada anteriormente, con motivo de esta importante cuestión de estilo en los discursos, que he tocado y volveré a tocar otras veces, pues a ello dan lugar los censores. Y la censura dicha es tan fastidiosa como la de que Dorotea no podía ser blanca siendo rubia, o la de que se olvidó a Cardenio mencionar la carta que dejó escrita a Lucinda, etc., etc.

El censor, que modifica su juicio cuando Dorotea habla a Don Quijote, y dice: «Dorotea, queriendo hacer de Princesa, usaba con mucha oportunidad de los arcaísmos que había leído en los libros de caballería», ¿por qué no observó que también usaba en su anterior discurso los períodos redondos y relamidos, las agudezas ingeniosas, y demás reparos que nota, lo que era el uso común y el carácter de la literatura del tiempo? ¿Por qué no tuvo presente lo que más adelante iba a decir sobre este uso continuo? Léase la página 609: «los soliloquios lacrimosos, metafísicos y de todas maneras ridículos de los caballeros andantes, son inmensurables. Los de las damas... no les van en zaga». Mas, para honor de Clemencín, y para confusión de sus faltas (proceder cristiano) agregaré las siguientes líneas del comento al capítulo XLIII del *Quijote*: «Cervantes varió y marcó con gran maestría los caracteres de personas, asignándoles el lenguaje que a cada una convenía, según la diferente naturaleza del afecto que la agitaba». Así es que esto viene a borrar lo anterior, y los fallos siguientes: el estilo de Dorotea cuando suplica a Don Fernando la vuelva a su felicidad pasada, es demasiado humilde; el del rústico pastor Pedro es muy humilde, demasiado afectado el del pastor Eugenio (téngase en cuenta que éste era cortesano, etc., etc.). Respecto a este último, es distinta la opinión de Capmany, que lo cita modelo de lenguaje.

Parte 1.ª, capítulo XLIX: «de donde se viene a sacar». «No raciocina bien Sancho», dice Clemencín, y va a la prueba... ¡Quién lo creyera! Pensó coger a Sancho en error de raciocinio... pero el texto no está mal: Sancho raciocinó bien, como lo reconoció el mismo Don Quijote; y lo contrario sería impertinencia, que nada probaría en favor de la malicia del escudero, que es la intención natural en este punto: «La pobre cuenta de mis ricos males».

Parte 2.ª, capítulo LII: «Por esta vez renuncio mi hidalguía». Aquí sí se las disputa Clemencín a Don Quijote en esto de saber las cosas y costumbres de la caballería. El manchego, que se preciaba de buen conocedor de las leyes de su profesión, no imaginó que alguien lo iba a coger en error en este punto. ¡Qué pifia se dio el tal caballero! El no sabía lo que traen las *Leyes de Partidas*, inclusas en el Doctrinal de caballeros, ni otras más antiguas, por las cuales se establece que el retado puede dar par al retador, pero no al revés; y que de consiguiente él (Don Quijote) pecaba de ignorancia en decir lo que dijo en las palabras citadas. Él renunciaba su hidalguía, siendo el retador, ¡qué disparate! ¿Mas, cómo debía hacerse esto? No sé: pero Clemencín olvida que Don Quijote profesaba la ley de los caballeros andantes, por la cual no es dado a ninguno de ellos batirse ni tomar espada contra quien no lo fuera; y que el manchego, habiendo recibido un agravio, como el que se había hecho a una doncella, estaba en la disyuntiva forzosa (pues no podía dejar de deshacer aquel tuerto) de que el contrario se elevara a caballero o de bajarse él al nivel del contrario, para no contravenir a sus leyes. No podía efectuarse lo primero, por la ausencia del contendor... Debió, pues, suceder lo que sucedió, sin que en nada pueda tildarse a Don Quijote de trastornar las ordenanzas andantescas, como lo juzga el crítico.

Don Favila estaba en igual caso que Don Quijote: era caballero y debía combatirse con un plebeyo, en pro de una dama acusada y calumniada por

éste; y como estaba presente el acusador, en vez de él renunciar a su hidalguía, dispensó a su adversario su condición. En La Princesa doña Luz, de
Zorrilla, dice un caballero en igual caso:

Yo, para lidiar conmigo,
Os dispenso lo que os falte.

Parte 2.ª, capítulo VIII: «Pues esta fama, estas gracias, estas prerrogativas,
como llaman a esto, respondió Sancho, tienen los cuerpos y reliquias de los
santos, que con aprobación y licencia de nuestra santa madre Iglesia tienen
lámparas, velas, mortajas, muletas, pinturas, cabellos, ojos, piernas, con que
aumentan y engrandecen su cristiana fama, etc.». No opina así Martínez del
Romero, y hace muy bien: Pero esto no desvirtúa en nada la exactitud del
texto, ni hay error en Sancho; lo contrario sería el error. La devoción debe
considerarse aquí como una idea, no filosófica, sino histórica, que pasa por
el tamiz de los siglos, y es en unos más pura que en otros. Hoy creemos tal
cosa que los venideros rechazarán (en las prácticas, no en el dogma). Hoy
es irreverente y ridícula una devoción supersticiosa, de la misma manera que
a Sancho, y aun a los sabios del tiempo, parecía exacta y buena. Además,
era cierto, como no lo negará el señor Romero, que todos esos objetos enumerados daban veneración al pueblo y afirmaban su culto. Mas sea lo que
sea, para ver si esa idea deba o no admitirse, debemos trasladarnos (como
en todas las censuras de que me voy ocupando) a la época precisa y leer en
el *Persiles* (Parte 3.ª, capítulo V) lo que sobre esto se dice con motivo de la
peregrinación de Guadalupe, donde hay una respuesta a la objeción y una
lúcida defensa: léanse también las palabras del mismo Cervantes sobre esto
en el *Licenciado vidriera*, que son aun más decisivas; y nótese sobre todo que
a quien se censura es a Sancho, contra quien nada puede el saber, porque
él nada sabe.

Parte 2.ª, capítulo XXIX: «De trescientos sesenta grados que contiene el
globo»; «Modo impropio de hablar, que aunque en boca de Don Quijote,
corre de cuenta de Cervantes» ¿Y por qué? Si hay allí impropiedad y errores
no atiende entonces Clemencín a que aquí imitaba Cervantes los modos de
hablar científicos de los libros y especialmente los cosmográficos, de que

estaban llenos los de caballería. Si añade Don Quijote que Tolomeo era el mayor cosmógrafo, hace muy bien, y mejor lo hace Cervantes en hacerlo decir a Don Quijote, sin que se deduzca de allí la ignorancia de Cervantes ni la de Don Quijote, así como no se condenará la de los anteriores a Newton por creer lo contrario de lo que él creyó y aprobó. Aquéllos eran los conocimientos en los coetáneos de Cervantes. Pero Don Quijote, embebido en la lectura de sus libros, los más verdaderos para él y pensando solo en resucitar los tiempos y usos antiguos, veía como tortas y pan pintado lo contrario, que no conocía. Consulte la obra titulada *Teatro del Mundo y del Tiempo*, quien quiera ver el sistema cosmográfico de Tolomeo como el más admitido en los siglos XVI y XVII. Pero no: no se tome ese trabajo; el mismo Clemencín le dirá en la página 329 del tomo 5.º de su comentario una verdad que echa al fondo su pasada opinión: ¡pues asegura que el sistema de Tolomeo era el universalmente seguido en tiempo de Cervantes! ¿Y adónde la censura que hace a éste, que no ya a Don Quijote? Igualmente vana es la que hace poco antes, cuando dice Sancho que el Ebro produce las mejores sabogas del mundo. Inverosímil le parece eso al censor: y ¿por qué? Porque: «Sancho era nacido y criado en lo interior de la Mancha... sin otros conocimientos... que los que ha podido darle una educación rústica». Luego, es preciso ser erudito para saber, un habitante de Madrid por ejemplo, que Málaga produce los mejores vinos y Extremadura los mejores chorizos...

Parte 2.ª, capítulo XXX: «De quien anda impresa una historia». No es éste el lugar de tratar la cuestión en que han entrado varios críticos por el deseo de medir los diez años que trascurrieron entre las dos partes del *Quijote*. En la primera parte de este escrito se inició esta cuestión; mas, como no es fácil compaginar la unidad de tiempo, ni los anacronismos que de ella resultarían, es preciso prescindir del hecho real y recordar que en las creaciones fantásticas se deben hacer ciertas concesiones, salvar obstáculos y entrar solo en el fondo del asunto, en cambio del interés y del propósito del genio. Si en las novelas, comedias y otras composiciones, sobre todo en la literatura de la caballería andante, están al orden del día estos anacronismos, y rota constantemente y desconocida esta unidad de tiempo; si hoy el teatro romántico nos hace presenciar absurdos monstruosos en este respecto; ¿por qué tanto reparo en una obra que no debe someterse a la crítica de ninguna de las conocidas y que interesa y halaga desde el principio hasta el fin, sin jamás cansar al lector, ni declinar en interés y entusiasmo? Sálvese el tiempo y no se entre en vanas correcciones, dese por impresa la obra de Avellaneda; sálvese el obstáculo de las numerosas impresiones de la primera parte; y acéptese el conocimiento en que estaban grandes y chicos, señores y lacayos, dueñas y doncellas, de la existencia y extraño humor de Don Quijote; y todo marchará bien.

Parte 2.ª, capítulo I: «Rugero, de quien descienden los duques de Ferrara, según Turpin en su *Cosmografía*». Este párrafo subrayado es el que suprimió la edición de Valencia, que se tiene por la segunda; supresión adoptada por la mayor parte de los editores posteriores. Vamos a la crítica de él. Viardot, siguiendo a Clemencín, halla una corrección que hacer aquí a Don Quijote (que no pudo hacer a Cervantes): dice que será según Ariosto y no Turpin, «pues no se conoce cosmografía de Turpin». En primer lugar, no suprimiendo la palabra cosmografía, quedaría tan mal uno como otro autor, pues tampoco la escribió Ariosto; pero este punto poco vale. Lo otro parece razonable a primera vista; es decir: la objeción de que, pues Turpin no escribió cosmografía, está mala la cita. Mas, no es buena la censura. Ariosto se refiere en toda su leyenda a Turpin, donde toma su origen; así es que no hay error en aludir a una opinión novelesca del poeta italiano y referirse a la fuente de donde tomó toda su fábula, al decir de él. ¡Cuántas otras ideas se refieren a dicha fuente, que no le pertenecen! Si esta idea sobre el origen de la casa de Ferrara no está expresamente explicada, esto no obsta; pues a cada paso no debía detenerse a mencionar donde tomaba sus creaciones. Tampoco está bien hecha la censura, aun cuando el primer punto fuese más vulnerable; porque quien habla es un loco, en un rapto de entusiasmo, en que debía buscar autoridad para sus palabras y agotar los medios de convencer, y que pudo equivocarse o trocar autores, en lo que poco se cuidaría él al hablar al Cura y al barbero, a quienes, como menos conocedores de la caballería, podía engañar para el fin propuesto de convencerlos; o bien, que, como su empeño era probar a cada paso que sus héroes eran históricos y no novelescos, imaginó que Turpin, como más verídico por su doble carácter de historiador y Arzobispo (aunque fuese el mayor embustero conocido) era el que más autoridad podía dar a su dictamen. Decir a cualquier hombre, y más a un discípulo, que un arzobispo dice tal cosa, es grabarla en su mente con más fuerza (sobre todo en aquel tiempo); mas, no es así si se le asegura que lo dice un poeta, que no son los más verídicos ni autoritativos de los hombres. Esto toma mayor fuerza si hace referencia al arzobispo que se leía y tenía en grande boga y autoridad en ese tiempo. En cuanto a su mención de la cosmografía, esa misma autoridad que quiso dar Don Quijote a sus dichos, fue causa de que, no atreviéndose a mencionar el romance de Turpín, buscase cualquier otro nombre de mayor valor histórico, que diese al auditorio mayor convencimiento; y por esto usó el que más se nombra en los libros de caballería, la ciencia que se tenía por muy verdadera, como de origen celeste, entre los autores de éstos y de los más serios de las letras humanas. Y si fuese verdad que la opinión de Viardot y Clemencín debe ser aceptada, por ser aquello una invención propia de Ariosto para ensalzar la casa de Ferrara, no por eso deja de tener mayor fuerza la idea de que la crítica del *Quijote* no debió entrar en este punto. Se da su origen fabuloso a la casa de Ferrara, así como a las antigüedades de la Mancha en el *Quijote*, y a otras muchas en otros libros; y mientras más antiguo se haga este origen, se tiene por más respetable y de efecto mayor. Don Quijote quiso (hizo bien), referirse a Turpín y no a Ariosto, poeta, extravagante y casi coetáneo. Concluiré este número, recordando aun más el concepto en que se tenía la cosmografía, por ocupar ella uno de los primeros puestos en la literatura de que se ocupó Cervantes, y que ayuda a comprender su fábula, en toda su fuerza en este punto de que trato. La cosmografía y la mitología eran casi una misma cosa: ambas se ocupaban del origen celeste de los héroes; y de allí sacaban su descendencia, ya para dar origen bello y fabuloso a las naciones, ciudades y casas que querían engrandecer, ya para dar aquellos nombres de sus héroes a los astros, constelaciones, etc. En fin, confundiéndose en una estas dos ciencias y dándose la mano, se entretenían en sus alusiones a cada paso los libros y poemas caballerescos; por lo que creo aquella mentira (si lo es) y ficción de Don Quijote muy admisible para dar autoridad, como dije, a sus preocupaciones. ¿Quién será capaz, poéticamente hablando, de disputar a Virgilio sobre el origen de Cartago? Solo Ercilla, para mostrar suma erudición, destruye esta bellísima creación de Virgilio, en su poema, ¡en boca de un soldado! ¿Quién se atreve a probar a Homero... al Dante... al Tasso...

que el origen de sus creaciones maravillosas es distinto del que ellos traen? Entrar en esta especie de disputa con Don Quijote (volviendo a lo anterior) es entrar a probarle que tenemos más juicio, saber y erudición que él. Hartzenbusch sospecha que hay error de imprenta en el nombre de Turpin y cree que debe leerse Thevet. Pero creo preferible atenernos a la disertación hecha y aceptar a Turpin, y no a Thevet, que aunque escribió *Cosmografía*, nada habla de Rugero, y sí da otro origen a la casa de Ferrara.

Parte 2.ª, capítulo VIII: «¿Quién contra todos los agüeros que en contra se le habían mostrado hizo a César pasar el Rubicón?». Clemencín y Viardot, celosos por la verdad histórica, vuelven en su pro y desmienten a Cervantes, diciendo qué fue lo contrario, y citan para ello a Suetonio y Plutarco para dar autoridad a su opinión. En la hipótesis de que tengan razón, veamos si la tiene la censura. Habla Cervantes por boca de Don Quijote sobre la futilidad de los agüeros y la virtud del valor...: debía hablar, no como Cervantes al lector ilustrado, sino como Don Quijote a Sancho crédulo e ignorante y no nada quisquilloso; debía traer, para desarraigar perniciosas preocupaciones, los ejemplos más notables y los capitanes más famosos que estuvieron al alcance de la gente ignorante, personificada en Sancho, entre quien más fuerza tiene y tendrá la preocupación de los agüeros. Él sabía que Sancho, ni ningún Sancho, se atrevería a rebatirlo y discutir la verdad del hecho; y entraba en su plan nombrar a César, como el capitán más popular entonces y el que tenía más puntos de contacto con Carlos V, y por esto era más conocido y apreciado en España. Entre dejar de nombrarlo, o desvirtuar su opinión, y cometer un pequeño error histórico (si lo es) para cortar de raíz el modo de pensar de Sancho y dar fuerza al suyo y a la cualidad caballeresca que se proponía enaltecer, no dudó, y lo hizo como siempre, superior a los contratiempos. He aquí un punto que, bien examinado, echa por tierra el enojo de los censores que entran en polémica, no con Cervantes, que dijo bien lo que dijo, sino con Don Quijote, que lo rebaten en nombre de Sancho. Veamos ahora si es cierto lo que en rigor histórico quieren asegurar los críticos. Sabido es que hubo un agüero favorable, preparado por el mismo César para dar aliento a sus tropas y decidirlas a arrojarse a la empresa a que quería llevarlas; por consiguiente, este agüero fingido, no podía fluir nada en el ánimo del general, y nos es forzoso no contar con él, que es el único favorable y en el que se apoyan los censores. Y es éste el que traen Suetonio y Plutarco. ¿Cuáles fueron los demás agüeros? Agüero, en la acepción principal, es, según la Academia, «presagio o señal futura, Augurium». Este nombre se da a las inquietudes, preocupaciones, sueños, etc., etc., que agitan el ánimo con alguna señal o emoción referida a lo que se teme o espera. En este estado se veía César: luchaba en su interior, dudaba, se detenía ante la resolución que debía tomar, porque una voz interior lo martirizaba; juzgaba los inmensos peligros que le rodeaban y los que traería su determinación; los pesaba y vagaba en medio de mil ideas espantosas; pensaba en el juicio de la posteridad y en el de sus compatriotas: sus amigos dudaban, nada respondían a sus preguntas: Asinio Polión inclinaba la cabeza, indeciso, abrumado de contrariedades. ¿No son todos estos hechos, pronósticos, presagios, agüeros? ¿Y no lo es, tremendo, espantoso, el sueño de la pasada noche, en que padeció horriblemente, y que en el día lo vio como una imagen referida a Roma, representándolo la visión en comercio incestuoso con su madre? ¿No eran presagios, agüeros, los reclamos de la razón, contra los cuales pronunció las célebres palabras, «la suerte está echada», según se lee en Plutarco?

Parte 2.ª, capítulo XXXVI: «Yo le libraré su remedio en la fuerza de mi brazo». Frase es ésta muy propia del estilo caballeresco; pero Clemencín, no pudiendo decir otra cosa, dice: «esta frase me suena a fórmula mercantil en las libranzas y letras de cambio».

Pero, cómo no ha de tratar así a Cervantes, quien no le concede casi un párrafo que valga nada o que no esté lleno de descuidos y defectos: que lo tiene por «ignorante en el arte de escribir», y que ni siquiera lo nombra entre los buenos hablistas, cuando llega el caso? En su relación sobre *Amadís* y las bellezas de lenguaje que le da el autor del *Diálogo de las lenguas*, dice: «todavía no habían ilustrado y perfeccionado nuestro idioma don Diego Mendoza, Granada, Mariana, Solís, Saavedra y otro maestros de la lengua castellana».

Parte 2.ª, capítulo XXXIV: «Grande era el gusto que recibía el duque y la duquesa en la conversación de Don Quijote y la de Sancho Panza; y confirmada la intención que tenían de hacerle algunas burlas que llevasen vislumbres y apariencia de aventuras, tomaron motivo de la que Don Quijote ya les había contado de la Cueva de Montesinos, para hacerle una que fuese famosa; pero de lo que más la duquesa se maravillaba, era que la simplicidad de Sancho fuese tanta, que hubiese venido a creer ser verdad que Dulcinea del Toboso estuviese encantada, habiendo sido él mismo el encantador y el embustero del negocio». No agradó a Viardot el orden de las ideas de esta frase, en que lo altera y corrige, creyendo hacer un bien al novelero de Cervantes, para lo cual traslada todo lo subrayado y lo coloca después de la palabra negocio. No creo que sea del mejor gusto la corrección, puesto que tampoco del peor: lo decidirán los ideólogos (pues se trata de ideas) y los filólogos, que tendrán campo extenso en la frase, tal como la pone el francés, para ejercitar sus fuerzas, sobre todo si se proponen probar que no se rebaja y empobrece el castellano amoldando sus frases sueltas y numerosas al oído francés, acostumbrado a un idioma más filosófico, y por lo tanto, más pobre y estrecho.

Parte 2.ª, capítulo XVIII: «Viven los cielos... que sois el mejor poeta del Orbe». Agarra esta naturalísima expresión el comentador Clemencín para zaherir una vez más a Cervantes: acaso no quiso comprender, o la educación y prudencia de Don Quijote, que no debía expresarse de una manera ofensiva a quien tan generosamente lo hospedaba, o la sátira de Cervantes a esta especie de versos y los demás de malos poetas, ponderando una mala composición del más malo de todos los géneros de poesía. Recuerda Clemencín la cuestión de alcahuetes que elogiándola la zahiere, como él mismo comprendió y confesó y recuerda la opinión de Don Quijote respecto a las glosas; opinión que debe ser aceptada, más bien que ésta, por no mediar la circunstancia obligatoria, de elogio. En momentos en que los acrósticos, glosas, anagramas, enigmas, etc., torturaban el talento, y por esto y por su naturaleza, eran cosas muy malas, Cervantes quiso presentar un pobre poeta perdiendo ocho días en una mala glosa y concluir con la ironía de que era el mejor poeta del orbe. Esto en su parte esencial: en cuanto a la faz novelesca, es decir, en cuanto a su natural relación con la fábula, es preciso ver que Don Quijote, imbuido en estas ideas martirizadoras de la poesía, por lo que tanto leía en sus libros y en los poetas contemporáneos más comunes, y más que todo, por su cortesía y dolor, como he dicho, debió decir aquello y no otra cosa. Pero el censor tuerce estas ideas y toma las palabras como si fueran de Cervantes propio, en elogio de sus propios versos: es decir, anula la fábula, desvanece los personajes y hace que el lector solo vea la figura de Cervantes. ¡Todo desaparece, según su aserto actual, repetido en muchas partes, y nos hace pasar de la novela a la realidad de ver a Cervantes frente a frente con el lector! De este modo no hay obra que resista a la crítica. En la misma falta de achacar a Cervantes las de sus personajes incurrió, entre otros, Munárriz en este mismo punto, viendo como una debilidad de Cervantes y una prueba de su mediocridad en los versos el verse alabar aunque fuera por Don Quijote, por el hecho de que Don Lorenzo muestra satisfacción en ello...

Parte 2.ª, capítulo III: Algo impertinente y tonto me parece el reparo de Pellicer a las palabras del Bachiller cuando, haciendo el juicio de la historia que andaba impresa, dice que al autor se le olvidó decir quien hurtó el rucio a Sancho, «siendo así, agrega el censor, que en dos lugares se dice que el ladrón fue Ginés de Pasamonte». El Bachiller se burlaba, hablaba de chiste, picaba la curiosidad de los héroes de la historia; y para esto inventaba alteraciones, deseando oír la explicación que ellos le dieran de los puntos que tocaba: es curioso más bien el reservar aquí el nombre del ladrón para saberlo de boca de Sancho, a quien hasta oírlo hacía asco, y hacerle contar una escena que debía mortificarlo, o que variaría a su manera. También de esto se valió Cervantes para contestar argumentos que se le oponían y para dar a conocer mejor el carácter del interesante Bachiller, que parece no haber sido comprendido por el censor, por éste y demás reparos que en otros lugares acumula. Lo dicho se aplica también a muchísimas censuras que se hacen a las faltas de erudición y a los descuidos y olvidos que se ven en el libro, y que debían ser mejor atendidos y estudiados por los críticos para darles su justo valor. Véanse dos o tres semejantes fallos de dichos señores, que entran en la anterior circunstancia. El mismo reparo hace el Bachiller respecto a los escudos de la maleta de Cardenio, y el mismo cargo se hace a Cervantes. En la Parte 1.ª, capítulo XX, hace Clemencín un reparo semejante: aconseja Don Quijote a Sancho que debía comedirse y guardar silencio, y para esto le pone el ejemplo de los pasados escuderos, que todos parecían muertos, etc.; y es aquí donde desmiente el comentador a Don Quijote. Bien está; pero ¿había de decirle lo contrario de lo que le dijo, y desvirtuar así su orden? ¿Había de decir: «Sancho, los escuderos hablan»? Sancho le hubiera dicho: «Vuesa merced quiere entonces que yo contravenga a las ordenanzas de la caballería».

Capítulo XIV. Equivocaciones del comento

Antes de pasar a las censuras particulares hechas al lenguaje y estilo del *Quijote*, asunto que ocupa la Parte tercera y algunas páginas de esta segunda, detengámonos algunos momentos en varias de las muchas equivocaciones que han sufrido los comentadores de dicha obra.

Parte 1.ª, capítulo I del *Quijote*: «y cuando en allende robó aquel ídolo de Mahoma». Dice Clemencín «que allende se toma en los libros antiguos por ultramar». En esto hay equivocación; y es precisamente hoy que se toma regularmente en aquella acepción. Allende es adverbio de lugar, y expresa del lado allá, de la otra parte (ultra);[161] tanto puede ser, del lado allá del mar, como del monte, del llano, etc., según el caso. Mas, esta acepción es la menos usada en la Antigüedad, a pesar del aserto del crítico. Antes era sincopado «allen» de la otra parte, como «allen-mar» de la otra parte del mar (Sánchez, *Diccionario de voces antiguas*). Frecuentemente se usaba expresando tiempo, cantidad o equivalente a además, después. Así lo leemos en una ley sobre exención de derechos de los libros, en que, después de recordar las franquicias o franquezas de los reyes anteriores dice: «por ende ordenamos y mandamos que allende de la dicha franqueza, gocen, etc.»; «allende de estas penas generales, hay otras particulares» (Granada); «y conocidos por este Prelado, los inconvenientes del codiciar allende de lo necesario» (Hernando del Pulgar); «allende de ser la mejor del mundo, tiene, etc.» (*Amadís de Gaula*); «sería hombre de muy buen ingenio, según se prueba por este librillo, allende de otros» (Cervantes: *Buscapié*). Otra acepción trae el mismo en la Gitanilla: «nunca los celos, a lo que imagino, dijo Preciosa, dejan el entendimiento libre para que pueda juzgar las cosas como son: siempre miran los celosos con antojos de allende» (engañosos, de otra luz, fuera de los comunes, etc.). Pero regularmente se tomaba a allende por el extranjero (lugar) o lugar de los moros, y era un sustantivo equivalente a la morería, según Covarrubias.

Ejemplo:

Irme quiero a tomar tienda

---

161 Allende vale por ultra de, fuera de; y cuando es una dicción allende vale por esotra parte. Covarrubias.

Allende la morería (romance morisco)
Este fuera el mejor moro
Que de allende había pasado (id.)

El mismo ejemplo que trae Clemencín no confirma su opinión: en él se toma por otra parte: dirigiéndose Don Alonso a un servidor que tenía en Roma, le dice:

A ti que quitaste la tierra e cabdal
Por las mis faciendas de Roma y allende

Menos feliz es el censor en la aplicación del texto de Cervantes, por haber olvidado que el robo del Mahomet de oro que quitó Reinaldo de Montalbán a cuarenta mil moros (pasaje a que alude Don Quijote y que no debió olvidar el crítico) fue en la misma España, según se lee en el «Espejo de Caballerías»: «O bastardo, hijo de mala hembra, mientes en todo lo que has dicho (palabras de Reinaldos); que robar a los paganos de España no es robo, pues yo solo, a pesar de sus cuarenta mil moros, les quité un Mahomet de oro», Parte 1.ª, capítulo 46. Atiéndase además al origen de la voz; éste es aliunde latino, llen bable.

Parte 1.ª, capítulo X: «Las espadas altas y desnudas y en guisa de descargar dos furibundos fendientes». Dice Pellicer: «el sustantivo de estos dos adjetivos es golpes». Creo que la frase del texto está completa, sin necesidad de ocurrir a la elipsis que sobreentiende el sustantivo de estos dos adjetivos: allí hay un sustantivo y un adjetivo. Aquél es fendientes, que juzga adjetivo el crítico y que de ninguna manera puede serlo aquí. Dicha voz, además de ser el participio activo del verbo fender (hender, dividir, separar, findere) es un sustantivo que significa una cuchillada, tajo, mandoble que penetra mucho, por lo que furibundos viene a ser epíteto de aquel sustantivo. Aun más extraño es que el censor, para dar más fuerza a su opinión, diga lo que la contraría: «Lenguaje usado en los libros de caballería. Así se lee en *Amadís*: fendióle hasta la oreja». Aquí fendióle es tiempo de verbo, que en nada se relaciona con lo que dice antes Pellicer. Más bien lo contraría; pues fender

221

indica su nacimiento del sustantivo fendiente; pues sabemos que todo trae envuelta la idea de un sustantivo.[162]

Parte 1.ª, capítulo XX: «A las primeras dio Don Quijote una cuchillada». Clemencín cree que hay una elipsis, y agrega, que «primeras concierta con cuchillada», o de esta manera invierte «a primeras las cuchilladas le dio una». Esto haría la frase embrollada. Mejor es buscar el valor usual y recto de ella. A las primeras es un modismo adverbial que significa al principio, al comenzar, en entrando, en primer lugar. Dicha locución deriva de a las primas, que es la primera vez, al primer punto. Así, es lo más preferible esta explicación, según los Diccionarios y Gramáticas, que enseñan que «la proposición a antepuesta a los adjetivos plurales y en la terminación femenina, forma una frase adverbial de modo y de sentido figurado»; «A las primeras le dio un golpe, a las primeras lo tenía muerto, etc.».

Parte 2.ª, capítulo I: «Yo sé que estoy bueno, replicó el licenciado, y no habrá para qué tornar a andar estaciones». Así respondió el semiloco licenciado al loco que le aconsejaba que estuviese quedito en su casa (el hospital de locos) para que ahorrase la vuelta: pues lo juzgarían tan loco como antes. Pues bien; aquella frase andar estaciones, que es ir de una parte en otra, es confundida por los editores Gaspar y Roig con andar las estaciones, que es en su sentido recto y verdadero: «visitar las Iglesias y rezar aquellas oraciones prevenidas para ganar las indulgencias». Y al explicarlo así, citan palabras de la Academia, confundiendo este último sentido, que es el que ella explica en dichas palabras, y el anterior.

Parte 2.ª, capítulo X: «Al hijo de tu vecino, límpiale las narices y métulo en tu casa, o cásale con tu hija». Los editores de 1851 (Madrid) explican mal este refrán, alzando un testimonio a la Real Academia, al fundar su opinión. Ellos dicen: «Refrán que nos indica que no se debe intentar el curar radicalmente ciertos achaques habituales, por el riesgo de perder la vida». Es esto tan distinto de lo verdadero, que no tiene puntos de contacto con lo que dice la Academia. Este refrán «advierte a los padres, habla la Academia, que para casar a sus hijos, escojan personas cuyas prendas y calidades le sean conocidas». Aun no está allí completo el sentido del dicho, que lo que

---

162 Véase mi Gramática-Ortografía [Muy probablemente, Urdaneta hace aquí referencia a dos de sus obras lingüísticas: Principios de gramática castellana y Manual de ortografía, respectivamente, publicadas en 1873 y 1876].

aconseja es que escojan personas iguales. No de otra manera se puede y debe interpretar este dicho en boca de la mujer de Sancho; pues, como éste manifestase el empeño de casar a su hija con un conde, Teresa, más juiciosa, se opone, por que no debe uno pretender ser más de aquello para que nació; y le hace ver las cualidades de Lope Tocho, y su afecto por la mochacha, dignos ambos el uno del otro por su bajo nacimiento, agregando: «No recuerdas el refrán que dice: al hijo de tu vecino, etc.» y hace ver que podía caer su hija en «un Condazo, o un caballerote, que cuando se le antojase la pusiese como nueva». En este mismo sentido, y censurando la costumbre de casar a las hijas con personas desconocidas, dice *Guzmán de Alfarache* (Parte 1.ª, capítulo I; parte 3.ª, capítulo III) el mismo refrán que Teresa, refrán que nació del latino: œqualem uxorem quœre [igual mujer quiere], del cual también nacieron otros de igual sentido, como cada oveja con su pareja; casar y comprar, cada cual con su igual; ruin con ruin, que así casan en Dueñas, etc., etc.

Parte 2.ª, capítulo LXIV: «Señor, a mí me ha de llevar el diablo de aquí donde estoy en justo y en creyente»; según Covarubias, Arrieta, Bowle y otros, el modismo subrayado quiere decir al punto, súbitamente, aceleradamente. Pero hay equivocación en esto; pues en justo y en creyente es una frase adverbial que significa que una cosa es cierta, segura (de cierto, de seguro), y es esto lo que allí se quiso decir: lo otro no tendría objeto natural. Sancho no quiso decir: me ha de llevar el diablo ahora mismo, sino me ha de llevar... de seguro, sin duda, etc. Creyente (participio activo de creer o el antiguo creyer) y justo (adverbio de modo justamente-Juri), se juntan con una misma significación de exactitud, aseveración, más propia de ellos que no la otra. Equivalente a este modismo era aquél, que se encontrará más adelante por estar censurado, formado por un verbo, o una frase equivalente, y el adverbio cierto, como «mi corro cierto», «creo cierto» y los demás ejemplos que se verán.

Parte 1.ª, capítulo I: «Se pasaba las noches leyendo de claro en claro y los días de turbio en turbio». Esta sencilla frase ha dado lugar a interpretaciones diversas. No me satisface la de Arrieta; quien ha olvidado que, así como el verbo pasar rige a las dos proposiciones, también las rige el gerundio leyendo, elípticos los dos verbos en la última. Pasaba Don Quijote leyendo los días y las noches, éstas de claro en claro, y aquéllos de turbio en turbio. Las noches leía sin interrupción de sombras, sin confusión, claramente en todo el espacio de ellas: los días leía confusamente (de turbio en turbio), por las sombras que caen a menudo a los párpados insomnes y a la imaginación turbada y cansada por las vigilias de la noche. No tendría sentido la segunda proposición, siguiendo al crítico; pues él quiere que pasar los días de turbio en turbio, es «pasarlos durmiendo o en la oscuridad y de consiguiente en turbio» (esto no es de turbio en turbio). Además de que el estado último se opone a los otros dos de la explicación del crítico, y no puede ser su consecuencia; es preciso no olvidar que el gerundio leyendo rige a ambas proposiciones, porque eso es lo que se desprende del texto, y no se puede leer durmiendo ni en la oscuridad. Llamaba Cervantes la atención a la lectura constante de Don Quijote, y sería desvirtuar el pensamiento dominante, hacer descansar a aquél en esta lectura durante los días, y agregar un inciso y una idea que a nada conducen. ¡Y ésta es la explicación de Arrieta: «para entenderse bien, pues de otro modo no puede comprenderse la frase»! La duda se aclara completamente, atendiendo a la significación de la palabra turbio, que muy presente tuvo Cervantes. «Turbio, a, adj. Mezclado o alterado de alguna cosa que oscurece, o quita la claridad natural o transparentada. Turbidus» (Diccionario de la Academia). De turbio en turbio es, según esto, sombras y luces sucesivas unas tras otras, que impiden leer de seguida, por las causas dichas. Lo que la frase del texto significa es, poco más o menos, lo que dice la Sobrina en estas palabras (capítulo V): «muchas veces acontece a mi señor tío estarse en estos desalmados libros de desventuras, dos días con sus noches».

Página 1.ª, capítulo XV: «el duro, estrecho, apocado y fementido lecho de Don Quijote, estaba primero en mitad de aquel estrellado establo». Entiende Pellicer por estrellado lo mismo que descubierto, sin techo. Creo que hay error en ello, y que estrellado es allí que el techo del establo estaba lleno de agujeros, por los cuales entraba la luz a manera de estrellas, como es natural que esté un viejo camaranchón (desván, bohardilla... cuarto estrecho... oscuro) que sirvió muchos años de pajar (sitio donde se encierra y guarda la paja). El techo es parte de un cuarto, desván o camaranchón; estrellado es lleno de estrellas; un techo estrellado es un techo lleno de hendeduras;

y un cuarto estrellado es, o bien la sinécdoque del techo por el aposento, o bien un aposento cuyo techo es estrellado. Además, atiéndase a la significación de establo y a los usos que tuvo en la historia aquél a que se refiere Cervantes. Establo es «lugar cubierto en que se encierra el ganado para su descanso y alimento». El lecho de Don Quijote estaba en medio de un camaranchón o establo, como se dice poco después; de consiguiente, no se deben diferenciar estas dos voces, según lo admitiría quien aceptase el comento de Pellicer, y debe tomarse a establo en la acepción más apropiada, teniendo varias. Entre otras, es mesa, venta, posada, según su origen, Stabulum; y siendo más natural tomarlo en este significado, no creo que la Venta, donde se albergó tanta gente principal, estuviese sin techo. Desván es «la parte más alta de la casa, que tiene por cubierta el tejado» (Academia); y camaranchón (desván) llama Cervantes al cuarto de Don Quijote; también se le llama más adelante aposento; y la interpretación de Pellicer no conviene a un aposento. Pero la duda se resuelve cuando los cuadrilleros que mantearon a Sancho «viendo que el techo era... bajo... se fueron al corral». Finalmente, como debe interpretarse allí esta voz, es como la ha usado otras veces Cervantes. En la novela Las dos doncellas, se lee de un caballero que se había acostado ya tarde: apenas vio estrellado el aposento con la luz del día, etc.». Antes había dicho que el día dio señal de su venida con la luz que entraba por los muchos lugares y entradas que tienen los aposentos de los mesones y ventas. Paréceme que esto no deja duda.

Recuérdese que el nombre Stabularius -ii, se daba al «mesonero, ventero que hospeda a pasajeros», y que el verbo stabulo -as vel stabulor -aris, es vivir, o albergarse en mesones o morada.

Parte tercera
Censuras hechas al estilo y al lenguaje del Quijote

Quisieran muchos, tan desconocida nos es ya nuestra propia lengua, que a las voces antiguas de los escritores de los siglos últimos se les sustituyeran otras de nuevo cuño y forma, como lo hizo Samuel de Cáceres con la Biblia ferraresca... Empero, esto ciertamente más bien sería corromper los libros, que enmendarlos, y reimprimirlos fiel y correctamente.

Fray Francisco Morales, editor del Tratado del *Esfuerzo bélico, heroico* del doctor Palacios Rubios, principal colaborador de las Leyes de Toro.

Capítulo I

Entrando ahora en las particularidades del lenguaje, ¿nos será permitido rechazar tal o cual frase del *Quijote*, o tal o cual palabra, porque así lo pida el uso, juez voluble y voluntarioso; o porque nos falten los conocimientos necesarios para dilucidar cuestiones de esta naturaleza; o finalmente, por un indisculpable olvido de las leyes y desarrollo sucesivo del lenguaje? «¿Quién osará hoy, dice juiciosamente Campmany, descubrir defectos de estilo, por ejemplo en Mariana, en Cervantes, en los Luises?»

No pertenece, pues, a un recto juicio literario, detenerse a fallar sobre el lenguaje de los escritores pasados según las reglas del actual, como respecto de Cervantes lo han hecho y hacen todos los días multitud de autores que han descuidado el orden general de la crítica.

Si nos fuera dado, siguiendo el uso actual, censurar un pero que debe ser mas, sino o también; una a que debe ser para, etc., no quedaría en pie ningún documento literario anterior a nuestros días. Y esto sucedería en el caso de ir con buen criterio... Mas, ¿qué diremos, si aun en este punto está errada la censura, dejando pasar varios puntos gramaticales, y sobre todo, dejando ver un gran descuido en el uso de las voces y frases rechazadas? Muchas hay que eran castizas: ¿y se las ha de rechazar, porque hoy no lo son? Otras ya lo son y no lo eran: y ¿por qué han de sustituirse con las que hoy lo son y no se admitían entonces?[163]

Pues es esto lo que pasa respecto al *Quijote*, con el cual es aún mayor la anomalía; porque lo tachado hace en él una gran falta, y lo sustituido quita a su lenguaje una parte de su mérito y de su sabor caballeresco, alejándolo del pedantismo y el ridículo que forman el punto principal de la sátira de Cervantes; y esas palabras, frases y modismos, que tan bien encajan en aquella novela, no deben quitarse, como pretenden los censores, porque con ellos estaban escritos los libros de caballería, cuyo lenguaje no puede imitarse en el actual.

La primera ley del estilo, según vimos, es que a cada personaje se dé el suyo propio; y esta ley no puede juzgarse bien si desatendemos al asunto y a la época de la acción de la obra que se examina. En el estilo moderno

---

163 En este caso están fizo y aun fezo, vido o vío, sodes, amárades, fumos, fuestes, caya, oya, traya, terrá, verra, porra (luego terná, verná y pornná). En el caso contrario está, cuyo, que principiaba a usarse en el siglo XVI, circunstancia olvidada por Clemencín, como veremos.

sería exótica la publicación de libros caballerescos, que ofrecerían un anacronismo chocante; de lo cual resultaría (volviendo al *Quijote*) que si los Galaores y Gaiteros rechazarían al Hidalgo manchego por prevaricador de los usos y costumbres de su estrecha y pizmienta orden, así los Montalvos, Riveras y Silvas, reirían de las extravagancias de Cervantes y lo reprenderían por su ignorancia en el estilo de la caballería andante: vendrían a trocarse las cosas y a quedar como un enano vencido el gigante vencedor de tanto escritorzuelo ridículo y maestro de tanto escritor insigne. Tan chocante sería hacer hablar a Don Quijote y su legal escudero a guisa de pedantes filólogos del siglo XIX, como lo es el defecto contrario, en que incurrió Garcés en su empeño de resucitar el giro rancio del siglo XVI, en sus Fundamentos de la lengua castellana.

Si los críticos se hubieran ceñido a señalar los giros y palabras del *Quijote* que ya están en desuso, habrían hecho un indisputable bien al idioma.

Capítulo II. Sistema de refutación

En mi plan de refutación, no usaré sino raras veces el método filosófico propiamente dicho; es decir, la aplicación de la filología actual al lenguaje de Cervantes, por creerlo el menos a propósito para el caso y por lo mismo que voy a combatirlo. Es de él que ha dependido el error de muchos de los que han caído a fuer de Zoilos impertinentes, sobre las páginas del *Quijote*: autores que no tuvieron el juicio de La Harpe. Quién, para hablar de Salustio, dice: «sans vouloir prononcer sur le choix de ses termes, dont nous ne sommes pas juges assez compétents, etc.» [«sin querer pronunciar sobre la escogencia de sus términos, donde nosotros no somos jueces bastante competentes, etc.»].

Más me satisface examinar el lenguaje de los autores del tiempo de Cervantes, especialmente de los libros y romances de caballería; para ver si son propios los modismos y palabras que se tachan en el *Quijote* y considerar si de ellos debió o no prescindir su autor. Ya se ve que este método es análogo al que he seguido en la segunda parte, respecto a la fábula del libro. Sobre todo, creo que serán de un gran peso los ejemplos tomados del *Quijote* de Avellaneda, por ser el mayor émulo de Cervantes, y escritor castizo y a las veces elegante, que debió cuidarse mucho de no usar impropiedades, y menos las que hallaba en su rival.

Por último, ensayaré el método que creo más decisivo para confirmar la injusticia de los pseudos-maestros del inmortal novelista. Consiste esta prueba en señalar en las demás obras de éste las mismas frases y palabras que por falsas o ajenas del estilo, o desconocidas del idioma, se tildan en el *Quijote*. Creo señal segura de que no se deben aplicar aquellas censuras, si hallamos dichas locuciones en estas obras en el mismo sentido que tienen en el libro que venimos examinando. El autor escribió sus novelas con más vagar y descanso, especialmente la de *Persiles y Segismunda*, trabajada con sumo cuidado, y que es tenida hoy mismo por un modelo de lenguaje. En este mismo sentido usaré los ejemplos tomados del *Buscapié*, hecho precisamente para llamar la atención hacia el *Quijote*, y que no debió incurrir en descuidos ni errores, por ese motivo y por ser un folleto de muy corta extensión.

Algunas veces haré uso de estos sistemas juntos, otras de alguno o algunos, según el caso; haciendo presente desde ahora, que muchas de las censuras hechas a Cervantes según el método filosófico, son del todo falsas, lo que hace ver la ligereza y poco fundamento de la crítica.

Visto lo dicho en la segunda parte sobre la inconsecuencia de criticar una obra nueva y perteneciente a la literatura popular por medio de reglas de la erudita anterior a ella, téngase presente que Cervantes debía imitar no solo los héroes que ridiculizaba, sino hacer lo mismo respecto al lenguaje de sus creadores, que hablaban el de la profesión y oficio de la caballería, precisamente en el mismo tiempo en que descollaban Granada, Ávila, Herrera, Mendoza, Moncada, etc., que con el contraste hacían resaltar más las cualidades de aquel estilo y aquel lenguaje incomprensible y extravagante. ¿Por qué, pues, se tacha en Cervantes lo que era de uso común en los libros mentirosos de la caballería, siendo su héroe un caballero andante? ¿Por qué, los que sobre él han caído a guisa de cosarios berberiscos sobre nave genovesa, buscando con escrupulosidad voces bárbaras, arcaicas, bajas, etc., no han visto si lo son en realidad y si deben tacharse en el lugar que ocupan? o ¿qué no han hecho la misma censura a los libros caballerescos? ¿Por qué el señor Clemencín unas veces repara tanto en esto, oponiéndose a otras en que asienta lo contrario?[164] ¿Por qué no tuvo el erudito, y otros con él, la prudencia y tino de don Vicente de los Ríos al decir esta frase (repetida por Arrieta), y ser siempre consecuente con ella? Los arcaísmos, o el uso de voces anticuadas, convienen al estilo jocoso porque divierten con la imitación del lenguaje antiguo y desusado. Cervantes tiene particular destreza en imitarlo».

Téngase también presente que el mayor número de libros de caballería estaba escrito en un lenguaje difuso, afectado y conceptuoso; y que expresamente se cuidaban sus autores de hacerlo así y separarse del habla común, so pena de aparecer insípidos, como puede verse en las palabras de una advertencia que puso Feliciano de Silva al frente de la cuarta parte de don Florisel de Niquea: «y por esta causa no sigue en el frasis de escribir mero estilo de historiador, para hacer la historia más levantada de estilo».

Cervantes debía imitar el lenguaje del mejor de los libros de caballería, que era el de *Amadís de Gaula*, el cual en todo era el modelo de Don Quijote, y

---

164 Al encontrarse con uno, de estos pasajes arcaicos dice este autor: «Lenguaje anticuado, muy propio cuando se trata de remedar los pasajes y aventuras de los libros de caballería». ¿No está ahí el objeto del *Quijote*?

por ello no podía prescindir de cierta afectación de sintaxis en la frase, que procura siempre acabar en verbo, lo que era muy común en aquel tiempo, siguiendo la construcción latina. Debió también imitar los demás libros caballerescos, para ridiculizar su estilo: así es que tampoco podía prescindir de aquel uso en que el aliento se acaba siguiendo una frase enorme, que no ofrece descanso ni a la voz ni al sentido; que aglomera palabras sin que lleguen a formar un período completo, y que ridículamente pretende elevarse para referir sucesos comunes. Esto lo imitó muy bien Cervantes, dando, empero, rotundidad y sentido a sus frases, para hacerlas legibles y agradables. Por ejemplo, cuando él dice en el principio: «La razón de la sinrazón que a mi razón se hace de tal manera que con razón me quejo de la vuestra hermosura», palabras de perlas para Don Quijote, recuerda y satiriza éstas de Don Florisel: «los arrebatados cursos celestiales que con su inmortal movimiento los tiempos según la orden de sus constelaciones sobre el universo disponen, conforme a las disposiciones de la virtud de sus estrellas y luminarias, así el tiempo resuelve, que despertados los caballos del dios Neptuno, acompañados de los ejércitos de Eolo, por cima de los poderosos mares, así discurren con su poderosa fuerza, para hacerla a las voluntades de los que navegan en las profundas aguas, etc»;... o estas otras: «¡Oh! don Florisel de Niquea, con cuánta ventaja gozo ya del dolor de tu descanso, que tú gozaste de la cautela para gozar de mi gloria! ¡Oh amor!; y para qué me quejo yo de tus sinrazones, pues más fuerza en ti la sinrazón tiene, que la razón por donde no es justo quejarse de ti el que conoce en ti que no saliendo de la naturaleza, usas de tu oficio!».

«¡Oh Elena, y qué fue la razón que gozases tú de mi gloria sino la poca que en amores hay! ¡Oh! que quiero dar fin a mis razones por la sinrazón que hago de quejarme de aquel que no la guarda en sus leyes!»... «¡Oh, mi señor! ¿Cómo demandasteis respuesta a vuestras razones, pues la razón que con ellas salen, os dan razón de quien las dice?»... «¡Ay! que veo tanto, que con lo mucho que veo no me veo!»... «¿Estáis cansado? De pensar que no me canso: mas, no hay cansancio, que con el cansancio de tal pensamiento no tome descanso»... «¡Oh muerte! ¿Y para qué me tornas a la vida? ¡Oh vida! ¿Y para qué me niegas la muerte? ¡Oh amor! ¿Por qué usas de desamor? ¡Oh desamor! ¿Por qué te llamas amor?... ¡Ay de mí! que cosa no quiero, que no me la niegue el quererlo; cosa no quiero, que el querer no me la otorgue.»

Por estos ejemplos se puede ver el embrollo del pensamiento, la afectación del estilo y la algarabía del lenguaje caballeresco, en cuyo centro debía colocarse Cervantes, salvar su fastidio y aprovechar al mismo tiempo su ridiculez, para dar cima a su propósito. Pruébese a poner en el actual lenguaje estos párrafos y se verán fríos, secos y arrancados de su natural carácter, como pasa al que nos presenta Salvá del discurso de Don Quijote sobre las armas y las letras, muy bueno para nuestro lenguaje, pero pésimo para el caballeresco en que se escribió. Repito que hacer lo contrario hubiera sido faltar a la primera ley de las artes que consiste en la imitación de la naturaleza.

Capítulo III. Lenguaje del tiempo de Cervantes

Veamos ahora rápidamente el estado en que se encontraba el lenguaje en tiempo del *Quijote*, para poder medir una vez más la altura de su autor. Tarea es ésta ardua: pero solo me ocuparé de los puntos principales que sean necesarios a mi asunto: pues dominarla toda y abarcar lo concerniente al idioma en general, materia es de muchísimo saber y erudición, de mejor situación que la mía, precaria y sin recurso de libros, de maestros con quienes consultar, ni manera de extenderme a lo que mi obra requiere. Pero sí señalaré los puntos suficientes para que se vea la injusticia de los censores de Cervantes, entre los que no ha faltado quien diga dogmáticamente que éste ignoraba el lenguaje de su tiempo y el arte de escribir,[165] con otras necedades por el estilo, y achacando unos a defectos,[166] otros a descuidos,[167] otros a errores de imprenta[168] mil palabras y frases del libro.

Muy difícil es recoger en un cuerpo todos los elementos del espíritu literario de una época; y más aun de la que nos ocupa, tan incierta, tan contradictoria y llena de vanidad, y de tantas cualidades falsas, social, política y literariamente hablando. Fue en España tal la confusión de espíritus y estilos distintos, según el roce que traía la conquista de tantos pueblos diversos y las expediciones lejanas, que no es fácil dilucidar cuando empezaron a ingerirse tales o cuales modismos extraños, tales italianismos, galicismos, etc., y cuando dejaron de tenerse como elemento castizo de nuestro idioma, así como sucede con más regularidad con los anteriores préstamos de otros idiomas. Por lo que es muy arriesgado negarles entrada y rechazarlos sin otro fundamento que porque hoy chocan y no los necesitamos.

En diversas partes de esta obra se encontrarán ideas respecto al bosquejo que me propongo trazar; por lo que remito el lector, a ellas para que pueda formarse un cuadro más completo de la materia. Ahora me ocuparé de lo más necesario al objeto.

En aquellos días reinaba la mayor anarquía en las partes de la oración y en la forma de los pensamientos: parece que la tortura de éstos y la absoluta libertad de aquéllas eran un elemento esencial del lenguaje, bastando decir

---

165 Clemencín, y en parte Salvá y otros.
166 Clemencín y otros.
167 Ríos, etc.
168 Hartzenbusch, Benjumea y otros.

que su principal modelo era el libro de *Amadís*, retocado por Montalvo y presentado al pueblo y a los literatos, que sancionaban este uso.

Entonces se desarrollaba el germen sembrado anteriormente por algunos autores afectados, y que había de hacer decaer el lenguaje de su dignidad y elegancia naturales. En esto influyeron multitud de poetas mediocres, que, profanando el recinto de las musas, lo llenaban de ruidos desarmónicos y extraños, de palabrería y necedades, dando causa a los espíritus vitales del culteranismo, que tomaban aliento también al calor de otros poetas pródigos a las veces de los oropeles con que el mal gusto vestía sus concepciones. Herrera, Garcilaso, Rioja y otros rindieron parias, cual más, cual menos, a esa metafísica de expresión, a esos concetti, y al petrarquismo y desaliño que eran de lujo en esos días, siguiendo a Juan de Mena, que «parece que se esmeraba en no hablar con propiedad, y en evitar los naturales vocablos, procurando latinizar las voces y no darse a entender fácilmente», Velázquez.

Era numeroso el ingreso de voces exóticas, mal formadas, ridículas, bajas, de modismos conceptuosos y sin proporción, que se iban introduciendo y formando el extravagante cortejo de la misma escuela, ya rozagante y presuntuosa en algunos autores. Era de lujo introducir voces disonantes, modismos raros, epítetos desautorizados, falsos y llenos de amaneramiento de tal manera, que ni los mejores autores se salvaron de esta especie de exageración: y los que pretendían salirse de la atmósfera literaria que los rodeaba con sus espíritus deletéreos, o caían en la afectación arcaica, como don Diego de Mendoza, o se resentían de la oscuridad gongorina, como Melo, o parecían extraños a su época, como Moncada. Herrera, que era tan puro, mereció varias censuras por conceptuoso y lleno de ripios algunas veces; y él mismo, que veía con sorpresa caer a los mejores poetas y empobrecerse el idioma con el embrollo consiguiente a las anteriores cualidades, censuró en Garcilaso varias voces.[169] Éste era el que más había introducido los italianismos, conceptos y palabras mal formadas, o raras, como crueza, comilón, selvatiqueza, estornidos, desbañar, etc.[170]

---

169 Entre otras alimaña «por antigua y rústica, y no conveniente para escritor tan culto y elegante».

170 Esta voz es tan extraña al castellano, que no la trae diccionario ni autor alguno. Tamayo de Vargas es el único que la interpreta por afligir, congojar, deduciendo este significado de las pugnas griega y latina, «en que bañar se toma muchas veces por aliviar, refocilar, quitar

Era natural que con este espíritu prevaricador del lenguaje se confundiese el estilo clásico en esas extravagancias y vulgaridades que cundían sin reparo en las obras serias, jocosas, didácticas y heroicas indistintamente y sin discernimiento de ninguna especie.

Fue un acontecimiento la llegada de los hermanos Argensola, en quienes vieron los que aún conservaban alientos de buen gusto, una esperanza en sus nobles aunque ya impotentes esfuerzos. La pureza del lenguaje de aquéllos y la fama que traían de Aragón, los hacían ver como autoridades que acaso pudieran volver a su curso natural el modo de expresarse de los buenos literatos castellanos. El mismo Lope de Vega, que contribuía no poco al mal gusto y al embrollo literario, y que algunas veces se jactaba o se disculpaba de ello, decía de los Argensolas: «que habían venido a reformar la lengua castellana, que padece por novedad frases horribles, con que más se confunde que se ilustra».

No era en los libros de caballería ni en el vulgo donde solo se encontraban las voces tenebregura, certinidad, graveza, encendimiento, entrevalo, soberbiosamente, desmarriado, y mil otras. Ábrase cualquier libro erudito y se verá dicho uso sancionado por hombres tan altos como los nombrados; de tal manera, que se llegó a creer que el habla del vulgo debía elevarse a la cultura literaria, o que ésta debía bajarse al habla del vulgo. Por esto decía fray Luis de León (en quien juzgan algunos indebidamente que principia el esmero en la armonía y rotundidad del idioma): «dicen, escribía a don Pedro Portocarrero, en el libro III de Los Nombres de Cristo, dicen que no hablo en romance, porque no hablo desatinadamente, y sin orden; y porque pongo en las palabras concierto y las escojo, y les doy su lugar. Porque creen que hablar romance es hablar como se habla en el vulgo; y no conocen que el bien hablar no es... sino negocio de particular juicio así en lo que se dice, como en la manera como se dice, etc.» y el castizo Alemán decía: «También los vocablos y frases de hablar corrompió el uso, y los que algún tiempo eran limados y cortos hoy tenemos por bárbaros».

Basta, repito, abrir cualquier libro del tiempo que nos ocupa, para notar (con pocas excepciones) las antítesis rebuscadas, las trasposiciones de mal gusto y demás formas que daban tortura al estilo y eran la armazón de esa

cuidados, etc.».

escuela que había de corromper y adulterar el ingenio de los españoles de los siglos XVI, XVII y casi de todo el XVIII: esa escuela que «nacía, y cuyos adeptos creían humilde y bajo el lenguaje, si no se le llenaba de términos desconocidos y ruidosos:[171] esa escuela que habla de llegar a los mayores despropósitos: donde la cabeza es moviente pesadumbre; las espinas, agravios agudos; los Querubines, racionales luces; la plata, precioso metal que rutila como hijo segundo del Sol; el espaldar de una silla; traspotín de una silla; el oro, precioso desvelo del Sol; el bosque, altivez frondosa; donde la arquitectura... trincha el monte; un golpe de espada es agilidad tajante; un volcán en erupción, regolda llamas; las armas son fiera pestilencia de los hombres, etc., etc. Esa escuela que recibió su mayor fuerza y autoridad en el poeta de más ingenio y de mas imaginación que se haya visto en España; esa escuela que hizo caer a Jáuregui en los mayores despropósitos, después de haberse elevado en alas de una poesía pura y racional; escuela que el mismo Lope satirizó en un soneto, al uso vizcaíno, después de ser uno de sus corifeos; escuela cuya empresa o lema puede ser el tan sabido juego de

«Ni me entiendes, ni te entiendo;
pues cátate que soy culto»

Detengámonos en algunos usos de las partes de la oración por separado.
VERBO. La diferencia esencial entre los incisos y períodos de los autores antiguos y los modernos consiste en la colocación del verbo, que aquéllos reservaban para el fin de la frase, siguiendo la construcción latina, sobre todo cuando lo pedía la cadencia y sonoridad, cualidades a que sacrificaban la claridad y precisión: como en esta frase de Cervantes: «Ni el canto de las aves, que muchas y muy regocijadamente la venida del nuevo día saludaban».
Estaba entregado al capricho del uso del verbo en su acción, por esto los neutros se empleaban como transitivos indistintamente, y sus regímenes constituían uno de los principales abusos. Después que se ha fijado más la acción de los verbos solo pueden los neutros (si se usan como activos) llevar por complemento directo el mismo sujeto de su significación, pero

---

171 Mayans.

modificado. Pongamos algunos ejemplos. El verbo suspirar es neutro y no puede tener acusativo. No se puede suspirar otra cosa que suspiros; mas si se ha de expresar este régimen debe modificarse, lo cual viene a darle otra forma y modo de ser, como en suspirar suspiros desesperados, hondos, dolorosos, etc.; gemir está en el mismo caso. El complemento natural de gemir es gemidos; pero si se expresa ha de ser de alguna de estas maneras gemir gemidos tiernos, lamentables, etc.; y las frases en que no se guarda esta propiedad entran en el guiñar pasmos y sazonar duelos del precepsista.[172] Pero hay frases en que, pareciendo que se falta a la regla anterior, no se ve la contradicción, ni hay la chocancia dicha: búsquese en ellas la metáfora, o el régimen escondido en forma distinta, o la elipsis poética por cuyo medio un sustantivo se resuelve en lo contenido en el verbo, como «suspirar dolor que es suspirar suspiros dolorosos, suspirar aromas, o aire de aromas, soñar venturas o sueños venturosos, etc.».

...«Quien suspira
En amoroso acento su cuidado»

ha dicho Camino en una bella frase, por suspirar suspiros tímidos, cuidadosos, angustiosos, etc. Este uso filosófico pues, no se conocía; y solo el abuso era el que estaba al orden del día, aun en los mejores poetas: Herrera decía gemir bárbaros despojos; Jáurequi, flecha impiedades, flecha con los ojos bríos; Farfán regolda palabras; Ercilla regolda llamas (ya citado), etc., etc.

Por todo lo dicho, atendiendo al uso seguido hoy, creo que no hizo bien Clemencín en censurar la frase: «hacer hechos virtuosos» que se lee en la Parte II, capítulo XII del *Quijote*, la cual aun en nuestro uso no puede ser censurable, por estar modificado el régimen hechos.[173] Primero debió el censor atender al uso y frases como éstas: «Todos querían... ser vistos

---

172 En este caso entran el soñar un sueño y el dormir el sueño, que trae Arolas en la «hora de maitines» y en el otro el susurrar congojas de Campoamor.

173 El crítico confunde las ideas cuando dice que el ejemplo citado es lo mismo que vivir vida: si dijera vivir vida alegre, no estaría mal. En el mismo caso de esta censura está la de la frase «no pensados sucesos que suelen suceder» que se lee en el capítulo LX de la misma parte del libro. Y otras que el censor cree pleonásticas.

y observados mientras hacían tales hechos» (El Infante Don Gabriel); «Honró con honrosos cargos en la milicia al matador de Volucla» (Coloma); «Haciendo tales hechos señalados» (Ercilla); Hizo hechos muy grandes» (Romancero del Cid), etc., etc.

Regularmente se suplía el verbo o la frase que ligaba y regía dos o más oraciones, y era muy frecuente hallar períodos como los que siguen: «El emperador Andrónico... envió a Teodoro a Cluno que llevase a Roger los conciertos formados... y 30.000 escudos... y que (le dijese, le avisase que) el trigo estaba ya recogido» (Moncada); «entendióle el Sta. Caloma, y (entendió, vio, se confirmó, conoció, etc.) que su razonamiento se encaminaba» (Melo)

«Estos que guardan orden algo estrecho
No tienen ley, ni Dios, ni (piensan) que hay pecados»
(Ercilla)

Escrupulosidad, es pues, de Clemencín y otros censurar estas frases de Cervantes, por que falta el verbo o la suplida: «Tomaron ocasión los autores de esta verdadera historia (de pensar, decir, etc.) que sin duda se debía llamar Quijada» (1.ª, I): «También Don Quijote las daba mayores (las voces) llamándolos de alevosos y cobardes traidores, y (asegurando) que el señor del castillo era un follón» (1.ª, III): «el caballero andante sin amores... no sería tenido por legítimo, sino... y (daría a entender, haría creer) que entró... no por la puerta» (1.ª, XIII); «cierta aventura... (diciendo, asegurando, etc.) que el que la acabase» (1.ª, XXI); «Se encomendó a Dios (para) que de aquel peligro le sacase» (II. LIII).

Dos o más verbos eran regidos por una misma preposición (lo que hoy no se soporta si ellos piden distinto régimen), como en esta frase, que con alguna rigidez censura Hartzenbusch: «Ponían dolo y dudaban de la merced» (2.ª, I); «porque poner dolo pide la preposición en, y dudar pide la de».

No es menos notable la censura que recae sobre ciertos modos y tiempos usados por Cervantes, hecha por literatos que debieran tener más presente la indecisión que en la materia reinaba. También olvidaron el uso de los tiempos metafóricos, hoy menos empleados que antes.

240

No creo que se deba recordar a hombres ilustrados el empleo incierto de los verbos ser, estar, haber y tener, hoy más fijos en su acción. El primero regularmente indica una cualidad inherente a la condición del objeto; y el segundo una circunstancia accidental: estoy bueno, es diferente de soy bueno. Pero era común decir: «soy (he) venido», «somos (hemos) venidos (venido) a tanto» (Vives); «como los que eran (estaban) de su parte» (Granada); «que a saberlo soy (estoy) bien cierta» (Romance de Almida a Gazul). Aun el verbo tener hacía más de auxiliar, lo que se estiló hasta el siglo pasado, como puede verse en esta frase del marqués de San Felipe: «a quien tenía (había) prevenido adversidades»; y en ésta del de Villena en carta a la ciudad de Nápoles en 1707: «hacer los reclutas que desde el mes de abril se tenía (había) mandado». «Si no hay ya víbora a quien no tengas (hayas) pisado» (*Epítome de las historias portuguesas*). Creo, pues, que hizo mal el autor de las «Observaciones al *Quijote*», publicadas en Londres en 1800, en tachar frases semejantes a ésas, como galicismos imperdonables en Cervantes; y peor lo hace Clemencín al hacerlo con ésta: «según soy de dolorida», del capítulo XXXVIII, de la segunda Parte, «porque el verbo ser atribuye una cualidad a la persona, y el verbo estar indica la situación actual de la misma» (*Comentario*). Tampoco anduvo acertado, al censurar esta frase del capítulo LIX de la misma Parte: «mi señor es delicado y come poco», que cree debió ser está delicado, «porque la frase es delicado quiere decir es impertinente y difícil de contentar» (*Comentario*). Además del uso, atienda Usted, señor erudito, a que es Sancho quien habla, que no está en todas esas quisquillas de un censor; y respecto al último punto, lo creo a Usted equivocado en su interpretación. No solo eran muy comunes estas frases, especialmente en los libros de caballería, sino que les comunicaban cierto sabor arcaico y afectado, propio del caso, y eran aceptadas por los autores y el vulgo. Respecto del verbo hacer, abundaban algunas elipsis chocantes hoy, en que él o un equivalente eran suplidos, dando a la frase un aire extraño y ridículo, como: «la siguió ninfa y la alcanzó madero» (Góngora); «ver cadáver el mundo agonizante» (Jáuregui); «floreciendo estas dos maravillas (que entonces quisieron ostentarse macetones)» (Francisco de la Torre Farfán).[174] Hoy se usan estas elípsis, pero con tino

---

174 De esta extravagancia se burló chistosamente Jacinto Polo en estos versos:

y parsimonia, salvo en algunos autores que quieren revivir a los antiguos culteranos... En estilo cómico pueden disculparse, como está cadáver que trae Martínez de la Rosa en «la Niña en casa y la madre en la máscara». Lo que no es disculpable es la censura que en este punto ha caído sobre Cervantes en algunas frases elípticas muy admitidas, que se verán más adelante, como «y acosados de la sed», que me ocuparé en su lugar.

NOMBRE. El género de los nombres era tan incierto, que se usaban indistintamente en uno u otro muchos que no se deben hoy confundir. De este número son orden, desorden, fin, puente, dote, tribu, y muchos otros que más comúnmente se usaban como femeninos: (el último era masculino). Ejemplos: «retrayéndose en poca orden a lo alto de la montaña» (Mendoza);«vista por los enemigos la desorden» (id.); «al revés de la orden que guarda la naturaleza» (id); «según la orden de sus constelaciones» (Silva. Don Florisel de Niquea), etc.; «no sabemos la orden que llevan (las cosas)» (*Silva de varia lección*). En vista de estos ejemplos y muchísimos más que pudiera traer, siento la corrección de Hartzenbusch en el principio del prólogo de la Primera parte del *Quijote*, donde se lee: «contravenir la orden de la naturaleza»; que él corrige «al orden de la naturaleza»; y lo siento, no solo por el descuido dicho, sino por la falta gramatical de dar la preposición *a*, a un acusativo de cosa. Ni tenían el escrúpulo que nosotros para usar en un número un nombre que pertenece al otro, como alguna vez sucede en los mejores autores (aún hoy) y en Cervantes, sin que merezca la felpa que le da Clemencín por haber usado la palabra celo significando la desconfianza del amor, en la canción de Crisóstomo. Muchas veces suprimían letras o sílabas al principio, en medio, o al fin del nombre, o trocaban unas en otras (a lo que he aludido al principio de esta parte), como semejar, coluna, lanterna, monstro.[175] Era más común que ahora (así como en el verbo) callar el sustantivo, por fácil de suplirse, o si regía

---

... Puso pies en polvorosa
Y exhalación corrió de nieve y rosa...
¡Pesiatal! ¡y qué lindo verso he dicho!
¿Es vana esta frase?
Ya soy poeta de primera clase.

175 He leído esta palabra, así escrita, en varios autores antiguos, y no creo, como juzga Salvá, que solo la fuerza del consonante fue lo que obligó a Cervantes a usarla en la canción de Crisóstomo.

dos o más oraciones expresarlo en una de ellas solamente, dando cierto carácter oriental y romancesco a la frase. Ejemplo: «De los cabos menores algunos eran de parecer se dejase la ciudad al antiguo del Garai» (Melo), es decir al parecer del Garai; «a los que perdonó la vida y premió la hazaña. La mayor de un capitán victorioso es el estimar a los valerosos vencidos» (*Epítome de las historias portuguesas*), es decir la mayor hazaña. Según este uso frecuentísimo siento ver desbarrar a Clemencín y Salvá en esta frase del *Quijote* (1.ª, VIII): «aventurarlo todo a la de un golpe» «¿Con quién concierta el artículo?», dice el primero en son de triunfo, y sigue: «bien se discurre que es con ventura, mas esta palabra no se expresa, y solo está comprendida en el verbo aventurar». Salvá cree lo mismo, que el sustantivo suplido es «ventura». Ambos están equivocados, y no debían estarlo, acostumbrados a este estilo, como es de presumir. Mal se discurre, diría yo a Clemencín, en creer que el artículo concierte con ventura, pues el sustantivo suplido no se comprende en el verbo aventurar, como Usted cree. Dicho sustantivo es determinación, que inmediatamente antedice y que ni Usted ni Salvá debieron pasar por alto, ni suprimirlo con malicioso cuidado. La frase entera del texto es «llevando la determinación de aventurarlo todo a la de un golpe», esto es, a la determinación de un golpe.[176]

ARTÍCULO. Éste seguía el camino del nombre; y aun se usaba el masculino (del definido generalmente) antes de sustantivos y adjetivos que principiaban por *a* inacentuadas, como el alta torre, el alegría (el Alpujarra trae Mendoza), y muchas veces aunque no principiaran por *a* como el espada, que trae el libro de Palmerín de Oliva, y otros. Con el siglo XV perdió su boga, pero no el de anteponer el artículo definido al pronombre posesivo, como la mi pluma, el vuestro fiscal (que hoy puede pasar solo en el lenguaje cancillerezco rancio): italianismo mayor aún en tiempo de don Alonso el Sabio, en que se dejaba íntegro el posesivo, así la mía carta. Era muy frecuente, y hoy se repite en estilo cómico, el uso del artículo definido delante de los nombres propios de persona, más comúnmente en el femenino, como el Cicerón, el Mario, la Isabel, la Violante, el Lotario, el Anselmo.

---

176 Garcés cita esta frase de Cervantes, como una muestra de la riqueza de la lengua castellana.

PRONOMBRE. Generalmente no se usaba tanto como hoy y se repetía el nombre, cuyas veces debía él hacer. Lo más notable del empleo del pronombre era la cuestión que divide aún a los autores en loístas y leístas respecto al acusativo de 3.ª persona.[177] Unos aceptan el *le* indistintamente; otros el lo cuando el acusativo es de cosa y le cuando es de persona o cosa personificada. Ésta es la opinión de Salvá y pocos más: la otra es la de la Academia y la mayor parte de los escritores de este tiempo y de casi todos los de aquél: a ella pertenecían los libros de caballería, y regularmente el mismo Cervantes. Circunstancia ésta que olvidó Munárriz al considerar esta frase del *Quijote* (2.ª, XVIII): «La señora, que Doña Cristina se llamaba, le recibió», y corrige lo recibió. Lo mismo digo de Hartzenbusch, que corrige esto (2.ª, LIII): «señor gobernador, de muy buena gana dejaramos ir a vuesa merced, puesto que nos pesará mucho de perderlo, que su ingenio y su cristiano proceder nos obligan a desearle», y pone desearlo en sus ediciones.

Regularmente se suprimía el acusativo reflejo que acompañaba al verbo, como si digno, por si me digno. Hoy es necesario expresarlo, así como es preciso en los verbos que traen un caso pronominal, de preposición acompañarle el que le corresponde de acusativo, debiendo éste ir delante del verbo si aquél va después; mas, cuando el pronominal dicho va antes, debe seguirle el acusativo y luego el verbo, como me trajo a mí, o a mí me trajo; te hablo a ti, o a ti te hablo, etc. Puede prescindirse del objetivo, pero no del acusativo, como nos trajo o nos trajo a nosotros. No había en esto ningún cuidado, y a cada paso se repetían frases como éstas: «este heredamiento... que a mí a esta gloria trajo, sosterná a ellos; si a mí no parecieran, etc.» (Palacios Rubios); «que por ti crió a mí; y por él quiere que sirva a ti»; pues él quiere a ti, tú debes también querer a mí»; «y la corona que a mí quitan a ti la dan» (Granada); «los ambiciosos solo sirven a sí mismos» (Bacallar y Sanaa); «aquí sobrepujó en sus obras (Garcilaso) a sí mismo» (*Persiles*, libro 3, capítulo VII). Solo, pues, la vanidad de los que creen que a ellos les está cometida la empresa de enmendar la plana a Cervantes, no les deja ver que

---

177 Respecto al dativo no debería haber duda, pues el le es lo más filosófico. Sin embargo, algunos puntos de España, especialmente Madrid, usan la o las para el femenino como yo la di una flor, las dije unas palabras. Esto parece algo afectado. También lo era antes en algunas frases parecidas, como «las lastimé las almas» (*Persiles*, libro 4.º, capítulo III).

aquel barbarismo no lo era; y que muy bien pudieron haber evitado muchas discusiones sobre el asunto, como las que traen Clemencín y otros al criticar, con aquellas tres palabras subrayadas, el verso:

«Que a solo tú nuestro español Ovidio»

y muchos pasajes en que no erró el autor del *Quijote* de la manera que ellos afirman.

Solo hacia la mitad del siglo XVI empezaron a posponerse los casos del pronombre que hasta allí se anteponían al gerundio y al infinitivo. Aun después, y en más modernos días acontece hallarse estas formas, afectadas ya, en autores de nota, como Jovellanos y otros pocos. No es, pues, de extrañar, como se ha hecho, que se encuentre en Cervantes este uso algunas veces. Tampoco debe notarse hallar el verbo roto por la intercalación del afijo, cosa que se introdujo a principios de dicho siglo. Solo mencionaré, para concluir este número, el uso que trocaba el pronombre vos y lo sustituía a la inflexión os, como yo vos mando, vos digo, etc.

PREPOSICIÓN. Uno de los puntos más descuidados era éste, según se ha confirmado por confesión de la misma Academia de los gramáticos particulares. No se había fijado el régimen de las preposiciones; ¿ni cómo se pretende que estuvieran mejor conocidas que hoy, si aún luchan los autores por fijar su empleo y se contradicen unos a otros en la mayor parte de ellas? Algunas frases de Cervantes se usan hoy como él las empleó; otras se han modificado; otras no pasarían ni aun entre los más descuidados escritores; pero todas están bien en el *Quijote*, atendiendo al uso que se verá por los siguientes ejemplos: «Pertinaz de opinión» (Mendoza); «precidir nuestra conversación» (Marina); «tropezaron en mí» (Calderón); «parecerse con su hermano» (Granada); «pagar en palabra de casamiento» (Moreto); «jugar de la pica» (Ercilla); «guiñar de ojos» (Alemán); «enseñado de reverenciar» (Rivadeneira); «estropear de la mano» (Coloma); «determinar de juntarse» (Mendoza: aún suele usarse este modismo en Castilla); «desayunarse en la desdicha» (Moreto); coronar de laurel» (Herrera: muchos aún lo imitan); «blazonar ser noble: bogar el remo» (hoy se dice: blazonar de ser noble; bogar al remo); «alentar en la esperanza» (Viera); «hiriéronle pensando de espantallo» (Cueva); «tratar en él» (id.); «os traspasó en el cielo» (Figueroa: llamo la atención a esto para más adelante, por que hemos de verlo criticado por ciertos eruditos en Cervantes); «procura de advertir» (Bartolomé de Argensola); «y al hijo mira amenazado a muerte» (Jáuregui); «huyó el copioso Erídano a su boca» (Arguijo); «se meten frailes (León); «osados de ofendelle» (id.); «En sus turbadas ondas mezcla el llanto» (Herrera); «porque huelgues a cazar» (F. de Castilla); «así pienso de morir» (Alcaudete).

Pudiera agregar pliegos y pliegos de ejemplos tomados en todas las hojas de los libros, especialmente en los de caballerías; pero los suprimo por no hacerme fastidioso; tampoco agregaré los que Cervantes usa en el *Persiles*, el *Buscapié* y las demás novelas. Léalas el que quiera ver sancionado aquel uso por tan grande autor. Pero sí es de mi deber notar la sinrazón con que se han censurado por Clemencín, Munárriz, Salvá, etc., éstas y otras frases le Cervantes: «quedar en indisoluble nudo ligados», «suficiente de tener beneficios», «sin tener cuentas a ningún respeto», «ligero de encerderse», «cubrirse una capa, un herreruelo» (hoy muy propio), «trasegar en el estómago». Creo que no hayan hecho bien el primero y algunos otros en corregir esta frase del capítulo IV de la 1.ª Parte: «vio atada una yegua a una encina, y atado en otra un muchacho», por creer que debe ser «y atado a otra &». La misma corrección hace también Hartzenbusch a la frase: «subir en el cielo», del soneto a la amistad, porque debe ser «al cielo». Tanto en ésta como en la anterior corrección, olvidaron los críticos (prescindiendo del uso) que entre los buenos filólogos se tomaba la a por la en, como a fuer de hombre honrado, según los buenos Diccionarios, que siguen al de la Academia, el cual dice: «a tenía igual significación que en». «Nuestros antiguos, dice Baralt, hacían con frecuencia este cambio, que hoy se tiene por galicismo imperdonable.»

Capítulo IV. El mismo asunto

Particularidades. Hasta principios del siglo XVII, no empezaron a desaparecer las inelegantes frases del cual, de la cual, de lo, del o de vos, el cual, el que, etc., y a sustituirse con las partículas cuyo, cuya, suyo, nuestro, vuestro, quien. Cuyo empezaba a ensayarse con toda la incertidumbre que aún hoy se nota en muchos buenos autores. Munárriz olvidó dicha circunstancia, cuando al censurar el uso de este relativo en Cervantes, recomienda «la atención que se requiere en la disposición de los pronombres quien, que, cual, cuyo». Tampoco ha hecho bien Clemencín en censurar frases como ésta: «abrazó a la *Clavileño*, que con sus abrazadas cenizas» (2.ª, XLIV) y corregir «con cuyas abrasadas cenizas». Quién era casi siempre indeclinable, y se aplicaba a personas y a cosas: uso que descuidó Munárriz absolutamente. Clemencín no le va en zaga, y varias veces lo hace ver en el *Quijote*, censurando el uso dicho, sin tomarse la pena de abrir los libros del tiempo de Cervantes, para recordar lo que antes debió ver sin duda. Aún no se ha terminado aquel descuido (hoy lo es) y no es raro hallar frases como éstas: «Val: lo mismo que valle, de quien es síncope» (*Diccionario* de la Academia); «sin tocar en ninguno de los vicios, con quiénes, etc.» (Ríos); la casualidad... a quiénes, etc.: «¿con quién concierta el artículo?» (Clemencín).

«Tú das la caña hermosa
De do la miel se acendra;
Por quien desdeña el mundo los panales»
(Bello)

También se usaba como relativo de lugar; de relación neutra, significante lo que; «él era como el Coliseo... en quien se ejercitaba» (Marcos Pérez); «en él fueron anegados... por quien aquel mar fue llamado de Helesponto» (id.). Donde llenaba hasta el siglo XVII las tres funciones de relación, de localidad, y de quietud; y se usaba por quien, lo cual y otras palabras y frases. Varias veces olvidó Clemencín esto, entre otras en ésta: «llegué en seis días y medio donde quería «(1.ª, XXVIII), que él corrige «adonde quería», porque dicho adverbio «lleva embebido el régimen que pide el verbo llegar que es *a*».[178]

---

178 El prurito de criticar llevó a Salvá a tachar las siguientes frases de Herrera: «Y en oro y lauro

Había el mayor desaliño en la colocación de las palabras y frases de relación, por mala imitación latina. Muchas veces es preciso adivinar a qué sujeto pertenece el verbo, quedando a mucha distancia de él y mediando otras supuestas. Ejemplo: «los latinos llamaron setentrión al viento que sopla del polo ártico por razón de aquellas siete estrellas que el Polo tiene (como queda dicho), el cual los italianos llaman tramontana» (*Teatro del Mundo y del Tiempo*); «otros dicen haber sido entregada (la lira) a Orfeo, hijo de Apolo, por que él solo fue hijo de las musas, y en especial de Caliope, a la qual puso nueve cuerdas» (id): «Zefeo es la cuarta constelación a la cual ocupa el círculo setentional desde los pies hasta el pecho. Éste, dicen que fue rey de Etiopía» (id.), «no es el cauterio o la lanceta la primera cura de la apostema, antes que ésta instituyó la medicina los que llama madurativos» (Melo). Por lo dicho creo que hacen muy mal los críticos en censurar varios pasajes de Cervantes a este respecto. En el prólogo de la 1.ª parte se lee: «y así ¿qué podría engendrar el estéril y no cultivado ingenio mío, sino la historia de un hijo seco, avellanado, antojadizo y lleno de pensamientos varios y nunca imaginados de otro alguno; bien como quien se engendró en una cárcel, etc.». Cree Clemencín que este último inciso, después del punto y coma, se refiere al hijo, que es Don Quijote; y reprueba el pensamiento, porque «lo engendrado en la cárcel no fue Don Quijote, sino la historia».

---

coronó su frente» y «En turca sangre el ancho mar cuajado», en que no solo desconoce el valor de la proposición *en*, en ese tiempo, sino que no se detiene en agregar dogmáticamente: «Herrera faltó a las leyes de su idioma» (nota de la pág. 427 de la 9.ª edición de su gramática). Ya veremos una frase semejante, que vierte él mismo respecto de Cervantes en lo relativo a las negaciones. Por no haber recordado el triple uso del adver bio donde cayó en error Hermosilla al censurar el verso de León: «La luz do el saber llueve». El adverbio do allí es de donde y no donde o en donde como el quiere. El mismo León ha usado este adverbio en sus varias significaciones: «Las ondas se embrabecen / Do sale a mover guerra / El cierzo...» y «¿Y el trueno dónde viene?». Otras veces se usaba el compuesto por el simple, como: «Del paso por adonde van saliendo» (Cueva); «Cercada de los cristianos / De adonde espero que presto» (Romance morisco); «Por adonde os dijo un filosófo» (Granada); «El linaje do ha salido» (Romance de los Infantes de Lara). Adviértase que el uso más constante era el que censura el helenista: como que no recuerda que la descomposición de aquella voz era de'ó que luego fue d'ó y luego do, que es de donde, o era antiguamente donde como en aquel verso del Poema del Cid: «¿O sodes, Raquel y Vidas, los míos amigos caros?». Por la misma razón poró es por donde, como: «E venció esta batalla poró ondió su barba». Onde después fue d'onde y luego de donde: «Que venimos del origen onde venimos», se lee al principio de la primera Partida.

248

¡Nimiedad e inconsecuencia notables! Según lo dicho sobre el uso del relativo quien (que es aquí lo que primero confunde al crítico) se ve que puede, sin chocar, referirse a la historia, que es la intención de Cervantes: y esto se confirma con la repetición del verbo engendrar, y más aun con la puntuación, según se era su uso más constante: hoy bastaría una coma para referirse al hijo. Bien sabrá cualquiera que haya leído los libros de ese tiempo que, aunque hubiera uno o más incisos intermedios, se podía referir el relativo al primero en ellos, como se ve en algunos de los ejemplos citados: «La otra (doncella) le calzó la espuela, con la cual pasó el mismo coloquio, etc.». Se lee en la Parte 1.ª, capítulo III del *Quijote*: «No parece sino que el coloquio pasó con la espuela», dice Clemencín, el cual tacha también esta frase: «halló menos su rucio; el cual viéndose sin él, etc.» (1.ª, XXIII). Por último, citaré esta frase que observa el crítico en el capítulo final de la obra: «Las misericordias... son las que en este instante ha usado Dios conmigo, a quien, como dije, no les impiden mis pecados». La frase a quien se refiere a las misericordias, y está por las cuales, o a quienes; pero el crítico citado no acepta nada de esto y vapula al pobre Don Quijote, que se moría y no estaba en momentos de poder defenderse, ni de atender al rigor del lenguaje moderno.

La misma indecisión había respecto a las proposiciones y oraciones secundarias, relativas, regularmente colocadas con descuido, o fuera de su lugar. Mil ejemplos veo a cada paso; también pudiera traer más censuras hechas a Cervantes en este punto.

Adversativas. Regularmente no había la contrariedad que hoy damos a ciertas palabras y frases: por lo cual las adversativas pero, empero, etc., que se desechan de muchas frases del *Quijote*, por juzgarlas según el uso actual, están allí perfectamente bien, según el de aquellos días. Ejemplo: «El silencio de Cicerón... es una prueba negativa, pero (y) muy poderosa» (El Infante Don Gabriel); «Movieron estas palabras no solo a los Queruscos, pero (sino) a las naciones vecinas» (Coloma); o estaba demás, como, «y aunque están algo más sujetos... pero no lo han quitado del todo» (id.); «y aunque todo el poema es maravilloso, pero hay partes inmitables» (Prólogo de la *Araucana*, 1821). No hay, pues, razón en Munárriz, Hartzenbusch y otros al rechazar frases como éstas: «ancha como de aldea; las armas empero, aunque de piedra tosca, encima de la puerta» (2.ª, XVIII), porque, dicen, que aquí no debe haber contrariedad y que olvidó (¡Cervantes!) el valor de la conjunción.

No era muy conocido, y por lo tanto era poco común, el uso de las frases adverbiales y conjuncionales que sirven para confirmar una cosa, o en que se saca la ilación correspondiente, como así que, por eso, por lo mismo, por lo tanto, etc., cuyas veces solía hacer la conjunción que, con la cual suplían otras ocasiones a la porque. Por medio de esta partícula u otra conjunción comenzaban la frase, equivaliendo tales palabras a la causa de esto es que o alguna frase semejante; lo que tiene cierta elegancia y evita, con una, seis u ocho palabras. Hoy es poco usado este modismo: también es desconocido por algunos censores del *Quijote*; sucediendo igual cosa con demostrativos ese, este, aquel, que no tenía la fijeza que hoy y se empleaban indistintamente.

Muchos adjetivos, especialmente numerales, conservaban su última vocal o sílaba aunque el nombre siguiente principiase por consonante. Por lo que es extraña la censura de Salvá a estas frases del *Quijote*: «el grande marqués de Mantua», «el primero fraile» y otras que cita, al fin de las cuales agrega: «Cervantes faltó a las reglas de su idioma»: ¿y esto por qué? por oponerse a lo prescrito en la pág. 121 de mi gramática... ¡Qué lástima que Moncada, Granada, Mendoza, Melo, Pérez, Mariana, etc., etc., no hubiesen visto ese canon de la gramática de Salvá, publicada en 1840!

Otras veces usaban voces exóticas, mal formadas, extravagantes, como desmalazar, farfullar; bajas y sucias, como gargarizar, gargajear, regoldar; nombres cultos y raros, como quirotecas, traspotín, gregerías,[179] y muchas semejantes, ya solas, ya formando metáforas y frases extravagantes, de las que atrás se han visto algunas.

Para los eruditos filólogos está demás advertir que, siguiendo las modificaciones del lenguaje, así como hay dicciones y frases enteramente nuevas, como ociar, acción (de guerra), bello sexo, bilocar, desmoralizar, exaltado (acalorado de opinión), garantir, inmoral, etc., también hay otras que ya están anticuadas, pero que no por eso deben desecharse de los autores en cuyos días se usaban, como sucede varias veces en la censura del *Quijote*; tales

---

179 Pariente cercano del griganismo de Calatayud, del greguismo (grecismo), de la greguería y del Quijantopo posteriores.

voces son ayuntar, cabo (capitán o jefe), crecer (v. a), honestar, honesto (atento), magüer, sucintar, deprender, etc., y muchos verbales en miento, como acertamiento, cansamiento, etc., y los verbos que admitían a inicial, como abajar, amenguar, etc. (lo que es poético en verso). Otras palabras se miran como galicismos, que no lo son (y sobre esto llamo la atención, por la incuria en ello de muchos censores de Cervantes), tales como afamado (hambriento), atender (esperar), defender (prohibir, etc.) apellidar (llamar), caporal (cabo de escuadra), letra (carta), sujeto (asunto) y muchas más. Otras tenían significación distinta de hoy (llamo la atención, por igual motivo que el anterior), como arenga, auspicio (recomendación), cabe (preposición), certamen, patriota, etc.

Muchas veces se trasponían las preposiciones se alejaban de su verbo natural, lo que aún hoy se hace por gala y eufonía entre poetas, como el hipérbaton tan conocido de Carvajal:

«¿A quién habrá que mi inocencia fie?»

que en rigor gramático es: «¿Quién habrá a quién, etc.?». También esta especie de trasposición irrita la ojeriza de algunos censores de Cervantes, como Clemencín, que no tolera esto: «sé al blanco que tiras» (2.ª, VII), que debe ser «sé el blanco al cual tiras».

Era muy común el uso o abuso de palabras o frases obscenas, ajenas del asunto, al parecer, y que no tenían todo el valor que hoy les damos; lo que debe tenerse presente para más adelante, donde podremos probar una vez más que no han tenido esto en cuenta Arrieta y los otros que querrían que Cervantes hubiese hablado y pensado como hoy y que siguiese nuestros usos, no los de su tiempo. En cuanto a lo que se trata en este número respondería yo a los censores citando solo las palabras del ilustrísimo marqués de Torres en su Aprobación de la 2.ª Parte del *Quijote*, en lo relativo al lenguaje y decencia: palabras que anticipo a su propio lugar en esta obra por ser aquí más a propósito: «no hallo en él (el libro del *Quijote*) cosa indigna del celo cristiano, ni que disuene de la decencia debida al buen ejemplo, ni virtudes morales, antes una erudición y aprovechamiento, así en la continencia de su bien seguido asunto para estirpar los vanos y mentirosos libros de caballería, cuyo contagio había cundido más de lo que fuera justo (traslado a Salvá), como en la lisura del lenguaje castellano, no adulterado con enfadosa y estudiada afectación, etc.». Estas palabras me evitarán muchas disertaciones en la materia; y creo que ese coetáneo de Cervantes pudo ser juez de esto mejor que nosotros, por estar familiarizado con los usos de su tiempo, pertenecer a ellos y conocerlos mejor que nosotros: su juicio debe ser un punto de apoyo en la crítica de Cervantes.

Para terminar este capítulo, recordaré dos puntos esenciales del lenguaje. Poco se cuidaban de repetir una misma palabra en sentencias muy cortas y en un mismo renglón: esto hoy es desaliño indisculpable, antes era, según Salvá: «uno de los elementos del lenguaje». Muchos censores, especialmente Arrieta, que son intransigentes en esto con Cervantes, no lo fueran si hubieran puesto más cuidado con el uso.

Agréguese, finalmente, la anfibología natural a tantos descuidos, como los que malamente censura Salvá en el capítulo XXV de la 1.ª parte del *Quijote*. «Los muslos cubrían unos calzones al parecer de paño leonado», por el hecho de que en lenguaje gramatical, debía ser: «unos calzones de paño leonado (le) cubrían los muslos». Aquí olvidó el gramático expresar el le dativo, que es necesario, pues sin él nos quedamos (al parecer) con dos acusativos, que es lo que él rechaza en la frase anterior.

252

Capítulo V. El mismo asunto

Frases negativas. Éstas ofrecían una de las anomalías más singulares (en la cual no siguieron al latín), y que es preciso notar aquí alguna, por haber dado su descuido en la censura del *Quijote* asunto a la pifia de los más encumbrados literatos que de ella se han ocupado. Consistía la anomalía dicha en la redundancia de negaciones las más veces, y en el uso de modismos que las llevaban o no, indistintamente, significando con ellas o sin ellas, la misma cosa muchas veces, expresando lo que hoy indica el sentido contrario. Ejemplo: «ni en vida ni en muerte no te desamparo» (Granada); «que ninguno no lo sienta» (Castillejo); «que apenas no lo conoces» (romance morisco); «E defendemos que ninguno non sea osado» (Salazar, *Historia genealógica de la casa de Lara*); «y defendido no pagar tributo al César» (Santa Catalina); «estas ni las vitelas no tienen precio» (Solís); ninguno non le pendré» (Fuero de Baeza); «Pie ni mano non movía» (romance VIII del Caballero del Febo); «Que nadie non puede entrare» (romance del conde Dirlos); «Que contra muerte y amor / Nadie non tiene valía» (romance VI de los amores de Muza).

Creo, pues, que Salvá no tiene razón (y es injustificable) al decir en la nota de la página 427 de su gramática (5.º edición) que «opina porque este autor faltó a las reglas del lenguaje de su tiempo y se refiere a los casos que deja anotados en la página 342 y 343: estos casos son no nada apasionado», «como ninguno de nosotros no sabía el arábigo», «que nunca otra tal no había visto», «ni Sancho no osaba tocar a los manjares», y otras semejantes. Lo mismo digo de Clemencín, que tacha la frase siguiente: «sin que de ellos no se haga auto público» (I.º, V) que corrige quitando la partícula no, así como en otras que se verán en su lugar. No solo por desconocer este uso de las negaciones, sino el valor de muchas locuciones donde ellas entran, es que ha podido este crítico no dar el que se debe a esta frase, que también ha calentado la cabeza a algún otro: «una estrella que a los portales, sino a los alcázares de su redención le encaminaba» (I.ª, II.º). Él cree hallarla embrollada, y la corrige poniendo la partícula no antes de a los portales, lo que viene a dar otra forma y pensamiento a la expresión. Según el texto, la estrella le encaminaba (a Don Quijote) a los portales, si no fuese o ya que no fuese, que son significaciones que da la Academia a la partícula sino) a los alcázares, etc.: es decir, afirma que sería a los portales faltando los alcázares:

es una alusión a los portales de Belén, pero que en la mente del caballero debían ser alcázares, según costumbre. Mas en la versión del crítico se anulan los portales, y tiene la conjunción sino una significación distinta. No es esto, sino esto es distinto de Es esto, sino esto: en el último período, el verbo ser se suple en el inciso final así es esto, sino (es) esto: en el primero no debe existir. La frase viene a ser semejante a ésta: «Don Quijote arremetió al primero fraile, que veniera al suelo mal su grado y un mal herido, sino cayera muerto»; es decir «cayera de tal modo, sino (cayera) del otro (muerto)». Esto es distinto de «no cayera mal herido, sino muerto», o cayera mal herido, si no (cayera) muerto: o esta otra frase «durmió Sancho no como enamorado desfavorecido, sino como hombre molido a coces» (2.ª, XII), que presenta la forma que quiere dar Clemencín a la cuestionada. Hermosilla cita este período de Cervantes como muestra de una bella alusión, y no encuentra o nota chocancia ni falta alguna de construcción. Con la siguiente advertencia se allana toda la dificultad: la partícula conjuntiva sino tenía el valor de sí no, adverbios y es con esta forma que está escrita la frase en las mejores ediciones, y como la cita Hermosilla.

Lo mismo que de las frases negativas debe decirse de las dubitativas o de temor, etc., en las que regularmente se imita el giro propio del francés y que hoy sería galicismo, como «temiendo que la mucha hermosura de Auristela, la gallardía y el buen parecer de Transila... no despertasen en aquellos corsarios algún mal pensamiento» (*Persiles*, libro 1.º, capítulo XXI); «se recataba que no lo oyeran» (id., 2.º, IV; ejemplo también para el número anterior); creo, pues, que hizo mal Clemencín en tachar esto: «se duda que no ha de tener segunda parte» (2.ª, IV) y otras frases semejantes.

También olvida el censor que cuando la partícula ni regía dos o más verbos regularmente no se ponía en el primero.

EPÍTETOS. He aquí la piedra de toque del poeta, que presenta uno de los mayores obstáculos al talento: que era uno de los puntos en que más desbarataban los cultos y aun los que no lo eran, así como hoy sucede en muchos... El epíteto puede ser el punto de apoyo para juzgar un poeta, así como lo son las manos respecto de un pintor: basta echar una ojeada sobre esta parte del cuerpo humano, o sobre aquélla en un escrito, para poder decidir de su relevante o su mediano mérito. Por ser tan difícil la definición, es delicadísima para la poesía, que es sintética, en tanto que la dialéctica es analítica y abraza de una ojeada el conjunto, de cuyas partes se ocupa aquélla separadamente. Si es tan difícil comprender en muchas palabras la principal cualidad de una cosa, aun más lo es comprender esta cualidad en una sola palabra. Ésta es la función del epíteto, que regularmente se expresa con una sola voz, aunque también con varias algunas veces; y ha de ser preciso, claro, noble y enérgico en la comprensión de la principal cualidad del objeto calificado. Hay palabras para expresar las cosas que no necesitan de epíteto; otras que son débiles sin él, y otras que según el estilo en que se emplean, lo llevan o no, se ennoblecen, o se rebajan y pierden su significado, etc.; y son éstos los puntos en que entran a decidir el genio y el talento; son la mortificación de las musas rústicas, el orgullo de las elevadas, y, como he dicho, el espejo donde se caricatura el mal poeta. Toda cualidad esencial del objeto forma epíteto y debe ir antes de él: si va después es redundante. Esto es lo filosófico; lo natural hoy. Sin embargo, no se considera como ley, y el mismo Salvá no se atrevía a asentarla como invariable, pues dice: «suele preceder el adjetivo cuando significa una cualidad propia o esencial del objeto»; «Por el contrario, sigue, se pospone comúnmente, etc.». Aún después de Cervantes nos suministrarían mil ejemplos los autores respecto de dicho descuido, que era común, al no poner mucha atención en el canon que precede. Ejemplo: «voces alegres en silencio mudo» (Rioja: este calificativo debe tenerse presente, para cuando se vea la censura, de Clemencín al número 2 del capítulo 1.º que de ellas trata); «Y se manda ligar al mástil duro» (Arguijo); «ya le beben coral rojo» (r. pág.); «con la blanca nieve fría» (Castillejo); «venturas alegres y desdichas tristes» (*Persiles*, libro 3.º, capítulo II); «cadáver inanimado» (Martínez de la Rosa); «A la tímida liebre, al ciervo manso» (Bello). Me parece, pues, un error de Clemencín tachar esta frase: «alegrísimo contento» (1.ª, XLI); sería una falta que hoy dijese un autor contento alegre; no lo sería tanto contento alegrísimo, porque ya aquí hay modificación en el epíteto, que deja de serlo (y aquí se sigue la ley del régimen del verbo neutro): pero alegre o alegrísimo contento hoy mismo esta muy bien dicho. Hartzenbusch corrigió dulcísimo contento, sin saber yo la razón de ello. Digo lo mismo del terrible temor que infunde Don Quijote a los circunstantes cuando la vela de las armas, y que tacha

Clemencín. También tacha la frase «perdigón manso» (XVI) que repite Cervantes tres veces. Advertiré por último, que era en los libros caballerescos donde más abundaban los epítetos extravagantes, de que varias veces se burló el autor del *Quijote*.[180]

SOLECISMOS. Cuestión notable por lo desconocida al parecer entre los censores de Cervantes, y que no debían faltar en ella como lo hacen. Muchas frases que ellos rechazan son solecismos; otras no, a pesar de que crean que sí. Procuraré señalar ambas clases, y anotar las censuras que en ellas se han hecho.

Siguiendo la figura que los griegos llamaron zeugma y los españoles adjunción, un verbo que rige dos o más supuestos se colocaba en singular, pues se suplía en cada uno de ellos. Aun gramaticalmente hablando puede asentarse eso como regla, siguiendo a Salvá, que dice que cuando el verbo, con cierto carácter de impersonal, se antepone, es lo común usarlo en singular: cuando va pospuesto, o cuando no se anuncia como impersonal, es más notable el solecismo. Pero el uso descuidado, o la figura dicha, pedía el verbo en el número singular en ambos casos (hoy puede ponerse en plural cuando va antepuesto y debe ir en dicho número si se pospone). Ejemplo: «La obligación y el afecto me ha hecho dictar» (Lucas Cortés); Ejemplo: «asimismo el juez que consintiere, y la parte que lo alegare, pierda su causa» (Ley 6, tomo 4, libro 1.º, de las Ordenanzas de Toro); «La paz y la amistad me es cruda guerra» (León); «y cuando es verdad que fue el barón y la escardilla su ejercicio» (Lope de Vega); «La verdad y el cumplimiento de lo que dice y promete es el fundamento sobre que estriba y se funda el trato común y la confianza» (Felipe II a Don Juan de Austria); «siempre seguimos el orden que el cielo y la naturaleza dispuso» (Moncada).

---

180 Ya hemos visto que este descuido aún hoy se estila: sobre todo, en verso. Lo que no es disculpable es la acre censura que se hace cuando no tiene fundamento, como la de Hermosilla a la frase cándidos albores, de Roldán, que está bien empleada. El helenista confunde las ideas: confunde a albor con albura; y olvida que, en su significación poética, es lo mismo aquella voz que aurora, alba, según la Academia; es decir, albor es un sustantivo concreto que puede ir muy bien precedido de un epíteto, o adjetivo que indique una de sus cualidades esenciales; éste es cándido, porque la candidez es una cualidad natural del albor: albura es un sustantivo abstracto. Si el poeta hubiera dicho albores cándidos, habría hecho mal.

«La fuerza y el aliento os ha crecido»
(Lupercio Leonardo de Argensola)

«Sobre quien tiene fuerza, muerte y tiempo»
(Figueroa)

«El bosque, el prado, del amor testigo»
(Herrera)

El ejemplo citado de Moncada es idéntico al que Clemencín, Salvá, Arrieta y otros censuran en Cervantes: «a los que Dios y Naturaleza hizo libres»; y tanto éste como otros semejantes, están justificados por la ley anterior.

Tampoco pueden censurarse estas locuciones: «aunque la hambre y desnudez pudiera fatigarnos», «la hora, el sitio, la soledad y la destreza del que cantaba, les causó admiración», «lo mismo confirmó Cardenio, Don Fernando y sus camaradas», «las proezas que ya habían visto de aquel caballero les tenía la risa a raya». Si pusieran el verbo en cada supuesto; según la adjunción, o siguieran la otra regla citada, o atendieran al uso constante, se hubieran evitado los críticos muchas discusiones inconsecuentes y fastidiosas. Hay verdadero solecismo cuando el supuesto o uno de los supuestos está en plural y el verbo se coloca en singular, como «esta práctica y las grandes riquezas y preciosidades... pudo dar motivo» (Rodríguez); «aquellas reservas... no se pudo hacer» (Capmany); «se tuvo nuevas de la liga»; «haga presente las mejoras» (Carvajal). Por lo que es mucho rigorismo de Clemencín, Salvá y otros tachar estas frases: «les sirvió de peine unas manos», «se le vino a la imaginación las encrucijadas», «si las nubes de polvo no le turbara la vista». (Frase idéntica a ésta de Moncada: «si la oscuridad de la noche y el cuidado de los vecinos no les defendiera».) También es igual el caso en que el verbo va al plural no habiendo más que un supuesto singular, como: «tal vez la situación en que lo pusieron estos desvíos hicieron, etc.» (Navarrete); «la misma gente salieron» (Id.); «Y que el señor Rector por sí y por medio de personas inteligentes, procuren averiguar» (Constitución de la Universidad de Valencia, 1733. Número 3). Así no han andado muy cuerdos los dichos censores, por no atender al uso del tiempo, en tachar varias frases iguales a ésta: «que la (ralea) de los buenos (médicos) palmas y lauros merecen».[181]

ESTILO Y LENGUAJE MACARRÓNICO. Éstos eran consecuencia de esa mezcla de idiomas que se había hecho natural en el ánimo de los eruditos y del mismo vulgo; defecto de que no se salvó nuestro Cervantes en alguno que otro soneto de la Galatea y otras composiciones. Figueroa, el más puro de los poetas de su tiempo, escribía canciones enteras por este tenor:

«Montano, che nel sacro e chiaro monte
De las hermanas nueve coronado
De allori, e palme la famosa fronte»

[«Montano, que en sagrado y claro monte
De las hermanas nueve coronado
De ahora, y palme la famosa frente»]

Canciones enteras escribía Herrera en este género; y otros autores hacían lo mismo, como puede verse en las colecciones del tiempo.[182]

RETRUÉCANO, OVILLERO Y DEMÁS JUEGOS DE PALABRAS. Éstos, que si no se usan con parsimonia y tino son fastidiosos, aun en el estilo cómico, eran de papel obligado en los autores de entonces, que los usaban sin discernimiento ni gusto alguno. A cada paso se veían ejemplos como los siguientes:

«Sacará del fuego mío
Mi Tizona, mis tízones»
(Romance del Cid)

---

181 Este uso es una de las imitaciones latinas que tanto se estilaban en aquellos días. En latín se pone el verbo en singular, ya se presenten los sujetos unidos en una misma idea, o ya sean éstos distintos, y distintos los géneros y números de aquéllos: «Religio et fides anteponatur amicitia» [«La religión y la fe se anteponen a la amistad»], «Mens et animus et concilium et sententia civitatis posita est in legibus» [«La mente, el alma, el consejo y la sentencia ciudadanas están puestas por las leyes»].

182 La diplomacia especialmente ofrece esta especie de jerigonza, como puede verse en los fueros de Avilez otorgados por Alonso VII en 1155, y otros documentos posteriores.

«La guerra en sangre ha de inundar la tierra,
Tierra, pues falto, anegareis la guerra»
(Jáuregui)

«¡Ay que no hay amor sin ay!
Ay que el ay tanto me duele,
Que muero por ver si hay
Algún ay que mi ay encele»
(Francisco de la Fuente)

«Estaban dos damas moras
En suma beldad conformes;
Suma que es suma en quien suma
Mil sumas de corazones»
(Romance morisco)

«Serena frente y bonanza
Frente que puestas en frente
No es mucho afrente mil almas.
El moro se regocija
Con vista tan dulce y grata,
Vista que vista condena
En vista y revista el alma»
(Romance 2.º de Arbolán)

«Aquesto dijo Gazul
Un martes triste en la tarde
Tarde triste para él
Y al fin despojos de Marte.
(Romance IV de Gazul)

«Veros me dio nueva vida
Y fuera vida no veros»
(Romance lo Maniloro)

Mil otros ejemplos pudiera citar de autores populares y eruditos, en novelas, dramas, historias, poemas, etc.; pero bastan los expuestos, y la autoridad de Clemencín (que en su crítica olvidó lo que enseñó su erudición). En la página 233 del tomo 1.º de su *Comentario* dice: «Este defecto (oposición de vocablos) llegó a ser general en nuestra literatura. En él incurrieron don Francisco de Quevedo, don Luis [de] Góngora, y otros escritores coetáneos y posteriores que procuraron imitarlos, tomando por muestra de ingenio lo que no era sino juguete vano y pueril de palabras». Está demás advertir que los libros de caballería eran minero de estos despropósitos más que ningunos otros. Es pues extraño, entre otros muchos censores de esto, que Clemencín, que muestra por la frase citada conocer la cuestión, se detenga a censurar con acritud muchos retruécanos de Cervantes (acaso en ninguna obra asientan mejor que en el *Quijote*) como aquél tan oportuno y bello en que, hablando el Cura (1.ª,

III) del libro de la Galatea, dice: «y sé que es (su autor) más versado en desdichas que en versos». «Juguete de cual gusto» dice el censor. Yo me declaro competente; pero creo el juguete muy feliz, por oportuno y modesto. También en el epitafio de Crisóstomo se lee este oportuno y sencillísimo juguete:

«Que fue pastor de ganado
Perdido por desamor»

¿Es extraño que también lo tache Clemencín? No, quien encuentra el epitafio todo de lo más malo que en materia de epitafios se ha escrito; quien niega todo mérito a la admirable canción desesperada del pastor muerto, no podía menos de hacerlo así. Menos extraño yo el dictado de juego insípido de palabras que da Viardot al citado últimamente. Menos lo extraño, porque no creo que aquel francés pueda dar su valor a los modismos propios del español, y lo creo el juez menos bueno de ellos; no puede traducirlos bien, como le sucedió con éste en su no muy buena versión del *Quijote*: y al no estar bien no pudo darle su verdadero mérito, su naturaleza y su riqueza de poesía. Tuvo que expresar ganado por rebaño; y con esto solo queda mal el juego, no existe; y por eso lo creyó insípido. Ganado es de aquellas voces que tienen doble significación y que en francés necesitan un vocablo para cada una: ella expresa lo que en francés significa rebaño y lo que el participio de ganar: gagner.

DECLINACIÓN Y CONCORDANCIA. Éste era otro punto en que poco se cuidaban los escritores: especialmente el último, en que se quería imitar las elipsis y riquezas latinas: por lo cual el método gramatical es el menos a propósito para juzgar en esta parte las obras de aquel tiempo. Casi no hay autor donde se encuentre un período regularmente construido: los casos andaban al capricho, especialmente el genitivo, y a cada paso vemos ejemplos como los siguientes, los cuales, ya mal colocados, ya aglomerados, ya sin su régimen correspondiente, ni su construcción propia, y con todos los otros descuidos de la locución que se han presentado atrás, hacían la frase pesada, alambicada y a las veces ininteligible: «no quieren perdonar a un escritor del siglo de los delirios del ingenio» (Capmany); «socorriendo a los heridos por sus propias manos» (Navarrete); «la justa censura de las naciones a que se exponía» (Ríos); «aquí llegan algunos libros, y vienen continuamente todos los de Alemania de derecho» (Nicolás Antonio); «los orígenes de la Iglesia de Alejandría de Eustoquio» (Lucas Cortés); «limados comentarios a cinco Jurisconsultos que habían desaparecido» (Navarro); «con un libro en la mano de historia o poesía» (Rodríguez). Por todos estos ejemplos y los mil que a cada paso se encuentran de descuidos en la declinación y la construcción, veo como una nimiedad la censura que se hace por este respecto a muchas frases del *Quijote*, como: «pidió las llaves a la sobrina del aposento donde estaban los libros» (1.ª, III), por no estar el genitivo en su lugar. Algunos no se contentan con censurar, sino que corrigen, como se ve en la edición de Gaspar y Roig, que dice: «pidió a la sobrina las llaves, etc.». Muy buena corrección para nosotros, más no para donde está la frase.

Capítulo VI. El mismo asunto

Concluiré lo relativo al lenguaje de aquel tiempo, agregando algo sobre las figuras más usadas y las principales anomalías de construcción. Si en éste, como en los capítulos pasados, se encuentran algunas observaciones que no se rocen directamente con el *Quijote*, ellas tienden, sin embargo, al mejor conocimiento del habla de aquellos días y de sus descuidos, que se dan todos la mano y conducen a un mismo fin. Esto servirá también para que se vea el poco caudal de alguno de los que pretenden correr parejas con Cervantes, y enmendarlo; y más aun, para ver el desaliño de muchos autores modernos; pues no es solo mi propósito; como se habrá notado, circunscribirme a la crítica del *Quijote*, sino dar, cada vez que llegue el caso, puntos para otro más afortunado que yo, que quiera escribir por extenso la historia de nuestro rico idioma, y seguir los pasos de su desarrollo y decadencia y de su estado presente. Hoy, que se descuida mucho su empleo, especialmente en las traducciones, y que parece que algunos se abochornan de seguir las huellas de Jovellanos, Quintana, Martínez de la Rosa, etc.; es tanto más importante el trabajo a que hago alusión, que me permito recomendar su idea al cuerpo más competente en la materia: la Academia española.

TRASPOSICIÓN. Era éste uno de los puntos de mayor lujo del cultismo que invadió la literatura; de modo que los mayores poetas, los historiadores, los dramáticos y los novelistas prodigaban a cada paso esta extravagancia (cuyo uso aún no cesa en muchos poetas). No había chico ni grande que no entrase en esta manía, torturando la imagen más pura, haciendo doblegar el pensamiento y quebrantar las palabras, sacándolas de su lugar propio y aun de su valor intrínseco. Desde que Herrera dijo:

«Sino vos, enemiga dulce mía»

y lo sancionó Góngora, no hubo poeta que no siguiera este camino, aumentando cada vez más la extravagancia; porque así pasa a un buen modelo, que es guía, sin que regularmente nadie lo siga sino en aquélla. Se disputaban, pues, los poetas el honor de presentar nuevas y extrañas inversiones. Ejemplo: «Luchantes soplos de regiones cuatro» (Jáuregui); «De los pasos que distes en el camino tan lamentables» (Susón); «la división de las horas 24» (*Teatro del Mundo y del Tiempo*); «que como las otras sus hermanas seis» (id.); «del nombre de un su príncipe Mohamud» (Mendoza); «y que sirvió por largos veinte años» (Moncada); «la que empezó en sus vasallos compasión» (El marqués de San Felipe); «y una su hija por mujer» (Coloma); «de lo cual todo yo carezco» (Palacios Rubios); «ocupado con otros algunos sucesos favorables» (Melo); «tan su amigo» (Nicolás Antonio): «Antonio viendo lo cual» (*Persiles*, 2.ª, IX); «oyendo lo cual Leonisa» (*La gitanilla*). Bien conocido es el verso de Lope, ridiculizando esta manía:

«En una de fregar cayó caldera»

y el de Burguillos:

«Porque me tronques bárbara tan mente»

Por esto creo que es suma excrupulosidad la de Clemencín y otros tachar las siguientes frases: «Aquél su grande amigo Ambrosio» (1.ª, XII), modismo que repitió Cervantes muchas veces, que también son tachadas. «Por ser tan nuestros enemigos» (1.ª, IX); «con éstas que daba al parecer justas razones» (1.ª, XII); «el Cura oyendo lo cual» (2.ª, XI); «que más le traía desasosegado» (2.ª, XLIV); «de algún tu enemigo» (2.ª, XLII), etc., etc.

PLEONASMO. Era usado aun más que entre nosotros, que lo empleamos bastante, y a las veces mal y sin parsimonia. Lleno de chocantes redundancias, daba sabor ridículo a las frases, y solo asentaba bien en las leyendas caballerescas, por formar armonía con todas sus necedades y desatinos. Muy rara vez se le empleaba bien; por lo que sería nunca acabar traer ejemplos, llenándose con ellos toda expresión de afectos, pasiones, frialdad, seriedad y demás situaciones de los actores y autores de un libro, sin discernimiento de ninguna especie. Más adelante veremos algunos tachados en Cervantes, sin otra razón que por que hoy chocan; pero tanto en esta figura, como en la hipérbole y otras en que interviene la pasión, no atienden a esta circunstancia, ni al uso, ni a la persona que habla (muchas veces un rústico, un estudiante, una pobre mujer) por ejemplo: «Volvió a reinar, y a cobrar su reino» (1.ª, XIII) que censura Clemencín y defiende Hartzenbusch, es frase que no debe dar margen a la ojeriza de aquél ni de nadie que haya tenido presentes los libros... En igual caso está: «se desengañó el mundo y todas las naciones» (1.ª, XXXIX), idéntica a la de Mendoza: «Tan atento es a la providencia... a gobernar el mundo y sus partes» y a otras que pudiera citar, sino temiese alargar este número.

HIPÉRBOLE. La hipérbole llevada a su exageración no debía faltar en aquel estilo: como de uso oriental, era muy bella para los españoles dominarlos por el gusto árabe en esos tiempo. En una obra chistosa tiene buena cabida, por su misma naturaleza; pero en lo serio debe ser más cauto el autor que la emplea: y es en todos casos hija de la pasión, ya real, ya imitada, trágica o cómica. «Homicida de todo el género humano» dice Cervantes (1.ª, XL) en el *Quijote*, lo que censura Clemencín, como veremos en su lugar; «El gozo le reventaba por las cinchas del caballo» (1.ª, IV) tiene igual acogida del crítico. Pero aquí no hizo Cervantes más que imitar a los poetas y prosadores, que a cada paso ponderaban así:

«No quiso sacar espuelas
Por que bastan sus desdenes
Para picar el caballo»
(Romance VI de Aliatar)

«Pesa más su pensamiento
Que el acero de sus armas»
(Romance 1.º del asalto de Baza)

«Temiendo alguna desgracia
Porque sus hermosos soles
Los de Celín deslumbraban»
(Romance II de Celín de Escariche)

«Y que no tema las olas
Que el mar dé sus ojos cría»
(El forzado de Dragut)

264

«Que no son del mar antiguo
Las aguas que se le humillan.
Sino de mis tristes ojos»
(id.)

«Bramando de mal de celos
Al cielo pide venganza,
Y el cielo tiembla de miedo»
(Romance 1.º de Maniloro)

«Paréceme que su nave
Es la que va más lijera
Y yo triste con suspiros
Mas viento doy a sus velas»
(Romance V de Eneas y Dido)

En el mismo caso de las frases de Cervantes anteriormente citadas está: «persona más que humana» que dice Cardenio al ver a Dorotea (1.ª, XXVIII) y que tanto choca a Clemencín, que no acepta su exageración, muy propia allí, y le parece que se puede aplicar esta frase a la Santísima Trinidad, porque más que humana no puede ser sino persona divina, etc. Pero no tuvo presente el uso de esta misma expresión, tan admitida: Ejemplo: En el *Epítome de los historiadores portugueses* (Parte 1.ª, capítulo IX) se dice del monstruo que se vio en Lusitania sesenta años antes de Jesucristo, que tenía las partes y facciones como de persona más que humana; «No quiero negar que como hombre humano» (Hernando del Pulgar).

«Porque posaste la mano
Donde hombre humano ha podido»
(Romance del Cid)

«no parece que te presento la más rica presa que en razón de persona humana», etc. (*Persiles*, 2.ª, IX): «los númidas los respetaron como más que hombre mortal» (El Infante Don Gabriel). Se ve por todos estos ejemplos que las cualidades esenciales del hombres, las que pueden ser sus epítetos, se tomaban como simples adjetivos y se posponían al nombre; y esto mismo no era peculiar de España; el Trisino en su poema nos ofrece un ejemplo de esto:

«alma mia vita
Non dubitare de la vista d'altrui;
Che aquí non puó venir persona umana»
[«alma mi vida
No dudes a la vista de los otros;
Que aquí no puede venir persona humana»]

Y así pudiera traerlos de naciones distintas; pues no estaba fijado, como queda dicho, el empleo de los epítetos.

Hay una figura que entra en hipérbole, mas en sentido contrario, porque disminuye las cualidades del sujeto: puede comprenderse en dicha figura la conocida con el nombre litotis; y era de igual uso, especialmente en el género cómico, por lo que solo olvidando esta circunstancia pueden censurarse con Clemencín los modismos de esta especie en Cervantes, como: «no le quedó resquicio de sombra de esperanza», «venía algo maltratado de los mozos de los frailes» (1.ª, X); «le traía un poco desasosegado» (1.ª, XXIV) y otros, por el hecho de ser suma exageración la primera; porque en la segunda no le habían dejado pelo en las barbas; y en la tercera no debió ser poco, cuando redujo a tal estado los deseos de Don Fernando.

ANTÍTESIS. Esta figura no debía faltar en aquel estilo: era ella uno de sus principales elementos; y no como quiera, sino llevada a su mayor exageración. Tanto ella, como paradoja, que es una forma especial suya, se prodigaba en todo escrito en prosa o en verso, pareciendo a los autores que eran lánguidos y desautorizados si no oponían unos objetos a otros (lo que forma la antítesis), y las cualidades de uno mismo (lo que forma paradoja) en una misma locución, en un mismo pensamiento y a veces en una sola frase. Era una manifestación propia de aquel estilo afectado y lleno de juegos de palabras. Pocos ejemplos se veían que fuesen racionales y de buen gusto, y en general abundaban éstos y otros semejantes:

266

«Que irrita guerras y repugna paces»
(Jáureguí)

«Llorosa risa y lágrimas risueñas»
(id.)

«Llorad sin descansar, ojos cansados»
(Figueroa)

«Muriendo vivo, aunque viviendo muero»
(Herrera)

«Yace el más sin ventura y venturoso
Pastor que apacentó jamás ganado»
(Figueroa)

Para censurar, pues, estos modismos en Cervantes (tan propios de su obra) es preciso no estar en posesión de aquel estilo, que tanto se usaba en los libros caballerescos. Me refiero, entre otros casos, al que tacha Clemencín en el capítulo XVII de la Primera Parte del *Quijote*, donde dice que Sancho salió turbado y contento de la Venta. Después de las justas razones de Hartzenbusch para refutar al comentador, solo agregaré dos o tres casos idénticos al del texto, que también olvidó dicho señor. Abramos el *Orlando*: Rodomonte encuentra a Hipalca que llevaba a Roger el caballo adornado con la gualdrapa bordada por Bradamante y sus damas. El moro venía a pie y había jurado apoderarse del primer caballo que encontrase: se alegró al ver a Frontino tan ricamente enjaezado; pero ansioso y corrido, duda en su intención: lo uno por llegar a su deseo y juramento; lo otro porque fuera una acción cobarde robar y maltratar a una doncella... Aun más semejante es la situación de Roger cuando salva de eminente peligro a Bradamante: vestido de mujer logra salir con ella y huir, y turbado de emoción y contento por haberla salvado, sale, etc. «Entre lágrimas de tristeza y entre muestras de alegría», se lee en el *Persiles* (1.ª, VI): lloraba Auristela por despedirse de los huesos de Cloelia, y se alegraba por que se iba a salvar, etc. Más adelanté veremos otras antítesis censuradas en Cervantes.

Éstas son las figuras más generalmente usuales en aquellos días y que absorbían la atención de los escritores: otras y otras se agregaban y se les daba lugar si ayudaban a la extravagancia: en los libros pueden verse esas figuras y todo lo que sabemos del lenguaje. No debe extrañarse que entre tanta algarabía terciaran con él los modismos extraños, unos con más, otros con menos derecho de ciudadanía, según el roce de los pueblos entre sí y el comercio de ideas, como es natural en aquéllos que se unen por la religión, la política y los intereses comunes. Ya anteriormente dije lo natural que me parecían los italianismos y galicismos en el español de aquel tiempo, y que eran defectos o abusos según la entrada que podían tener para expresar las ideas. No creo, por lo tanto, muy justa la censura que tacha con tales calificativos varios modismos de Cervantes. Clemencín, Salvá y otros no atienden a que tales voces eran comunes en el lenguaje del vulgo y aun de los eruditos: por lo que no es extraño verlos en el *Quijote* en boca de Sancho o de alguna otra persona poco caracterizada de hablista, y aunque lo fuera: Garcilaso Herrera y otros poetas y prosadores serían menos disculpables que Cervantes, cuya obra debió recoger todos los modismos de su tiempo, especialmente los más extravagantes, para instruir al lector de la literatura que se proponía combatir y ridiculizar. Tastulo, tunicela, golozaso, comilón que tú eres;[183] no he visto que el Sol;[184] Don Gregorio será aquí al momento;[185] sea pagado a medio real no que a cuartillo;[186] al justo y los demás que se leen en el tomo 5, página 292, del Comentario de Clemencín, en la gramática de Salvá y en otras partes, están en el caso de los modismos rechazados. ¡Pobre Cervantes en manos de tan escrupulosos censores!

Para terminar este capítulo y lo relativo al lenguaje de aquel tiempo, citaré como epílogo del cuadro que intenté bosquejar, las palabras de un testigo

---

183 ¿Por qué esta frase ha de ser inverosímil en boca de Sancho, como cree cierto censor, si la usaba el vulgo?

184 No imaginaron los censores que podía haber error de imprenta en esta frase; pues la edición desconocida, a que he aludido varias veces dice: «no he visto el Sol».

185 Creo galicismo esta frase y no italianismo como creen Clemencín y Salvá.

186 La edición desconocida dice: a medio real, y no a cuartillo.

juicioso. El licenciado Liñán y Verdugo en su «Guía de avisos de forasteros», publicado en Madrid en 1620 dice: «¿Y que me diréis de un modo de hablar que han inventado, tan escabroso y oscuro estos críticos que apenas hay hombre que los entienda, poniendo contra todo el estilo del arte antigua el sustantivo dos leguas del adjetivo, y el nominativo supliéndolo a catorce renglones del verbo, y la oración con más intercadencias adverbiales que un pulso de una enfermedad letal a los fines? Os doy la palabra que son enfadosísimos, y que me pensé caer de risa leyendo los días pasados cierta obra de uno de estos críticos que él tiene por grandiosa y heroica, y que se acabó un capítulo y otro iba casi a la mitad, y todavía se sobreentendía el nominativo antecedente del otro capítulo en el verbo del otro, que era menester un perro perdiguero para que sacara por el olfato el principio de la oración. Estos hombres verdaderamente con esta girigonza [jerigonza] de oraciones en cifra, y españolizando vocablos griegos y latinos, que apenas tienen parentesco fuera del cuarto grado con el idioma de nuestra nativa lengua, han de venir de aquí a cincuenta años a perturbar la castidad de nuestro romance, o a necesitar a la República a que vede sus escritos o los haga vocabularios nuevos». El autor para prueba de lo que dice, agrega la respuesta de uno de estos escritores a otro:

«Los veinte que me pidió reales no tengo, si bien mi deseo con usted grande de servirle los posibles pasa límites de gratisfacerle, lo más que conocido ha mostrado voluntad en todas las ocasiones de me honrar y favorecer con sus extremados en todas visitas sutil, qué ingeniosa conversación, etc.»

Capítulo VII. Misión de Cervantes respecto al estilo y lenguaje

Para formar, pues, un todo regular de ese oscuro caos y franquear una nueva senda a los ingenios, se necesitaba tino superior que se elevase, no solo sobre las preocupaciones y costumbres, como queda dicho en su lugar, sino sobre las extravagancias del estilo y del lenguaje, y les diese su verdadero carácter franco, sencillo y castizo. Cervantes fue este genio.

Pero ¿se le juzgará por la rutina, que él salvó, o por las leyes no establecidas entonces, siendo cierto que nuestra lengua, repito una vez más, andaba suelta y fuera de regla, como se expresa Lebrija? Lo primero, arguye, pequeñez de juicio; y lo segundo, inconsecuencia.

Ya he dicho que Cervantes no podía separarse del estilo caballeresco hasta el punto de que en éste se desconociera en su obra. La afectación, los italianismos, la construcción latina, que inundaban los escritos y formaban la corteza y el fondo de la literatura caballeresca, son el motivo de que el *Quijote* tenga en lo general un lenguaje menos perfecto que el *Persiles*, y a las veces «demasiado afectado», como en son de censura nota Salvá, pero afectación muy propia, atendiendo al propósito del libro. Tanto ese descuido en el juicio del gramático (extraño, en cuanto que él asegura que el *Quijote* vino solo a aumentar los libros de caballería, y lo considera como tal), como los reparos que hace Capmany en su *Teatro de la elocuencia* (págs. 444) son insostenibles. Sí fue feliz Salvá, aunque inconsecuente luego, en juzgar «que no debe variarse nada del *Quijote*, y que cometió Arrieta una profanación en los retoques que le hizo en su edición de 1826 (París)». Así, pues, la palabra profanación y la de criticastros que él aplica en la nota A de su gramática a los que osan corregir el *Quijote*, las podemos y debemos aplicar a otros muchos, como hemos visto y veremos después al tratar de «otras censuras particulares».[187]

Las pasiones, la precipitación, la desventura y otras circunstancias de la vida humana, son incompatibles con la fría calma de la reflexión; y exigir en

---

187 Si es cierto «que no ofende a la imagen quien la quiere librar del polvo y de la broza amontonados encima de ella», como dice Hartzenbusch; si es cierto «que no pierde su naturaleza el *Quijote*, porque se le quiten unos cuantos despropósitos», como agrega, dando por sentado que lo son, y echando la culpa de ellos a los copistas o impresores, es también cierto, como he repetido, que para tal discernimiento no debe descuidarse el lenguaje de la época en que se escribió el *Quijote*.

tales casos el esmero necesario a la pureza del lenguaje, es pedir algo menos que un imposible o buscar una dificultad nueva; es como pedir pulso lento y tranquilo al que está agitado de fiebre violenta, al condenado a muerte o al que acaba de perder un ser querido: es desatender a la naturaleza humana y mostrarse inferior al conocimiento de las relaciones del arte con el corazón. Enhorabuena que el gramático, el dialéctico y el retórico respondan a lo que de ellos se exige en estas materias. Mas, no importa que sus leyes inviolables sean violadas por los personajes de un drama, de una epopeya, de una novela, donde hay a cada paso movimientos y afectos que acaso no entraron en las vistas de aquellos maestros: no importa que el amante ausente, el desdeñado, el hombre de la amargura, el pastor, el labriego, etc., dejen de entrar en las severas ordenanzas de Aristóteles y Despreaux... Mejor hacen con ignorarlas, si han de pedantear y torcer el curso espontáneo de la naturaleza, que sabe más que todos los filósofos y preceptistas.

Aplicando estas consideraciones a nuestro asunto, ¿es extraño que Don Quijote, en medio de su impaciencia y noble ira por salir a deshacer agravios, diese dos o tres golpes más de los necesarios a una celada, como lo disputa Clemencín a Cervantes?

¿Es extraño que la encantadora Marcela, agitada por la escena del entierro de Crisóstomo y por las imputaciones que se le hacían, no atendiese a las leyes de la simetría, y dijese: «esta fiera, este basilisco, esta ingrata, esta cruel, y desconocida» en vez de decir: «esta desconocida y esta cruel», como pide Hermosilla a Cervantes? ¿Y que dijera: «no me llame cruel ni homicida aquél a quien yo no prometo, engaño, llamo ni admito», en vez de decir: «engaño, prometo», como quiere el mismo señor?

¿Qué importa que Ambrosio llame a Crisóstomo: «Fénix en la amistad», lo que choca a Clemencín, a pesar de estar muy bien dicho, según veremos en su lugar?

¿Qué vale que Cardenio, más ocupado de su dolor que de la pureza retórica, no se cuidase de decir: «entrando por estas asperezas... se cayó mi muela muerta, o a lo que yo más creo, por desechar tan inútil carga como en mi llevaba», que censura Hermosilla?

¿Qué vale que Don Quijote diga: «tan buena suele ser una gata como una rata» debiendo cambiar los términos, como quiere Hartzenbusch?

¿Vale mucho que Lotario, en su laudable empeño de apartar a Anselmo de su temerario deseo, y alterado por la emoción, confundiese las cualidades físicas de las modificaciones de la materia, y en vez de dar al diamante la tenacidad, le diese la dureza, como pedantescamente se observa en la edición de 1851, página 217 de Madrid?

¿Qué vale que Ricote no atendiese a la eufonía y repitiese síes y verbos, etc., si él no estaba obligado, ni por su nacimiento ni por su desgracia, a entrar en los pelillos de Clemencín? ¡Ni sospechaba el pobre, que andando el tiempo, este censor había de venir a darle palmeta por su descuido!, ¡por no saber la lengua que naturalmente no debió saber!

¿Qué importa, finalmente, que Sancho ignorase los vocablos y los trocase (si así debía ser), y le corrigiese Don Quijote, como repugna a Arrieta, y que no supiese cuándo encajaba bien un refrán? ¡Pobre rústico, que sin estudiar debía saber lo que saben otros que estudiaron!

Pero es Cervantes quien tiene la razón.

¡Cómo no! Si Don Quijote ponía tanto cuidado en corregir aun a los más rústicos, ¿es presumible que el autor, teniendo tal esmero, se abandonase lastimosamente en el estilo y en el lenguaje?

Serían mucho más notables las faltas que se alardean por los censores, en una obra de alta trascendencia literaria, y escrita, no con el descuido que creen los eruditos «sino con mucho trabajo y estudio», como lo dice el mismo autor,[188] y como se deduce de varias observaciones hechas, y que se harán en este escrito. Ya he dicho que éstos que se llaman lunares, se encuentran a cada paso, sancionados por la autoridad de escritores como Mendoza, Granada, Solís, Melo, Moncada y otros igualmente afamados, y sobre todo, por el mismo Cervantes, príncipe del habla castellana; con especialidad, como he dicho, en la obra en que fundó su orgullo, y en la cual no hubiera una frase de las censuradas en el *Quijote*, si ella no fuera muy castiza y propia. (Dispénsense algunas repeticiones necesarias.)

Esta observación me conduce a otra, acaso decisiva. Los contemporáneos de Cervantes, que atrozmente lo atacaron, nada dijeron contra su estilo y lenguaje, ni contra los elogios que mereció de jueces competentes, como los que dieron sus aprobaciones al *Quijote* para publicarse; y ellos deben

---

188 En el Prólogo de la Parte 1.ª, y en la solicitud del privilegio para la 2.ª, según éste.

ser tenidos por mejores jueces que nosotros respecto a aquel lenguaje, y debieron fallar sobre los defectos que con tanto esmero buscaban, y de que se cree lleno un libro que iba «y va corriendo con no muy próspero viento por el mar adelante de los que critiquizan».[189] Nada objetaron al lenguaje de Cervantes: a lo más dijo Avellaneda que su estilo era humilde; y eso que este autor cayó escrupulosamente sobre los sinónimos voluntarios y otras circunstancias del libro; y era natural que él, más que otro, por su carácter de émulo y hombre de letras, notase los defectos que hoy se notan. Juan Gallo de Andrade, que llamó Momo a Cervantes, no halló otra cosa que decir. Valdemar juzgó de ridículas y disparatadas fisgas, las hazañas y aventuras de Don Quijote (¡ignoraba su tendencia!); ingenio lego era Cervantes para otros, según Tamayo de Vargas; y finalmente, hombres como Esteban Villegas, Juan de Arjona, Lope de Vega Carpio, Góngora, que todo lo notaba y zahería, el duque de Villamediana, uno de los corifeos del cultismo, y otros muchos «llevados del agudo pesar de las glorias ajenas»,[190] apuraban su erudición y su ingenio contra el libro inmortal, calificándolo alguno de «libro de ningún mérito»; mas, nada decían sobre el lenguaje, ni entraban en pruebas de lo dicho, para dejar siquiera un punto de apoyo a los modernos censores. Aun en verso se le satirizó; y «si los envidiosos de su ingenio y elocuencia, lo mormuraban,... los hombres de escuela, incapaces de igualarle en la invención y arte, lo desdeñaban como a escritor no científico».[191] ¿Una obra tan observada y criticada aun antes de concluirse, es creíble que no fuera corregida, si se le hubiesen notado defectos de lenguaje, o que si los tuviese, no los hubieran señalado tantos Zoilos que intentaban destrozarla? ¿Y no sería torpeza de un autor tan defectuoso, censurar el estilo de Avellaneda, como lo hace Cervantes? Y habiendo sido al principio vista la obra con alguna negligencia por los que podían entenderla (aunque con prodigalidad en el vulgo), ¿es creíble que no fuera corregida, si era preciso hacer esfuerzos para acreditarla? Esto no sería disculpable en un autor que decía con mucho fundamento: «yo he abierto un camino para extender el uso y propiedad del idioma», frase que nadie se atrevió a rebatirle; un autor de

---

189 El *Buscapié*.
190 Navarrete.
191 Mayans.

«claro ingenio, singular en la invención, copioso en el lenguaje, que con lo uno y lo otro enseña y admira, dejando concluidos a los émulos de la lengua con la abundancia de sus palabras»;[192] un autor, de quien dice la Academia (juez tan competente): «los que sepan apreciar la pureza, elegancia y cultura de su lenguaje»;[193] un autor de una obra «depósito de la propiedad y energía del idioma castellano»;[194] y finalmente, «un autor puro en extremo, armonioso en su número, fácil, enérgico y conveniente».[195] Querer censurar a Píndaro lo que los griegos no le censuraron en el estilo, es probar que somos jueces incompetentes, dice Batteux.

Bueno será concluir este capítulo, aconsejando a los críticos más tino; y recomendándoles la lectura (que pueden aprenderse de memoria), del siguiente párrafo de Cervantes, que sin duda para ellos fue escrito: «pero quisiera yo que los tales censuradores fueran más misericordiosos y menos escrupulosos, sin atenerse a los átomos del clarísimo Sol de la obra de que murmuran, que si *aliquando bonus dormitat Homerus* [de cuando en cuando dormita el buen Homero], consideren lo mucho que estuvo despierto para dar luz a su obra con la menos sombra que pudiese; y quizá podría ser que lo que a ellos les parece mal, fuesen lunares que a las veces acrecientan la hermosura del rostro que los tiene». (Palabras del bachiller: 2.ª, III.) O pusiera en boca de Cervantes las palabras de Boccaccio, dirigidas a sus censores, que vienen aquí como de molde para expresar una idea que ya he emitido (sobre que Cervantes podría dejarles la pluma a los suyos): «En cuanto a los que dicen que los sucesos no han pasado como yo los pinto, ellos me darían mucho placer mostrándome los originales que he desfigurado. Si esto pueden hacer, y dichos originales no están de acuerdo con los hechos que he contado, aplaudiré su crítica y procuraré corregirme. Mas, si están en la imposibilidad de hacerlo así, no me contentaré con decirles que son ellos los que alteran la verdad, para desacreditar mis producciones» (Prefacio a la jornada cuarta.)

Además, creo y afirmo que una palabra o frase repetida varias veces en el libro, no puede ser simple descuido; y puede asegurarse (como veremos),

---

192 Salas de Barbadillo.
193 1.ª y 2.ª edición del *Quijote* hechas por la Academia.
194 Licencia real para la impresión.
195 Navarrete.

que todas las frases y palabras censuradas en él, se encuentran muchas veces allí y en las demás obras de Cervantes.

Capítulo VIII. Otras censuras particulares

Título del *Quijote*. Desde su título fue el libro objeto de la crítica y censura más inconcebibles. En los días de Cervantes la hizo el doctor Suárez de Figueroa, y en los nuestros Clemencín, que repitió la censura y palabras de aquél. Encontrose malo el epíteto ingenioso dado al Hidalgo. Sería necedad y presunción mía entrar a contestar esto, después que tan juiciosamente lo ha hecho el señor Hartzenbusch. Arrieta ha dicho: «la elección de Cervantes en el objeto de esta obra fue tan acertada que solo el título de ella representa desde luego al lector, en el ridículo cuadro del héroe, la idea y el objeto de una fábula, no solamente la más nueva y original, sino también la más agradable e instructiva, y con la cual se consiguió la extirpación de un vicio arraigado y altamente impreso en el vulgo, que estaba infatuado con el falso y ridículo pundonor de la caballería andante, y con las perniciosas historias que contenían las extravagantes proezas de sus imaginarios y fantásticos héroes». Para concluir este número, agregaré la incierta opinión de Viardot, deducida de las palabras de Cervantes en el prólogo: «este libro, se lee allí, como hijo del entendimiento». «Esta frase explica, dice el crítico francés, a mi entender, el verdadero sentido del título Ingenioso, título muy oscuro, sobre todo en español (¿y quién se lo dijo?) donde la palabra ingenioso tiene muchas significaciones» (una de ellas, la principal, es la que le da Cervantes). «Cervantes quizá probablemente, sigue la crítica, quiso hacer entender que Don Quijote era un personaje de su invención, un hijo de su ingenio.» ¡Esto es raro! En tal caso el ingenioso fuera Cervantes: no puede deducirse lógicamente que el hijo de un ingenio es ingenioso por este solo hecho. Dejemos a Viardot. Si Séneca llamó ingeniosísimo a Ovidio por sus invenciones y metamorfosis, ¿por qué no puede Cervantes llamar ingenioso al Hidalgo, no por ser hijo de su ingenio, sino en vista de lo que imaginó y practicó, y por ser el héroe de la fábula más extraña y el creador de las metamorfosis más ingeniosas y raras. Ingenioso, llama Cervantes en el *Buscapié* al «Caballero Determinado» (libro de caballería publicado en Amberes en 1553).

Dice el Prólogo: «al cabo de tantos años como ha que duerme en el silencio del olvido». Esto disuena a Clemencín, «porque el olvido ni calla ni habla». ¡Que lo dijera un rústico, pase; pero un letrado!... un hombre que debió leer los poetas, los oradores, los novelistas, los retóricos, en fin! ¿No hablan y callan, cuando a éstos se les antoja, la fama, la muerte, la fortuna, el dolor, el amor? ¿No guarda silencio la tumba; no guarda en su seno, es decir, en su silencio, al olvido? ¿Éste no es aun más callado que la muerte? Estas figuras son altamente poéticas; mas, ya tendremos ocasión de ver que al censor, no le gusta el estilo figurado, etc. ¿Disputaría también la verdad de aquel hablar el silencio, del soneto de don Lorenzo, en el capítulo 18, de la Parte 2.ª, o de aquellas manos del olvido, donde preguntó Don Quijote al lacayo si había dejado Altisidora sus enamorados pensamientos (capítulo 66), o finalmente, disputaría esta frase del *Persiles* (libro II, capítulo III), «y puesto que tenía determinado de sepultarlos en las tinieblas del silencio»; frases que no reparó el censor, expresamente la última, que justifica las demás? Según el censor, es claro que el olvido no debe tener leyes tampoco, y por esto se le pasó por alto censurar en el capítulo VIII, esta frase: «no quiso creer que tan curiosa historia, estuviese entregada a las leyes del olvido, etc.». Tampoco debe el olvido tener entrañas: pues se le pasó también por alto censurar ésta y otras frases «y aquí, en memorias de tantas desdichas quiso él (Crisóstomo), que lo depositaran en las entrañas del eterno olvido». ¿Habrá quién censure esta frase y la que censura Clemencín?

De la parte 1.ª

Capítulo 1.º: «En este pensamiento claro duró ocho días». «El verbo durar se dice ordinariamente de las cosas, no de las personas», dice Clemencín. Sutileza es ésta que poco vale desde que el Diccionario de la Academia dice que durar es subsistir, mantenerse, etc., y desde que el censor intercala el adverbio ordinariamente. Varios autores lo usaron en el mismo sentido que Cervantes. Ejemplo: «de cosecha tenía el no durar mucho con mis amos» (*Lazarillo de Tormes*); «cualquiera partida de éstas escojo por más ventajosa que durar en la guerra» (Mendoza); «cuanto tiempo había durado en ella» (en tal vida) (id.).

«Pocos hay que como los Templarios duraran en el ejercicio de su profesión» (*Silva de varia lección*). «En estas costumbres duraron, los romanos mucho tiempo» (Mexía); «hasta la muerte duró poco» (id.).

Capítulo 1.º: «Y fue a lo que se cree que en un lugar cerca del suyo había una moza», etc. Dice Clemencín que la fórmula a lo que se cree indica «que no hay certidumbre ni seguridad en lo que se cuenta» y que esto «se opone a la certeza con que se halla después de la moza». ¡Bien! Pero olvida el uso frecuente de estas frases en los hechos más patentes, especialmente en el estilo caballeresco, cuya forma era muy exagerada, de manera que las frases yo solía tener tantas muelas; el asno cuyo amo solía ser yo y otras semejantes caen muy bien allí, por su estilo exagerado y chistoso, cosas que Cervantes conocía mejor que sus censores. Respecto a la otra objeción de que el lugar de la moza no podía estar cerca, porque distaba 8 o 10 leguas del de Don Quijote, ésta es un reparo caprichoso que depende del modo de juzgar cada uno las distancias y el valor de adverbio cerca.

Capítulo 1.º: «Nombre a su parecer músico y peregrino, como todos los demás que a él y a sus cosas había puesto». Clemencín quiere que no se diga a él sino así. Pero ¿cuándo empezó el rigorismo gramatical en el lenguaje? Respecto al pronombre de 3.ª persona y a los casos del recíproco se, aún después de Cervantes se confundían, y hoy mismo hay autores que los usan mal.

Capítulo 2.º: «Por la puerta falsa de un corral». Varias objeciones hace a esta frase Clemencín. En primer lugar cree que debe decirse del corral «porque debió ser el de la casa de Don Quijote. En segundo lugar no debe ser puerta falsa, «porque un corral no suele tener dos puertas». «En tercer lugar: Don Quijote no pudo salir sino por una puerta muy ancha (¡quién lo creyera!), lo que se opone a la puerta falsa.» ¡Habráse visto tal modo de argumentar! ¡Oh espíritu de saber! ¿A dónde nos conduces? La casa pudo tener dos o tres corrales como regularmente son las casas de aldea; el corral pudo tener dos o tres puertas, porque no suelen tenerlas, es decir pueden tenerlas; y la falsa pudo ser tan ancha como otra de la casa.

Capítulo 2.º: «Amén del lecho», Dice Clemencín: «Es lo contrario: quiso decir fuera o a excepción del lecho». Esto quiso decir y esto dijo Cervantes, porque la palabra amén, tenía ambas significaciones, como lo reconoce más adelante el mismo comentador.

Capítulo 2.º: «Mas al darle de beber no fue posible». Cree Clemencín que hicieron bien otros editores en corregir de la manera siguiente: «Mas el darle de beber», etc. Creo que tanto aquéllos como él se equivocaron; pues lo imposible no fue, según el texto, el darle de beber, sino el menester que usaba una de las damas, explicado en el anterior inciso. El imposible fue usar más de aquel menester; así él no sirvió al darle de beber, por lo que se explica. No pretendió Cervantes sustantivar el verbo dar y hacer imposible, como no lo fue, la acción que indica, sino hacerlo con lo que expresa el verbo en su sentido recto aplicado al menester, lo que expone la adversativa mas. Menester era un sustantivo muy usado que puede verse en varias partes del mismo *Quijote* y en todos los libros de aquel tiempo. El crítico ha falsificado el texto con la enmienda y dividido una frase en dos en su edición: pues Cervantes antes de la adversativa solo había puesto punto y coma, y el crítico puso punto final, ¡para poder hacer su corrección!

Capítulo 2.º: «Apretándole a ello la falta que él pensaba que hacía en el mundo su tardanza». Clemencín corrige: «su pronta presencia». Creo que esta frase (suprimiendo la palabra pronta, que está demás), queda bien «en el actual estilo»; y por lo mismo me inclino a creer que conviene más con el sabor caballeresco y con la acepción más frecuente del verbo hacer. «Hacer-producir y dar el primer ser alguna cosa, caber, contener, causar, ocacionar-afferre, suscitare» (Academia). Hacer falta su tardanza, es causar falta su tardanza. En este uso, que es el del texto, hacer falta su presencia sería lo contrario de lo que se quiso decir y dijo. No era, según la mente del autor, Don Quijote quien hacía falta, sino su tardanza lo que producía falta; por lo cual creo que hay error en Hartzenbusch que, olvidando la acepción explicada intercala la preposición por antes de su tardanza. Era tan natural y constante este sentido, que se vuelve a encontrar más adelante (Capítulo XIII) donde dice uno de los acompañantes de Vivaldo: «paréceme, señor Vivaldo, que habremos de dar por bien empleada la tardanza en este famoso entierro. Así me lo parece respondió Vivaldo, y no digo yo hacer tardanza de un día, pero de cuatro. Así como aquí hacía falta su tardanza, de la misma manera hacía falta su presencia en el mundo cuando estaba atado de la mano con el cabestro» (Capítulo XLIII). Aun cuando fuera cierta la objeción de Clemencín y falsa mi defensa, no debiera él haberse detenido en la frase, al recordar el estilo afectado que trocaba las ideas al pasar rápidamente por un pensamiento. Ejemplo: «e non fagades ende al so pena de la mi merced (fórmula real)»; «y contra su señor y fortuna non vayan ni passen por alguna manera, so pena de la nuestra merced», leo en el privilegio real para la publicación de la obra *Teatro del Mundo y del Tiempo* (octubre de 1598); «de como es incierto la hora de la muerte y de la pena que da el apartamiento de todas las cosas que vienen con ella» (Granada); «con todo esto presté un instante la obediencia a sus mandamientos (*Persiles*, libro 4.º, capítulo III).

Capítulo 2.º: «Y trújole el huésped... y un pan tan negro y mugriento como sus armas». Me parece esto un rasgo especial de la ilustre pluma de Cervantes: el adjetivo mugriento expresa perfectamente bien la idea del pan, así como de las armas, negras y llenas de orín por el tiempo y el abandono. La corrección, pues, de reciente por mugriento, aunque se quiera introducir la ironía donde no la tiene el texto, y oponen aquella voz a viejo, me parece inaceptable por inoportuna. Más acertado anduvo el ilustrado Hartzenbusch en la corrección siguiente, que adopto y creo que a ella dio margen algún error de los cajistas o impresores: «porque como tenía puesta la celada y alzada la visera», que él varía en esta otra «porque como tenía puesta la celada y era alta la babera». La visera alzada no podía estorbar que comiese: si lo estorbaba la babera, como la parte más baja de la celada o yelmo, que cubría la barba y subía hasta tapar la boca cuando era alta, como debió serlo la que hizo tan aprisa Don Quijote. También hizo muy bien el sabio erudito cuando más adelante corrigió: «La verdad cuya imagen es la historia», donde decía: «La verdad cuya madre es la historia».

Capítulo 2.º: «Dejando a la voluntad del rocín la suya». Corrige Clemencín: «dejando la elección a la voluntad del rocín, el cual, etc.». Esto último es para que quede mejor el relativo... Pero recuérdese lo dicho sobre la materia: en el capítulo que trata del lenguaje de aquel tiempo. ¿Habrá razón para la corrección primera? Menos aun que para la segunda: y solo el prurito de censurar ha hecho introducir un nuevo sujeto que no hay en el texto (la elección), quitando así a la frase el sabor caballeresco que tenía. Aquella elección solo puede existir respecto al caballo, que no era caballero andante; mas no respecto de Don Quijote, que como tal, tomaba las rutas a la casualidad, sin elección, como todos los de su oficio, según se ve claro en «dejó su voluntad a merced de la del rocín». En el capítulo XXI vuelve el crítico a corregir una expresión análoga. Dice el texto: «por donde la voluntad de Rocinante quiso»; y no vio el censor que, a más de ser pura la frase, es imitación del estilo caballeresco, que daba alta importancia a los caballos de los andantes, dotándolos a veces de más valor y peso que sus amos... En el *Espejo de los príncipes*, parte 2.ª, libro 1.º, capítulo IV, se lee: «soltó la rienda al caballo, para que guiase por donde su voluntad quisiese»; en el Espejo de las caballerías, libro 2.º, capítulo XXXVIII, se cuenta un caso igual de Roldán; y lo mismo pasó al Caballero del Febo (parte 2.ª, libro 1.º, capítulo IV); y, por último, en el libro de *Amadís* se lee: «Amadís desmayado soltaba las riendas del caballo, que iba por donde él quería (capítulo XLVIII); y en la de Silva de Romances:

«El marqués muy enojado
La rienda le fue a soltare
Por do el caballo quería
Lo dejaba caminare.»

Capítulo XXXIII: «y de mí también con el poco recato que he tenido del huir la ocasión, si alguna te di para favorecer y canonizar tus malas intenciones». Clemencín cae en un grave descuido y dice: «canonizar equivale a santificar, y es demasiado. Autorizar todavía es mucho; mejor alentar, fomentar». No es así; canonizar en su sentido figurado, en el que más se usaba, es calificar una cosa por buena, aprobarla, aplaudirla (probare, aprobare), darla a conocer; y santificar es justificar, abonar, disculpar o sincerar. Ejemplo: «que canonizo esto por gran bellaquería», «canonizándole por muy gran consejero», «tiene aquí canonizado de letrado», «cada uno canoniza su presencia según se le antoja», Alemán; «canonizaba en su mente cuanto ellos acusaban», Melo; «que siempre que los ricos dan en liberales hallan quien canonice sus desafueros», Cervantes, La Fuerza de la sangre; «mirad si no han de ser ellos locos, pues los cuerdos canonizan sus locuras», Quijote, Parte 2.º, capítulo XXXIX.

Capítulo VIII: «Era propia desgracia de los caballeros andantes». Mejor quiere Clemencín que se diga: «Era desgracia propia, etc.». Bien para el actual lenguaje.

Capítulo VII: «Prevenciones tan necesarias... especial la de los dineros y camisas» ¿Por qué rechaza Hartzenbusch el adverbio especial y lo sustituya con especialmente? Olvida que especial era un adverbio de mucho uso? Esto bien puede ser, o a lo más descuido. Léanse en tanto los ejemplos que autorizan aquel adverbio, tomados al acaso: «algunos procuran contar (las estrellas), especial aquéllas, etc.» (Teatro del Mundo y del Tiempo, libro 1.º, capítulo V): «materia prima, de quien se hacen las cosas que denotan el principio y entrada de la vida con su discurso, y especial significa, etc.» (id., libro 3.º, capítulo XIII); «pues como todos sean de este parecer, y especial lo permita Nuestra Santa Madre Iglesia» (id., libro 5.º, capítulo II); «Fueronse tras esto apretando las ataduras de las leyes, especial en la observancia de la Papia Popea» (Coloma); «peleaban a las veces en favor de sus amos, y algunos animosamente, especial cuando, etc.» (Ercilla); «que en contrario había usado mil crueldades con la gente más granada, especial con los amigos y compañeros de Germánico» (Coloma); «aconsejan a sus hijos; y especial yo a ti» (La Celestina). Aun más lejos va Clemencín sobre este adverbio; pues no solo lo rechaza, sino que niega a Gregorio Garcés la facultad de admitirlo.

Capítulo VII: «Revolvía los ojos por todo». «Revolvía los ojos pasmado», corrige Hartzenbusch, porque por todo le parece italianismo y galicismo. Pero si el modismo no es castizo, lo veo muy usado en aquellos tiempos; y aunque así no fuera, la prueba que da el erudito para rechazarlo, me asegura de que pudo muy bien usarse allí. ¿Cuándo entró ese italianismo a formar parte en nuestro idioma? ¿no sería cuando entraron otros de buena ley y fueron acogidos por nuestros clásicos? Ejemplo: «grande era por todo el sentimiento» (Sousa); «aquí se canta, allí se reniega, acullá se riñe, acá se juega, y por todo se hurta» (Cervantes, La ilustre fregona). En ambos casos por todo es por todas partes; y así pudiera traer multitud de ejemplos más.

Capítulo VII: «la misma derrota y camino que el que él había tomado». Clemencín suprime lo subrayado para dar al pobretón de Cervantes una lección de eufonía. ¡Trabajo le envío al que se entre por esos berengenales de la caballería; que imitaba y exageraba Cervantes, por buscar cacofonías! Se había de pasar los días leyendo de claro en claro y las noches de turbio en turbio. Algunos modernos editores siguen esta variante de Clemencín, entre otros Gaspar y Roig.

Capítulo VII: «con menos pesadumbre que la vez pasada». «No tuvo razón Cervantes, dice Clemencín, para decirlo. Iguales motivos de calor y fatiga había en la salida segunda que en la primera.» Pero el censor no tiene en cuenta varias circunstancias que hubo en la segunda salida no en la primera, que debieron aliviar la pesadumbre que en ésta llevaba Don Quijote. Relativamente al calor y ardor del Sol, estaba en el mismo caso; pero no respecto a la fatiga. La pesadumbre no solo nace de las incomodidades corporales, sino las más veces de las morales (que allí no recuerda el censor), por lo cual debió disminuirse mucho en Don Quijote, al verse armado caballero, dispuesto a llenar legítimamente el oficio para que había nacido, con la certeza de tener ya encantadores que le atendiesen y otras suspiradas señales de que era caballero andante, como escudero, padrino que le aconsejara, etc., etc.

Capítulo VIII: «Desgajar un tronco». Clemencín cree que está mal esto, porque es imposible desgajar un tronco. «¿De dónde se le desgaja?», pregunta y sigue: «un tronco puede arrancarse, pero no desgajarse; esto solo conviene al ramo»: ¡Falso, señor erudito! Desgajar se aplica al ramo, es cierto, en su primera acepción; pero en la segunda es despedazar, romper, etc. (Diccionario de la Academia). Esto es lo que pensaba hacer Don Quijote, que iba a romper un tronco para servirse de uno de sus pedazos. Así hizo el caballero del Febo, como se ve en el romance XI cuando, después de haber roto la espada en la peña que atravesó con ella:

«Un fuerte tronco desgaja»

Y así hicieron otros que pudiera traer. Por lo que creo que ni en este punto, ni pocos renglones antes, cometió el autor la inexactitud que cree el crítico.

Capítulo V: «Obligó al labrador a que le preguntase le dijese que mal sentía». Esta frasecilla ha dado motivo a más de una triste reflexión sobre la crítica ensayada en el *Quijote*. Veámoslo. Arrieta no puede soportarla, «porque le dijese es sin duda un pegote de imprenta y está demás». Esta opinión es seguida por Gaspar, y Roig, editores del *Quijote* (Madrid, 1851). Salvá cree eso y agrega algo, sin temor de asegurar que está demás la frasecilla, ¡un grámatico! Hermosilla decide magistralmente, a fuer de retórico, y dice, después de insertar la frase de Cervantes: «mejor hubiera hecho en suprimir las palabras le dijese absolutamente inútiles, como cualquiera puede conocer; y la cláusula hubiera quedado más enérgica». Clemencín dice: «Sobra uno de los dos verbos preguntar o le dijese. Este último fue el que debió borrarse; pero a Cervantes se le olvidó hacerlo». Hartzenbusch suprime el último verbo en varias ocasiones donde lo coloca Cervantes en la misma frase. ¡Qué hacer! ¡Al ignorantón de Cervantes no le queda más que aguantar la jabonada de tanto erudito! Pero éstos no vieron los documentos relativos, para evitarse el pasar a sus vestidos las manchas que pensaron sacar al de Cervantes. Abramos primero los libros para ver las voces usadas en el siglo XV y siguiente, y veremos que preguntar es suplicar, con lo cual la frase queda como muy pura. Consecuente con aquella significación, la Academia la explica por demandar en la primera acepción, y a éste por suplicar, rogar, etc. Veamos ahora algunos ejemplos, de los muchísimos que debieron ver los censores de la frase: «Galaor preguntó a la doncella le dijese quién era» (*Amadís*, libro 1.º, capítulo XII). «Preguntáronle ellas con mucha afición les dijese las maravillas de la ínsula Firme» (id., libro 3.º, capítulo XI):

Empezóle a preguntar
Que le dijese la causa
(Romance de los Infantes de Lara)

Preguntóle le dijese
Lo que significaría
(Sepúlveda)

Capítulo XIX: «Y acosados de la sed». «Esta palabra acosados no rige verbo y por consiguiente no hace sentido. Lo haría si dijese y hallándose acosados de la sed, dijo Sancho, etc. Entonces formaría con el gerundio del verbo lo que en la sintaxis latina se llama ablativo absoluto.»

Eso dice Clemencín; pero en medio de su erudición se dejó en el tintero el recuerdo de la elípsis del verbo estar, hallarse, encontrarse, etc., tan usada en ése y en todo tiempo. Con tal acuerdo hubiera evitado la explicación y la censura.

Capítulo IV: «Por todas las órdenes que de caballería hay en el mundo». Clemencín no admite esto, y corrige: «Por todas las órdenes de caballería que hay en el mundo». Recuérdese lo dicho atrás sobre las inversiones de aquel tiempo. Buen trabajo tendría el que fuese a corregir en este punto los autores pasados.

Capítulo IV: «Vive Roque que si no me pagais, que, etc.». En este ejemplo, como en otros muchos, censura Clemencín el uso inmoderado de las partículas *que* y *de*, sin recordar que tal censura se opone a la declaración del autor del *Diálogo de las lenguas*, que confiesa el uso constante de estas partículas, aunque inmoderado, en aquellos días. Está demás citar ejemplos, no pasando una página de cualquier libro, sin encontrarlas: sobre todo en las obras de Cervantes y los libros de caballerías.

Capítulo VII: «Una noche después del día que vuesa merced de aquí se partió». «Arguyendo Clemencín que no hubo más que un día desde la partida de Don Quijote a su vuelta, dice que no debe ser sino la noche en vez de una noche. Pero no es así, atendido el espíritu que debió dominar en los interloculores. Don Quijote estaba ya loco; imaginaba haber pasado algún tiempo fuera de la casa, en el cual se había trocado en Valdovinos y en Abindarraes; había tenido varias visiones caballerescas: y el ama y la sobrina debían seguirle el humor, de acuerdo con el Cura, director de la trama, y secundar y aun robustecer sus ideas para llegar a hacer segura la de que un encantador había robado los libros y el aposento. Este acontecimiento tuvo lugar una noche; y como ya no se trataba de un día de separación de Don Quijote, mejor está como dice el texto que como quiere el comentador. A pesar de que para la forma que él le da, también cabe su objeción; pues decir la noche después del día puede suponer que mediaron varios días.

Capítulo XVI: «En otros tiempos daba manifiestos indicios de haber servido de pajar muchos». No solo era viejo el establo, sino que parecía haber servido mucho tiempo de pajar. No se a quien le ofrezca duda esto... Pues, sí señor: Clemencín no lo entiende y lo corrige; cree redundante la frase; pero en otros tiempos pudo haber servido de pajar pocos años, o pudo haber servido muchos años recientemente.

Capítulo II: «Abusos que mejorar». «Los abusos no se mejoran, sino que se corrigen», dice Clemencín. Bien: y ¿qué cosa es corregir, sino mejorar? Los abusos pueden ser más o menos graves; así como los usos pueden ser más o menos útiles; y tanto unos como otros se modifican, mejoran, corrigen, etc. ¡Con tanta escrupulosidad, en mantillas se quedarían la imaginación y el gusto! De esta exactitud antipoética se cuidó Cervantes como de las nubes de antaño y siguió la senda del verdadero genio. ¡Feliz propósito, que quitó a su obra la monotomía y mezquindad que quieren darle sus censores!

Capítulo VI: «Con todo, os digo, que merecía el que lo compuso, pues no hizo tantas necedades de industria, que lo echasen a galeras por todos los días de su vida». El doctor Caylus, en el prólogo de su traducción del *Quijote*, cree oscuro este pasaje, y lo explica diciendo que no merecía, etc.; es decir, dice lo contrario de lo que dijo Cervantes. Clemencín refuerza, y dice: «éste es el pasaje más oscuro del *Quijote*. Por una parte parece que se alaba el libro, y por otra se declara a su autor merecedor de galeras perpetuas». Al doctor Caylus se puede dispensar; mas no a Clemencín, quien, además de no entender el pasaje, lo interpreta al revés. El texto está bien, pues es lo más claro y natural creer que al condenar los libros al fuego, habiendo encontrado uno menos malo y entrado a hacer su elogio, se dijese: «sin embargo (con todo) merece el que lo compuso, pues (aunque) no lo hizo tan mal, que le echasen a galeras». Además, no se dice que no tenía necedades (disparates), sino todo lo contrario, que las tenía no de industria (propósito). Esta interpretación es la que se desprende de la idea constante vertida en el

Quijote y que era la del Cura. Se alaba el libro; y sin embargo merece esto: ¿qué merecerán los demás? Lo contrario dice la versión de los dos críticos, queriendo desvirtuar a Cervantes.

Capítulo V: «A la sabia Urganda que cure y cate mis heridas». Para Clemencín está mal la simetría, para mí no lo está. Habla un loco y enfermo... Aunque estuviera bueno y sano del juicio... vuélvase a mi artículo sobre el lenguaje del tiempo, y decídase; la simetría era descuidada aun por los mejores escritores, y el erudito pasó por encima, entre otras, de esta de Mendoza (*Historia de Granada*, 1.ª, III): «habría sido importante desbaratar y partir los enemigos». No cito otras porque cansaría al lector.

Poco antes rechaza Clemencín y corrige malamente al pobre rústico Pedro Alonso (que poco debió entender en achaques de retórica), una simetría desaliñada.

Capítulo XIII: «No se le acordaba ninguna promesa». Suprime Clemencín el le. Hoy en efecto, pudiera algunas veces parecer redundante; pero en el texto está bien, por lo usado que era ese modismo, especialmente en el estilo jocoso. Extraño tal olvido en el censor. «No se le alcanza», «no se me acordaba» y otras frases por el estilo, son frecuentísimas en los autores de aquel tiempo. «Todas las veces que se le acordaba» (*Lazarillo de Tormes*); «entre las cuales se me acuerda» (Reinoso, carta a Hurtado de Mendoza); «que bien se me alcanzaba» (*La Celestina*); «según se me alcanza» (*Buscapié*). Aquí tiene lugar la frase «se le entiende», «se me entiende», que tacha Clemencín en el capítulo LVIII de la Parte 2.ª y Munárriz en el XVII de la misma. Parece que no atendieron al valor y uso de ellas; las cuales, si son desconocidas por los eruditos modernos, no lo eran por los anteriores, ni aun por el vulgo de España en el siglo pasado, que a cada paso usaba dicha frasecilla y la traía entre las manos, según el editor del *Esfuerzo bélico, heroico*, que la comenta de esta manera: «Los mejores expositores de la Escritura observaron que esta frase es del todo hebrea. En efecto el verbo entender muchas veces significaba entre dicho pueblo parar mientes, considerar, atender; y de aquí obrar; trabajar, ocuparse, tratar y cuidar de alguna cosa y poner en ella todo su conato y atención. Así, el salmo 118, versículo 14: «Enderezáronse a mí los malvados para perderme; en tus testimonios entenderé». Nada creo que hay que añadir, sabida la extensión y fuerza de esta locución, que con otras del todo orientales, hacen que sea entre las lenguas europeas la nuestra la que más responde por su genio a la hebrea; y la más propia, la más flexible y acomodada para traducir los títulos primordiales de la revelación y aun la base principal de nuestra Fe. Hasta aquí Morales: solo añadiré algunos ejemplos que no debieron olvidar los críticos de Cervantes: «Pero cuando se supo que estaba lejos de allí y que entendía en otros negocios» (El G. D. Gab. —Guerra de Yug.); «un año ha que otra cosa no hace, ni en otra cosa entiende» (*La Celestina*); «no entendía sino en huir» (*Lazarillo de Tormes*); «no entendíamos en otra cosa» (id.); «entendían en buscar mi muerte» (id.); «entendieron en fortificar aquella parte» (Melo); «los otros hermanos entendiendo en lo que éste» (Mexía); «como el que no estaba obligado a entendérsele mucho de las cosas de medicina» (*Buscapié*).

Capítulo VIII: «Dígoos verdad, señor compadre». «Dígoos de verdad», corrige Clemencín. ¿Tendrá razón?

Capítulo IX: «antes se puede entender haber quedado en ella falto que demasiado». No le gusta a Clemencín este último vocablo, o porque lo desconoce, o porque olvida su valor. Ya es adverbio, ya adjetivo. Aquí tiene esta significación, así como falto (sobre que nada dice el crítico). No lo hubiera usado varias veces Cervantes, si no fuese aceptado su uso: en el capítulo XXX dice Dorotea: «y si en alguna cosa he andado demasiada», esto es exagerada; en el capítulo XXVII de la Parte 2.ª dice Don Quijote: «aunque bien es verdad que el señor don Diego ha andado algo demasiado, etc»; «pues el mismo vicio tiene la división demasiada, que la ninguna» (*Instituciones filosóficas*, de Jacquier, traducidas por Diego González). Para terminar este número recordaré el dicho latino mediocritas opimum, que en romance lo traduce y comenta Diego Mexía de este modo: la mediocridad o medianía es lo mejor, es decir que el extremo o lo demasiado, es falso. Aquel dicho de Cleóbulo es idéntico al otro ne quid nimis, que traduce de igual manera el mismo Mexía. Veamos otros casos de esta voz: ni el pueblo anduvo demasiado en sus competencias» (Coloma); «con vestidos demasiados» (exagerados; *Guzmán de Alfarache*); «para que la frase no salga demasiada» (Med. Art. exp.).

Capítulo X: «un bálsamo, de quien tengo la receta en la memoria.» Dice Clemencín que «mejor estaría: un bálsamo cuya receta, etc., porque el relativo quien se dice más comúnmente de las cosas». ¡Bien! pero recuérdese lo dicho atrás sobre este relativo.

Capítulo X: «A Dios prazga». «Así se diría entre la gente rústica», dice Clemencín. Pero no lo diría si recordara los clásicos, donde a cada paso se encuentran éstas y otras formas verbales ya desusadas, especialmente de los verbos de la 3.ª conjugación: induzga, trasluzga leo en cada hoja del «Certamen panegírico de 1662, Sevilla; en la *Silva de varia lección* y en otras muchas obras. En cuanto el orgullo nacional se complugo, etc.» (Nota de la traducción de Tácito, por Coloma); luzga se lee varias veces en el *Persiles*.

Capítulo XIII: «con los más hijos que deja el difunto». Esta frase es tachada por Clemencín, así copio otras semejantes, por no recordar que la palabra más, tenía el valor de demás, otro, etc.; y por esto creo que tiene razón Garcés cuando recomienda la frase «que trata de lo más que sucedio en la Venta» (Parte 1.ª, capítulo XLII), que es también censurada por el comentador. Corrobórase mi opinión, además del uso que tenía este adverbio más, con la observación de que el corrector de 1606, que con tanta escrupulosidad, como aseguran, corrigió el *Quijote*, dejó pasar todas estas locuciones; y más aun, que habiendo repasado y estudiado el mote del capítulo X, «de lo más que avino a Don Quijote con el vizcaíno», dejó la partícula cuestionada. Ejemplo: «se comunica a las más partes del cuerpo» (Melo); «y los más oficiales» (id.) «el General llegó los más soldados» (Ercilla); «por las más ceremonias que pudieron» (id.); «Mauricio y los más oyentes se holgaron» (*Persiles*, 2.ª, XII). Algunas ediciones corrigen demás en el texto de Cervantes. Éste es un idiotismo tomado del latín, donde el superlativo construido con quam [que] y el verbo posse [poder], se emplea en un modismo especial, como: «Jugurtha quam máximas potest copias armat» (Salustio);[196] «Aves nidos quam possum mollissime subster-nunt» (Cicerón).[197]

Capítulo XI: «Fértil cosecha». «No me suena bien, dice Clemencín, hablando de miel y colmenas. Cosecha se dice con más propiedad de las producciones de la tierra.» Esto es verdad en su sentido recto: pero decida el lector si en el figurado la frase del texto es mala; y recuerde el que siga

---

196 Yugurta arma las más tropas que puede.
197 Las aves mueven sus nidos lo más blandamente que pueden.

290

al censor, que cosecha se tomaba también por colecta, que en su segunda significación es tributo, que se paga por vecindario. Las abejas y todos los seres de la naturaleza pagan tributo, según los poetas, los trovadores etc., al Creador o a otras cosan superiores a ellos, como los arroyos a los ríos, estos al mar, la tierra al trabajo del hombre, etc., etc. «Tampoco, sigue Clemencín, se dice fértil o estéril cosecha, sino escasa o abundante, etc., etc.» Entonces fértil no es propio de este ejemplo que leo en Coloma: «fue este año tan fértil de acusaciones, etc.» por abundante, etc.

Capítulo XI: «Se decoraban los conceptos». No le gusta a Clemencín; pero es porque da varias significaciones al verbo decorar (una exacta y otra falsa) y se deja en el tintero la que precisamente conviene aquí, que es, decir de memoria, de coro alguna lección, oración u otra cosa (Academia). El escrúpulo del erudito es tan vano, como el que le hace censurar el principio de este admirable discurso de Don Quijote, por el hecho de estar repetido muy cerca el sujeto. Fernández Cuesta dice perfectamente: «se leían de coro, como estaban escrito en el alma». Véase aun una frase del *Buscapié*: «estas vanidades de que están llenas las historias, que son sabidas de coro hasta del vulgo necio».

Capítulo IX: «Para cuya seguridad (de las doncellas) se instituyó la orden de caballería, para defender las doncellas». Clemencín es incorregible. Antes ha censurado la falta de mención o repetición de un sujeto, que está tácito y bien entendido. Ahora lo hace al revés, sin mayor razón que la pasada, y dice que aquí está demás el sujeto último: doncellas. Pero es falso; poniendo el párrafo como él lo ha hecho, con el paréntesis, sí choca a primera vista; pero en el texto él está siete renglones más arriba; hay de por medio varias oraciones completas y dos puntos finales que las separan; y además, siguen otros sujetos ligados al principal! Hubiera sido muy grave, el haber, pues, omitido el sujeto allí donde lo rechaza el crítico. Atiéndase también a la necesidad que creía Don Quijote de recalcar sobre los sujetos principales, y más entre gente rústica, que no llevaría la ilación tan bien como Clemencín. A más, el sujeto expresado al fin es solo una parte del principal. ¡Con tal modo de censurar, muy lucidos quedarían Homero, Virgilio y demás maestros! Por lo cual pido en nombre del genio más misericordia para Cervantes.

Capítulo XXI: «Qué damas curaban del / Y dueñas de su rocino».

«No lo dice así el romance», dice Clemencín; y vapulea nuevamente a Cervantes por su falta de memoria. Pero Cervantes pudiera decirle: «¡hombre de Dios!, nada más natural que el que Sancho olvidara algo de un romance que solo una vez había oído, y que ponga damas por dueñas, y dueñas por doncellas. Usted es insoportable». Y yo le agregaría: «recuerde Usted también la risa que causa al lector y que le causó a Usted ver en el capítulo VIII a Don Quijote reconviniendo a Sancho porque no recordaba unos versos de Garcilaso, para que imaginara a Dulcinea bordando una rica labor, como las ninfa del Tajo».

Capítulo XV: «Todo lo que vuestra merced ha dicho y hecho, va nivelado por el fiel de la razón». «Lo dicho pase, pero no lo hecho», dice Clemencín. ¡Cómo no! Es cierto que la escena de los leones, que acababa, de pasar, es para nosotros locura... Pero no lo es para la razón de los libros de caballería, y menos para la de Don Quijote, a quien hablaba Don Diego y debía decirle eso y mucho más de lo que en la razón de Don Quijote pudiese caber: hubiera sido una falta no decir eso y suprimir lo que pudiera halagar al caballero, en momentos en que deseaba complacerlo y recabar de él una condescendencia; debía convenir en todo con él, para apaciguarlo y llevarlo a su casa. «Nivelar con el fiel de la razón, no es metáfora adecuada, porque el fiel no nivela», agrega el crítico, para dar el golpe último a la frase. ¿Conque el fiel no nivela? ¿No señala la igualdad o desigualdad de los pesos, su equilibrio y nivel? El hace en la balanza lo que el nivel de aqua de albañil, etc., en los terrenos, es decir, nivelar o señalar la desigualdad de ellos. Respondan los hombres de la ciencia y los retóricos aquéllos para el sentido recto y éstos para el figurado, y decidan si la metáfora está bien traída: y, pasando a la parte moral, ¿no es la razón la que debe señalar esta desigualdad de las acciones y los deberes? ¿No puede llamarse el fiel que los nivela o señala su falta de equilibrio, para que aquéllos sean honestos si vienen al nivel, a la medida de éstos?

Capítulo LXVI: «Unas alforjas al cuello». ¡Al hombro, señor Cervantes! Así lo quiere Clemencín.

Capítulo XXVIII: «Tu falsa promesa». «Esta carta, dice Clemencín, es de malísimo gusto y pudiera pasar por un modelo de aquel estilo exagerado, empedrado de antítesis y sutilezas que llegó a ser común en España en tiempo de Cervantes, etc., etc.» Cabalmente es por esto que me parece muy propia en el lugar que ocupa.

Capítulo LI: «La encerró en una cueva». Clemencín no concibe como se encierra a una persona en una cueva, ni como pasó en ella tres días Leandra, ni como dejó de hacer alguna diligencia para salir, ni como no pasó más adelante Don Vicente, que se contentó con robarla. Éste es lo único que pudiera ofrecer dudas. En cuanto a lo demás, se encierra a una persona en una cueva... encerrándola, como lo dice la historia, la novela, el sentido común y los libros de caballería, donde esto ocurre a cada paso: en cuanto a que pasara Leandra tres días, nada dice el libro sobre esto, pues solo menciona que al cabo de tres días la hallaron y ella dijo «que Don Vicente la había encerrado en la cueva», sin decir si fue en tal o cual momento: pudo ser el día antes o ese mismo. En cuanto a las diligencias que debió hacer para salir, el lector pensará como quiera. Sola ella, sin recurso, etc., ¿qué podía hacer?

Capítulo XLVI: «Romper lanzas». Ésta es una frase propia del estilo caballeresco, muy heráldica y significativa. En su sentido recto creo que sienta bien en estas frases: el enemigo comenzó a romper lanzas; las cuadrillas rompieron lanzas; el caballero rompió lanzas, etc.; y en sentido figurado aun es más bella, como la suerte principió a romper lanzas, el amor, al ver tanta beldad junta, comenzó a romper lanzas, etc. Esta locución, ya favorable, ya adversa, en bien o en mal; es igualmente admisible. En el texto de Cervantes se toma en bien; pues cuando los cuadrilleros peleaban en la Venta, llegó un momento favorable en que la «buena suerte y mejor fortuna, que había comenzado a romper lanzas, etc.» Romper lazos corrige Hartzenbusch, sin que yo me dé cuenta de la variante; que además es impropia, prosaica y ajena del estilo heráldico. Me permitirá, el sabio erudito rebatirlo en el terreno filosófico; pues si lazos se toma regularmente en buena parte, no puede ser romper lazos el acto de reanudar los favorables que antes había y que la suerte había roto: la suerte los reanudó, mas no los rompió. De todos modos, la frase quebrar lanzas se encuentra a cada paso en los libros, como puede verse en muchos ejemplos que he citado; de quebrar a romper no hay gran distancia; y también se encuentra romper lanzas, como en la carta de Salas de Barbadillo, fecha 1627 (Estafeta de Momo) donde se lee esto: «Aprende vuesa merced, señor Paladio, en Don Belianis de Grecia a romper lanzas, etc.» ¿Se pasaría esta frase al erudito? ¿se le pasaría esta otra de Hernando del Pulgar: «ir a fuer de caballeros a romper lanzas»?

Capítulo XXI: «Que ponga los ojos en el caballero, y él en ella». Cualquier muchacho de escuela sabe lo que aquí se dice, y cualquier letrado sabe que esto está bien dicho en el *Quijote*, por ser la frase muy usada en los libros de caballería y aun en los clásicos. Pero Clemencín, en su empeño de juzgar los dichos y hechos del *Quijote* aisladamente y por una falsa crítica; él, que sabe que se suplía el supuesto en muchas oraciones, como aquí los ojos en la segunda, o el posesivo equivalente, olvida que más atrás ha dicho que Don Quijote en momentos de entusiasmo sabía usar muy bien los arcaísmos y demás formas que daban sabor caballeresco a las frases; y también, olvidando que éste es uno de los momentos de mayor entusiasmo y más a propósito para la omisión de lo que naturalmente se sobreentiende, dice que la frase está mal y que debió decir: ... «que ella ponga los ojos en el caballero y él los suyos en ella». No me atrevo a decir, por que fuera falso, que no vio el censor, entre otras frases, ésta análoga a la del texto, que se lee Palmerín de Oliva (capítulo 30): «y mientras que esta hablaba con Palmerín, él no partía los ojos de Polinarda: ella así mismo a él, quedando ambos presos y enlazados en la intricable red amorosa». En la introducción de *Amadís de Gaula*, se lee: «Como aquella Infanta tan hermosa (Elisena) fuese y el rey Perión por el semejante... en tal punto y hora se miraron, que... no pudo tanto que de incurable y muy grande amor presa no fuese, y el rey así mismo de ella». «El ave llamada Flora contrahace el relincho del caballo, y lo espanta, y el caballo a él» (M. Pérez); «y sacándolas de una cajita (las píldoras) me las puso en la mano, y yo en la nariz» (Torres); «miróme y yo a él» (*Lazarillo de Tormes*). No cito aquí el *Buscapié*, por que es sabido que no se conocía en los días del censor; allí podemos ver la siguiente frase: «saludome muy mesurado y a lo bachiller, y yo a él, con una buena cortesía». En nuestros días ha dicho Meléndez:

«Ya fina te logro...
Y tuyo y tú mía»

donde cualquiera suple el pronombre de la primera oración del 2.º verso. Ya he dicho que nuestro idioma es muy elípteo, y que se le hacía más en aquellos días.

Capítulo XXI: «una famosa dueña... que viene con cierta aventura... que el que la acabare... y le dará fin y cima». Frase es ésta muy propia del estilo caballeresco; ya por la significación que se daba a aquellas palabras subrayadas, ya por el entusiasmo de su expresión. Por esto extraño la corrección de Hartzenbusch, que me parece quitarle ese carácter enigmático y figurado con su sabor andantesco, tan conocido por el ilustrado crítico. El corrige: «una hermosa dueña... que viene con cierta adivinanza... que el que la acertare... ninguno le dará significación, etc.». Esto creo que es trocar las cosas y los nombres. Pocas veces ocurre (no recuerdo ninguna) en los salones caballerescos, ese juego de adivinanzas tan usado en nuestros tiempos: y si he visto que a cada paso ocurren escenas como la del texto, y que como muy natural cuenta Don Quijote al embobado escudero. Ejemplo: véase la cifra que vio Amadís en «la Cámara Defendida», la cual era cierta aventura que estaba escrita allí y guardada para que el mejor caballero la acabara, etc.; «quien quisiere probar esta aventura, etc.» (*Amadís*). También en el *Buscapié* vemos a un enano que viene con una aventura, propuesta al caballero del Grifo o de la Roja banda. En *Guzmán de Alfarache*, 2.ª Parte, se lee: «la doncella encontró a Telesindo junto al "Valle de la Pena", y le contó cierta aventura que para solo él estaba guardada, porque, le dijo ella, trabajemos de probar esta aventura». «Muchos caballeros han ido a probar esta aventura. Oliva, capítulo 15». «De cómo Don Puñarteo probó el aventura del caballero encantado»; id. capítulo 17. «De cómo Tesiortes se probó en el aventura del encantado caballero» (Felix Marte). «De los caballeros que vinieron a probar el aventura de la espada encantada el segundo día.» «De más valor ha de ser que yo el que esta aventura acabase... cierto para mí no estaba guardada», Calvete.

Volviendo al texto, no era una adivinanza lo que traía la dueña, sino la noticia, la fama, la proposición de una aventura; y una aventura no se acierta, sino que se acaba, se acomete (atiéndase a la antigua acepción del verbo acabar).

Capítulo XXIII: «Llevado de la imaginación de su no vista locura». «No es la locura, dice Clemencín, sino el loco quien tiene imaginación. Quiso decir: llevado de su loca imaginación.» ¡Qué bruto era el tal Cervantes! Dijo lo que no debió decir:... Mas, la imaginación de su no vista locura, está muy bien dicho: esto es, la imaginación nacida de su locura. Si la imaginación, en su primera acepción, es nacida del juicio, también lo es de la locura. Negar que aquella frase esté bien, es demasiado rigorismo y olvido de que el sustantivo imaginación solía tornarse en un sentido más concreto que hoy, y usarse por pensamiento, discurso, etc., como lo trae Coloma varias veces: «horror causa al ánimo la imaginación de tal exceso, y tan execrable maldad». Con tanta escrupulosidad quitaríamos mucha belleza y armonía al idioma y a la misma imaginación: el lenguaje poético, que es elíptico de suyo, quedaría seco y frío como el cerebro del crítico que quiera quitarle sus galas y licencias bellas. Por el mismo anterior escrúpulo rechazaríamos estos versos de Meléndez, uno de los más elevados y descuidados poetas españoles:

«Y el labrador se atreve
A contar por segura
Ya la esperaza de la mies futura.»

pues diríamos: ¿la mies tiene esperanza?

Capítulo XLVII: «Que libre y seguro de tal acontecimiento dormía». «El suceso mostró que no estaba muy libre, dice Clemencín, ni seguro; ajeno, quiso decir.» Pues bien: eso quiso decir y eso dijo. Seguro se decía por ajeno, como se ve en todos los ejemplos que pudiera traer; véase el siguiente: «Antíope estaba muy segura de tal acontecimiento» (*Silva de varia lección*).

Cervantes usa esta voz varias ocasiones, como en el capítulo XXVII, en boca de Cardenio, para manifestar que Lucinda estaba segura (ajena) de las intenciones de Don Fernando. También en el mismo capítulo se lee «y al tiempo que más segura estaba... lo perdieron». Libre es también, según la Academia, inocente, sin culpa.

Capítulo XXXIII: «Un agradecimiento... que llegue al bien recibido y sobre al que me hizo, etc.». Esta frase ha dado lugar a diversas interpretaciones y a correcciones que varían del todo el texto, o lo desvirtúan. Las primeras ediciones decían cómo se cita. Pellicer defiende esto contra la variante hecha en Londres en 1738, que es la adoptada por Clemencín, Hartzenbusch y otros, y consiste en agregar la palabra todo después de sobre, lo que da distinto sentido a la frase. Creo, pues, la razón de parte de Pellicer: sobre en el texto es verbo, y no preposición, como quieren los otros, que olvidan el uso y valor de sobrar, muy en boga entonces en prosa y en verso (por más que Clemencín crea que solo se usó en éste). Anselmo se proponía tener un agradecimiento que fuese igual al beneficio recibido del cielo en haberle dado bienes de fortuna y de naturaleza y que excediese, superase, sobrase, al de tener a Lotario por amigo y a Camila por esposa: éste es el sentido de «un reconocimiento que llegue al uno y sobre (supere) al otro». Decir: «que llegue al uno y sobre todo al otro», no dice nada, si no es un disparate que no responde a la intención de Anselmo, y hasta la desvirtua. Véanse ahora algunos ejemplos, tomados al acaso: «que ni Arquímedes en industria os sobra» (*Teatro del Mundo y del Tiempo*); «que es acontecimiento inconsiderado (la osadía) contra los peligros, con ánimo de sobrarlos» (Palacios Rubios); «de esta vez queda sobrado el Caracala» (Arcipreste de Hita):

«Faltando a ti que a todo el mundo sobras»
(Garcilaso)

«El que moros ni cristianos
Nunca pudieron sobrar.»
(Romance de Roldán)

Capítulo XXIII: «Tiene cierto». Hoy no es bien dicho, pero antes era tan común, que no se debe recharzar; y por tanto extraño la corrección de Hartzenbusch, que pone «tiene por cierto», muy bueno para hoy, pero que es lo mismo que lo del texto. Se usaba mucho el modismo como he dicho en su lugar. Ejemplo: «Me corro cierto de haber pasado esa nota algunos días» (Nicolás Antonio); «creo cierto que los mismos ángeles, etc.» (Granada); «pues como no temblamos nosotros, sabemos cierto» (id.); «cierto podemos decir» (Melo); «Hagoos saber de mí que cierto creo» (Ercilla); «porque sé cierto que no tengo de tener ninguna buena» (Parte 2.ª, capítulo VIII).

Capítulo XXIII: «Debían de tener más ganas de pacer que de al». Muchos autores y editores ponen él, en vez de al; es decir, varían de supuesto, desconociendo el uso del acusativo al, que vale por otra cosa.

Véase el adagio antiguo contra los hipócritas: «so el sayal hai al;» «et non faredes al», dicen las antiguas cédulas reales»; aunque por al non deseare vivir, sino por ver a mi Elicia» (*La Celestina*); «que lo al te he dicho» (id.)

«Con todos mis comarcanos
Yo haré bien mi hacienda:
Quien al quiso, ambas manos
Se lo puse a la contienda»
(Decir de Pedro Ferrara al rey Henrique II)

Pero la corrección más notable es la de Gaspar y Roig, en el capítulo XVIII, donde dice el texto: «el no poder saltar las bardas en al estuvo que encantamentos», que corrigen: «el no poder... en él estuvo, etc.», donde el pronombre no tiene oficio ni aplicación. Pellicer dice que *al* es adjetivo; Cobarrubias, que *artículo arábigo*, equivalente a *ni más ni menos*.

Capítulo XXXIII: «que está como el *vacío* de mis deseos». Aquí se presenta a Clemencín ocasión de emplear sus conocimientos físicos y metafísicos, de que carecía el ignorantón de Cervantes; y aunque es inútil la polémica, me detengo en ella para que se vea la censura bajo otro aspecto: el que presenta nuestro erudito en su *Comentario*. Él, es verdad, no se atreve a corregir el texto, como lo ha hecho Hartzenbusch; pero cree que sería mejor escribir vaso donde vacío, «porque del vaso, dice, es del que se puede decir con propiedad que está colmado; el vacío no puede tener colmo». Pero los deseos forman con más propiedad un vacío, que no un vaso (retorciendo el argumento); y que este vacío se llene o se colme, cuando aquellos deseos se realizan, es lo que nos da derecho a creer que Anselmo lo decía muy bien, como está en el texto. Al efectuar la prueba que él deseaba y que debía llenar aquel vacío, hablaba natural y perfectamente. Hartzenbusch pone vaso en su edición. Cervantes usa en el Prólogo de la 1.ª parte esta frase: «llenar el vacío de mi temor».

Capítulo XIII: «Os dará lugar a ello, el que se tardare, etc.». «Se da lugar, dice Clemencín, pero no se tarda lugar, sino tiempo. No habría reparo, si se dijera bien os dará tiempo para ello el que se tardare en abrir la sepultura.» Pues bien, señor mío, esto mismo es lo que ha dicho Cervantes o Ambrosio, que ambos sabían lo que usted no sabe, es a saber; que está bien dicho aquello: veámoslo. El sustantivo lugar en una de sus acepciones, según el Diccionario de la Academia, que Usted debe apreciar, significa tiempo, etc. (5.º acepción). Sería lo mismo tachar aquella frase de Melo: «Intentaban... de tener algún espacio las armas»; o éste de Sousa: «sustentaron el peso de la batalla largo plazo»; o éste de Diego Mexía: «a lo menos será motivo y ocasión para que otro la dé añadiendo y enmendando lo que yo faltase», esto es dejase de decir.

Capítulo XIII: Llama Ambrosio a Crisóstomo fénix en la amistad. No soporta esto Clemencín, apoyado en que «siendo el Fénix único y original no pudo (puede) ser tipo de la amistad que necesariamente ha de haber entre dos». ¡Necedad! ¡Fraseología! Ambrosio no era retórico ni metafísico, y podía creer que aquellas dos cualidades de único y original (como yo lo creo) bastaban para decir que Crisóstomo era único en la amistad; es decir; solo, sin segundo, sin igual en aquel sentimiento, idea muy propia de un amigo que llora a su amigo. O al menos, si estuviera equivocado, oía a cada paso que, para ponderar a alguno, se le llamaba fénix, como el fénix de los ingenios, a Lope de Vega; y también en todas las poesías, especialmente en los romances, se encuentra frecuentemente el fénix como emblema de la amistad, del amor, o como empresa de los caballeros (que en tales sentimientos sobresalían); y no es extraño que el pastor quisiera hacer aquel último obsequio a su amigo. Fénix «llama *Guzmán de Alfarache*» a la Universidad de Salamanca; y Fénix del Mundo, a España.

Capítulo XXI: «Así que de *mano en mano* irán pregonando (mis hazañas)». «¡No, sino de *boca en boca*!», dice Clemencín. ¿Por qué, señor erudito? De *mano en mano* es un modismo adverbial, que quiere decir por tradición, o noticia seguida de unos en otros; olvidólo usted; y olvidó el *dare aliquid in manus hominum*, de donde él viene (poner una cosa en manos de los hombres, publicarla, como lo dijo Plinio). También descuidó Usted el Diccionario y olvidó las siguientes frases: «Pasó la palabra de *mano en mano* por los manipulados, que todo hombre persiguiese, etc. a Tafarinas» (Coloma); «y andan los embustes de *mano en mano*» (Torres Villarroel); «ni faltó quien pasó la palabra de *mano en mano*» (*Guzmán de Alfarache*); «y en que anda mi hacienda de *mano en mano*» (*La Celestina*); «desde un principio hay letras en el mundo, las cuales quedaron en Noé por sucesión; y así vinieron de *mano en mano* al Pueblo de Israel, etc.» (El P. G. García):

«Y viéndome contigo convenida,
Mi crédito anclará de *mano en mano*.»
(Ercilla)

Cervantes usa este mismo modismo en el capítulo XIII, cuando dice Don Quijote: «de *mano en mano* fue aquella orden».

Capítulo XVI: «Vio a la lumbre de un candil». Quiere Clemencín que se diga luz y no lumbre; pero este vocablo indica mejor la pobreza de un candil sucio, opaco y casi apagado, como debía ser y era el de la Venta; y juzgo que ésta es pincelada maestra, que acaba de presentar el contraste de aquélla con los palacios y castillos de los libros mentirosos de la caballería, llenos de antorchas, etc. Es raro que el censor no atendiese a esto y al significado de la palabra lumbre, que tanto usa Cervantes y otros autores, aun para expresar lo que él quiere. En la escena del cuerpo muerto se llama lumbre a las hachas; y en el *Persiles*, Libro 2.º, capítulo V, se lee: «en las estrellas de sus ojos han tomado lumbre los míos». Ejemplo: «allí viera los dolores crueles... allí... con que mira la lumbre del cielo que va ya dejando» (Fernán Pérez de Oliva). «Los judíos, con solo la lumbre del entendimiento adoran a un solo Dios» (Coloma).

«La lumbre es la que le llama
Por ella se va guiando»
(Romance de Hero y Leandro)

«A donde Pánfila sola
En un cerrado aposento
Estaba, con muchas lumbres»

(Romance de Apuleyo)

«A voces lumbre pedía»
(Sepúlveda)

«Traídole habían lumbre»
(Escobar)

Hoy mismo se usan ambas voces indistintamente, como puede verse en Saavedra (romance el fratricida):

«Del hogar la estancia toda
Falsa luz recibe apenas
Por las azuladas llamas
De una lumbre casi muerta»

Capítulo XVI: «cuyo resplandor al mismo Sol oscurecía». «Mal podía, dice Clemencín, haber Sol a medianoche.» ¿Lo dice Cervantes? Quiere el crítico que diga oscurecería. ¿Para nada cuenta él la imaginación, la memoria, etc., en las comparaciones? En éstas no es necesario que los objetos comparados estén real y efectivamente presentes... ¿Era preciso que fuese de día para poder comparar los cabellos de la infanta del castillo (Maritornes) con el Sol? ¿Qué diría el crítico a estos versos de Meléndez?:

«Y hasta en la noche oscura
El sinfín que en su vuelo
Arde de luces y tachona el cielo
Del Sol mismo enrulando la hermosura»

Capítulo XXI: «triunfar de muchas batallas». «Se triunfa del enemigo, pero no de las batallas», dice Clemencín; y sigue: «debió escribirse triunfa en muchas batallas». Parece tener razón; pero una vez más anda equivocadillo el comentador. Antes no era tan abstracta la idea del sustantivo batalla; se la concretaba a otras y era más personal, especialmente en los libros y romances de caballería, en que continuamente se llama batalla a un ejército (lo sabe el crítico), extendiendo este significado recibido en el arte militar. En el estilo clásico y estricto, batalla era el centro de un ejército, a diferencia de la vanguardia y la retaguardia: la batalla era lo que los romanos llamaban principiis [principios], donde iban las banderas y las aguilas, lugar sagrado por esto. Otras veces se llamaba batalla a cada lino de los trozos del ejército; también se aplicaba dicha voz a las partes de una función de armas, y se decía «Amadís llevó la batalla a tal punto», «estaba al frente de su batalla», «venció la batalla de Andalón», «ordenó las batallas». Así se expresó Don Quijote en su entusiasmo; pero la calma fría del censor no aguantó esto, ni recordó que así debía ser. Ejemplo:

«Sus batallas ordenadas,
En un monte se ponía»
(Romance morisco)

«Mas, tantos eran los moros
Que han vencido la batalla»
(Romance de Don Julián)

«Que venció grandes batallas»

(Romance de Don Floriseo)

«El remedio es vencer esta batalla»
(Coloma)

Capítulo XI: «Gran merced, dijo Sancho». Sí lo era y perdone Sancho, dice Clemencín; y sigue citando, no sé cuántas cosas para probar a Sancho su equivocación... ¡Que pedantería! ¿Debía Sancho conocer las *Partidas*, para no haber usado aquella ironía con su señor, y para convenir en que era gran merced sentarse a la mesa con éste? ¡Oh inconsecuencias del saber!

Capítulo XXVIII: «Tu falsa promesa». Esta carta, dice Clemencín, «es de malísimo gusto y pudiera pasar por un modelo de aquel estilo exagerado, empedrado de antítesis y sutilezas que llegó a ser común en España en tiempo de Cervantes, etc.». Cabalmente es por esto que me parece muy propia en el lugar que ocupa.

Capítulo XXIV: «Habeisme de prometer». «Semejante prevención no es verosímil, dice Clemencín. Si Cardenio estaba loco, parece impropia esta advertencia, la cual supone previsión y juicio, y tanto la advertencia como la razón que de ella se da, no asientan bien en boca de un demente.» Pero, si acabamos de saber que Cardenio tenía ratos lúcidos, y que en ellos era recto y juicioso, y cortés, como dijo el cabrero: en ellos conocía su extravío y que su trastorno provenía de pensar mucho en la causa de su desgracia; para lo cual recomendaba que no le interrumpiesen y le dejasen pasar pronto por la relación que iba hacer. Se condena aquí esta prevención y se hace lo contrario la segunda vez que él contó su historia (capítulo XXVII) y se le nota y tacha la falta de ella... ¿Qué hacer? Inconciliable es el erudito comentador.

Capítulo XXVI: «Vino el cura en un pensamiento». «Dio el cura en un pensamiento», corrige Hartzenbusch. Venir tiene entre otras acepciones, la de caer, dar, etc., así es que no creo necesaria la corrección.

Capítulo XXVII: «entré secreto». «De secreto o con secreto» dice Clemencín que debe ser. Tendrá razón; pero yo no la veo; pues secreto es sustantivo, adjetivo y adverbio y envuelve la significación de oculto, ignorado, escondido y separado del conocimiento de los demás (Academia); y si hoy no se usa, sino como sustantivo, en los clásicos vemos a cada momento este vocablo, ya en una, ya en otra significación. Ejemplo: «Estos dieron veneno al Procónsul... con más publicidad que hubiera menester para tenerlo secreto» (Coloma); «aquí no había donde poder estar secreto cuatro días» (Alemán); «y que lo tuviese secreto» (Juan Aragonés); «la tuviese tan secreta» (El Patrañuelo); «rogando al rey lo tuviese secreto» (id. Parte 2.ª):

«Mas tomó su rica espada
Que Roldán le había llevado
Para llevarla secreta»
(Romance IV de la conquista de Trapisonda)

Capítulo XXXVII: «He tenido con el gigante la más fiera y descomunal batalla que pienso ver en los días de mi vida; y de un revés, zas, le derribé la cabeza en el suelo, y fue tanta la sangre que salió, que los arroyos corrían por el suelo como si fueran de agua». «Como si fueran de vino tinto, pudiera vuesa merced decir mejor, respondió Sancho.» A Clemencín le disgusta la calificación de tinto, cree que estaría mejor sin ella. Además de que el reparo es demasiado escrupuloso, y más tratándose de Sancho, que a la verdad no debía de ser tan erudito como otros que por ahí se usan, Hartzenbusch ha contestado muy bien a la réplica de Clemencín. Hay otra razón, a más de que el vino tinto (oscuro) se asemeja más a la sangre que otro alguno, y que en ese momento, después que Sancho había visto y oído al ventero, era lo más natural esa expresión. Sancho, pues, que no debió ser tan escrupuloso ni estudioso como Clemencín, dijo lo que creía y lo que había oído por tres veces al ventero, quien en su cólera recalcaba sobre la sangre y el vino tinto, que tal debió de parecer éste al caballero loco: si hubiera hablado de vino jerez, vino blanco, etc., probablemente Sancho hubiera repetido esto.

Capítulo XXVIII: «Quién pudiera decir ahora los sobresaltos que me dio el corazón». Esto choca a Clemencín, que dice: «sobresaltos, es aquí impropio. Del corazón no se dice que da sobresaltos, sino saltos». Esta censura es extraña; pues, a más de estar la frase en boca de un loco y desesperado, como Cardenio, poco a propósito para entrar con Clemencín en discusiones lingüísticas, el acierto del censor es falso gramaticalmente hablando y atendiendo al uso de entonces. Sobresalto es el efecto y el acto de sobresaltarse —sensación desagradable y peligrosa— conmoción; perturbación; zozobra, recelo, etc.; y sobresaltar es un verbo, que, además de la acepción en que lo toma el crítico, saltar, tiene la de asustar, acongojar, conturbar y otras parecidas, de donde nace la frase adverbial de sobresalto, de improviso, de repente, de súbito. De esta frase dicen los médicos el sobresalto de tendones a las vitraciones involuntarias que en ellos se manifiesten cuando los músculos están afectados de contracciones convulsivas del epigastrio.

Véamos algunos ejemplos:

Que el corazón le dio luego
Gran temor y sobresalto.

(Romance de Albanio Felisarda)

El espíritu le daba
Sobresalto de pesare
(El marqués de Mantua)

«El corazón empezó a darle saltos en el pecho. Los mismos accidentes y sobresaltos recibió en el suyo Auristela» (*Persiles*, libro 1.º, capítulo XX). Esta fastidiosa disertación, en que creo haber molestado a mis lectores, la hubiera evitado si Clemencín hubiera notado los diccionarios de voces anticuadas y aun las modernas.

Capítulo XXIX: «¡Oh Mario ambicioso! o ¡Catalina cruel o Sila facineroso! o ¡Galalón embustero! o ¡Bellido traidor! o ¡Julián vengativo! o ¡Judas codicioso!». Dice aquí Viardot (¡porque Cervantes había de caer en manos también de extraños a su idioma! ¡qué rigor!) que tanta abundancia de nombres no está bien... Y no solo lo dice, sino que los suprime en su traducción, ¡Cómo se resiente del poco gusto o del poco conocimiento de la época y del lenguaje castellano! A mí me parece este pasaje de mucho mérito, no solo por la exactitud de los calificativos, sino por el mismo orden en la gradación, que responde perfectamente bien a la desesperación de quien no esperaba ni aun vengarse de su ofensor. Además, los que comprendan y midan la situación de Cardenio notarán la destreza y elegancia de Cervantes al agregar inmediatamente en boca de aquél los mismos calificativos sin los nombres propios y haciéndolos regir del de su enemigo, a quien hace unas preguntas acordes con lo anterior. Pero menos perdonable que Viardot es Clemencín al hacer igual censura, especialmente la del adjetivo dado a Don Fernando, sin recordar el uso constante de esta palabra, que hasta la misma Iglesia emplea en caso semejante al que alude el texto. «Algún gigante, codicioso del gran tesoro de su hermosura» (Cervantes); «se contentaba con verla y codiciarla» (Hita); «codiciando mujeres de rostro angelical» (Alemán);... «a codiciar a Barasana» (Silva); «el rey la codició» (id.)

Capítulo XXIX: «Si sois cristiano, como parecéis», dice Lucinda al hombre a quien dio la carta para Cardenio. No halla bien esto Clemencín, por que no se ve la señal que dio a conocer a Lucinda que era cristiano el hombre.

Mejor hubiera estado, según el crítico, llamarlo honrado, caritativo, o algo semejante, por que estos juicios, igualmente que sus contrarios, se suelen formar sin deliberación, solo por el aspecto de las personas. De redondo va mal el erudito: y sin echar mano del argumento de que era fácil conocer un cristiano, donde había moros y cristianos, preguntaré, prescindiendo de esa circunstancia: ¿es más fácil conocer por el aire, aspecto, etc., a un hombre honrado, caritativo, que a uno cristiano? ¿No puede estar de por medio la hipocresía y dar al traste con nuestro juicio? ¿Y no era el nombre cristiano antonomástico de bondadoso? ¿No debió Lucinda lisonjear al que necesitaba y darle el calificativo más propio de aquella naturaleza? Además, el traje bastaba; pues era distinto el de un moro y el de un cristiano; tanto, que un erudito no debió olvidar que para castigar a los moros después de la conquista de Granada se obligaba a los que caían en ciertos casos, a vestir castellano, según se lee en Mendoza (*Historia de Granada*, 1.º, I).

Capítulo XXIX: «Otro día». «A otro día», corrige Clemencín. Pero está errado, pues la frase del texto es la que se halla a cada paso en los buenos autores para expresar el día siguiente. Cervantes la repite muchas veces. «Otro día caminaron sin que cosa de contar le aconteciese» (*Amadís de Gaula*). Don Vicente de los Ríos es acaso el solo autor en quien puede descansar la opinión de Clemencín. Además extraño ver a Salvá asegurando que se usaban indistintamente ambas formas a otro día y al otro día.

Capítulo XXIX: «Las veces que la buena fortuna y mi diligencia lo concedía». Dos reparos, a cual más fútil, hace Clemencín a esta oración: «la diligencia, dice, facilita, proporciona, pero no concede». Sépase que donde entra el sentido figurado, no se puede discutir con el comentador. «El verbo, agrega, como regido de dos nombres estaría también mejor en plural» (Véase lo dicho en su lugar sobre estas concordancias).

Capítulo XXIX: «sin tener otro discurso ni intento entonces que procurar acabar mi vida». Era tan usado en casos semejantes el vocablo discurso por razonamiento, reflexión, pensamiento, plática consigo mismo, etc., y daba tal sabor poético a la frase, que extraño mucho la variación de Hartzenbusch al poner deseo en su edición del *Don Quijote*. Deseo es menos que intento; por lo que, debiendo en rigor lógico ser al revés allí las ideas, no perdonarían la simetría los que tanto la discuten a Cervantes. Mas, éste dijo muy bien:

discurso (pensamiento) es antes que intento (propósito). Ejemplo: «es tan corto el discurso de los hombres, que se tiene por gran desdicha lo que, etc.» (Moncada); «en este caso de Roger, ni su buen discurso, ni el conocimiento, etc.» (id.); pensose profundamente esta elección del nuevo Virrey... porque los ministros... no se fiaban... Ellos también seguían este discurso» (Melo); «notando nuestro Alfonso con el católico discurso» (*Epítome de las historias portuguesas*).

Capítulo VI: «Subir en un púlpito y irse por esas calles predicando». Clemencín censura esta locución, por encontrarla contradictoria en las acciones, y cambiar la y por o. En efecto, parece cierto lo que él dice; pero, la frase es tan natural, tan sencilla y tan propia de una mozuela que no tenía obligación de ser purista, ni de andarse en más dibujos, como decía Teresa Panza, que no veo la necesidad de la variación. Haga el lector los comentos que crea necesarios aquí. Yo para mí tengo que no quiso la moza decir que pudiera subir a un púlpito... o irse por esas calles, etc., sino subir a un púlpito y predicar y más predicar: no quiso una de las dos cosas, sino las dos a la vez.

Capítulo XXXII: «Y las recibió con gran contento y aplauso». Pausa corrige Hartzenbusch en vez de aplauso. ¿Por qué? Pausa sería redundamente; y aunque por esto no sería defecto allí, sin embargo por la crítica que se aplica (la actual) sí lo es. Aplauso es «contento, tono solemne, pausado»; y así se le encuentra muy usado en Cervantes y otros autores. «No tengo presente, dice Clemencín, haber visto en ningún otro autor esta acepción de la voz aplauso»: y en verdad que tenía poca memoria el comentador. Ejemplo: «se partió Don Fernando a dar razón al de Vélez... el cual con mucho aplauso recibió la nueva» (Melo); hízose buen lugar el aplauso del conde» (id.); «era tal el aplauso de los circunstantes silenciosos» (id.); «pero ninguna cosa penetró más el corazón de Tiberio que el aplauso de la gente en general para con Agripina» (Coloma).

Capítulo X: «Del que yo quedo temiendo y esperando». Es tan natural que un amante tema y espere. Solo el que no acepte el lenguaje de la pasión, y que todo lo mida con la fría calma del filósofo o la incierta legislación del retórico, y que, sentado en su bufete juzgue alcanzar los grados del sentimiento ajeno, las fibras del corazón lacerado y los afectos del amante desesperado...

puede no hallar bella esta antítesis: Clemencín la desaprueba y no quiere que Don Quijote tema y espere lo que con razón espera y teme. Ve acercarse el momento que tanto ha esperado durante su vida de andante caballero: y teme su misma proximidad, porque es tal la dicha que aguarda y la desdicha que lo ha perseguido, que no cree posible aquélla... Mas, ¡oh rigor! El no debe estar en la situación en que está. No lo quiere el crítico. Y usando el argumento de los ejemplos, el cual es sin duda de peso, por que Cervantes escribió imitando lo que los libros caballerescos traían, bien o mal traído; si bien para producir efecto artístico, si mal para satirizarlo y ridiculizarlo con su exageración y sátira, citaré los siguientes:

«Entre deseo y temor
Apio Claudio arde y suspira
Lleno de amorosas ansias
Por la hermosa Virginia»
(Romance de Cueva)

«Que ha de ser el peligro, que se teme o espera en las cosas grandes.» (Palacios Rubios: *Esfuerzo bélico, heroico*, capítulo XIII.) «El pueblo, cuya naturaleza es desear novedades y juntamente temerlas» (Coloma). El Soldado que ve la reina a sus pies próxima a reventar, sin moverse teme y espera a cada momento el fatal suceso, según Don Quijote en el discurso de las armas y las letras. «Luego el miedo me puso delante mil géneros de muerte, y no sabiendo que hacerme, alguna o todas juntas las temía y las esperaba (*Persiles*, 1.ª, IX).

Capítulo LIX: «Obedece los consejos». «De los consejos no se dice con propiedad que se obedecen; esto se dice de los preceptos. Los preceptos se obedecen, los consejos se siguen.» Esta es la opinión de Clemencín. Pero no está muy en razón. Los consejos en el caso en que se dieron a Sancho, vienen a ser una admonición a prevención que sirve de regla de conducta, de corrección, y esto, al venir de un superior, debe obedecerse; así sucede en la ley cristiana, cuya doctrina consta de pocos preceptos y muchísimos consejos. Unos y otros deben obedecerse y seguirse; es ley preventiva, más bien que penal. En este caso está el dicho de Cervantes, que no merece tanta escrupulosidad, que no la había en aquel tiempo para el lenguaje, como sabemos. Pero, ya he dicho, o no lo he dicho, que Don Quijote (que es quien dio los consejos y mandó, ordenó seguirlos, es decir, los dio para que se obedeciesen) pudiera, con más conveniencia, haber nacido en nuestros días, donde al menos no le faltaría quien a cada paso le fuese a la mano para que no lo hiciera tan mal, y le dijera «marche por aquí, que es más verosímil; diga esto, que es más oportuno; no duerma aquí; póngase en pie; no se levante en pie; coja el lanzón más largo; haga esto, haga lo otro», y demás sandeces que se leen por allí. Pero, es cierto que también Cervantes debió nacer en estos tiempos para que no hablara tan mal como en el suyo, o que escuchara las réplicas que a cada paso le lloverían sobre la cabeza; bien que el buen viejo era algo olvidadizo y nada casquivano...

Capítulo IX

Capítulo III: «y sin hacerla pedazos (la lanza) hizo más de tres la cabeza del arriero, porque se la abrió por cuatro». ¿De dónde saca Clemencín que el inciso y sin hacerla pedazos, indica que se habla de algo que se hizo pedazos, y como no hay ese algo, está mal el inciso? ¿Por qué olvidó que el sustantivo pedazos viene rigiendo los tres incisos en la frase, y que por ello no hay necesidad de agregar partes después de cuatro? Además, vea que por cuatro es en cuatro, según el uso de estas dos proposiciones. Recuérdese que un sustantivo regía varias proposiciones, como dije en su lugar: donde advertí también que, ya por la pasión, ya por la ligereza y otras circunstancias, se suplía algo y mucho de lo que no estaba expresado.

Capítulo XXXI: «¿Piensa Vuesa merced caminar este camino en balde y dejar pisar y perder un tan rico, tan principal casamiento?». Cree Pellicer, lo mismo que la Academia en su edición de 1819, y Clemencín, que debe sustituirse pasar a pisar. Esto parece bien a primera vista; pero no es así. Pisar, además del sentido recto, tiene el metafórico de «despreciar, abandonar o no hacer caso de alguna cosa, como pisar las honras, las dignidades» (Academia). A cada paso encuentro frases como ésta: «la condenación de los gentiles y cristianos, que pisaron los méritos, etc.» (Santa Catalina); «olvidado del amor con que hasta allí había pisado varias dificultades» (*Epítome de los historiadores portugueses*); «profundas tristezas acabaron de pisar toda la alegría en el corazón de aquella casa» (id.). Algunos editores siguen la variante.

Capítulo XXVIII: «Anselmo dijo a Lotario las semejantes razones». «O sobra las, o semejantes es errata por siguientes.» Esto dice Clemencín, y lo adoptan varios autores. La cuestión es insignificante; sin embargo, podría recordar a dichos censores que, si hoy no pasaría el modismo, era en aquellos días muy admitido, aun entre los mejores autores, y común en los libros de caballería. Ejemplo: «el varón, ejercitado en los semejantes actos» (*Esfuerzo bélico, heroico*); «y así aconteció lo semejante, yendo un ejército» (Mexía).

Capítulo XIII: «y caería en mal caso». ¿De dónde saca Clemencín que caer en caso es pleonasmo? A ver si tiene razón: abramos el Diccionario: «CAER, perder un cuerpo el equilibrio hasta dar en tierra o cosa firme que le detenga» (Siguen muchas acepciones metafóricas, todas, como debe ser, en relación con la recta). «CASO, suceso, acontecimiento» y sus metafóricas. Si caer en caso es pleonasmo, porque se estire y no se extraiga un sentido análogo a ambas voces, como puede hacerlo un dialéctico, lo mismo que a incurrir en caso o suceder un caso (no es igual el ejemplo), como quiere Clemencín, no lo es caer en mal caso; pues aquí se modifica, se varía, la primera significación de caso, sucediendo lo mismo que con los complementos de los verbos neutros de que ya he hablado en su lugar. «Sucedió un caso extraño» (Coloma), «acaeció un caso» (id.).

Capítulo XII: «y sin ser parte su tío... dio en irse al campo». «Cuando se dice ser parte», habla Clemencín, es menester expresar para qué. Aquí hubo de decirse: «y sin ser parte para estorbarlo su tío... dio en irse al campo». De redondo está equivocado el censor. Ser parte es tener influjo, tomarse en cuenta, etc.; y en el texto cuestionado es y sin que se contara en nada, sin que en nada influyera, sin que entendiera, etc. Así se tomaba en aquellos tiempos. Ejemplos:

«Que el mundo no fuera parte,
Ni de Júpiter los rayos,
Que todo no fuera al fuego
Y al duro hierro entregado»
(Cueva)

«Pues en esta sazón por la otra parte,
Que el diestro Navarrete peleaba,
Sin ser ya la francesa gente parte
Al puro hierro la española entraba»
(Ercilla)

«...no solo habrá de aquí adelante quien por su gusto lo traduzca; pero será por ventura parte el ver que se estima esto, etc.» (Juan Gaitán de Vozmediano.) «Mis obras mismas me persiguen, que los tratos ni los hombres fueron poca parte» (Alemán). Cervantes usa este modismo varias veces, como en el capítulo IX, en que se lee que Don Quijote descargó sobre el vizcaíno con tal fuerza, que sin ser parte tan buena defensa (la almohada) comenzó a echar sangre.

Capítulo XXI: «desdichas del cielo... Vivía en esta misma tierra un cielo». «La repetición descuidada de cielo, dice Clemencín, es el menor defecto de este pasaje.» Ya he dicho que el comentador es... incorregible: poco antes censura el esmero, el cuidado en la expresión, por ser de un loco: ahora censura lo que allá pedía... ¿qué hacer? Y obsérvese que el punto final y las siete palabras que hay entre las dos oraciones, a más del significado distinto que tiene la palabra cielo en ambas, y del juego de palabras tan usado entonces, etc., alejan el defecto que encuentra el censor. Mas, como éste es el menor defecto, y él agrega sobre el discurso de Cardenio (que no podía ser filósofo ni gramático) casi las mismas expresiones que las que usa sobre la carta que halló Don Quijote en el libro de memorias de aquél, remito al lector a ese lugar.

Capítulo XXXVIII: «sino... volvamos a la preeminencia de las armas contra las letras: materia que... está por averiguar». Varios reparos trae Clemencín en este párrafo: la conjunción sino, está mal; no debe ser contra sino sobre las armas; está por averiguar está muy mal; y no se qué otras cosillas por el estilo nota en la continuación del párrafo, buenas para el lenguaje actual, y ¡quién sabe! pero no para el de Don Quijote, que lo conocía mejor que el comentador. Algunos editores ponen pero en vez de sino. Vuélvase al capítulo que trata de este asunto. Contra se usaba por hacia, sobre y otras preposiciones:

«Miraron contra la mora»
(Romance morisco)

«Para contra el moro rey»
(Romance del Cid)

Está por averiguar no tiene otro descuido que faltarle el afijo. Pero el entusiasmo de Don Quijote lo suple.

Capítulo XXXIII: «sintió mucho esta pérdida el gran turco, y hizo paz con venecianos»; «con los venecianos», corrige Hartzenbusch. Exactamente fue con los venecianos. Hoy no se aceptaría la supresión del artículo; pero antes era tan constante dicha licencia o costumbre, que no puede tacharse de defecto en el *Quijote*, y acaso sea necesaria: a cada paso, veo frases como éstas: «tenía en el ánimo las empresas que descubrió contra venecianos» (Mendoza); «y la armada del Gran turco junto con la de venecianos» (Id.); «allí residían los mercaderes de todas naciones» (Moncada); «y que sus armas... a pesar de genoveses» (id.); «y no basta hacer hombre lo que debe» (Palacios Rubios); «sin que hombre hiciera muestras de resistir» (Mendoza); «Expedición de los catalanes y aragoneses contra turcos y venecianos» (título de la obra de Moncada); «inducido por el Papa Eugenio y por venecianos» (*Silva de varia lección*).

Capítulo XIV: «como otro despiadado Nero». ¿Por qué corrige Hartzenbusch: Nerón? ¿No recuerda que éste era el nombre conocido del emperador romano que no se decía de otra manera ni entre el vulgo, ni entre los autores clásicos? Véanse: el *Esfuerzo bélico, heroico*, el *Epítome de los historiadores portugueses*, y demás obras del tiempo; y véase el ejemplo que sigue: «Mira Nero de Tarpeya» (*La Celestina*). Aún no se había españolizado el nombre Nero.

Capítulo XIV: «Para persuadir una verdad a los discretos». Clemencín, que mira mal y con demasiada ojeriza este discurso de Marcela, la cual tiene la desgracia de ser lo que debe ser y de hablar como debe hablar; el comentador, que llama a este discurso sermón, afectado, ridículo y no sé qué más, así como da a Crisóstomo el apodo de majadero, etc., se deja cegar por la pasión, y corrige así: «Para persuadir una verdad tan clara a los discretos». Si dijera para recordar, no estaría mal la corrección. Pero una verdad tan clara no se persuade, lo que indica fuerza o por lo menos raciocinio; y la verdad que quiere señalar Marcela no es tan clara, supuesto que ellos no la veían y muchos la negaban. ¡Es así como comenta el discurso físico-polémico-crítico-apologético de la descocada y desembarazada, bachillera y silogística pastora![198]

---

198 Todos estos epítetos usa el censor en su juicio sobre estas palabras del texto. Si se internara en el campo de la literatura de aquellos tiempos, ¡qué de cosas no diría de otros discursos no menos cargados de las cosas que él repugna: Léase por lo menos el Romancero: en cuéntese a Abindarraes, y Jarifa, y el rey Chico, y el conde de Cervellón, y tantos que pudiera citar, si no temiera cometer una necedad en ello. Véase sobre todo el teatro, para

Capítulo XV: «Un trotillo algo picadillo». Quiere Clemencín que se diga trotecillo ¡porque así lo formamos hoy, según reglas poco ha existentes! Le disuena también el consonante tan inmediato, que da cierto sabor ridículo y novelesco muy propio del caso y de un caballo que no sabía trotar ni picar y parecía tomar bríos y fuerzas de su misma flaqueza y desaliento y despertar sus ímpetus, tanto tiempo dormidos. Esta misma disonancia encuentra y objeta más adelante, cuando Don Quijote dice: «Sanchuelo, tú eres un bellacuelo», frase para mí muy buena por oportuna. Respecto a la formación del diminutivo, es cierto que en los nombres de una sílaba, y en los disílabos terminados en e y otros, se hace el diminutivo en ecico, ecillo, ecito, como flor, pie, trote, bote, etc.; pero esto es en la moderna gramática. Antes era indiferente. Versecillo dice Moratín en la *Derrota de los pedantes*: Obrecilla trae Mendoza y otros de aquel tiempo.

Capítulo XXVII: «Para alterar de nuevo las cosas». «Sobra el de nuevo, dice Clemencín, porque ha dicho novedad, y esto no puede ser de viejo.» ¡Lindo! Pudieron las cosas alterarse una, dos y tres veces y luego volverse a alterar. En el reino se habían alterado: luego volvieron a alterarse (se alteraron de nuevo) no con la causa que las alteró antes, sino con otra novedad. Esto es lo mismo que: «fuese necesario volver a ganarla de nuevo», que leo en Melo (G. De Cat. Libro 5.º).

Capítulo XXVIII: «hallaron... caída, muerta y medio comida de perros, una mula». Oíd a Clemencín: «diciendo que estaba muerta, bien pudiera omitir que estaba caída». Pero no es aquí muy feliz el censor, pues si el texto dijera muerta antes de caída, estaría no muy mala la censura, aunque no se cuidaban esos autores de las gradaciones lógicas, ni eran tan puristas como ahora. Mas, ¿por qué no se hace igual observación a muchos documentos iguales? Véase éste de un Romance de los Infantes de Lara:

«Muertos quedaron tendidos»

Capítulo XXVIII: «Quiso la fortuna». «Fortuna, dice Clemencín, regularmente se tomaba en buena parte, y significa: la favorable. Aquí viene mejor

---

hallarse y tropezarse a cada paso con esas cosas, hoy de fastidio y entonces de gusto y muy usadas.

desgracia.» También en el capítulo XLI, corrige nuestra desventura donde dice nuestra ventura. Hoy se usa mejor en la buena parte el término fortuna; mas no era así en aquellos días, según el Diccionario de la Academia, y el uso constante de los autores (véase la 5.º acepción de la Academia). «El primero que corrió fortuna fue Julio Silano, a quien se imputó tener parte en la muerte de Agripina» (Coloma):

«Mira de la nueva Luna
La bella faz cenicienta,
Señal que no me contenta
Y amenaza con fortuna.»
(Amiclás a César.)

Capítulo XXV: «Abrasó chozas, derribó casas, arrastró yeguas y hizo otras cien mil insolencias dignas de eterno nombre y escritura». Hartzenbusch corrige cien mil violencias, porque: «Cervantes, dice, no llamaría insolencias a las muertes de pastores, incendios de chozas y demás casos enumerados». Cree, pues, que es error de imprenta. Mas, esta censura al pobre impresor adolece de ligereza, porque él copió lo que escribió Cervantes, y éste lo escribió muy bien, atendiendo al saber caballeresco que da a la frase aquella palabra, que no se tomaba en el mismo sentido que hoy. Insolencia tiene dos acepciones: nosotros la tomamos por atrevimiento, petulancia, descaro, etc.: más en el estilo caballeresco se toma regularmente por acción insólita, extraordinaria, etc. Ya el autor del *Diálogo de las lenguas* deseaba que se introdujera en este sentido, en que lo toma Cervantes. Creo, pues, mala la corrección del crítico.

Capítulo LI: «Que él la llevaría a la más rica y más viciosa ciudad que había en todo el Universo mundo, que era Nápoles». En su larguísima nota para probar que no puede ser viciosa sino vistosa, olvida Pellicer que se aplica aquel adjetivo por abundante, fecunda, etc., y que no solo se deriva de vicio en su actual y más común significado, sino de vicio en su acepción anticuada, que era placer, regalo, etc., según lo explica Sánchez en su Diccionario de voces usadas en los siglos XV y XVI. Véamos ahora el de la Academia: «Vicioso. Abundante, provisto, deleitoso, lautus». Es inverosímil, a la verdad, que un amante ofreciese a su amada llevarla a una ciudad corrompida, como asienta el crítico; pero no era ése el sentido del calificativo. Cervantes lo ha usado otra vez en el mismo significado. El prado en que hizo penitencia Don Quijote (capítulo XXX) era verde y vicioso. Véanse otros ejemplos: «no se admiraban tanto las piedras preciosas y el oro, cosas muy usadas ya antes, y hechas muy comunes por la gran prodigalidad y vicio de Roma» (Coloma); «la arboleda ostenta su viciosa frondosidad», se lee en una traducción de Abulalá el Bagdadi-la Almunia de Almanzor:

«Mira a Sicilia
Y en la costa de Italia a la viciosa
Tierra que va corriendo hacia el poniente,
Mira a Nápoles...»
(Ercilla)

«Mirad los campos fértiles, viciosos (id.)
¡Oh quién fuera la hortelana
De aquestas viciosas flores!»
(*La Celestina*)

«¡Yo duermo en viciosa cama!»
(Contreras)

«¡Y más lozano está el prado,
Y más viciosas las mieses!»
(Meléndez)

Capítulo XXXVIII: «homicida de todo el género humano». Redundante e hiperbólica le parece a Clemencín esta expresión. La redundancia acaso esté en el adjetivo todo, pues no veo otra que pueda tacharse de tal. La hipérbole, puede haberla para el actual lenguaje; mas no por eso censuraremos la frase, muy propia de la exaltación y de la presencia de un déspota que hace la desgracia de muchas naciones. Pero el censor olvidó que el lenguaje de aquellos días era todo hiperbólico, como queda dicho en su lugar. Si el mismo Cervantes vuelve a usar esta misma figura en el *Persiles* (2.ª, XXII): «el turco enemigo común de todo el género humano», es porque ella tenía valor de circunstancia. En efecto, por el género humano se tenía más comúnmente la cristiandad, en oposición a la morisma, entre quienes se dividía el mundo de entonces. Los cristianos heredaron este nombre y título del imperio romano, que se los atribuía, en oposición a los mismos cristianos, como se ve en Tácito. Plinio el joven, etc.; y tanto en los Anales de aquél, como en la Carta de éste a Trajano, se ve la frase: «los cristianos odian a todo el género humano», que es el imperio, según explica el editor de la traducción de Coloma.

Capítulo XXVI: «Era un poco codicioso el mancebo». ¿Por qué extraña Clemencín que se dé este epíteto a Sancho? ¿Por qué no le convenía a su edad? El que trabaja por su salario se llama mancebo, según la Academia; a la manera que llamamos mozo a un sirviente que puede ser mozo o viejo.

Capítulo XXX: «Quién hace más mal... yo en no hablar bien, o vuesa merced en obrallo? «Quién hace peor», corrige Clemencín... ¡pobre Sancho! Mas, el censor trueca el oficio de mal, que en el texto es sustantivo y él lo hace adverbio: en el texto es dicho sustantivo el sujeto a que se refiere el verbo obrallo; que de otro modo queda sin régimen y sin sujeto. No teniendo el sustantivo grados de comparación, es claro que hay contradicción en que peor sustituyera a mal; por lo que el censor previene su observación con hacerlo adjetivo; pero aun la frase de él no es castellana, pues no habiendo sujeto, hay que suplirlo con el neutro lo (siguiendo la idea del censor) y decir: «quién lo hace peor», porque «quién hace peor», «necesita un supuesto», «como quien hace mejor o peor un comento, etc.». También, al ser mal adjetivo o adverbio, como quiere él, también se necesita el neutro lo para suplir el sujeto, que no existe, y Cervantes no escribiría quién hace más mal (el comento) sino quién lo hace más mal (el comento). Véase ahora el texto comentado y la versión del censor comentada, para que se note la diferencia. Texto: «¿quién hace (causa) más mal (daño, perjuicio, etc.), yo en no hablar bien (adverbio) o vuesa merced en obrallo (el mal)?». Censor: «¿Quién hace peor (qué cosa) yo en hablar mal (anfibología), o vuesa merced en obrallo (qué cosa, si el sustantivo mal se volvió adjetivo o adverbio y dejó de ser supuesto?».

Capítulo L: «Pensadas mentiras». «No discurro, dice Clemencín, a que viene la calificación de pensadas a las mentiras de los libros de caballería.» ¿Es posible que no entienda aquí la alusión a la manía dominante, que ocupaba los pensamientos, y hacía pensar muchisímo en esas fábulas a cual más extravagante? ¿En tanto incidente y escenas inverosímiles como escribían? ¿Es posible dudar que antes de escribir se piensa, especialmente las altas verdades y las altas mentiras? ¿Y por qué se les niega a éstas el calificativo de pensadas...? Atiéndase a que a cada paso se llama en el *Quijote* y demás obras que hablan del asunto de la caballería, libros mentirosos, a los que de ella tratan.

De la parte II

Capítulo I: «y al modo que he delineado a Amadís, pudiera, a mi parecer, pintar y descubrir todos cuantos caballeros, etc.». Pellicer corrige describir donde dice descubrir; y para ello interpreta la intención de Cervantes. La Academia aceptó la variante, y lo mismo hizo Clemencín. Yo creo que pintar y describir es una repetición que no ocurriría a Cervantes, y confirma mi creencia lo que se deduce de la relación y de la intención de Don Quijote, y también el hecho de repetirse otras veces la misma palabra y frase. Don Quijote dice después que así como hizo con Amadís cree poder hacer con otros, «que por las hazañas que hicieron y condición que tuvieron, se puede sacar (descubrir) en buena filosofía sus facciones, sus colores y estatura»; y antes había dicho: «muchas veces he procurado sacar (descubrir, desenmarañar) a la luz de la verdad este casi común engaño. Aquí describir sería exótico. El intento es descubrir y pintar. Pellicer descuidó el significado de descubrir que es manifestar, hacer patente una cosa, averiguar, indagar, hallar lo que estaba ignorado o escondido, registrar o alcanzar a ver, revelar lo que estaba encubierto o secreto, venir en conocimiento de lo que se ignoraba (Academia). Atiéndase a lo siguiente, si no basta lo anterior: Don Quijote pudiera describir lo que sabía; pero como no todos los caballeros fueron descritos, y muchos quedaron sin esta fortuna, él se proponía investigar, sacar por analogía, descubrir para poder pintar las facciones de los caballeros. Si estuvieran descritos él no dijera: «sacando por buena filosofía». La única falta en el actual lenguaje (no en Cervantes) sería la colocación de los verbos, que debía estar primero descubrir y después pintar. Pero eso sería un descuido muy ligero. Para terminar haré ver con dos ejemplos el uso de aquello: «éste (el cuerpo) se va torciendo hacia tierra, y ha empezado a descubrir un semicírculo a los costillares» (Torres); «no del mismo principio, porque éste no lo podía decir ni descubrir a nadie» (id.).

Capítulo III: «Del ridículo razonamiento». No quiere Clemencín este dictado para el razonamiento que tuvo el Bachiller con Don Quijote, porque «ridículo significa ordinariamente lo que es digno de risa, mofa o desprecio». Ridículo, según el Diccionario de la Academia, es lo que mueve, o puede evitar la risa; extraño. ¿Y no eran extrañas y dignas de risa las saladas y graciosísimas razones que allí se pasaron? Y aun en su acepción más natural hoy se puede por extensión aplicar muy bien allí, porque algo de la ridiculez actual tiene aquel coloquio. Graciosísimo lo llama Cervantes en el anterior renglón; es probable que indicase en el siguiente la misma idea.

Capítulo XXIX: «doy por bien empleadísima». Una felpa, con su lección y todo da aquí Clemencín a Cervantes, «quien parece ignorar, dice, la forma de los superlativos». ¿Será cierto? ¿Llegaría a tal punto la ignorancia del inmortal novelista. Mas, no recuerda el comentador que una de las mayores extravagancias que se usaban, era esta especie de superlativos en -ísimo, formados en toda especie de nombres sin excepción; y ella era una ridiculez de que se burló después Iglesias en estos versos:

«Porterísima señora,
Señorísima portera;»

y antes había dicho Lupercio en el apólogo de las aves:

«Dióles superlativos arrogantes
Para captar común benevolencia,
Al uso de escolásticos pedantes.»

Aun hoy se ha extendido el uso del superlativo a ciertos adverbios simples, como poco, lejos, etc., ya algo autorizados aun por algunos gramáticos, como Martínez López, Rubio y Obs, etc. Y como el que habla en el texto de Cervantes, es uno de aquellos pedantes, cuyo tipo es tan común por nuestra desgracia... creo que allí está muy bien el dicho superlativo. Cervantes dio esta forma también a otras palabras, como mono, dueña, escudero, etc. Pero Clemencín no quiso entrar en la intención de él.

Capítulo XVIII: «casi los mismos comedimientos pasó con el estudiante». Munárriz, en su crítica de este capítulo, muestra ignorar, entre otras cosas, el valor del verbo pasar, el cual se usaba mucho en la acepción de haber o tener. Éste es el que aquí debe entenderse; de modo que la frase es: los mismos comedimientos tuvo, etc., que es como debió leerla el crítico, para no caer en la inconsecuencia de decir: «no se pasan comedimientos con uno; pero pasan entre dos». Lo mismo se puede decir de la corrección que hace pocas líneas más adelante en la frase: «y entre otras pláticas que los dos pasaron», que él corrige: «que entre los dos pasaron», dando por razón que no se dice pasar pláticas. ¡Qué necedad, por no decir ignorancia, es la de pretender corregir a Cervantes! Si el sabio censor hubiera leído e interpretado la frase con tener, hubiera dejado mejor sentada su reputación de lingüista. También debió no olvidar los siguientes ejemplos: «y de las cosas que con él (el buldero) pasó» (*Lazarillo de Tormes*); «vencidos en algunas batallas que allí pasaron» (*Silva de varia lección*); «el perro había estado muy atento a lo que con Júpiter pasó el asno» (Alemán); «y considerando lo que con Júpiter pasaron otros animales» (Id.); «pasamos algunas razones» (Id.). No creo, pues, que tiene razón Salvá en achacar a descuido de Cervantes esta frase: «entre los cuales pasaron una larga y dulce plática».

Capítulo III: «...otro, que ninguna (aventura) iguala a la de los dos gigantes Benitos». Esto parece muy propio y natural, por el carácter burlón del Bachiller, quien explicaba a Don Quijote lo que decían las gentes de su historia, y de sus aventuras; y debía dar el nombre de gigantes a los monjes, que tales los creyó el hidalgo cuando los venció con su denuedo, no solo en su sentido recto, yendo ellos en mulas que parecían dromedarios por lo enorme de su estatura, sino en el fantástico y sobrenatural que sustentaba Don Quijote, creyendo que a cada paso se encontraba con gigantes. El Bachiller no iba a contrariarlo, sino a darle cuerda en su locura. Sustituir pues, como quiere Pellicer, la voz monjes, es quitar todo su mérito a la frase, alejándole el chiste y el sentido caballeresco, y traerla al natural de una simple y racional historia. Don Quijote desconocía la tal aventura de los monjes Benitos, que quiere Pellicer, y solo tenía apuntada en la memoria de las suyas la de los gigantes Benitos.

Capítulo V: «otro estilo del que se podía prometer de su corto ingenio». «Prometer ¿quién? Mejor hubiera sido esperar», dice esto Clemencín; y precisamente prometer es esperar, según la Academia; así es que está demás toda la disertación que emplea el crítico para hacer ver la diferencia de los dos verbos. Pero si agrega que prometer no admite el refuerzo el pronombre, etc., y que esperarse es voz pasiva, y quiere sujeto, véase que éste puede serlo el traductor de la historia (que es a quien alude el texto) o bien el mismo Sancho, o bien el impersonal expresado por la gente, el lector, el vulgo, etc.; pues todos pueden suplir aquella falta de sujeto, que se subentiende. En cuanto al refuerzo que no puede admitir el verbo prometer, era tan usado el modismo aun en otros verbos menos propios para ello, que no dudo en agregar que el crítico olvidó mil frases, que estaban tan en boga: «Dios sabe si quisiera allí quedarme. Con los que allí quedaron esforzados. O perderme con ellos, o ganarme» (Cervantes); «Mas me quiero ir Sancho al cielo que Gobernador al Infierno» (esta frase fue malamente variada por el editor de Madrid de 1608 y suprimido el caso pronominal me).

Capítulo VII: «A salir vez tercera». «Tercera vez, es como se dice», habla Clemencín. ¡Qué pobre de lengua era Cervantes! Parte primera o primera parte, parte segunda o segunda parte, etc., he visto muy usada; pudiera citar entre otros a Salvá en su gramática.

Capítulo X: «Volvieron a subir en sus bestias». Esta frase es tachada de galicismo por el autor de las «Observaciones al *Quijote*», publicadas en Londres en 1800. ¿Será por llevar la preposición *en* en vez de la *a*? Véase más atrás lo relativo al asunto de las preposiciones.

Capítulo XI: «Sin duda *te* trocaste, Sancho»; Clemencín cree que es «*lo* trocaste», pero olvida que trocar es equivocar, confundir y que no fue la cosa la tronada, sino Sancho el que se equivocó.

Capítulo VI: «Tan parecidos en los nombres y tan distantes en las acciones»; «Distintos en las acciones», corrige Hartzenbusch. No creo que le asista mucha razón en la variante. Poca significación tiene el asunto; pero no lo dejo pasar, para que se vea una vez más el espíritu de la crítica. Distinto es «lo que no es lo mismo»: basta que una cosa no sea otra, aunque sea igual a ella, para que sea distinta. La desigualdad trae el calificativo diferente, no el distinto (solo sí en alguna acepción lejana). Al decir Cervantes parecidas incluyó la cualidad de distintos, y su repetición (aun con el refuerzo de tan) fuera un ripio. Distante es allí la verdadera voz: «Distar, met. Diferenciarse muy notablemente una cosa de otra» (Academia). Semejante locución fue usada muy bien por el Infante Don Gabriel en la traducción de Salustio:

«Volturnio preguntado acerca de su viaje y de las cartas y el designio que llevaba, al principio tiró a embrollarse, fingiendo cosas muy distantes, etc.».

Capítulo LV: «Cuan no pensados sucesos que suelen suceder». «Suceder sucesos dice Clemencín, es expresión desaliñada.» ¡Pero, por Dios, señor erudito! deje usted a Sancho que hable como pueda, ya que está en el fondo de una cueva oscura, mal molido y lloroso, sin esperanza y temiendo que se lo lleve el diablo en justo y en creyente, y sin poder pensar en la lógica ni en la gramática. Déjelo que salga como Dios le ayude, aunque prevaricando, como es muy natural, contra el actual lenguaje.

Capítulo VII: «Dejarrete la columna de las letras». «Desbarate, etc.», corrige Hartzenbusch, «porque la columna no tiene jarrete.» No creí, al estudiar la variante que hubiera razón para hacerla; pues, tanto en el sentido recto como en el figurado encontré buena la frase del texto. «Columna, fig.: la persona o cosa que sirve de amparo, sostén, apoyo, protección, etc.» Todo está explicado en esta definición de los buenos diccionarios. Cervantes usa esta voz otras ocasiones en igual sentido. En el texto se aplica al Bachiller, y el verbo desjarretar a sus piernas, no a las columnas en sentido recto: también Maese Pedro se abrazó de las piernas de Don Quijote: «columna de la andante caballería». Léase también esta frase del *Buscapié*: «Y por eso si quieren tener los ingenios algún poquito de autoridad, se la desjarretan, etc.». Otra frase igual, de época anterior y distinto autor, se verá al fin de esta obra, en la carta que escribí al señor Hartzenbusch. Este literato estudió atentamente mis observaciones anteriores, verificó las citas y con toda la docilidad del verdadero sabio, me contestó lo que se verá en la carta aludida, y que se reduce a dar por no hecha la variante y convenir en que está bien el texto.

Capítulo XXXIV: «que cuenta de la noticia, etc.». Pellicer cree que no está bien, y que debe ser «que da cuenta o se da cuenta, etc.»; pero el texto está bien aun gramaticalmente hablando, y es además imitación de un modismo usado en los libros caballerescos y en otros; así el título del capítulo I, del libro III de *Amadís* dice: «donde se cuenta de las cosas, etc.». En el romancero se encuentra varias veces el modismo, como en aquel anónimo de «El rey Don Rodrigo y la duquesa de Lorena». «Y cada uno decía de su razón y derecho»; en Coloma, leo (Traducción de Tácito libro II): «y cuenta de las opiniones, etc.». Las elipsis que hay en estas frases, les dan cierto sabor caballeresco, muy propio de tal novela; por lo que Cervantes las usa varias veces, como en el capítulo LIX de la 2.ª parte: «también he oído decir de su valor». Para decir extensa y claramente, «Deste naval conflicto» (Ercilla).

«Que cuenta de lo que a Telesinda en Trapisonda aconteció» (mote del capítulo 29, libro 3.º, página 2, de *Guzmán de Alfarache*).

Capítulo XXV: «Parte de las cosas que vuesa merced ha visto son falsas y parte verosímiles». Creen Clemencín y otros que esta respuesta del mono está mala. ¡Hasta el mono! El tal animalejo también debía ser purista en español...! Pero en este lugar no les falta razón a los censores al interpretar la intención del maestro del mono, pues, como dice Clemencín: «entre falsas y verosímiles no hay la oposición que exime el intento de Maese Pedro» y agrega que «debe ser verdaderas en vez de verisímiles». Mayor aun es la oposición, y para calmar la ira que pudo despertar en Don Quijote la primera calificación, era necesario recargar sobre el valor de la segunda, y decir muy verdaderas: idea que se expresa con la voz verísimas, que sin duda es la que escribió Cervantes. Al menos así parece indicarlo la palabra que está en el original manuscrito, donde se ve en abreviatura, así: verisims. El sabio erudito Hartzenbusch, que verificó esta cita y aprueba la anterior disertación, cree que debe ser verísimas y conviene en sustituir esta palabra a verosímiles, que había adoptado.

Capítulo LL: «Visita las cárceles, las carnicerías y las plazas». «Demasiadas oficinas son éstas para un pueblo de mil vecinos», dice Clemencín. ¿Sabía Don Quijote el tamaño del pueblo?

Capítulo XLIX: «La moza parecía bien a todos». «Debe decir pareció», dice Clemencín. ¿Será cierto?

Capítulo XXVIII: «Y todo apaleado». Esto es falso para Clemencín, porque apalear es verbo frecuentativo, y Sancho no recibió más que un palo... Apaleado, ¡véase bien! es golpeado con palo, estropeado y Sancho estaba todo dolorido.

Capítulo XIII: «Como ha que está allá abajo». «Hay vicio en el texto», dice Clemencín. El original diría «como ha estado». Ha es hace; que es muy bien dicho en español: «tantos años como hace que está allá abajo». No está viciado el texto; y aquella frase se usaba, y se usa y usará mientras rija la gramática actual: y si algo le choca, atienda a que la frase está en boca de un pedante (que raras veces hablan bien los tales). Si todo personaje hablara como quiere el censor, ¡que distinto fuera el *Quijote*!

Capítulo XXIII: «Caro patrón mío». Aquí sí vuelve Clemencín sobre sus pasos y pide para cada personaje el estilo que le es propio. Pero precisamente lo pide en un punto en que no debe; y dice a esta frase: «¡Italianismo que no está bien en boca de Sancho, que no había estado en Italia, como Cervantes, ni leído el Ariosto como Don Quijote!» Véase que aunque Sancho hubiese estado en Italia nada variaría en su lenguaje; pues no sabía el italiano para tomar sus modismos. Éstos inundaban el español, y de los autores habían pasado al vulgo. Para cometerlos, pues, no era necesario ser italiano.

Capítulo XLVIII: «En la mitad de mi corazón». A Clemencín no le gusta; porque mitad es parte, mientras que medio es lugar; por lo cual debió decir el pícaro de Don Quijote: en el medio de mi corazón; porque, aunque hablaba como hablan los caballeros andantes y aunque estaba altamente apasionado, etc., debió ser purista para no enojar a Clemencín.

Capítulo XXI: «Las obligaciones que debes». «Las obligaciones se tienen, pero no se deben», dice Clemencín. ¡Así será! ¡Qué rigorismo!

Capítulo LXXII: Los muchachos decían unos a otros: «venid a ver... la bestia de Don Quijote». Niega Clemencín la verosimilitud de que los muchachos diesen al hidalgo el nombre que él se había puesto... ¿Es posible que esto se objete? ¿Ignorarían los muchachos tal nombre? No puede ser. El nombre de Don Quijote ya era popular, como su historia, y más debía serlo en su patria: el libro era manoseado por viejos, niños, doncellas, muchachos, etc.; y éstos conocían el nombre del nuevo caballero andante, como aquellos muchachos de la corte del rey adonde fue con su imaginación Don Quijote (Parte 1.ª, capítulo XXI), conocían al caballero de la Sierpe, etc., que la fama de sus hazañas les hacía conocer (escena ésta donde se prepara la real y verdadera del texto).

Capítulo LIV: «Lo que Sancho no pudo entender, sino fue una palabra que claramente pronunciaba limosna». ¿Quién pronunciaba? ¿La palabra? Se quiso decir: «sino la palabra limosna que claramente pronunciaba». Así arguye Clemencín; mas, no muy bien: no se aplica el verbo pronunciar a un sujeto distinto de palabra; es a éste que se refiere. ¿No se entiende cómo? Así: el verbo pronunciar no se toma solamente en su acepción actual y común, sino en la de determinar, decir, significar, etc., y en ella se lo usaba mucho. Así Sancho entendió una palabra que significaba, determinada la palabra limosna.

Capítulo LVIII: «Se han visto visiblemente». «¿Pues cómo lo habían de ver?», dice Clemencín. Se ven ciertas cosas, no tan claras y patentemente como otras; las hay reales y las hay fantásticas o ilusorias: todas se ven, pero aquel adverbio refuerza y parece que se refiere a las reales. ¿En nada cuenta el censor con la visión, la apariencia o fantasma que en España se llama estantigua, por cuyo medio creemos ver un prodigio o una cosa natural, a diferencia de la vista real, a qué Don Quijote se refiere, como que era aquélla con que habían visto los españoles a su apóstol? Equivocado debió estar también Tácito al reforzar así aquella frase, que traduce Coloma: «tal, que casi visiblemente se echaba de ver la concurrencia divina en la destrución de aquella ciudad». «Viose visiblemente como... el Cristo humilló la cabeza» (*Guzmán de Alfarache*, Parte 2.ª, capítulo 8).

Capítulo XXII: «Que le diesen soga y más soga». Esto, señor Cervantes, que Usted dice que gritaba Don Quijote, es mentira; y a pesar de Usted y de Cide Hamete y del mismo Don Quijote (a quien desmiento) es más natural creer a Clemencín aquello en que los saca mentirosos a todos Ustedes. Él dice que fue todo lo contrario... Mas, en lo que se funda, es en lo que creo que no tiene razón. De que Don Quijote dijo después que «a obra de doce o catorce estados de profundidad», capítulo XXIII, se detuvo y pidió que no le diesen más soga, voces que no debieron oír, porque siguieron dando soga, deduce el comentador «que es esto contrario a lo anterior». ¿Cómo lo entiende así? Muy bien pudo Don Quijote entrar a la cueva pidiendo soga y seguir pidiéndola, como racionalmente se comprende, hasta los doce o catorce estados, distancia suficiente para ahogar o acanalar las voces, y luego pedir que no le diesen más soga; pero como la cueva y la distancia podían apagar las voces o confundirlas, muy bien estas últimas pudieron ser confundidas con las primeras y creer los de arriba que seguía pidiendo soga, hasta las cien brazas, que fue cuando dejaron de oír las voces y se quedó dormido Don Quijote. Lo que dice Clemencín en otra nota, para apoyar su opinión sobre la inverosimilitud de que los oyentes largasen más soga si no sentían más peso, no tiene fundamento; pues Don Quijote recogía la soga y muy bien podían sentir arriba algún esfuerzo producido por esta operación, no diciendo allí que él la dejaba caer, sino que la recogía y enroscaba.

Capítulo XLI: «Y por allí miré hacia la tierra». «Aquí se volvió a olvidar Cervantes de que el viaje había sido de noche.» ¡No tal, señor Clemencín! Usted es quien olvidó que Sancho estaba mintiendo desde el principio de su relación; y que por lo fantástico del asunto bien puede suponerse que fue de día... ¿Por qué no dice usted que Cervantes se equivocó cuando el escudero contaba cosas del cielo sin haber subido una pulgada de la tierra, y que lo de la región del fuego, del aire, etc., eran las llamas y el fuelle que les aplicaban al rostro los risueños lacayos y duques? Sancho mismo da la respuesta, cuando dice que «todo fue por vía de encantamiento».

Capítulo XXXII: «Se los hicieron cerrar». «Hizo cerrar, debió de decirse», dice Clemencín. No tiene razón alguna, pues ni aun solecismo hay allí. El verbo ser concierta, no con la doncella, como él piensa, sino con los copos de nieve que levantaban las jabonaduras que en las barbas de Don Quijote hacía la doncella, y que levantándose (los copos de nieve), no solo por las barbas, mas por todo el rostro y por los ojos del caballero se los hicieron cerrar por fuerza.

Capítulo LV: «Porque daba señales de venir mal molido y peor parado». Hartzenbusch corrige mal traído. ¿Qué dice esto? Sancho había sido traído de la cueva, no mal, sino con mucho cuidado, y la corrección se opone a la gradación exigida para llegar a peor parado. Cervantes repite en todas sus obras esta palabra molido, tan a propósito del caso. En el *Buscapié* se vé: «su molida salud», «con los huesos menos molidos», «salí algo molido», etc. Clemencín quiere suprimir solo el adverbio mal, pero no sabe resolver, y no decide.

Capítulo XLVI: «Dos o tres gatos se entraron por la reja de su estancia; y dando de una parte a otra, etc.». Pellicer cree que debe ser andando. Creo que tienen razón los editores de 1814 (París: Bossange y Masson) y que debe ser como trae el texto original. Andar manifiesta conocimiento, tranquilidad, regularidad, etc., y es moverse hacia adelante dando pasos, y esta acción es distinta de la de dar, que viene con aturdimiento, irregularidad, circunstancia que allí se quiso significar. «Dar de un lugar a otro», es frase que tiene el mismo sentido de «dar abajo», que trae el Diccionario de la

Academia, y es «precipitarse», «dar en el muro», «tropezar en él»; un buque en temporal «da bandazos» «o anda dando de un lugar a otro».

Capítulo XXXV: «Esperando que se cumpla el número del vápulo». Oigan la réplica: «El número no cabía en el vápulo, pues no era más que uno, sino en los azotes». Ustedes, lectores míos, no habían caído en el reparo. ¡Ya se ve! No es oro todo lo que relumbra. De Clemencín sí se debía esperar; porque en verdad que, aunque el vápulo de que se trataba era de 3. 000 azotes (y éste era lo que estaba en la mente del que hablaba) y esto era el número del vápulo, a cuya conclusión debía desencantarse Dulcinea... sin embargo, no está bien dicho, aunque no hay quien no lo entienda bien.

Capítulo XXIX: «Don Quijote dijo que no tuviese pena del desamparo de aquellos animales, que el que los llevaría a ellos por tan longincuos caminos, etc.». «No entiendo eso de longicuos, dijo Sancho, ni he oído tal vocablo en los días de mi vida. Longincuos, respondió Don Quijote, quiere decir apartados.» No conviene en esto Clemencín, «porque longincuos o remotos... se dice de las regiones, pero no de los caminos». Puede ser: pero no le doy toda la razón; porque hablaba Don Quijote de los caminos apartados, distantes, lejanos (cosas que significa la voz longincuos) como son los de las recónditas empresas de los caballeros. Viardot agrega su punta, porque Cervantes había de sufrir la felpa aun de los extraños: y además de traducir lontaines «que veut dire eloigés» [lejanos «que puede decirse alejado»] (lo que está bien en la traducción) agrega en son de censura que longincuos «es voz pedantesca». Cabalmente, ¿no será ésta una sátira del estilo pedantesco y afectado de los libros caballerescos, sobre todo en sus descripciones? ¿No era pedantesco el *Quijote* en su parte crítica?

Capítulo XXX: «Aun todavía». «¡Pleonasmo!, dice Clemencín. Lo es exactamente, así como yo lo vi con mis propios ojos, escribió de su puño y letra, subí para arriba, y otras frases muy usadas y no tachadas. ¡Y habla allí Sancho!

Capítulo XXVIII: «Cuando yo servía, respondió Sancho, a Tomé Carrasco». Pellicer nota el olvido de Cervantes, pues dijo antes que Carrasco se llamaba Bartolomé. Pero el olvido es suyo y de Clemencín, que lo acompaña en la censura; pues no recuerdan que estaba en boga la costumbre, según

Arrieta, de nombrar a las personas con algunas de las últimas sílabas de sus nombres.

Capítulo XXXI: «Púsose Don Quijote de mil colores, que sobre lo moreno del rostro le jaspeaban y se le parecían». No sabe Clemencín como explicar esta última frase, y agrega: «Sospecho que esté errado el texto». ¿Es posible que un autor tan entendido, no recuerde lo que debió leer en el *Diccionario* de don Tomás Sánchez (voces usadas en el siglo XV y siguiente), ni la multitud de frases semejantes a la del texto, de que están llenos los libros de caballería y los mismos clásicos? ¡Es lástima caer así en olvidos al juzgar a los maestros del arte! ¡A ver, señor Clemencín, atención! «Parecerse (en el Diccionario mencionado) descubrirse, manifestarse, verse, registrarse. Parere.» Ejemplo: «de las cuales Dios le descargó, como se ha parecido» (León); «verían más demonios y más pecados, que los átomos que se parecen en el Sol» (Granada); «como si ellos no fueran casi mil setecientos, muy más en el concierto se parecían» (Faría Souza); «desde donde todo el campo se parecía» (*Amadís de Gaula*); «las dos hojas de la vaina eran tan claras, que la espada se parecía dentro» (id.); «la huerta desde una ventana donde el estaba se parecía» (id.);

«Hombre es de autoridad,
Que ya se le parecía»
(Romance de Don Rodrigo)

«Aunque al lado del vestido
Una letra se parece
Que declara, etc.»
(Romance II de Zaide)

«Que en torno del lugar se parecía
Una escuadra de gente de a caballo»
(Cueva)

«Bien se se le parece al mor
Que amor sus alas le presta»

(Romance morisco)

Pudiera traer infinidad de ejemplos tomados de todos los libros, especialmente de las novelas de Cervantes, a quien más conocía Clemencín.

Capítulo XXXI: «Hizo una muerte de un ángel». «¡Cómo si los ángeles muriesen!», dice Clemencín. No acepta la bella hipérbole que aumenta las cualidades de bondad hasta ese punto. No quiso Cervantes, señor erudito, decir que ella fuese ángel, ni que su muerte imitase la de los ángeles: quiso decir, y dijo muy bien, lo que cualquiera entiende; a saber: que murió tan tranquila y conforme, etc., que su bondad y pureza trajeron a los presentes la idea de un ángel. Los poetas llaman ángel a sus amadas. Ejemplo: «La hermosa doncella, que parecía un ángel después de muerta» (Hita); «Por ella entendí que eras ángel, y por ellas conozco que eres mujer», dice Cardenio a Lucinda; el hijo de Miguel Turra tenía «una condición de un ángel». «Expresión absurda, dice Clemencín, pero consagrada por el uso.» Lo primero es falso, lo segundo cierto.

Capítulo XXXI: «Buenos comedimentos». «Pleonasmo, redundancia», dice Clemencín. ¡No hay nada de eso! Recuérdese la doctrina del epíteto, y se verá que éste puede o no expresarse, y si se expresa debe ser antepuesto al sustantivo; pospuesto es antigramatical. Si se hubiera dicho comedimentos buenos hubiera error, como si se dijera adelfa amarga, leche blanca, etc; pues hubiérase dejado entender haber otra especie de adelfa, de leche y de comedimentos, que no tuvieran aquellas cualidades. Además, atiéndese a la circunstancia decisiva de que ¡es Sancho quien habla! ¡a Teresa! Igual a la frase tachada es «acatada reverencia», de un romance de Bernardo, y muchos otros ejemplos que veo a cada paso en los libros. Lo mismo que lo dicho, puede aplicarse a la misma observación del censor sobre esta frase: «tan mala ojeriza» del capítulo XXXVI del *Quijote*.

Capítulo XII: «La cual con sus doncellas hacían aquella procesión». Cree Clemencín que el verbo debe ponerse en singular. Pero aun en la actual gramática cuando la preposición con liga los sujetos, puede el verbo ir en cualquier número.

Capítulo LX: «Si tejiera la trama de su lamentable historia». Sepa Usted, señor Cervantes, que no se teje la trama, sino la tela, como nos lo enseña

Clemencín... ¿No habrá, figuradamente, trama en una historia, novela, comedia, etc.? ¿Quién no ha tejido la trama de sus ilusiones, de sus amores, de sus vanos proyectos? Tejer, fig. componer, ordenar y colocar con método y disposición.

Capítulo LX: «Apartarse a una parte». Dice Clemencín que hoy no pasaría este pleonasmo. Tiene razón. Pero lo extraño es que, habiendo convenido en que se usó algunas veces, dude luego si era frase de uso común, o si solo la usó Cervantes por burla. Ejemplo: «Don Belianis se apartó a una parte» (h. de Don Belianis); «Un fraile me apartó a una parte» (Rojas); «comenzaron a ver que los apartaban a una parte y otra» (Coloma); «fuese donde estaba Auristela y apartándose a una parte» (*Persiles*). En el *Quijote* se usa varias veces esta frase (capítulos 22, 25, 44, etc.). Luis Zapata la usó en su «Miscelánea» en boca de un consejero del rey Juan III de Portugal, según Clemencín.

Capítulo LXII: «Parece que había madrugado el Sol a ver el sacrificio». «No entiendo, dice Clemencín, qué sacrificio sea éste.» ¡Cómo! ¿No se ha hablado de los azotes? Una de las acepciones de sacrificio es «acción a que se resigna uno por algunas consideraciones». ¿Y no lo es el apuro y la resignacion a que se sometió Sancho? No obsta aquí su malicia y el engaño que estaba haciendo, pues era oculto y nadie lo sabía. «Verdad es, dice Hartzenbusch, a la duda de Clemencín, pero puede conjeturarse que alude al destrozo que Sancho había hecho en los árboles destrozándolos con los azotes que fingía darse en las espaldas.» No creo esto muy adecuado a la intención del autor. El sacrificio era la flagelación de Sancho, la cual, engañado también el Sol, quería presenciar, para lo cual se apresuraba en salir: a otra cosa no puede aplicarse la voz sacrificio: al destrozo de los árboles no se puede aplicar ninguna en las significaciones de dicha voz según la Academia. No habiendo, pues, más sacrificio verdadero que la flagelación de Sancho, que aunque no la hubo, no la pudo saber el Sol, ni Don Quijote, que juzgó haberla efectivamente, llevando esta idea desde la tarde anterior, es a esto a lo que debemos aplicar el texto, y no a lo que dicen los eruditos mencionados. De todos modos el destrozo de los árboles sería el despojo del sacrificio y no el sacrificio, que sería en tal caso el acto de destrozar. Dispénseme el haberme detenido en esta minuciosidad: pero a ella me han llevado los eruditos que del asunto se han ocupado. Y dispénseme una idea más sobre otra futileza de Clemencín. Éste, para apoyar su opinión de que no sabe a que sacrificio se refiere el texto, arguye que, como «el supuesto vapulamiento de Sancho fue durante las tinieblas y antes de dormirse», no pudo saberlo el Sol.

Capítulo XXXIV: «Las sombras... de la ignorancia, que me pusieron mi... leyenda continua de los... libros de caballerías». ¡Pobre Don Quijote! Se muere: está en su último instante; y ni por eso le perdona Clemencín la falta de purismo: y aunque no se muriera, estaba en el grave tránsito de loco a cuerdo; no había tenido tiempo para aprender el lenguaje más castizo (siendo el de la caballería el suyo propio). ¡Pedir orden lógico al exaltado por la pasión, al delirante, al moribundo, en fin! Volviendo a la frase del texto, es claro que pusieron debe ser puso en rigor gramatical; mas, aunque Don Quijote había dicho leyenda, pudo trasladarse repentinamente su imaginación a la idea de libros. Donde no hay razón ninguna en el censor es al corregir la por mi, estando mi lectura tan bien como la lectura: lo anterior puede estar mejor, por la propiedad y oportunidad de imitación de los libros santos, donde a cada paso se hacían más personales las cosas, la posesión de ellas, como «mi sueño», «mi descanso», etc. También puede decirse igualmente los libros de caballerías, como los libros de las caballerías, que también tacha el censor al pobre Hidalgo moribundo, el cual no solo estas mencionadas, sino otras felpas recibe en su lecho de muerte, extendiéndose el crítico hasta la última boqueada...

Capítulo LXXIV: «En fin, llegó el último de Don Quijote». Clemencín no conoce el modismo y no acepta que se diga fin último, porque «este es el juicio final». Pero véase el uso constante en estos ejemplos: «su último fin» (*Silva de varia lección*); «cuya perdición y ruina era el último fin de sus peligros y fatigas» (Moncada, capítulo 33); «este usurpador supo hasta su último fin conservar, etc.» (incierto autor, citado por Capmany); «Ya Don Fernando ha llegado a su último fin» (Hita);

«Que ya el último término ha llegado;
De una furiosa flecha repentina
Fue herido»

(Ercilla)

«Por el último fin de sus contrastes
Dilatándose al término postrero»
(id.)

El mismo Cervantes usa varias veces el modismo, como en la Parte 1.ª, capítulo 24: «el apetito, el cual como tiene por último fin el deleite»; y en el capítulo 28 «sea servido conducirlo a su último término de la vida (Parte 2.ª, capítulo 41).

Son éstas las principales censuras hechas al *Quijote*. Su número no llega ni a la mitad de las que tengo recogidas, y que suprimo en gran parte, por no fastidiar al lector, bastando las anotadas aquí para formar juicio de la crítica ensayada sobre aquel precioso libro. También causas independientes de mi voluntad me obligan a suprimir otros documentos relativos al asunto. Acaso llegue la ocasión de publicarlos; y entonces se conocerán las observaciones hechas sobre la edición desconocida, de que di cuenta en el Proemio, y de otra posterior, hecha sin duda sobre aquélla, y cuyo conocimiento debo a mi amigo el señor Gustavo Terrero, que me la facilitó. Verá también el lector la opinión juiciosa del señor Hartzenbusch respecto a ellas[199] y de algunos puntos que él conoció de mi anterior trabajo.

---

199 La carta de este sabio literato se publicó en *La Opinión Nacional*, en octubre de 1875.

El buscapié de Cervantes

Prólogo al lector

Lector amantísimo: si por tu mala fortuna eres de rudo entendimiento (hablando con perdón) y no has desentrañado las cosas escondidas en mi ingenioso Manchego, flor y espejo de toda la andante caballería, lee este *Buscapié*. Y, si no lo eres, léelo también; que no es libro tan desabrido, ni de tan ruin provecho, que te dé pesadumbre y enojo: antes bien, fía en mí que recibirás de su letura todo placer y contentamiento. Y con esto quédate a Dios, y él te guarde de tantos prólogos como te acometen cada día, y a mí me dé paciencia para escribirte más. VALE.

El Buscapié, donde se cuenta lo que le sucedió al autor cuando caminaba a Toledo, con un señor bachiller con quien topó

Sucedió, pues, que yendo yo camino de Toledo, a pocos pasos que me alongué de la Puente Toledana, vi venir derecho hacia mí un señor bachiller, caballero en un cuartago muy villano de talle, ciego de un ojo y no muy sano del otro, y aun de los pies, según que se colegía de las muchas reverencias que iba haciendo para caminar. Saludome muy mesurado y muy a lo bachiller, y yo a él con buena cortesía; y fue lo bueno que pasó a lo largo, picando a su malhadado rocín con propósito de hacerlo andar con más furia, si alguna pudiera ya tener, siendo tan cargado de años y de mataduras, que ponía grima de solo mirarlo.

Porfiaba mi bachiller en aflojarle las riendas, y él sin reparar en ellas no salía de su templanza; porque era muy recio de quijadas y no menos duro de asiento, y aun imagino que debiera ser sordo, según las voces que daba su dueño para ayudarle en el trote, y él proseguía sin tener respeto de ellas, como si fueran echadas en el pozo Airón o bien en la sima de Cabra.

Con estos trabajos caminaba el bachiller castigando a su cuartago, unos trechos con la espuela y otros queriendo con la voz avivarlo, y esto con no pequeña risa mía; pero como el nieto de Babieca con ser taimadísimo se ofendiese de tantas y tales porfías, se resolvió en no querer caminar adelante, sino que cuando más era molestado, tanto más se iba retirando atrás. Con esto el bachillerejo salió fuera de sí, y dejando caer el fieltro con que caminaba, quiso mostrarse ferocísimo con el llagado animal, y tener en poco la soberbia y fantasía y mal pensamiento que tan contra su natural condición, de suyo mansísima, había tomado; y así, comenzó de herirlo de furiosa manera, pero no tan sin provecho como él imaginaba; porque el cuartago, sintiéndose (que no debiera) de los golpes de la vara, que su dueño llevaba aparejada para ello, comenzó a cocear; y no bien dio dos o tres coces en el aire y otros tanto corcovos, cuando dio con él en tierra.

Yo que vi aquel no pensado desastre, piqué a mi mula (que era algo que pasicorta) y, a tiempo y cuando que el bachiller se revolcaba por el suelo dando furiosos alaridos y echando de su boca cuarenta pésetes y reniegos con ciento y veinte votos y por vidas, tuve las riendas y me apeé de mi cabalgadura diciéndole: sosiéguese vuesa merced y hágamela muy grande, alzándose si puede, y prosiga su camino: que todas estas incomodidades son anejas a los que caminamos en cabalgaduras tan ruines. La vuestra, respondiome, será la ruin, que la mía de puro buena me ha puesto en este estrecho. Mesureme, como pude, para enfrenar la risa que ya pugnaba por salir afuera, y con el mayor comedimiento que supe, ayudelo a levantar; y no bien se puso en pie, con mucha dificultad y trabajo como aquél que había recibido un tan gran golpe, cuando contemplé en él la más extraña visión del mundo. Era pequeño de cuerpo, aunque esta falta suplía con una muy gentil corcova que llevaba en las espaldas, como si fuera soneto con estrambote: la cual le hacía mirar más bajo de lo que él quisiera (que mal año para el licenciado Tamariz que con su buena y mucha gracia y claro ingenio tantas estancias y ovillejos solía escribir en loor de los corcovados). Sus piernas, por lo estevadas, a dos tajadas de melón eran asemejadas, y sus pies muy desembarazadamente calzaban sus doce puntos (con perdón sea dicho) y aun pienso que les hago muy grande agravio en quedarme tan corto en la medida, donde se echa de ver la largueza con que natura suele dar las cosas a los mortales.

El bachiller, que en esto se había llevado las manos a la cabeza para ver si los cascos eran rompidos, comenzó a resentirse del quebrantamiento de sus huesos; y como él no estaba obligado a entendérsele mucho de las cosas de medicina, preguntome con voz enferma y lastimada que, pues era doctor (y esto decía por verme caminar en mula) ¿qué remedio hallaría para sanar su molida salud? Yo le repliqué que no era doctor, pero que aunque fuera un Juan de Villalobos en los tiempos antiguos, o un Nicolao Monardes en los presentes, con todo eso, no podría ordenarle cosa que fuera de provecho para el mal recado que en él había hecho su cuartago, si no remitía su desgracia, para que no fuese tanta, al descanso y al dormir; y así, que lo que más conveniente me parecía para poner en cobro su aporreada salud, que, pues se iba ya entrando a más andar la mañana, que nos acogiésemos a la sombra de unos árboles que cerca estaban del camino y que un buen trecho reposásemos a su abrigo de la inclemencia del rojo Apolo, hasta que con menos calor y con los huesos menos molidos pudiese cada cual tomar su vía.

¡Qué me place! dijo el bachiller con el mismo tono afeminado y doliente. Pero ¿quién había de imaginar, aunque fuera zahorí, que por la mala e impaciente condición de esa bestia ferocísima, habría de estar hoy acardenalado a partes el cuerpo de todo un bachiller graduado por la Universidad de Salamanca y no por la de Alcalá, que es a donde van los estudiantes pobres a graduarse, pero pierden por no serlo en Salamanca las mismas exenciones y franquezas que han los hijosdalgo de España? Pero, ¡ay triste de mí! ¿qué tal desastre me suceda? Bien me avisaron en la posada que era muy soberbio y de mala condición, aunque bueno en lo demás. Fuera desto que él es de buen pelo, por lo cual muestra bien su complexión gallarda y buena voluntad; son justos y formados con debida proporción sus miembros: tiene lisos, negros y redondos los cascos o vasos, y a más anchos, secos y huecos por debajo; la corona del vaso es ceñida y pelosa, las cuartillas cortas y ni muy caídas ni muy derechas, y así es fortísimo de bajos y muy seguro para las caídas. Gruesas son las juntas, y por sus cernejas tiene grandes señales de fuerza. Las piernas son anchas y derechas; los brazos nervosos con las canillas cortas iguales y justas, y muy bien hechas, y las rodillas descarnadas, llanas y gruesas; las espaldas son anchas, largas y fornidas de carne; el pecho redondo y ancho; la frente ancha y descarnada; los ojos negros y saltados; las cuencas de encima llenas y salidas hacia fuera; las mejillas delgadas y descarnadas; las narices tan abiertas e hinchadas que casi se mira en ellas lo colorado de dentro; la boca grande y toda la cabeza seca y carneruna, descubriendo las dilatadas venas en cualquiera parte de ella.

Yo que vi en esto que se preparaba a seguir narrando una por una las virtudes y excelencias que el cuartago ni toda su casta tenía, salteele la razón diciéndole con voz reposada: Perdóneme vuestra merced, señor Bachiller, si yo no veo ni aun a duras penas en su caballo las cosas y lindezas que al parecer de vuestra merced se encuentran en él juntas y ordenadas; y si no se me han pasado de la memoria sus advertimientos, las piernas que vuestra merced llama derechas y juntas, yo las veo torcidas y separadas, y el pelo que vuestra merced lo pone sobre las estrellas, está lleno de mataduras, y en cifra todo él es tendido, flaco y atenuado; y en cuanto a los ojos que vuestra merced mira negros y saltados, saltados vea yo los negros míos, si no revientan por ellos los malos humores que tienen perpetuo asiento y manida en ese rocín de tan ruin figura.

No recibió ningún enojo de estas atentadas razones, antes bien con poca confusión a lo que mostró, dijo: Pudiera bien ser lo que vuestra merced dice, y no ser lo que yo he visto y creído; porque ha de saber vuestra merced que en todo cuanto he dicho no he salido de los límites de la razón, según se me alcanza; y si no la tuviere en ello, como vuestra merced la tendrá en lo que dice, deberá de consistir en ésta mi cortedad de vista que desde mis verdes años, acrecentada con el mucho leer y no pequeño escribir, ha dado en afligirme muy obstinadamente. Y ha de saber vuestra merced que yo salí de mi posada con muy lindo par de antojos; pero por mis malos pecados este potro...

Rocín querréis decir, díjele yo; y él prosiguió su razón diciendo: Sea rocín, si rocín es y si rocín queréis que él sea. Pues heis de saber que este rocín, como vuestra merced es servido de llamarle, al salir hoy de la posada dio cuatro o cinco corcovos, que en la suma de ellos no estoy cierto; los cuales sin ser yo parte a repararlos dieron conmigo en mitad del arroyo, de donde salí algo molido y maltratado, y entonces debiéronseme de perder los antojos. Y esta fue la peor de todas las caídas que por voluntad de algún demonio de mal espíritu, que se le reviste a este animal dentro del cuerpo, he recibido en esta mañana tan trágica para mí.

¿Luego fuísteis otra vez, proseguí yo, derribado por la cólera impaciente de ese cuartago, viva espuerta de huesos andando? Aquí dio un gran suspiro el bachiller, que parecía haberle sido arrancado de lo íntimo del alma, y repuso: Pues monta que son seis las ya sufridas, sino una, y aun esa fue al pasar el puente de Toledo, que a no tenerme de las crines no pudiera dejar de venir a tierra aceleradamente, donde hubiera fenecido conmigo mi viaje aun antes de ser comenzado. Pero en resolución mejor fuera que el tiempo que gastamos en vanas palabras, mientras el planeta boquirrubio quiere con tanto ardor derretirnos los sesos, que busquemos a las frescuras y sombras de aquellos copados árboles un lugar donde pueda encontrar treguas, si no descanso, a las desdichas que tan porfiadamente han dado en oprimirme. Y si os parece, dejaremos arrendados mi potro o rocín y vuestra mula a los troncos de algunos de ellos, si no queréis mejor que anden repastando las yerbecillas que en este campo tan abundantemente nacen para gusto y sustento de los ganados.

Hágase lo que vos quisiéredes, respodí yo, que pues la suerte quiere que no pueda dejar de estar hoy en compañía de vuestra merced, a quien ya tengo una muy entrañable afición con mucho contento mío, ahí sestearemos un buen trecho hasta que la cólera de los rayos del rubicundo Febo se vaya mitigando con la caída de la tarde.

Vamos allá, dijo entonces mi bachiller, que para divertir la fatiga que suele ocasionar en el ánimo la ociosidad, traigo aparejados sendos libros, ambos de apacible entretenimiento, pues el uno es de versos espirituales, mejores que los de Cepeda, y el otro de muy llana prosa, aunque de poca propiedad y entendimiento. Y si en vez de caminar de Madrid a Toledo, viniéramos de Toledo a Madrid, ya verían dos excelentes libros que me ha de regalar el señor Arcediano, los cuales son de tanto provecho que tratan de todo lo que hay y puede haber en el universo mundo, y con ellos no hay más que decir sino que un hombre se hace sabio por el aire.

Llegados que fuimos al lugar adonde estaban los copados árboles, después de prender a los troncos de algunos nuestras gentiles cabalgaduras, asentámonos sobre nuestra común madre la tierra; y ya aparejados para estar con todo el sosiego que pide en el ánimo el tan sabroso estudio de las letras, abrió mi compañero una bolsa de cuero donde venían encerrados los dichos libros. Abrió el primero y vio que decía: Versos espirituales para la conversión del pecador y para el menosprecio del mundo.

Libro es de muy dulces versos, díjele yo, y de apacible y cristiana poesía. Conocí a su autor, que era fraile de la Orden de Santo Domingo de Predicadores en Huete, y era llamado Fray Pedro de Ezinas. Sería hombre de buen ingenio y de muchas letras, según se prueba de este librillo que compuso, allende de otros que andan por el mundo escritos de mano, muy estimados de los doctos.

Con todo eso, prosiguió el bachiller, si he de decir mi parecer en puridad una cosa me es muy enojosa en este libro, y es que anden confundidos y mezclados los adornos y galas de las cristianas musas con aquéllas que adoró la bárbara gentilidad. Porque, ¿a quién no ofende y pone mancilla ver el nombre del Divino Verbo y el de la Sacratísima Virgen María, y Santos Profetas con Apolo y Dafne, Pan y Siringa, Júpiter y Europa y con el cornudo de Vulcano y el hideputa de Cupidillo, ciego dios, nacido del adulterio de Venus y Marte? Pues monta que por mucho menos de eso alborotose el Padre Ezinas al ver en cierta ocasión que cada y cuando que decía en la Misa aquellas palabras de *Dominus vobiscum* [El Señor esté con Vosotros], una vieja, gran rezadora, con muy gangosa voz respondía siempre ¡Alabado sea Dios! Sufrió esta impertinencia algunos días, pasados los cuales y viendo que no se amansaba la devota contumacia de aquella *Celestina*, volvió un día el rostro con sobra de enojo, y le dijo estas palabras: Por cierto que habéis echado, buena vieja, los años en balde, pues aún todavía no sabéis responder a un *Dominus vobiscum* sino con un Alabado sea Dios. ¡Enhoramala para vos y para vuestro linaje todo, y entended que aunque es santa y buena palabra, aquí no encaja! Razón tenéis, amigo bachiller, proseguí yo, en la tacha que ponéis en los versos de Ezinas, pero fuera de ella es uno de los mejores libros que en verso en lengua castellana están escritos. Y por su estilo levantado se atreve a competir con los más famosos de Italia, y en confirmación de esta verdad, quiéroos decir una estancia que está en el comienzo de una de sus canciones que dice así:

Andad de la floresta
a sombras y frescuras

las bien apacentadas ovejuelas;
pasad la ardiente siesta
junto a las aguas puras,
paciendo flores id y yerbezuelas;
vuestras cuidosas velas
tras vos irán guardando,
y los leales canes
con bravos ademanes
a las hambrientas fieras asombrando;
que allí será contado
de un pastor triste el doloroso estado.

Ahora bien, dijo el bachiller, con todo eso que loáis los versos de Ezinas, no me son tan agradables ni me hacen tan buena consonancia en los oídos como los de Aldana y los de un aragonés llamado Alonso de la Sierra, poeta excelentísimo que también ha escrito versos espirituales, y no ha tres días que llegaron por la posta a Madrid, y estos tales sí que parecen dictados por el mismo Apolo y las nueve. Pero arrimando a un lado los de Ezinas, este otro libro no le estiman por ahí en dos ardites, y es porque solamente encierra necedades y locuras y otras cosas de razón desviadas y de tino, y es una cifra de todas las liviandades y sucesos inverosímiles de que están llenos otros tan dañosos como él a la república. Con esto abrí las hojas y vi que en una de ellas se leía *El Ingenioso hidalgo*, con lo que a la hora quedé suspendido un buen trecho como aquél a quien asalta un súbito temor, y se le hiela la voz en la garganta. Pero encubriendo mi sentimiento, repliqué a mi amigo el bachiller estas reposadas razones:

Por cierto que este libro que vuestra merced llama de necedades y de locuras es libro de dulce entretenimiento y sin perjuicio de tercero, y de muy lindo estilo y muy donosas aventuras, y que debiera su autor ser premiado y ensalzado por querer con discreto artificio desterrar de la república la letura de los vanísimos libros de caballerías, que con su artificioso rodeo de palabras ponen a los leyentes melancólicos y tristes; cuanto más, que su autor está más cargado de desdichas que de años, y aunque alienta con la esperanza del premio que esperar puede de sus merecimientos, con todo eso desconfía al contemplar al mundo tan preñado de vanidades y mentiras, y que la envidia suele ofrecer mil inconvenientes para no dejar de oprimir a los ingenios, y que anda en los siglos presentes muy valida por los palacios y las cortes, y entre los grandes señores, los cuales, como están muy asidos de su parecer de desestimar a los que profesan el nobilísimo ejercicio de las letras, no hay fuerza humana que les pueda persuadir que se engañan en tener la opinión que tienen. Y por eso si quieren tener los ingenios algún poquito de autoridad, se la desjarretan y quitan al mejor tiempo, y de esta guisa los desventurados viven sin tener hora de paz.

Es cierto, dijo entonces el bachillerejo, que toda la república cristiana no pone la imaginación en pensar que los libros de caballerías son libros falsos y embusteros, y sus autores, autores de mentiras y liviandades y cosas disparatadas, los cuales aunque no son loados de los sabios, el desvanecido vulgo los ha acreditado en tal manera, que hombres con barbas imaginan ser sucesos verdaderos aquellas bravísimas y desaforadas batallas de los andantes caballeros, y aquél salir de sus casas remitiendo a otros el cuidado de sus haciendas, o no remitiéndolo, para buscar aventuras a que darles feliz fin, y aquél llevar siempre colgado en la memoria el nombre de la señora de sus altivos pensamientos para que lo socorra en todos los peligros a que se aventura, sin haber para ello causa ni menester, sino solo por cobrar la buena fama en la tierra de hombre que no tolera desaguisados ni tuertos sin que los ponga en orden y los enderece; que en Dios y en mi ánima (y esto decía llenándosele los ojos de agua), bastante falta me hace topar con uno de esos caballeros a ver si pone recado en esta mi corcova, que es uno de los tuertos que debiera haber sido ya enderezado por las bizarrías de cualquier caballero andante; que si no fuera por ella, y por estas tan ruines piernas y por esta figura y pequeñez de cuerpo, con un poco de largueza en la nariz, y algo de espanto en los ojos y una boca de oreja a oído, no habría mozo más bizarro, galán ni gentilhombre en el mundo, ni más deseado de las damas ni más envidiado de los cortesanos, y de los niños y el vulgo señalado con el dedo. ¡Enhoramala para los más galanes y lindos que andan por las calles de Madrid, cuando la persona! No que si no, haceos miel y paparos han moscas; pero no a mí que las vendo, que soy toquera y vendo tocas, que como decían a mi madre las vecinas, cuando yo me era niño pequeño, que era un vivo trasunto de mi señor padre, que fue uno de los más gallardos soldados que con el nunca vencido Emperador asistieron en la guerra de Alemania, y siempre en todas las más bravas armas y escaramuzas que se daban a los enemigos, era de los que más tarde embestían y de los que más presto se retiraban. Y el capitán Luis Quijada, que era de los de Lombardía, topando con él escondido entre las ramas de un árbol, imaginando que era espía doble, mandó darle dos tratos de cuerda, y él se excusó con decir que estaba oteando desde allí a la infantería enemiga, porque si bien andaba muy fatigada y esparcida y trabajada de las malas noches y armas y rebatos y encamisadas que los nuestros le solían dar, con todo había sabido de boca de un alemán moribundo (que era de los herejes) que los suyos se apercibían después de hacer una falsa retirada a embestir de súbito nuestro campo por la parte de menos seguridad; con lo cual y por los ruegos de otros soldados que conocían el humor de mi padre, hubo de perdonarlo Luis Quijada, con presupuesto de que a la hora del alba... Paso, señor licenciado, díjele yo, y mire por donde camina, que desde el *Ingenioso hidalgo* Don Quijote de la Mancha ha ido saltando vuestra merced, como avecilla de flor en flor, hasta llegar a narrarme las empresas de su padre en la guerra de Alemania, que vienen aquí al mismo propósito que pudieran las de Mingo Revulgo o las de Calaínos.

A esto replicó mi bachiller: Quien dijo Rodrigo dijo ruido. Dios me hizo así, cuanto más que Aristóteles condena en su política por malos hombres los callados, y de persona callada arredra tu morada; y por eso suelo yo callar siempre como negra en baño.

Pero no me negará vuestra merced, si me la hacéis tan grande en escucharme, proseguí yo viendo su humor de refranear, que al buen callar llaman sage; porque lo que dice el pandero no es todo vero. Con todo eso, dijo él, no creo que vuestra merced no sepa que andando gana la aceña que no estándose queda; y de esta suerte, con perdón de vuestra merced, quiero referirle con bonísimas razones por donde vino a mi padre ser capitán.

Y fue que como un día anduviese muy recia y estrechada la batalla con los alemanes herejes, y él anduviese mirando y remirando por todo el campo aquel lugar más oportuno de recatarse, con la imaginación de que aún no era yo venido al mundo, ni aún engendrado, y por tanto guardándose para mayores cosas, comenzó en esto de buscar el modo y forma de, sin ser visto de los de su campo ni los del de la Liga, guardar su persona, como llevo dicho, para mayores cosas.

O para menores, díjele yo en este tiempo; porque si se guardaba para que vos vinieseis al mundo, ¿hay en el mundo hombre más pequeño que vos? Y siendo vos la cosa más pequeña, y guardándose para engendraros, ¿cómo decís que se guardaba para mayores cosas?

También he oído decir que soy pequeñísimo y con todo eso no lo he creído, prosiguió mi bachiller, porque se me puso en los cascos que deberían ser hablillas del vulgo, y siempre lo tuve por conseja de aquéllas que las viejas cuentan el invierno al fuego.

Pues habéis de saber que andando por el campo de la manera que llevo dicho, y viendo lo mucho y bien que se peleaba por los dos cuernos del ejército imperial, le vino en deseo de meter mano a la espada, que hasta entonces, aunque había salido a la luz del Sol en varias ocasiones de estrecha necesidad constreñida, luego al punto corrida y vergonzosa, como criada con toda honestidad y recogimiento, había vuelto a la vaina sin ser teñida en sangre de los contrarios. Lo que ejecutó mi padre en la refriega es cuento largo y enfadoso, pero no lo es el fin y premio que tuvieron sus alientos y bizarrías, pues es fama pública en Villar del Olmo, mi patria, y en sus contornos, que cargado de más de treinta cabezas que había cortado a los alemanes herejes, se puso después de la victoria en presencia del claro Emperador, que entonces decía a su maestre de campo, Alonso Vivas, aquellas tres notabilísimas palabras de Julio César, trocando la tercera como debe hacer un príncipe cristiano: Vine, vi, y Dios venció. El Emperador, satisfecho del vencimiento, y siendo hora de hacer mercedes, diole la de capitán a mi padre; y aunque en esta ocasión no faltaron malas lenguas que dijesen que mi padre les había cortado las cabezas a los muchos muertos que estaban por el campo, y que era como el que compra en la plaza las aves muertas, y se va dando autoridad por las calles con decir que él las mató, con todo eso, él se era capitán al placer o pesar de los necios murmuradores que turban con sus lenguas la paz de la República; y si sus méritos eran buenos o malos, no tenía necesidad de ponerlos en disputa con nadie...

Pero, díjele yo ¿podré saber a la fin qué imagináis de ese triste libro de *Don Quijote* que vuestra merced llama preñado de disparates y vanidades? Y dígolo porque muchos que lo hilan aun más delgado que vos, lo llaman el primero de los que de apacible entretenimiento se han compuesto en España, y dicen que está lleno de delicadezas y verdades. Es cierto que el libro va corriendo con no muy próspero viento por el mar adelante de los que critiquizan; y a buena verdad ésta es una de las muchas desventuras que han asaltado a su autor; pero esta tardanza en ser estimado su libro de los doctos, redundará en resolución en aumento de su gloria y fama; y donde no, si no se la dieren, él los deja para quien son.

Este libro, prosiguió el bachiller, que vos queréis que sea tan cuerdo, tan donairoso y tan estimado, está lleno de vanidades; porque ¿no lo es y grande que bajo el presupuesto de desterrar del mundo la vana lección de los embusteros libros de caballerías, por ser todos pura falsedad y embeleco, nos pinte otro mayor, como ver a un hombre desvanecido con las cosas que por tales libros se suelen topar, y salga de su casa en busca de negras aventuras, figurándose hecho y derecho un andante caballero, sin que sean parte a separarlo de tan livianos pensamientos los muchos palos que recibe para merecido castigo de su nunca oída sandez? ¿Cuándo ha visto su infeliz autor que anden tales locos por la república? Y haciéndole aun más preguntas, que no pudiera hacerlas mayores el señor Almirante difunto con todo de ser importunadísimo preguntador: ¿cuántos Palmerines de Inglaterra, cuántos Florendos, cuántos Floriandos, y cuántos otros caballeros andantes muy armados de todas armas, como si se hubieran escapado de un viejo tapiz de aquéllos que se suelen encontrar en las tabernas, ha visto torciendo derechos y desaguisando lo bien compuesto y de todo punto ade-rezado? De donde arguyo que a más a más, decirle que cultivase su buen ingenio, que sin duda lo tiene, para mejores cosas, y que se deje de prose-guir su desdichado libro, porque no es él quien ha de deshacer la autoridad y cabida que en el vulgo maldiciente tienen los libros de caballerías. Pues esto y más le dijera, que palabras me sobran, y aun bien creo que aunque fuera mudo, quizás y sin quizás no me faltaran, y tanta memoria tengo como entendimiento, a que se junta una voluntad de corregir y castigar los ajenos defectos, ya que no puedo enmendar los míos, como estas villanas piernas y ésta tan galana corcova. Y habéis de saber que soy un gran filósofo, porque he desprendido en la nueva filosofía de Doña Oliva el conocimiento de mí mismo; que quien esto ha conseguido no ha conseguido pequeña cosa. Y no despreciéis su dotrina por ser salida de mujer, que muchas ha habido en el mundo dignas de toda veneración y respeto; y sin ir más lejos, ahí tenéis a la difunta condesa de Tendilla, madre de los tres Mendozas, cuyos nombres aún viven y vivirán por luengos siglos en las voces de la Fama: y ahí tenéis también a Madama Passier, cuyo raro ingenio y memoria y elocuencia la muerte se ha llevado tras sí, como los pámpanos octubre; a la cual por sus muchas letras le fueron hechas muy grandes y solemnísimas exequias, y a su memoria se hicieron muchos y muy doctos versos. Y aun bien, según creo, que debe de haber llegado a la Corte un libro cargado de sus cartas llenas de erudición y de moralidad, que en tales debiera estudiar el autor del lacerado de *Don Quijote*.

¿Cómo que es posible, amigo y señor bachiller, repliquéle yo, que vuestra merced defienda tan acerbamente que no andan caballeros andantes por el mundo en esta nuestra edad de hierro? ¿Tan falto sois de memoria que no se os acuerden los muchos caballeros que dieron en la flor de tener por verdaderas estas vanidades de que están llenas las historias, que son sabidas de coro hasta del vulgo necio? Y en resolución, yo os voto a tal de traeros a las mientes las locuras de aquel tan famoso caballero Don Suero de Quiñones, de quien se dice que con nueve gentiles hombres demandó licencia al muy alto y muy poderoso rey de Castilla Don Juan II para partirse de la Corte y rescatar su cautiva libertad (que estaba en prisión de una dama) con romper en el término de treinta días trescientas lanzas con los caballeros y gentiles hombres que fuesen a conquistar la aventura; y bien debedes de saber que el dicho caballero Don Suero de Quiñones defendió el honroso paso cerca de la puente de Órbigo, y que se quitó aquel fierro del cuello que llevaba preso en él continuamente todos los jueves en señal de servitud y cautividad, y que fueron defensores y mantenedores del paso Lope de Estúñiga, Diego de Bazán, Pedro de Nava, con otros hijosdalgo hasta nueve, todos andantescamente enamorados. Los cuales todos quebraron lanzas con más de setenta aventureros que eran allí venidos para probar sus fuerzas y bizarría. Y en resolución, si éstos no fueron andantes caballeros de carne y hueso, y no como los mal fingidos, responderéis, bachiller amigo, demás que del paso honroso, hay libro escrito por un fraile que se llama tal de Pineda, que lo abrevió y coligió de un libro antiguo de mano, según que lo veréis en letras de molde, andando por esos mundos. Y aún bien que no se os habrá ido del entendimiento la aventura del canónigo Almela, que se halló en la conquista de Granada con dos escuderos y seis hombres de a pie: el cual por el mucho amor que tenía a las cosas de caballeros andantes, sustentaba cerca de sí vejeces y cosas viles de ningún provecho; el cual llevaba colgada del cinto una espada que decía ser del Cid Ruy Díaz por ciertas letras que en ella estaban escritas, aunque no se podían leer ni menos desentrañar de ellas el sentido.

Mucha fuerza me hacen vuestros argumentos, señor soldado, pero con todo eso, os he de replicar que tales hazañas fueron hechas en los tiempos antiguos; y que ya sin ir más lejos vimos en los de la Cesárea Majestad del ínclito Emperador Carlos V, cuando éste dijo a todo un arzobispo de Burdeos, ni más ni menos que si fuera el arzobispo Turpín, que dijera al rey de Francia que lo había hecho ruin y villanamente, y luego vimos venir un faraute del rey de Francia con otro faraute del rey Enrico de Inglaterra para que fuese con ellos en palenque según los fueros de la andante caballería.

Y bien se me acuerda, por haberlo oído de boca de mi padre y señor, que (en paz sea dicho) era hombre muy usado en estos puntos de honra, aunque él no los usaba por ciertos respetos, que el gran Emperador, viéndose desafiar con toda la solemnidad de las leyes del duelo, pidió consejo en lo que debería hacer al duque del Infantado Don Diego, su primo; y éste le aconsejó que de ningún modo lo aceptase porque de ello resultaría que, siendo tan grande la deuda que con su Majestad tenía el rey de Francia, y remitiendo la satisfacción de la paga a las armas, haría ley en su reino de que todas las deudas conocidas habrían de pasar por el rigor de las armas; cosa contra la razón y la justicia. Estas bizarrías solo se ven ya en los embusteros y necios libros caballerescos, y en las comedias que de ellos son tomadas en nuestros tiempos, que en los de Lope de Rueda y Gil Vicente y Alonso de Cisneros aún no habían osado de parecer en los teatros. Y si os he de tratar verdad, mucho me holgara que volviese aquel buen tiempo pasado de las andantes caballerías. Entonces sí que me veréis salir una mañana a la hora del alba con mis monteros grandes y pequeños y con mis alanos y sabuesos, vestido de una ropa que tendría lo de encima de cuero y el aforro de esquiroles, como usaban los grandes señores cuando iban a monte, y tomar en mi cuello una bocina y cabalgar en mi cuartago con mis monteros, y cuando estuviésemos en lo más recio de la montería, sobrevenir sobre nos una tormenta y viento y agua con gran furia y en gran manera y me perder con la luenga oscuridad en lo más entrañado del monte, donde ánima ninguna osaba de penetrar por las muchas y malas animalías que allí tenían su asiento. Y allí topar no con un desaforado bárbaro fanfarrón, sino con un príncipe cortés, valeroso y bien mirado, que andará perdido en aquellas malezas, y habrá partido de su Corte sin acompañamiento a ejercer el ejercicio de la andante caballería, y se llamará el caballero del Grifo o de la Roja Banda: el cual será muy cuerdo y de muy sanos consejos; y viendo que yo soy un caballero de tan alta guisa y pro, para mostrar la liberalidad de su buen pecho, me dará consolación en mis cuitas. Y cuando no os me cato [sic], asomará por acullá un enano, diciendo con voz temerosa y rostro espantable y feo: «Aparéjate, caballero del Grifo o de la Roja Banda, o como quier que te llames, para dar cima a la más asombrosa aventura que se ha presentado jamás a caballero andante. Pues has de saber que la Princesa Bocalambruna, que por muerte de su padre Borborifón el de la tuerta nariz, es dueño de aquel encantado castillo que ves blanquear a lo lejos en aquel apacible llano, y orillas de aquel caudaloso río, está herida y llagada en el amor de tu gentileza, porque con ella has echado el sello a todo aquello que puede hacer perfeto y famoso a un andante caballero. Cuando la noche descoja su temeroso manto, has de caminar al castillo, cuyas puertas te serán francas si quisieres gozar de la mucha hermosura de tan hermosa princesa». Y luego que se quite de delante de nuestros ojos aquel tan espantable enano, me dirá el caballero del Grifo que no puede ir al castillo encantado, por no cometer vileza con aquella infanta; porque ha días que andaba enamorado de Arsinda, hija del rey de Trapobana Quinquirlimpuz. Con esto me vendrá en voluntad de holgar con una doncella tan bizarra, tan hermosa y tan gallarda, que a todos pondrá admiración su vista, si de alguno se dejara ver, y subiré en mi impaciente cuartago y sin darle descanso caminaré mi camino hasta llegar a las puertas del encantado castillo. Y mi cuartago con la gran hambre y fatiga de la jornada querrá comer, y yo le abajaré las riendas; mas él, por estar más desembarazado y más a su placer, tirará pernadas para que yo descienda, y yo descenderé, y luego que lo haya desenfrenado o arrendado al tronco de alguna encina, entraré en el castillo con muy buen ánimo y sin que nadie me salga a estorbar el paso, ni me salga a recibir, cosa tan contraria a las leyes de la cortesía. Y como ya en esto la noche habrá sobrevenido, he aquí que en el patio de aquél tan desierto castillo, toparé con una antorcha encendida que se me pondrá delante de los ojos sin ser de ninguno llevada, y yo caminaré en pos de ella; la cual se meterá en un riquísimo palacio de oro y plata, aljófar y piedras preciosas, cuyos estrados serán de muy finas sedas y paramentos de oro. Y en llegando a una hermosa cámara, se apagará por sí misma la antorcha y vendrá la Princesa Bacalambruna, enamorada de las buenas partes del caballero del Grifo, y creyendo que soy yo, se me entregará a todo mi talante y voluntad, y comenzaremos con esto a burlar de manera que de doncella (si lo era) quedará hecha dueña; y desde que ella se cansare, se adormirá, y yo para conocer su hermosura sacaré una linterna, que llevaré aparejada para solo ello oculta entre mis ropas; y tomaré una candelilla que vendrá dentro, y con su luz veré el rostro de la Princesa, que será la más hermosa del mundo; pero por mi negra fortuna caerá una gota de cera sobre sus pechos, con lo cual ella despertará, y quedará de todo punto espantada al ver que no soy el caballero del Grifo, sino un corcovado y narigudo caballero. Y como ella será de parecer que mi corcova es una imperfección, cuando no es sino uno de los muchos regalos con que natura suele enriquecer a los mortales, porque no hay más linda cosa que los adornos en todas las que se ven por el mundo, y que estar un hombre sin una muy gentil corcova, sin una luenga nariz o boca grande o pies larguísimos, es lo mismo que estar a cureña rasa, se pondrá loca de furor al verse burlada y descubierta, y saldrá de la cámara para disponer mi muerte. Yo en esto llamaré en mi ayuda a algún maligno encantador, que para más malignidad hará como que no me oye. Pero una dueña a quien yo jamás eché polvo ni paja, de las más viejas y más honradas que nacieron en aquel reino de Transilvania, y que se llamará Mari Hernández o Juana Pérez, enamorada de mí, vendrá a deshora a la cámara, y me tomará por la mano, y me llevará por la sala, donde habrá varios hombres aparejados para darme muerte; los cuales pondrán mano a las espadas y bisarmas para lo hacer, y lo harán a no ayudarme mi buena fortuna y Mari Hernández, la dueña más hermosa de Transilvania; la cual les dirá: «Estad quedos, señores, que no es éste el caballero que la princesa mandó matar; mas es un escudero que envía sobre la mar. Cuando saliere el otro, matadle». Y con esto me pondrá en el campo, y yo subiré en mi cuartago, y ella dará un gran suspiro, y yo le ofreceré de casar con ella cuando vuelva por aquel castillo (que según el desaguisado que dejaré hecho, será nunca), pero en aquella hora yo deberé ofrecer todo cuanto pudiere cumplir y aun lo que no pudiere. De esa manera tomaré el camino a la ventura y toparé con una buena que será llegar a una ciudad y a la plaza donde estará el Emperador en un palenque con su hija, vestida de costosísimos brocados sentada en un suntuoso pabellón guarnecido de preciosa pedrería; y será ella tan feísima que más parecerá demonio escapado del infierno que criatura humana. Y como será una doncella que estará rabiando por dejarlo de ser, se habrá puesto en la plaza a esperar que acudan andantes caballeros a conquistar con las armas la posesión de la mucha hermosura que no tiene. Y como no será venido hasta entonces alguno, yo entraré en medio de la plaza a probar fortuna, y el vulgo, ignorante y mal intencionado, al verme comenzará a decir por darme baya: «Ahí viene el caballero de la espantable corcova, la flor de la caballería». Y yo, metiendo espuelas a mi caballo, quebraré una lanza en el suelo delante del cadalso; y mi cuartago, como siempre, dará tales saltos, corcovos y carreras, que dará conmigo en tierra, y con el gran golpe se harán pedazos mis calzas atacadas, descubriéndose cosas que no fuera menester que vieran la luz del Sol. Con esto la Princesa enamorada de mí, porque conocerá que soy hombre de muchos bríos y grande aliento para el matrimonio, rogará a su padre que me conceda su mano; el cual, conociendo que su hija había corrido el mercado de los andantes caballeros sin topar con comprador, y que era por tanto joya invendible y ducado falso, me llamará al cadalso y me dará en premio de mi bizarría la princesa y un reino en dote, cuyos vasallos serán enanos todos. Y así, de bachiller por Salamanca y no por Alcalá, vendría a ser nada menos que rey; con lo cual no faltaría alguno de mis vasallos cuantos en mi Corte fueren, que compusiese en la lengua de aquel reino, no conocido aún de los más sabios cosmógrafos, un poema en loor de mis hazañas; y no faltaría tampoco algún honrado encantador que para que ese poema fuese puesto en lengua castellana, resucitaría para solo ello al licenciado Joan Arjona.

Pero, amigo bachiller, respondí yo, de la cuerda respuesta del duque del Infantado al invictísimo Emperador no se colige que ya anduviesen desterrados del mundo los verdaderos caballeros andantes; porque entonces vivía, aunque muy oprimido de la vejez, Mi Señor Oliver de la Marcha, caballero cortesano del duque de Borgoña Filipo el Bueno, y después de su hija Doña María, esposa del Emperador Maximiliano, de quien vino el rey Don Filipo el Hermoso, que casó con Doña Juana hija de los Reyes católicos. Y como él fuese testigo de los trabajos que pasó la excelente Princesa Madama María, siendo perseguida ella y sus estados, de quien más obligación tenía de favorecellos, llevaba siempre consigo un mote que en su lengua borgoñona quería decir:

¡Tanto ha sufrido la marcha!

el cual usaba por sobrenombre. Y éste escribió un muy ingenioso libro, que tales fueran los que andan por la república llamados de caballerías, no siendo más de preñados de locuras y vanidades. El cual libro quiso intitular El Caballero Determinado, que luego puso de lengua francesa en castellana con muy gentil aliño el caballero Don Hernando de Acuña, en dulcísimas coplas castellanas, superiores a todo encarecimiento, como se ve en aquel comenzar su libro con estas tan agradables razones:

En la postrera sazón
del tiempo y aun de la vida,
una súbita ocasión
fue causa de mi partida
de mi patria y mi nación.

Yendo solo en mi jornada,
a mi memoria olvidada
despertó mi pensamiento,
renovando el tiempo y cuento

de la mi niñez pasada.

Y no se os viene a la memoria cuando Mario de Abenante, caballero napolitano, desafió a Don Francisco Pandón, un caballero también nacido en el mismo reino, y que andando los dos muy fieramente riñendo en el palenque, Don Francisco dio una muy gentil cuchillada al caballo de Mario sin ser advertida de éste, el cual, como no estuviese avisado del daño que le iba a sobrevenir con caer en tierra, un su tío que estaba en la estacada, comenzó de hacerle señas para que se apease; y apeándose con grande desembarazo, hirió al caballo que su contrario regía. Y como empezase éste a resistirse al freno y a hacer grandes desdenes, fue forzado Don Francisco a rendirse. Y de esta acción quedó muy vituperado Mario y mal visto de las gentes y en opinión de hombre traidor y cobarde. También os deberéis de acordar de otros sucesos de caballeros andantes sucedidos en los tiempos presentes, tales como aquél de Leres, cuando habiendo desafiado a otro llamado Martín López y venido los dos a combatir en Roma con lanzas y corazas, andaban escaramuzando y buscándose las escotaduras de las armas para herirse de muerte. Y acaeció que tropezando el caballo de Martín López vino a tierra, quedando de aquel gran golpe y dolor algo adormido, y Leres creyendo villanía rematar allí a su contrario, echó pie a tierra. Pero avínole mal, porque tropezando en sí mesmo cayó, y viéndolo el Martín López que ya estaba levantado, y temiendo que la fortuna no se le mostrara otra vez madrastra, fue sobre Leres y allí villanamente lo venció. Y dejando esto a un lado, ¿no se os viene a la memoria el felicísimo viaje del Señor rey Don Felipe II (que esté en gloria) cuando, siendo príncipe, fue desde España a sus tierras de la baja Alemania, y a todos los estados de Flandes y de Brabante? Pues en letras de imprenta corre escrito por Joan Calvete de Estrella...

Calvo me vea yo, sobre lo de la corcova, y a más a más estrellado por mi cuartago, dijo el bachiller, en lo que me resta de camino (que, según su mucha maldad y malos pensamientos, imagino que me regalará con despedirme de sí como ya lo ha hecho, no sin mucho quebrantamiento y dolor de mis huesos), si el tal libro no es de los más entretenidos que se han compuesto desde que el mundo es mundo y hay quien estampe; y en él todo es llaneza y verdad: las cuales cosas no suelen caminar siempre con los historiadores, de que se sigue el acreditarse mentiras y sucesos que jamás pasaron. Mi padre fue también en el acompañamiento del príncipe, y por cierta desventura y desaguisado que allí le aconteció con una que era doncella sobre su palabra, hubo de tomar la vuelta de España, donde en el camino le sucedieron muchas más aventuras que al monstruo de fortuna Antonio Pérez. Y en resolución, con ánimo triste y mohíno como si de algún mal áspid hubiera sido herido...

Yo entonces salteele la razón, receloso de que me embocase otro tan pesado e impertinente cuento como el pasado, y por eso imité a la sierpe que con extraña dureza se atapa los oídos para hacerse sorda y no escuchar la voz del encantador, y proseguí diciendo:

Pues, como sabéis, en Bins parecieron ante el Emperador Semper Augusto y el príncipe su hijo varios caballeros estantes en aquella villa, y le dijeron ser llegada la hora en que se había recogido en la Galia Bélgica, junto a Bins, sobre una vieja calzada, un encantador enemicísimo de la virtud, de la igualdad y de la andante caballería... ¿Y no os acordáis, repuso el bachiller, del nombre de ese encantador? No, a la fe, repliquéle yo, pero sería espantable como lo son todos los de estos malignos espíritus que viven en los infelices libros de caballerías. Yo he oído contar de cierto autor de estos tales, que estuvo muchos días puesto en confusión sin acertar con el nombre que daría a un encantador que introducía en una de sus fábulas, y sin saber cuál respondería mejor a su mucha malignidad y soberbia; y como estuviese un día en casa de un su amigo jugando con otros que también lo eran suyos, a los naipes, oyó que el señor de la posada decía a un criado: «Hola, Celio, trae aquí cantos». Sonáronle tan bien estas palabras, que levantándose de la mesa donde jugaba, sin decir la razón ni de nadie despedirse, fuese derecho a su casa a escribir el nombre de Traquicantos, que tan buena consonancia le había hecho en los oídos.

Pues este encantador de Bins, proseguí yo, por sus diabólicas artes tenía puestos en confusión y asombro a los naturales de aquellas tierras, haciéndoles toda manera de males, y amenazándolos con hacerles otros más feroces, y en cifra como los caballeros habían sabido que este tan malicioso encantador tenía su morada y perpetuo asiento en un palacio de tal forma encantado que continuamente estaba envuelto y encubierto en una tan espesísima y muy oscura nube, que era estorbo a cuantos querían emprender la empresa de reconocer aquel tan espantable y temeroso sitio, donde ánima ninguna por muy alentada que fuese osaba de se acercar; pero que una princesa muy amadora del bien, y que entendía muy mucho de la ciencia de lo por venir, viendo lo dañoso que era para gente tan noble la ferocidad de aquel encantador más maligno que Arcalaus y más hereje que Constantino, proveyó que en una peña alta estuviera hincada una espada de tal virtud, como declaraban estas letras que quiso poner para admiración de todos:

Que el que sacare fuera la espada del dicho padrón, dará también fin a la aventura y deshará los encantamientos, y librará a los prisioneros del cruel cautiverio en que están, y finalmente, echará en el abismo al dicho castillo tenebroso, y demás de esto alcanzará una infinidad de otras muchas buenas venturas, aunque aquí no se declaran, que les son prometidas y destinadas.

Con esto demandaron licencia al Emperador para fenecer esta tan espantable aventura; y de dársela holgó mucho el Emperador, y diósela en efecto; y aquellos caballeros todos estuvieron dos días haciendo representaciones en presencia de Su Majestad y del príncipe, de cuantas locuras se leen en los libros de caballerías, que para desgracia de las repúblicas fueron por la ociosidad inventados. Vuestra merced mire y advierta y considere, con toda la doctrina que en sí puede encerrar todo un señor bachiller en leyes, el número de los caballeros que se ocuparon en hacer tales fiestas, o por mejor decir, locuras y vanidades; y que a todas dio su consentimiento el emperador y el príncipe Don Felipe, y que estuvieron en ellas muy regocijados, y diga vuestra merced si no existen otros tales locos como el ingenioso manchego en el universo mundo, cuando son tantos y tan honrados y tan favorecidos de los Emperadores y de los reyes. En resolución, los necios de que está poblada la república cristiana, no llevan sufridamente que con la letura de este libro se convenza el mal limado vulgo de que en los caballerescos solo se pintan sucesos inverosímiles y enemigos de la verdad y de los buenos entendimientos; y por eso trabajan tanto y con tanta obstinación y con ánimos enconados y voluntad muy torcida contra el *Ingenioso hidalgo* Don Quijote, buscándole tachas y haciendo inquisición en todas sus aventuras para inferir de ellas maliciosamente que no hay en el mundo los locos que fingen los libros de caballerías, cuando de ellos están pobladas las cortes de los reyes (cuánto más las aldeas). Los cuales entre el vario estruendo de los palacios no son conocidos, porque la corte es madre de los locos de todo género de locuras; y en suma, como son tantas y tales las que hacen, tantos los desatinos que dicen, y tantos los despropósitos y disparatadas empresas que sobre los hombros tan desavisadamente se suelen echar para mucho daño de ellos, que no hay quien pueda separarlos de su mal ánimo y peor voluntad. Y ésta es la ocasión de buscar defectos en el ilustre caballero Don Quijote, claro espejo, no solo de todos los manchegos horizontes, sino de todos los de España; y aun pudiera decir del mundo, si no temiera exceder los límites de mi modestia. A cuya causa es justo que en lugar de ser menospreciado un tan provechoso y bien ordenado libro, sea honrado y estimado de todos los buenos de la república, pues muestra que es él solo entre los de las vanas caballerías que con honesta y provechosa intención fue escrito. Y no debe de ser tenido por tan vano como ellos al ver las locuras de Don Quijote, pues hartos locos hay en el mundo, y no hay memoria que ninguno sea tenido por tal en el concepto de las gentes. Y por la honrosa determinación que tuvo su autor como fue el querer desterrar la falsa orden de la andante caballería, con los agradables y sazonados y alegres entretenimientos que para plato del gusto nos ofrece en su verdadera historia...

Aquí llegaba yo con el cuento de la mía, cuando el hético cuartago, cuyas riendas mal prendidas por mi trágico bachiller se habían soltado, le asaltó de súbito una fantasía y mal pensamiento que en voluntad le era venido: el cual era refocilar con la mula que cabe él estaba asida por las riendas al viejo tronco de una encina. Y como ella se sintiese de los malos deseos del cuartago, y era al fin doncella de toda honestidad y recato, como criada en casa de padres honrados y con buenos y castos ejemplos, resistió muy zahareña y esquiva los enfermos y dolientes halagos de la cabalgadura de mi negrísimo bachiller, y como virtuosa Lucrecia, aunque con mejor suceso (que tan destruido anda el mundo que a las mulas es ya solo reservado ser Lucrecias), defendiose muy bizarramente, disparando sendas coces contra su injusto forzador; pero con tanto acierto despedidas, que una de ellas fue a dar en el ojo que medio sano tenía, con que acabó de rematarlo, y otra en el pecho, con que derribolo por tierra, que a secundarle, hubieran fenecido allí las calamidades del cuartago y las caídas de mi bachiller.

El cual, al contemplar aquél no pensado desastre, ocasionado por la sobra de deshonestidad y lascivos pensamientos, y el no esperado rejo y los bríos que para más altas cosas mostraba su cabalgadura, imaginó que estaba a punto de echar el último aliento por la boca, y allí fue el gemir y el dar voces, lamentando su desgracia, y el poco recado que había puesto en la guarda de aquella preciosísima joya que había alquilado en el mesón de Colmenares, y allí fue el maldecir el punto y hora en que había salido de la villa.

Yo para consolarlo, le dije: Aun bien, señor bachiller, que para que veáis cuán lejos estabas del blanco, ha venido esta desdicha; pues debajo de su buen parecer de que el libro de Don Quijote todo es vanidad y locura, poned pausa a vuestros suspiros, y traed a la memoria el cuento de otra tal aventura de Rocinante, cuando el ingenioso manchego se topó con la más desgraciada de las suyas en topar con unas desalmadas yeguas que también pusieron a punto de muerte a su cabalgadura.

Lléveme el diablo, que no querría que me llevase, dijo muy enojado el bachiller, si no os vais en este punto con vuestro Don Quijote cien leguas más allá del infierno, que desde que os saludé, todas las malas venturas que hay en la tierra han comenzado de llover sobre mí, ni más ni menos que si fueran cédula de excomunión; que esto sí que no solo es ventura, sino venturón llovido. Y con esto porfiaba, aunque en vano, para levantar a su cuartago, el cual de mal ferido y ciego no se podía levantar, sino que cada y cuando que el bachiller le tiraba de las riendas, meneaba un pie o una mano, dando señas de muerta vida. De donde vine a colegir lo mucho que pueden uñas de mula, defendiendo los fueros de su honestidad y que no le metan gato por liebre, como venteros, los malos viciosos que con almidonadas razones y oliendo a ámbar, almizcle y algalia, por conseguir sus lascivos pensamientos, ponen en tanto estrecho y a tanto riesgo las vidas y aun el ánima. Y viendo el mal recado del cuartago y que ya el Sol iba declinando para trasponerse en los montes y dar en el mar, despedíme muy a lo cortesano del lacerado de mi bachiller, el cual con el grande y estéril trabajo de poner en cobro su cabalgadura, ni me oyó, ni me vio partir, ni aun cuando me viera, le era ya posible acertar con las palabras, según que del enojo y pesadumbre tenía trastrabada la lengua. Allí quedó braveando y poniendo sus quejas sobre las estrellas, y nunca más supe de él, ni lo procuré y aun todavía me parece escucharle. De esta suerte, subiendo en mi honesta mula, tomé la vuelta de Toledo en aquella hora. La del alba sería cuando entré por sus puertas, y comencé de caminar por sus calles y me fui derecho en casa de un mi amigo a tomar posada; donde, proponiendo en mi pensamiento lo que había de hacer, determiné de escribir esta mi aventura para desengaño de muchos que ven en *El Ingenioso hidalgo Don Quijote* lo que «El *Ingenioso hidalgo* Don Quijote» no es; y por eso quise llamar a este librillo *Buscapié*, para que aquéllos que busquen el pie de que cojea el ingenioso manchego, se topen (Dios sea loado) con que no está enfermo de ninguno, antes bien muy firme y seguro en ambos para entrar en singularísima batalla con los necios murmuradores, sabandijas que para su daño alimenta toda bien ordenada república. Y con esto, si he acertado a darte gusto, lector amigo, yo lo tendré muy grande en haberte servido, con tal que no se te pasen de la memoria estos mis advenimientos. Y Dios te guarde.

Apéndice
Cervantes y la crítica

Terminada ya la impresión de esta obra, merced al marcado interés y benevolencia con que ha sido acogida por el público ilustrado del país, voy a presentar aquí algunas de las apreciaciones que sirvieron de motivo y asunto a mi trabajo.

La crítica literaria, hasta hoy vista regularmente con algún descuido en su aplicación a las obras maestras, ha hecho que los grandes ingenios permanezcan aún oscurecidos en algunas de sus faces más brillantes y dignas de admiración. Sin transportarse a las respectivas épocas en que tuvo lugar la acción de los poemas, los críticos se han dejado llevar demasiado por el entusiasmo y la fantasía de sus propios coetáneos y por el sentimiento artístico de sus días; y de consiguiente han adolecido de falta de equidad al juzgar lo que acaso se opone a las leyes que tenían ante sus ojos y entendimiento. Y de esto nacen los graves errores que se notan en los juicios de eminentes literatos sobre la epopeya, sobre el teatro y sobre la misma historia de épocas más o menos remotas.

¿Cómo es posible que ante la razón filosófica del Cristianismo aparezcan lógicos los dioses de Homero, llenos de pasiones, impotentes para crear y voluntariosos como niños? Solo por medio de la razón pagana, de la razón que los creó, es que debemos apreciarlos para dar al poeta su verdadero valor. ¿Cómo es posible que ante la razón orgullosa y egoísta de las edades modernas aparezcan bien los héroes cocinando, las princesas lavando sus vestidos, etc.? Pues es con aquel dudoso juicio que Houdard de La Motte imputa a Homero las faltas de su generación y rechaza los dioses que no creó el divino ciego. El P. Le Bossu, y aun Batteux, respecto a Virgilio; Despreaux respecto del Ariosto; el mismo Voltaire respecto del divino Shakespeare, etc., etc., hubieran perdonado en sus críticas algo de lo mucho que censuran, si hubieran considerado más las épocas y costumbres de los pueblos y héroes cantados. La Motte hubiera visto que aquellos dioses encajaban muy bien en la *Ilíada*; Batteux no rechazaría las naves convertidas en ninfas por el sublime poeta andecino; Boileau no encontraría extravagante, sino muy bello, el *Orlando*, cuyo principal mérito consiste en remedar a los extravagantes caballeros fantásticos y reales de aquellos días.

Esto es lo que pasa con Cervantes: y para hacerlo ver y para llamar la atención a una de las más brillantes faces del *Quijote*, es que he escrito mi obra *Cervantes y la crítica*.

Los que se han detenido en juzgar la obra maestra del gran novelista español, lo han hecho según el pensamiento actual, según el actual sentimiento artístico y según la Gramática y la Retórica de nuestros días. ¡Estúdiese un castillo feudal y apréciese por el gusto de las modernísimas ciudades! Los censores han caído, a guisa de corsarios berberiscos sobre nave genovesa, en las palabras, en las frases y los modismos, en los episodios, la fábula y los enredos del más popular de los libros humanos, con lastimosa prevención los unos, con demasiado trivialidad los otros, y han asentado fallos sin duda erróneos sobre todos los puntos juzgados. Han querido hacer de Don Quijote, lo que Don Quijote no es; y quitándole su propia espada abolenga, su celada y sus quijotes, y haciéndolo hablar como nunca habló Amadís... le han puesto un espadín de parada, lo han falsificado y llevádolo a la Puerta del Sol, a usanza de moderno petit maître, que no lo conocería Sancho el legal, Maritornes la de los tácitos y atentados pasos, ni el encantado moro del candil...

Yo he considerado el libro de distinta y opuesta manera; y he creído encontrar mil bellezas en esas mil fealdades que señalan los críticos, por reputarlas necesarias y muy oportunas en su lugar respectivo, y por acabar la perfección de la fisonomía y ademán del Ingenioso hidalgo.

He creído hacer un bien al ilustre manco, regocijo de las musas y honor y delicia del género humano, llamando la atención hacia puntos de su libro que juzgo interpretados equivocadamente: y creo asegurar a las Naciones extranjeras la belleza de formas sobre que aun estaban indecisas; y que lo estaban con razón, al ver sostenidas contrarias opiniones por eruditos graves y de alta y bien merecida reputación literaria.

Suscriptores

ESTADOS

Apure... 10
Barcelona... 10
Barquisimeto... 10
Bolívar... 10
Carabobo... 10
Cumaná... 10
Falcón... 10
Guárico... 10
Guayana... 10
Guzmán... 10
Guzmán Blanco... 12
Maturín... 10
Táchira... 12
Trujillo... 10
Yaracuy... 10

Libros a la carta

A la carta es un servicio especializado para
empresas,
librerías,
bibliotecas,
editoriales
y centros de enseñanza;
y permite confeccionar libros que, por su formato y concepción, sirven a los propósitos más específicos de estas instituciones.

Las empresas nos encargan ediciones personalizadas para marketing editorial o para regalos institucionales. Y los interesados solicitan, a título personal, ediciones antiguas, o no disponibles en el mercado; y las acompañan con notas y comentarios críticos.

Las ediciones tienen como apoyo un libro de estilo con todo tipo de referencias sobre los criterios de tratamiento tipográfico aplicados a nuestros libros que puede ser consultado en Linkgua-ediciones.com.

Linkgua edita por encargo diferentes versiones de una misma obra con distintos tratamientos ortotipográficos (actualizaciones de carácter divulgativo de un clásico, o versiones estrictamente fieles a la edición original de referencia).

Este servicio de ediciones a la carta le permitirá, si usted se dedica a la enseñanza, tener una forma de hacer pública su interpretación de un texto y, sobre una versión digitalizada «base», usted podrá introducir interpretaciones del texto fuente. Es un tópico que los profesores denuncien en clase los desmanes de una edición, o vayan comentando errores de interpretación de un texto y esta es una solución útil a esa necesidad del mundo académico.

Asimismo publicamos de manera sistemática, en un mismo catálogo, tesis doctorales y actas de congresos académicos, que son distribuidas a través de nuestra Web.

El servicio de «libros a la carta» funciona de dos formas.

1. Tenemos un fondo de libros digitalizados que usted puede personalizar en tiradas de al menos cinco ejemplares. Estas personalizaciones pueden ser de todo tipo: añadir notas de clase para uso de un grupo de estudiantes,

introducir logos corporativos para uso con fines de marketing empresarial, etc. etc.

2. Buscamos libros descatalogados de otras editoriales y los reeditamos en tiradas cortas a petición de un cliente.

www.ingramcontent.com/pod-product-compliance
Lightning Source LLC
Chambersburg PA
CBHW051721040426
42447CB00008B/918